rowohlt

Fred Sellin

«Ich bin ein Spieler»

Das Leben des Boris Becker

Rowohlt

1. Auflage September 2002

Lektorat Uwe Naumann

Satz Life von Dörlemann Satz, Lemförde
Druck und Bindung Clausen & Bosse, Leck
Printed in Germany
ISBN 3 498 06362 6

Die Schreibweise entspricht den Regeln
der neuen Rechtschreibung.

Dieses Buch ist meinem Sohn Robin gewidmet,
der in letzter Zeit
auf vieles verzichten musste.

Wenn du keine Angst hast …
alles vereinst, was du hast …
alles Wertvolle in dir …
und es zu einem Ziel delegierst …
zu einem ultimativen Punkt …
dann wirst du erreichen, was du willst.
James Dean

Jeder Erfolg, den man erzielt,
schafft uns einen Feind.
Man muss mittelmäßig sein,
wenn man beliebt sein will.
Oscar Wilde

Inhalt

Vorbemerkung

Der Inhalt des Buches beruht auf eigenen Recherchen. Ich forschte in Archiven nach unveröffentlichten Unterlagen und Dokumenten und befragte rund achtzig Personen, die Boris Becker kennen und ihn ein Stück seines Weges begleiteten, manche für Jahre, andere nur für ein paar Wochen oder Tage: Mitschüler und Lehrer, Trainer und Sportler, Tennisfunktionäre und Sportwissenschaftler, Freundinnen und Geliebte, Verwandte und Freunde, Berater und Geschäftspartner, Rechtsanwälte und Bodyguards, Angestellte und Rivalen, Journalisten und Fotografen … Allen, die mich bei meiner Arbeit mit Informationen, Ideen und Anregungen unterstützten, soll für ihre Mithilfe ausdrücklich gedankt sein, wenngleich es die journalistische Pflicht des Informantenschutzes verbietet, jeden an dieser Stelle namentlich zu nennen. Viele von ihnen werden im Buch erwähnt, einige jedoch baten aus juristischen oder ganz persönlichen Gründen um die Wahrung ihrer Anonymität. Dem soll entsprochen sein. Dadurch konnten nicht alle Zitate, direkte oder indirekte, einer Quelle zugeordnet werden. Was allerdings nichts daran ändert, dass sie ohne Ausnahme authentisch sind.

Boris Becker zeigte kein Interesse, die Arbeit an der Biografie zu unterstützen. Das bedauere ich einerseits, andererseits aber versetzte es mich in die Lage, völlig unvoreingenommen die Geschichte seiner Familie und seinen Lebensweg zu ergründen, ohne mich von gewissen Rücksichten behindern zu lassen. Wer das Buch liest, wird verstehen, was ich damit meine. *F. S.*

ERSTES KAPITEL

Gemischte Gefühle

Ein vergilbtes Blatt Papier ist übrig geblieben. Der Artikel war damals in der Lokalzeitung erschienen und nur von regionaler Bedeutung. Viele werden ihn überblättert haben, denn wer von den Lesern interessierte sich schon für Tennis! Und wenn noch für Tennis, dann doch eher für die elegant-spektakulären Auftritte eines Björn Borg, eventuell auch für die der Pinners und Gehrings aus dem deutschen Nationalkader, wenn diese ihre Matches auf internationaler Ebene einmal erfolgreich absolvierten. Ansonsten war Tennis beinahe eine Randsportart, die in ihrer Popularität nicht einmal an den Schatten heranreichte, den der allmächtige Fußball noch mit seinen unterklassigen Regionalligen hinterließ. Nicht mehr als eine Randnotiz also, was da über eine Meisterschaft der Tennisjunioren in Aschaffenburg geschrieben stand. Aber darüber zerbrach sich das Mädchen nicht den Kopf, weil sich das Wichtigere im Bauch abspielte und in seinem Herzen.

An einem der letzten Sommertage Ende August 1983 breitete die vierzehnjährige Andrea den Zeitungsbericht auf dem Wohnzimmertisch im Haus ihrer Eltern sorgsam vor sich aus. Sie holte eine Schere aus dem Schrank, um das Schreibwerk mit kurzen geraden Schnitten vom Rest der Seite zu trennen. Mit ungelenkjugendlicher Handschrift notierte sie das Erscheinungsdatum auf dem schmalen Rand, um den Artikel anschließend einmal zu falten und in einem ihrer Hefte aufzubewahren. Dabei legte sie eine Sorgfalt an den Tag, die darauf schließen ließ, dass es sich für sie um mehr als einen gewöhnlichen Schnipsel Papier handelte. Sie verband mit diesem Zettel einen jener Momente, den Mädchen niemals vergessen, auch dann nicht, wenn aus ihnen längst Frauen geworden sind.

Andrea, die im Hessischen geboren wurde und wohlbehütet im Schoß einer intakten Familie und dem dazugehörigen Einfamilienhaus im ruhigen grünen Viertel einer Kleinstadt aufwuchs, verfügte über mindestens zwei gute Gründe, sich für diesen Text zu interessieren: Als Tochter einer Sportlehrerin hatte sie früh begonnen, im örtlichen Tennisverein den Filzball über das Netz zu schlagen. Das tat sie mit einigem Geschick und vor allem mit ausreichend Ehrgeiz, um bald neben Steffi Graf und zwei anderen zu den vier Besten ihres Jahrgangs zu gehören. Wie viel das in Zukunft bedeuten würde, sollte sich zeigen – die entscheidenden Entwicklungsschübe erfolgen meist später. Jetzt verhalf es ihr erst einmal zu einer besonderen Förderung und die wiederum dazu, dass sie schon früh in den Nachwuchskader des Deutschen Tennis Bundes aufgenommen wurde und zu Turnieren durch die Republik und auch ins Ausland reisen durfte. Die Eltern unterstützten dieses Engagement – wenngleich es gelegentlich mit den schulischen Anforderungen kollidierte –, zwangen die Tochter jedoch nicht mit ungesunder Verbissenheit zu strapaziösen Höchstleistungen, wie das in vielen Tennisfamilien allzu üblich ist. Nur logisch war es, dass Andrea in jenem August 1983 mit ihrem Verein nach Aschaffenburg fuhr, um einen Meistertitel zu erspielen oder es wenigstens mit der ihr eigenen Hingabe zu versuchen. Nicht jedes Ergebnis ihrer kurzen Laufbahn behielt sie über die Jahre in Erinnerung, aber dass sie bei den Deutschen Meisterschaften zwei Jahre später die Nummer 50 der Weltrangliste schlug, blieb als einer der Höhepunkte in ihrem Gedächtnis haften. Sie weiß auch noch, was oder, besser, wer sie damals zu diesem Erfolg anspornte. Womit der zweite Grund ihres Interesses ins Spiel kommt.

«Er war nicht besonders schön, aber er war etwas Besonderes.» Der Babyspeck auf seinen Hüften fiel ihr anfangs gar nicht auf, sagt sie heute, seinen «Wabbelhintern» dagegen sah sie zwar, aber darum ging es doch gar nicht. «Ich fand seine Augen toll. Wie ein Schelm sah er einen an, das hatte schon etwas.» Doch selbst diese Auffälligkeit, die den jungen Mann tatsächlich in aller Deutlichkeit von den anderen unterschied, bemerkte sie erst später. Zunächst spielten ganz simple Instinkte eine Rolle, die sie veranlassten, ihm auf dem Tennisplatz in Aschaffenburg zuzusehen. Letztlich war es schlichte Neugier, die sie dazu trieb, sich diesen Kerl mal aus der Nähe zu betrachten, der sich auf dem Court «regelrecht zum Affen machte», wie sie und die anderen jungen Spieler damals befanden, wobei sie nicht selten die Wörter «verrückt» und «bescheuert» bemühten, wenn sie über ihn sprachen. Was auf den ersten Blick abwertend, und nur so, verstanden werden könnte, aber gar nicht unbedingt so gemeint war. Teenager in Andreas Alter verwenden Bezeichnungen solcher Art nicht ausschließlich im negativen Sinn, als übel meinende Schimpfworte. Es ist durchaus möglich, dass sie damit lediglich ihre Fassungslosigkeit, ja selbst Verwunderung zum Ausdruck bringen. Derjenige war in ihren Augen eben anders als der Durchschnitt, was sie im Grunde sogar eher für ihn einnahm. Wenigstens sprachen sie über ihn. Das wiederum sprach für ihn, weil er unter den Hunderten eben nicht zu den farblosen Gestalten gehörte, deren Namen sich den anderen Sportlern nicht einmal einprägten. Sein Name war ein Begriff, damals schon: Boris Becker. Für diejenigen, die sich etwas intensiver mit Tennis befassten, für Andrea sowieso.

«Er schrie herum, wenn er einen Ball verschlug, oder er heulte gleich los.» Tatsächlich, von weinen konnte nicht die Rede sein, das hätte nicht beschrieben, was die Zuschauer sahen und hörten; er jammerte und drückte Tränen heraus, wobei sich sein blasses sommersprossiges Gesicht gleichzeitig wie eine überreife

Tomate verfärbte. «Das gibt's doch net! So schlecht hab ich ja noch nie gespielt!» Er fluchte, ein bisschen theatralisch vielleicht, blickte verzweifelt auf den Boden oder zum Himmel, als sei ausgerechnet von dort Hilfe zu erwarten. Und wenn es ganz schlimm kam, reagierte er sich an seinem Schläger ab, den er dann mit Wucht auf die Erde schleuderte, auf die Gefahr hin, dass er dabei zu Bruch ging. Solche Eskapaden leistete er sich sogar dann noch, wenn er klar in Führung lag und kaum Gefahr drohte, dass er das Match verlieren könnte. Egal, er hasste jeden Patzer, und er hasste sich dafür. Seine Wut richtete sich nicht auf seinen Gegner, bei sich selbst suchte er die Schuld.

Er zeigte ungeniert seine Emotionen, wie sie ihn gerade überkamen. Vielleicht hatte er sich einfach nicht unter Kontrolle, eher aber war er so sehr in seinem Spiel versunken, dass er alles um sich herum vergaß und sich einen Teufel darum scherte, dass die anderen über ihn lachen oder verständnislos die Köpfe schütteln könnten. Wie es sich damit auch verhielt, seine Wut trieb ihn voran, die ausgelebten Aggressionen verliehen ihm Kraft und stärkten seinen Willen: den ihm ureigenen Trieb, unbedingt gewinnen zu wollen, jeden Punkt, jedes Spiel, jeden Satz – und um jeden Preis. Was in dieser Lebensphase als jugendliche Verrücktheit abgetan wurde, sollte sich kaum zwei Jahre später zu einer reizvollen Aufgabe für Psychologen und Experten, so genannten und selbst ernannten, entwickeln, von denen sich einige ausgiebig mit diesem Phänomen befassten.

Bis zum letzten Tag des Turniers stand der mitunter etwas ungestüme Becker auf dem Platz, weil er wieder einmal der Beste war und sowohl im Einzel als auch mit seinem Freund Christian Pöttinger im Doppel das Finale erreichte – und beide Male gewann, ziemlich spektakulär noch dazu. Tennisexperten kannten das von ihm, denn für Verblüffung sorgte er bereits als Zehnjähriger, als er in die Herrenmannschaft seines damaligen Vereins Blau-Weiß im badischen Leimen aufrückte und die Älteren zwar gelegentlich mit seinen ungebremsten Gefühlsausbrüchen nervte, noch mehr aber durch sein außergewöhnliches Ballgefühl, den bauernschlauen Spielwitz und vor allem durch seine knallharten Aufschläge bestach.

Als er in Aschaffenburg antrat, war ihm allerdings schon reichlich mehr gelungen, als seine älteren Mitspieler oder Konkurrenten durch brillante Paraden nur ins Staunen zu versetzen. Mittlerweile konnte er allerhand Erfolge vorweisen, Titel und Pokale, die in seiner Welt etwas zählten, auch wenn die nicht, noch nicht, in der Öffentlichkeit stattfand. Mit nicht einmal zehn Jahren hatte er den Vorstand seines Tennisclubs, der 1964 von Beckers Vater und ein paar anderen gegründet worden war, so sehr verzückt, dass der einen Bericht in die Heidelberger *Rhein-Neckar-Zeitung* setzen ließ: «Für den bisher größten sportlichen Erfolg in der Chronik des TC Blau-Weiß Leimen sorgte am Wochenende eines seiner jüngsten Mitglieder, der zehnjährige Boris Becker …» Womit dem Schreiber ein Fehler unterlief, da die Meisterschaft, um die es ging und die Klein Boris gewann, im Sommer 1977 stattfand, also einige Monate vor dessen zehntem Geburtstag.

Später, inzwischen gehörte er zur Jugendauswahlmannschaft des Deutschen Tennis Bundes und ging als Bundesligaspieler für Schwarz-Gelb Heidelberg an den Start, errang er eine stattliche Anzahl nationaler und internationaler Meistertitel und Turniersiege. Doch auch davon bekam die breite Öffentlichkeit kaum etwas mit – noch war seine Sportart kein Phänomen für die Massen. Und der junge Siegertyp weit davon entfernt, sich in den Mittelpunkt zu rücken. «Von uns interessierte sich kaum einer für Tennis», erzählt ein ehemaliger Mitschüler, der nie erlebte, dass Boris in der Schule Aufhebens um seine Erfolge machte. «Wenn wir wissen wollten, wie er bei einem Wettkampf abgeschnitten hatte, mussten wir ihn schon fragen. Von ihm kam da nichts.» Oberstudienrätin Marion Liedke, vom fünften bis zum achten Schuljahr seine Klassenlehrerin, blieb eine Begegnung in Erinnerung, die typisch für ihren Schüler war: «Es muss in der sechsten Klasse gewesen sein. Boris fuhr übers Wochenende zu einem Turnier nach Rom. Am Montag kam er wieder in die Schule, und ich traf ihn, wie er ganz allein auf einer Bank vor dem Klassenzimmer saß. Da er nichts sagte, fragte ich ihn, welchen Platz er belegt hatte – ‹nur Zweiter!›, antwortete er knapp, mehr aber auch nicht. Dabei war es ein toller Erfolg. Doch selbst wenn er gewann, brüstete er sich nie damit.» Schule und Sport waren für ihn zwei Welten, die eine das notwendige Übel, die andere keine so üble Notwendigkeit.

Wenn auch der Sohn diesbezüglich eher zum Schweigen neigte, erfüllte Karl-Heinz Becker, ganz der stolze Papa, doch sorgfältig seine Pflicht als Familienchronist. Jeden Bericht, den er über die Tennisaktivitäten seiner Kinder in die Hände bekam, heftete er in chronologischer Folge in Ordnern ab, die anschließend einen Ehrenplatz im Wohnzimmerschrank erhielten. Einen für Boris und einen für die drei Jahre ältere Schwester Sabine, die gleichfalls eine Zeit lang mit ihrem Racket loszog und so manchen Pokal nach Hause brachte. Die vermutlich ersten Niederschriften über den Bruder datieren aus dem Jahr 1976, als Boris mit acht Jahren den Vizemeistertitel bei den Badischen Jugendmeisterschaften der Knaben gewann. Noch spielte sich die Berichterstattung unscheinbar und auf den Lokalseiten ab, aber immerhin.

Für eine überregionale Notiz erforderte es natürlich mehr Anstrengung – ein Titel musste es schon sein, und möglichst ein internationaler. Eine fünfzeilige Minimeldung auf einer der hinteren, aber dennoch bundesweit erscheinenden Seiten der *Bild*-Zeitung war es dann fünf Jahre später, im Sommer 1981, die ihm der Sieg beim Europaturnier der Jüngsten einbrachte. So klein für ein so großes Spiel, das fast drei Stunden dauerte und in dem er den Hamburger Tore Meinecke niederrang, dessen Können zu dieser Zeit deutlich höher eingeschätzt wurde. «Boris hat unfassbar gespielt», erinnert sich der Kontrahent von damals an die Zeit, als sie häufig gegeneinander antraten. Und meint es wörtlich: «Er konnte toll spielen, geradezu grandios, aber manchmal eben auch richtig mies.» Gelegentlich traten die beiden Tennishoffnungen zusammen im Doppel an. «Dann bildete ich die Konstante in unserem Spiel, war der Ruhige, der besonnen vorging. Er dagegen spielte extrovertiert und punktete mit Schlägen, die kein anderer so brachte.» Seinen größten Erfolg feierte das ungleiche Duo kurz nach Weihnachten 1982 in Miami Beach, als es das Turnier um die Orange Bowl gewann, die inoffizielle Weltmeisterschaft der Junioren. Was der Heimatzeitung dann doch Anlass genug war, die Schlagzeilen von später schon einmal vorzuempfinden, indem sie titelte: «Becker auf dem Gipfel».

Für Überraschungen war Boris Becker schon damals gut. Im Frühjahr 1982 gelang ihm erneut eine solche: Als Vierzehnjähriger triumphierte er bei den Badischen Meisterschaften der Herren (!) gleich gegen drei Bundesligaspieler, um als jüngster Sieger in der deutschen Tennisgeschichte den Thron zu besteigen. Spätestens seit dieser Zeit glaubte er selbst an die Verwirklichung eines Traumes, der ihm im Kopf herumschwirrte, seit er neun war. Als ihn ein Journalist nach dem Gewinn des Meistertitels auf seine Zukunft ansprach – gar nicht so ernst, wie man ein Kind eben so fragt –, erläuterte Boris zurückhaltend, aber überraschend klar seine Vision: Zunächst einmal würde er sich in die deutsche Herren-Rangliste kämpfen, wofür er noch zwei oder drei der Gutplatzierten schlagen müsse. Und dann, na ja, dann wolle er Profi werden und einmal zu den fünfzig Besten der Welt gehören.

Übrigens dürfte es im März 1982 das erste Mal gewesen sein, dass Boris Becker mit diesen Gedanken Fremden gegenüber herausrückte. Um sie beim nächsten Interview jedoch gleich wieder zurückzunehmen, was vermutlich an der Reaktion seiner Mutter lag, die von solchen Hirngespinsten nichts hören und lesen wollte. Er habe diesbezüglich schon Probleme mit seinen Eltern gehabt, wird er mit achtzehn offenbaren, als er längst Profi ist und sie ihm nichts mehr vorzuschreiben haben, «vor allem mit meiner Mutter, die mich immer in ihrer Nähe haben wollte und wollte, dass ich mit der Schule weitermache». Ist ja ganz schön, die Begeisterung des Jungen, aber der soll erst einmal ein anständiges Abitur machen, dann studieren und am besten Frauenarzt werden, wofür lernt er sonst Latein! So hatte sie sich das vorgestellt, wie die meisten Mütter, die nur das Beste wollen und auch, dass es der Nachwuchs zu mehr bringt als man selbst. Und der Vater hatte nur genickt, wie so oft, obwohl er die Intentionen seines Filius etwas anders beurteilte, wie er Freunden später verriet. Wenn schon, erzählte Karl-Heinz Becker, hätte sich Boris eher für Archäologie entschieden. «Ich reis dann in der Welt herum», hätte der Sohn manchmal laut gedacht, «mach Ausgrabungen und bau die Dinger zusammen.» Weder das eine noch das andere standen dann ernsthaft zur Debatte.

Die sportliche Zukunft seines Sohnes war jedoch ein Thema, zu dem sich Karl-Heinz Becker frühzeitig Rat einholte, auch außerhalb der Familie, beim Oberbürgermeister von Leimen zum Beispiel. Als Stadtrat verfügte er auch privat über einen guten Draht zu Herbert Ehrbar, obwohl er selbst der CDU und der andere keiner Partei angehörte, was in diesem Zusammenhang aber keine Rolle spielte, da es nicht um politische Gespräche, nicht einmal um sportpolitische, sondern um ganz private ging, von Vater zu Vater sozusagen, man duzte sich ja auch sonst. «Boris mag ungefähr zwölf gewesen sein, als Karl-Heinz das Thema anschnitt. Später unterhielten wir uns noch öfter darüber. Ich empfahl ihm im Grunde immer das Gleiche: Er sollte den Jungen wenigstens die Schule zu Ende bringen lassen, damit er einen ordentlichen Abschluss vorzuweisen hat. Selbst wenn wir ahnten, dass aus Boris ein Großer werden könnte, gab es ja keinerlei Sicherheit.» So dachten eigentlich alle, die die Familie ins Vertrauen zog. Es konnte ja keiner wissen, dass bald eine Menge Geld im Spiel und ein Beruf – im herkömmlichen Sinne – überflüssig sein würde.

Auf jeden Fall entschied sich Junior, der sich nicht gerade dadurch auszeichnete, seinen Eltern jeden Wunsch von den Lippen abzulesen, beim nächsten Mal für eine diplomatischere Auskunft. Als er sich der Zeitschrift *Baden Tennis* sieben Wochen danach, Anfang Mai 1982, zum Interview stellte und zum Schluss die Frage zu hören bekam, ob er aufgrund seiner beachtlichen Entwicklung schon einmal darüber nachgedacht habe, später Tennisprofi zu werden, antwortete er: «Nein, dazu bin ich noch ein bisschen zu jung. Zunächst wird bei mir die Schule vorgehen, und ansonsten warte ich ab, was kommt.» Bemerkenswert ist noch eine andere Passage aus dem Gespräch, das als eines der ersten größeren Interviews des Tennisspielers Becker gilt. Da wird er gefragt, wie groß denn sein Trainingsaufwand sei und ob die Schule nicht unter dem Pensum leide. Seine Antwort: «Ich trainiere jeden Tag drei Stunden … Schwierigkeiten sind bis jetzt noch keine aufgetaucht. Ich kann das Training schon gut mit den Schulaufgaben vereinbaren. Allerdings wird für mich die Schule auch weiterhin das Wichtigste sein, trotz der bisherigen Erfolge.» Diese Formulierungen werden die Eltern gern gelesen haben, selbst wenn sie schon zu dieser Zeit nicht ganz der Wahrheit entsprachen. Doch davon später.

Kein Problem dieses Mal, im Sommer 1983 – die Meisterschaften in Aschaffenburg fanden für ihn während der Ferien statt. Die Atmosphäre abseits der Plätze glich dann auch eher der eines Jugendcamps, was wahrscheinlich an den sommerlichen Temperaturen lag und an einem Swimmingpool, der sich etwa in der Mitte der weitläufigen Anlage befand. Hier tummelten sich tagsüber diejenigen, die nach ihren Spielen noch Sonne vertrugen oder das zumindest glaubten oder im Wasser des Beckens eine kurze Erfrischung suchten. Andere lagen ausgestreckt auf ihren Handtüchern, mehr oder weniger geschützt im Schatten, sie schienen vor sich hin zu dämmern, unterhielten sich mit dem jeweiligen Nachbarn oder lauschten der Musik, die nicht allzu laut aus einem Kassettenrecorder drang und sich mit den Stimmen der Jugendlichen mischte. Sie hörten die gängigen Popnummern, die jedem geläufig waren, weil die meisten Radiosender sie ständig dudelten: Kool & The Gang, Boney M., Baccara, Donna Summer und wie sie alle hießen. Musik, zu der es die entsprechenden Gesichter gab, weil die *Bravo* sie regelmäßig und großflächig präsentierte. Beschwingte Hintergrundmusik des Lebens, die auch die Eltern nicht so nervte, weil die harmonischen Rhythmen gefällig klangen und sie ein wenig an die Musik der eigenen Jugend erinnerten, nur dass sie die Zeit damals als spektakulär erlebt hatten. Wie brav wirkten dagegen jetzt die achtziger Jahre!

Keine Spur, für Andrea konnten die Tage kaum aufregender sein. Dass die Jungs zusahen, wenn sie auf dem Tennisplatz spielte, war sie von anderen Turnieren gewöhnt, das war es nicht, das konnte sie nicht mehr aus der Fassung bringen. Darüber dachte sie nicht großartig nach, obwohl sie es im Stillen stets genoss, wenn sie ehrlich war, konnte es doch für ein vierzehnjähriges Mädchen keine schönere Bestätigung seiner Attraktivität geben, als dass sich die Jungs nach ihm die Köpfe verdrehten. Manche Jungen, die Mutigen, steckten ihr verstohlen kleine Briefchen zu, in denen sie ihre Verehrung auszudrücken versuchten; einer hoffte, ihr Herz mit einem Goldkettchen erobern zu können. Zuweilen ließ sie sich auf einen harmlosen Flirt ein, Händchen halten, ein Küsschen, auch das, zu mehr aber kam es nie. Dabei hätte sie sich bloß zu entscheiden brauchen, sich den attraktivsten von den Tennisjungen aussuchen können, so einen wie Michael Westphal oder Ricki Osterthun, die ein paar Jahre älter waren und von Andreas Freundinnen angehimmelt wurden, oder sogar Tore Meinecke, die Nummer eins damals; ach, wie wurde der umschwärmt!

Aber Andrea legte sich am Swimmingpool ausgerechnet neben Boris, der wegen seiner hellen Haut Acht geben musste, damit er sich keinen Sonnenbrand zuzog. Es geschah am letzten Tag der Meisterschaften, und sie tat es nicht einfach so aus heiterem Himmel oder zufällig, weil sie anderswo keine freie Stelle mehr fand. Sie war ihm vorher schon einige Male begegnet, beide hatten einander bei ihren Spielen zugesehen, wenn sich die zeitlich nicht überschnitten, und irgendwann hatten sich ihre Blicke getroffen, lange genug, um etwas zu fühlen. Bei ihr jedenfalls war das so, weiß sie noch heute, ganz bestimmt. «Ich fand ihn interessant, sicherlich auch, weil er auf dem Platz so tobte, aber dennoch erfolgreich war. Er gewann ja den Titel.»

Dabei wäre er beinahe ohne Siegerpokal und Urkunde nach Hause gefahren, was nicht ungewöhnlich gewesen wäre für ihn, der häufig etwas vergaß. In der Schule Bücher und Hefte, nach dem Training seine Jacke oder die Uhr oder ein paar Socken oder alles zusammen, vor einem Wettkampf die richtigen Schuhe für den entsprechenden Belag, später gelegentlich sogar Preisgelder nach gewonnenen Schlachten. Wer den Jungen damals besser kannte, Freunde aus der Schule oder vom Tennis, Verwandte, sein Trainer, hielt ihn für reichlich tollpatschig oder wenigstens ziemlich verträumt. Einer sagt: «Man hatte meistens das Gefühl, dass er sich so richtig nur konzentrieren konnte, wenn er Tennis spielte.» Darin wollte er perfekt sein, in allen anderen Dingen nicht so sehr. Der Sieg war das Ziel, der Kampf der Weg dorthin, was sich abseits davon zutrug – Nebensächlichkeiten von geringer Bedeutung. Es kam ihm nicht darauf an, morgens das farblich passende Hemd zu seiner Hose zu finden, er trug weiße Tennissocken noch in Straßenschuhen, als das schon verpönt war, und ihn scherte auch nicht, dass seine Fingernägel, die er bis zur

Hälfte, bis auf die Haut abknabberte, alles andere als ästhetisch aussahen. Andererseits blieb er bereits in dieser Zeit von einer gewissen Eitelkeit nicht verschont, was in seinem Fall keinen Widerspruch ausdrücken musste. Denn für ihn passten ja das Hemd zur Hose und die Socken zu den Schuhen, er stellte sich vor den Spiegel und sagte: «Ich bin der Größte, ich werde die Nummer eins!»

Als er nicht mehr nur erfolgreich war, sondern auch berühmt wurde, ließen sich Sportjournalisten gelegentlich zu der Feststellung hinreißen, ein Boris Becker würde Tennis nicht nur spielen, sondern leben. Eine Aussage, die ihm gewiss schmeichelte, vielleicht traf sie ja auch das Wesentliche. Zumindest stimmte sie insofern, als er auf dem Platz durchaus allein zurecht kam, während er im Grunde immer – damals schon und später noch mehr – jemanden benötigte, der außerhalb des Courts für ihn die Übersicht behielt und ihm seinen Kram gegebenenfalls nachräumte. Anfangs handelte es sich nur um Kleidungsstücke und Tennisutensilien, und seine Mutter übernahm diesen Part; später bemüßigten sich andere Menschen, die dann auch kompliziertere Dinge zu regeln hatten, mit denen sich der Meister nicht abzugeben gedachte.

Elvira Becker tat es damals zwangsläufig, denn die Familie hatte nichts zu verschenken; sie lebte nicht im Überfluss, sondern ausgesprochen sparsam, was einerseits mit Mutters Herkunft zu tun hatte, andererseits von einer Haushaltskasse bestimmt wurde, deren Inhalt keine großen Sprünge zuließ. Vom Wohlstand waren die Beckers noch weit entfernt, der stellte sich erst später ein. So wie die lukrativen Sponsorenverträge, die dazu beitrugen, den Sohn mit Millionen von Mark und Dollar und, als sei das nicht genug, auch noch mit Sportartikeln zu überfluten. Als dann der Familien-Mercedes nicht mehr in die Garage passte, wussten doch fast alle in Leimen, warum: Auf der Hälfte des Raumes stapelten sich Kartons mit Tennisschuhen, bis unter die Decke. Die kann er ein Leben lang nicht abtragen, meinten die einen. Er könnte ja welche verschenken, sagten die anderen. Tatsächlich wurden hin und wieder, wenn auch selten, Verwandte bedacht, mit einem Trainingsanzug oder einem Paar Schuhe.

Aber noch war Sparsamkeit geboten, wenngleich sich die ersten Sponsoren bereits gefunden hatten. Deren Gaben waren großzügig im Vergleich zu dem, was noch kommen sollte, allerdings von bescheidener Dimension. Eine Firma aus dem fränkischen Herzogenaurach – Markenzeichen: drei Streifen – stellte Schuhe und die Tennisschläger, nicht nur für Boris, aber vor allem für ihn, der mit seinen Wutausbrüchen mitunter bis zu fünfzehn Stück davon in einem Jahr durchbrachte. Die Wettkampfkleidung des Heißsporns hielt dagegen länger, auch wenn er nicht sehr pfleglich damit umging, was hauptsächlich an seiner extremen Spielweise lag. Dass er seinen Schützling mit Markenware von *ellesse* ausstatten konnte, hält sich Wolf-Dieter Späth zugute, der Präsident des Badischen Tennisverbandes, ein Dino im deutschen Tennisgeschäft. «Ich habe den Vertrag ausgehandelt. Boris bekam im ersten Jahr so ungefähr 15000 Mark», erinnert er sich – und auch an dessen Reaktion: «Für damalige Verhältnisse ein guter Deal. Natürlich habe ich gleich die Eltern informiert. Dann kam Boris aus der Schule, fragte nach der Höhe der Summe und meinte: ‹Nur? Ich dachte, ich kriege fünftausend mehr.›» Dennoch wäre es pure Verschwendung gewesen, jede Woche neue Sportkleidung zu besorgen, da Boris' Mutter doch wusste, wo die alte zu finden war. Der Platzwart im Tennisverein hätte nach so manchem Training darauf wetten können, dass es keine fünfzehn Minuten dauern würde, bis Frau Becker in ihrem alten Golf vorfuhr, um die Sachen des Sohnes einzusammeln. Als Boris nach Heidelberg wechselte, änderte sich für sie nur die Fahrstrecke.

Boris selbst kam selten ein zweites Mal; Hilfsarbeiten waren ihm schon damals zuwider, da verstand er sich besser aufs Kommandieren. Seine Jugendfreunde haben erlebt, wie er gelegentlich mit seinen Eltern umsprang. «Wenn die Mutter ihm zu einem Spiel Sachen nachbrachte, die er vergessen hatte, bedankte er sich nicht etwa, meistens maulte er noch herum, weil sie an irgendeine Kleinigkeit nicht gedacht hatte.» Es sei auch vorgekommen, dass er den Vater im Befehlston losschickte, geschwind noch die passenden Turnschuhe, die eingelaufenen, aus Leimen herbeizuschaffen. Der etwas rüde Umgang lag vielleicht in der Pubertät begründet – in diesem Alter vergreifen sich die meisten mal im Ton. Auf einen Dank jedenfalls brauchten angeblich weder Mutter noch Vater zu warten; warum das so war, hat Boris Jahre später erklärt, als er im Januar 2002 zwei Interviewern des *Tagesspiegels* seine Sicht verdeutlichte: «Ich sage nur in einem Ausnahmefall ‹Danke›, wenn ich es wirklich meine. Dann ist es mir Ernst und kein Blabla. Das passiert dann, wenn es angebracht ist. Danke ist für mich ein viel zu wichtiges Wort.» Und ein zu großes für die kleinen Angelegenheiten des Alltags. Wie er das meinte, gab er bei dieser Gelegenheit auch noch zum Besten: «Ich hasse meine Geburtstage nicht, weil ich Geburtstag habe, sondern wegen all diesem oberflächlichen Einladen und Geschenkebekommen. Ich treffe mich oft mit Freunden, und wenn der Anlass mein Geburtstag ist, meinetwegen gerne. Aber tut ja nicht so, als hättet ihr euch etwas überlegt oder etwas für mich ausgedacht. Ich werde nicht Danke sagen.»

Davon konnte Andrea natürlich noch nichts wissen, erst einmal verliebte sie sich Hals über Kopf in ihn und war sicher, dass er die gleichen Gefühle für sie empfand. Er ließ daran auch gar keinen Zweifel aufkommen, als sie nebeneinander am Beckenrand lagen, etwas abseits von den anderen und etwas erhöht auf dem Blechdach des Pumpengehäuses. «Es war irgendwie ein perfekter Moment – als wir uns näher kamen, lief gerade *What A Feeling*, das passte einfach, wie eine Szene aus einem Liebesfilm.» Nicht aus irgendeinem, das Lied stammte aus dem Kinofilm der Saison, zumindest in Amerika, und avancierte zum Hit des Sommers, auch hierzulande. Ein Millionenseller, der den Produzenten im Frühjahr 1983, noch bevor der Streifen in die deutschen Kinos gelangte, einen Oscar einbrachte – und der amerikanischen Sängerin Irene Cara neben zahlreichen Number-one-Platzierungen in den Charts eine Menge Geld.

What A Feeling. Die beiden küssten sich auf den Mund, ein wenig ängstlich, was Andrea betraf. «Friss mich nicht auf», flüsterte sie. Weil ihr sein Mund so groß erschien, wodurch ihr der eigene zu klein vorkam. Das Lied wurde ihr gemeinsames Lied, sie kauften sich jeder eine Kassette damit, und wenn sie einander Briefe schickten, schrieben sie den Titel als Erkennungszeichen hinten auf den Umschlag.

Mag sein, dass es Zufall war, aber bemerkenswert ist es schon, dass bereits das Mädchen Andrea weitgehend dem Schönheitsideal entsprach, das für den Mann Boris Becker bei der Wahl seiner Partnerinnen bis zur Gegenwart ausschlaggebend zu sein scheint. Eigentlich hat er sich ernsthaft nur ein einziges Mal von diesem Wunschbild entfernt, Ende der achtziger Jahre, als er sich mit Karen Schultz zusammentat, der adretten Hanseatin, die nicht nur blonde Haare trug, sondern die auch ziemlich kurz.

Während sich die Teenager Andrea und Boris damals tief in die Augen sahen, müssen sie den Aufruf zur Siegerehrung überhört haben, die die Verantwortlichen vor dem Clubhaus zelebrierten, das keine hundert Meter entfernt stand. Ihre Abwesenheit wäre nicht weiter schlimm gewesen und wahrscheinlich gar nicht aufgefallen, hätten sie nicht ausgerechnet zu denen gehört, die sich vorher bravourös einen Platz auf dem Podest erspielt hatten. Als sie mitbekamen, dass die Musik nicht mehr am Pool, sondern woanders spielte, war es noch nicht ganz zu spät, aber doch etwas peinlich: «Wir müssen knallrot im Gesicht gewesen sein. Die anderen dachten sich natürlich ihren Teil, amüsierten sich köstlich und klatschten Beifall, als wir ankamen.» Es war auch nicht so einfach, sich gerade jetzt loszulassen, wo sie doch wussten, dass anschließend die Heimfahrt bevorstand. Aus den Augen bedeutete jedoch nicht aus dem Sinn, es gab ja das Telefon, um sich die schönen Augenblicke und den anderen in Erinnerung zu rufen. Außerdem: So weit entfernt wohnten sie dann doch nicht. Was sind schon achtundzwanzig Mark gegen dieses Prickeln im Bauch? So viel hatte Andrea für eine Rückfahrkarte mit der Bahn zu zahlen, spezieller Wochenendtarif, mit der sie von Hanau nach Heidelberg fuhr, kaum dass drei Wochen der Trennung vergangen waren.

Ehe sie eintraf, amüsierte sich Boris noch einen Tag lang mit seinem Freund «Pötti», jenem Christian Pöttinger, mit dem er des Öfteren als Partner Doppel spielte. Der mit ihm eine Zeit lang im Badischen Leistungszentrum Leimen trainierte. Der fast zwei Jahre älter ist als er und von Elvira Becker hin und wieder, meist vor längeren Turnierreisen, gebeten wurde, ein bisschen auf ihren Sprössling zu achten. Und der bald miterleben musste, wie ihn der Jüngere als Tennisspieler erst leistungsmäßig und dann in der Rangliste überholte. An den engen Banden zwischen ihnen änderte das jedoch lange nichts, da Pöttinger den Sport mit weit weniger Verbissenheit betrieb und reif genug war, Boris seine Erfolge ohne Neid zu gönnen. Wenn es darauf ankam, hielten sie zusammen wie zwei Brüder. Über ihr Treiben an besagtem Tag berichtete Boris in einem Brief: «Jetzt am Montag war ich bei ‹Pötti›. Wir haben Karlsruhe unsicher gemacht. Eine neue Platte habe ich mir bei ihm auch gekauft: ‹Body Wishes› von Rod Stewart. Super! ...» Möglicherweise handelte es sich um den gleichen Besuch, der auch dem Freund in Erinnerung geblieben ist: «Er übernachtete bei mir. Abends konnten wir kaum ein Ende finden, wie das so ist in dem Alter. Also gingen wir zuerst ins Kino und danach noch in die Disco. Es muss gegen drei Uhr gewesen sein, als wir nach Hause kamen. Um diese Zeit wollte ich meine Eltern natürlich nicht mehr wecken, darum bat ich Boris, im Hausflur das Licht anzuschalten, damit ich das Schlüsselloch in der Wohnungstür finde. Und was machte er? Anstatt den Lichtschalter zu betätigen, griff er daneben und drückte einmal kräftig auf den Klingelknopf!» Aus Versehen, aber das war typisch für ihn.

Zu diesem Zeitpunkt lag der erwähnte Zeitungsartikel, den Andrea ausgeschnitten hatte, längst in einem Schrankfach ihres Zimmers, in dem sie von da an auch alle anderen Veröffentlichungen über ihren persönlichen Helden aufbewahrte, die sie in die Hände bekam. Wenn sie die Artikel aufmerksam gelesen hat, dürfte ihr klar gewesen sein, dass sie Boris in Zukunft nicht mehr allzu oft zu sehen bekommen würde. Nicht erst seit seinem Auftritt in Aschaffenburg prophezeiten ihm einige Sportjournalisten den Weg an die Spitze, wenngleich sie damit vorerst die deutsche meinten. «Spielerisch und technisch hat der Leimener schon jetzt das Niveau der besten deutschen Spieler», bescheinigte ihm der eine; «der ist jetzt schon besser als Borg in demselben Alter», erkannte ein anderer. Falsch lagen sie beide nicht, nur war der Weg noch nicht frei, hatte sich der Fünfzehnjährige doch die meiste Zeit mit einem anderen Problem herumzuschlagen: der Schule.

So richtig begeistert war er von der Paukerei wohl noch nie gewesen, jedenfalls können sich seine Lehrer nicht erinnern, dass er das Unternehmen Schule mit übermäßiger Hingabe betrieb. «Er war halt da und erledigte seine Pflichten, ohne jedoch besonders aufzufallen», berichtet Karin Weipprecht, die ihn an der Grundschule zwei Jahre als Klassenlehrerin betreute. Im Unterricht habe er sich meistens ruhig verhalten, in den Pausen deutlich lebhafter. Allerdings gehörte er nicht zu den Problemfällen, von denen es in der Klasse einige gab, selbst wenn er kaum eine Rauferei ausließ und häufig genug seinen Spaß daran fand, andere Schüler aus seiner Klasse zu foppen. Leidtragender manch zweifelhafter Späße war oftmals ein Mitschüler, der an Epilepsie litt und von Boris, aber im gleichen Maße auch von den anderen mitunter so lange gehänselt wurde, bis er vollends die Fassung verlor. In diesen Situationen konnte es geschehen, dass er sich einen Stuhl griff, ihn über seinen Kopf hob und lauthals ankündigte, einen damit zu erschlagen. Einmal eskalierte ein solcher Zwischenfall dermaßen, dass der Junge in seiner Aufregung dem Schulrat mit einem Messer drohte. Bei einer anderen Gelegenheit biss er einer Lehrerin in die Hand.

Eine Narbe trug auch der Schüler Boris aus dieser Zeit davon, allerdings ohne eigenes Zutun, wie seine ehemalige Lehrerin glaubt. Gleichwohl war das Malheur spektakulär genug, um einigen in Erinnerung zu bleiben. Eines Tages schlug ein Mädchen eine Glastür in der Turnhalle zu, ob absichtlich oder nicht – auf jeden Fall ein bisschen zu schwungvoll, sodass die Scheibe zersprang. Boris stand zufällig daneben und bekam das meiste ab. Einer der Glassplitter riss ihm die Haut am rechten Oberarm auf. Ausgerechnet rechts, der Rektorin fuhr ein gehöriger Schrecken in die Glieder, wusste sie doch, wozu er den rechten Arm nach der Schule so trefflich benutzte. Der Verletzte zeigte sich tapfer, keine Träne, und lief mit der Lehrerin zum nächsten Arzt, der die Schnittwunde mit wenigen Stichen nähte. Keine große Sache, auch wenn es zwickte, am nächsten Tag stand er wieder mit dem Schläger auf dem Trainingsplatz.

Einige Lehrer und Mitschüler in der Grundschule – bei der es sich übrigens um die gleiche handelte, die schon seine Eltern besucht hatten, direkt hinter dem alten Rathaus in Leimen – wussten von seinen sportlichen Ambitionen, die sich auf seine Leistungen allerdings noch nicht so niederschlugen, wie das anschließend am Gymnasium der Fall sein sollte. Was daran lag, dass sich das Trainingspensum noch im Rahmen hielt und er nur selten Turniere spielte, die während der Schulzeit stattfanden. Das eine wie das andere änderte sich mit fortschreitendem Alter und zunehmendem Erfolg. Bald trainierte er täglich zwei bis drei Stunden, manchmal noch länger, und zusätzlich am Wochenende, wenn keine Spiele anstanden. «Er gehörte fast schon zum Inventar, so oft war der da», sagt Wolf-Dieter Späth, den diese Besessenheit verblüffte. «So einen haben wir vorher nie gehabt und seitdem auch nicht wieder.» Wohlwollend unterstützte er ihn – könnte ja mal ein Großer werden, dieser Kleine! Dazu gehörte auch, dass Späth ab und zu bei der Schulleitung vorsprach, um für eine gewisse Toleranz zu werben. In einem offiziellen Schreiben des Badischen Tennisverbandes, in dem er darum bat, das aufstrebende Talent zu fördern, klang das ein wenig anders, gemeint war aber dasselbe: Bitte stellen Sie den Jungen frei, sooft es uns wichtig erscheint.

Bis zur achten Klasse war das noch nicht so häufig notwendig, da genügte meistens eine Entschuldigung für ein, zwei Tage, wenn er am Wochenende zu Turnieren oder Lehrgängen fuhr, die Elvira Becker stets vorher pflichtbewusst in der Schule abgab. Noch hielt sich der Sohn bei einem Notendurchschnitt von 2,8 bis 3,1 im gesunden Mittelfeld, ohne besonders aufzufallen. Noch galt er als Gleicher unter Gleichen, wenn er da war. Dann fuhr er mit Hartmut Renz, der in der Nachbarschaft wohnte und in seine Klasse ging, morgens kurz nach sieben Uhr mit der Straßenbahnlinie 3 von Leimen nach Heidelberg, keine halbe Stunde, bis zur Haltestelle Bergfriedhof, die sich gegenüber der Schule befindet. Amüsierte sich mit seinen Mitschülern im Französischunterricht über die Lehrerin, die einfach zu gutmütig war und deshalb nicht ernst genommen wurde, und quälte sich durch so manche Stunde des Erdkundelehrers, der vorzugsweise mit einem Overheadprojektor arbeitete und die Folien meistens schneller wechselte, als sie die Schüler abzuschreiben vermochten. Schließlich war er dann auch mit von der Partie, wenn es auf dem Nachhauseweg darum ging, den Schülern des Englischen Instituts ein Schnippchen zu schlagen. Von denen hielten die Helmholtzer nämlich nicht viel, unter anderem deshalb, weil die Privatschüler sich ihrer besseren und teureren Kleidung wegen brüsteten. Das sah dann so aus, dass Hartmut und Boris und ihre Freunde kurz vor der Haltestelle, an der die anderen einsteigen wollten, die Türöffner außer Betrieb setzten, sodass die Bahn ohne sie weiterfuhr ...

Hartmut Renz unternahm nicht nur die üblichen Schülerstreiche mit Boris, er war es auch, der sich in der Folgezeit zu einer wichtigen Stütze für ihn entwickelte. «Ich denke, wir waren die besten Freunde.» Eigentlich kannten sich die beiden, seit sie fünf oder sechs Jahre alt waren; damals trainierten sie zusammen im Schwimmclub Neptun, in dem auch ihre Väter Mitglieder waren. Vater Becker war in seiner Jugend aktiver Schwimmer gewesen. Er hatte es im Alter von sechzehn Jahren in seiner Paradedisziplin 200 Meter Schmetterling sogar bis in die Nationalmannschaft geschafft, wechselte dann aber zum Wasserball. Aus Boris' Zeit als Schwimmer existiert ein Foto, auf dem er neben Hartmut Renz und einem anderen Jungen in Badehose zu sehen ist; die Aufnahme entstand im Winter 1973 nach einem Nikolaus-Wettschwimmen. Mit stolzer Brust posiert er wie ein Sieger in der Mitte – tatsächlich hätte der Platz dem ein halbes Jahr jüngeren Hartmut gebührt, der nämlich war die Fünfzig-Meter-Freistil-Strecke am schnellsten geschwommen.

Eine Freundschaft entwickelte sich zwischen den Jungen so richtig erst am Gymnasium. Sie fiel mitunter ziemlich einseitig aus, zwangsläufig, als die Zeit herankam, in der Boris die halbe Welt bereiste, um Siege einzuheimsen. Selbst für Backgammon blieb ihnen da kaum noch Zeit. Sie hatten immer um zehn Pfennig pro Punkt gespielt. Und Boris war grantig geworden, wenn er verlor. Nicht wegen des Geldes, damit nahm er es nicht so genau. Es war die Niederlage, die ihn schmerzte, da konnte das Spiel noch so belanglos sein.

Aber gerade in dieser Phase konnte sich Becker auf seinen

Freund verlassen. Der unterstützte ihn, so gut er konnte, was die schulischen Belange betraf. Und das, obwohl er als Schwimmer selbst Leistungssport betrieb und wie Boris eine Doppelbelastung zu bewältigen hatte. «Ich gab ihm meine Hefte mit den Mitschriften, wenn er wieder gefehlt hatte, brachte ihm dann auch immer die Hausaufgaben vorbei, die wir manchmal gleich zusammen erledigten.» Boris revanchierte sich hin und wieder mit Musikkassetten, die er von seinen Reisen mitbrachte und dem Freund zum Überspielen überließ. Was mehr als bares Geld wert war, da es sich oft um Aufnahmen handelte, die es in Deutschland noch nicht gab – die neuesten Hits von Janet Jackson, Phil Collins, Elton John.

Um seine Freundschaftsdienste für den später so Berühmten machte Hartmut Renz niemals ein Aufhebens, auch dann nicht, als sich die beiden aus den Augen verloren und Boris den Kontakt schließlich ganz abbrach, weil er nun in einer anderen Welt lebte. Stets hielt Hartmut sich bescheiden zurück, wenn nachher Reporter vom Fernsehen und von Illustrierten erschienen, die von ihm wissen wollten, wie der Boris denn früher so war, auf möglichst spektakuläre Geschichten hoffend.

Auch Andrea hätte viel Geld mit ihrer Geschichte verdienen, hätte es leicht zu Schlagzeilen in unzähligen Zeitungen auf der ganzen Welt bringen können – hat sie aber nicht, wollte sie auch nicht; keinen Pfennig hat sie gesehen und keine Zeile verraten, bis heute. Es ist schon verblüffend, dass und wie es ihr gelang, die erste Liebe eines Mannes, der damals noch ein Junge war, geheim zu halten, dessen Leben sich seit über fünfzehn Jahren weitgehend in den Medien abspielt. Der sich in dieser Zeit nicht einmal einen Dreitagebart stehen lassen konnte, ohne dass es Blätter und Sender gab, die ihre Leser und Zuhörer aufforderten, darüber zu diskutieren. Boris, wie siehst du denn aus? Bei dem jeder neue Haarschnitt zu öffentlichen Spekulationen über mögliche psychische Hintergründe führte. Boris, lass die Haare wieder wachsen! Und den die Journalisten gleich zum ausgelaugten Tennisrentner schrieben, nur weil er sich in einem Fernsehinterview nicht genug konzentrierte und mehrmals verhaspelte, was genau genommen ja sein Markenzeichen war. Boris am Ende?! Der auf diese Art immer wieder Missverstandene stellte dazu einmal die These auf: «Ich muss halt vor aller Welt erwachsen werden, das ist das verdammte Problem.»

Noch einmal zur Schulzeit, als einige den Schüler Boris noch «Frosch» nannten, wegen seiner auffälligen Augen, die er von seiner Mutter geerbt hatte. Denn erst einmal wurden dort die Weichen gestellt, auch wenn die damalige Schulleitung von einem Extrastatus, den sie dem Gymnasiasten Becker zunehmend eingeräumt haben soll, heute nichts mehr wissen will. Dass sie ihn gar übermäßig bevorzugt haben könnte, weist sie entschieden von sich: «Nicht mehr als alle anderen auch, die gelegentlich fehlten, nicht nur Sportler, auch Kinder aus zerrütteten Familien.» Wenn er Arbeiten nicht mitschreiben konnte, weil er fehlte, was ab der achten Klasse häufiger vorkam, musste er auf andere Weise seinen Wissensstand nachweisen. Das geschah dann meist durch mündliche Überprüfungen.

Wie die bisweilen aussehen konnten, verdeutlicht ein Beispiel, das vom strengen Lateinlehrer Werner Pusch überliefert ist, der es verstand, Boris auszutricksen: Üblicherweise beorderte er zu Beginn seiner Stunde jeweils einen Schüler nach vorn, der sich einem mündlichen Vokabeltest stellen musste. Eines Tages kam auch Boris an die Reihe, der das Verhör recht passabel bestand, da er gelernt hatte. Dadurch wähnte er sich am nächsten Tag natürlich in Sicherheit – zweimal hintereinander kam noch nie einer dran –, hatte aber nicht mit Puschs strategischer Raffinesse gerechnet, der ihn erneut vor die Klasse zitierte. «Wieso denn ich schon wieder?», protestierte Boris und fühlte sich ertappt. «Wir müssen die Zeit nutzen, bist ja selten da», erwiderte der Lehrer lakonisch. Die genaue Anzahl der Fehltage ist heute nicht mehr zu eruieren, im Bundesland Baden-Württemberg werden Fehlzeiten nicht registriert. Dafür zählte der damalige Bundestrainer Günther Bosch mit, der Anfang Mai 1984 verriet: «Im letzten Jahr war ich mit Boris 142 Tage bei Turnieren unterwegs.» Der zweite Test in Latein ging übrigens in die Hose.

Natürlich verschwieg man an der Schule seine sportlichen Leistungen keineswegs. Bereits im Jahresbericht 1979/80 wurde dem Ausnahmesportler eine Seite gewidmet: «Ein großes Tennis-Talent besucht unser Gymnasium ... Erstes großes Aufsehen erregte Boris Becker durch seinen Sieg im 1. Nationalen Jüngstenturnier in Bad Salzuflen 1977 ...» Mit Elogen dieser Art wurde der Schüler auch in den Folgejahren bedacht. «Es ist ein Glücksfall, dass wir mit Boris Becker eines der hoffnungsvollsten Nachwuchstalente an unserer Schule haben», hieß es zwei Jahre darauf. 1983 widmete man ihm gleich zwei Seiten unter der Überschrift «Boris Becker: Auf dem Weg nach oben». Wobei sich der Text beinahe so las, als wollte da jemand seine außergewöhnliche Großzügigkeit rechtfertigen. Zunächst war von Beckers überragenden Erfolgen die Rede, dann davon, dass er und seine Eltern sich der verlockenden Angebote kommerzieller Agenturen erwehren müssten, ehe das Verdienst der Schule gebührend hervorgehoben wurde: «Der Besuch des Gymnasiums ist freilich nur möglich, weil Schulleitung und Kollegen bereit sind, in hohem Maße auf das sportliche Engagement von Boris Rücksicht zu nehmen. Erfreulich ist, dass Boris all diese Erfolge verkraftet, ohne Starallüren anzunehmen ...»

Besonders großzügig verhielten sich die Lehrer in der zehnten Klasse, als er durch die Teilnahme an Turnieren, unter anderem in New York, Köln, Miami Beach, Lippstadt, Buchholz, Kiel, Luxemburg und Monte Carlo, etwa zwei Drittel der gesamten Unterrichtszeit versäumte. Einerseits fiel es ihnen schwer, unter diesen Umständen sein Leistungsvermögen realistisch einzuschätzen. Bei allem Fleiß, den man ihm unterstellen mag – so war es schlicht unmöglich, den Stoff komplett zu bewältigen. Andererseits bestand im Kollegium zu diesem Zeitpunkt längst Klarheit darüber, dass er die Schule zugunsten einer Profikarriere verlassen würde, noch im selben Sommer. Auch wenn hinter den Kulissen zunächst eine zweijährige Pause in Betracht gezogen und vorsorglich ausgehandelt wurde – was, wenn der ersehnte Erfolg ausbleibt? –, glaubte niemand der Beteiligten ernsthaft an seine Rückkehr. Im Grunde ging es nur noch darum, ihm einen anständigen Abschluss zu verschaffen, die mittlere Reife nämlich. Einige Lehrer taten sich durchaus schwer und diskutierten mit dem Direktor, da es ihrem Berufsverständnis widersprach, das gewünschte Zeugnis ‹einfach so› auszustellen.

Ihre Bedenken klingen im Nachhinein verständlich, wenn stimmt, woran sich Tennispräsident Späth erinnert: «Der Junge stand zwischen Vier und Fünf, mehr auf der Kippe, zwischen Durchrutschen und Wiederholen.» Was an sich kein Wunder war und keineswegs als mangelnde Intelligenz auszulegen ist, da er die geforderten Leistungen ja gar nicht erbringen, eben die meisten Arbeiten nicht mitschreiben konnte. Wenn man es genau betrachte, so Wolf-Dieter Späth, der sich nicht nur auf Wunsch von Beckers Eltern um Sponsoren für deren Sohn bemühte, sondern selbständig auch das eine oder andere Problem mit der Schule aus dem Weg räumte, habe letztlich ein eingeschworener Männerbund geholfen, die Sache ins Lot zu bringen: «Ein Verantwortlicher der Schulleitung gehörte zu unserem Sonntagsdoppel beim Tennis. Vater Becker war meistens auch dabei.» Na ja, und der damalige Kultusminister Gerhard Mayer-Vorfelder habe schließlich seinen Segen gegeben, natürlich ohne es an die große Glocke zu hängen. Selbst wenn damals nicht alles mit rechten Dingen zugegangen sein sollte, der überragende Erfolg von Boris Becker habe den Beteiligten Recht gegeben. Eine andere, wenn auch pro forma vielleicht richtigere Entscheidung wäre demnach die falsche gewesen. So kann man es doch auch sehen.

Der vierzehnjährigen Andrea blieb hingegen nur eine Sichtweise, die eines Mädchens, das der ersten großen Liebe seines Lebens begegnet war. Das sich nun mit all jenen Gefühlen herumschlug, die Marius Müller-Westernhagen, der Musiker, der einmal ein guter Freund von Boris Becker werden und dann auf der Tribüne bei manchem Match mitfiebern sollte, zehn Jahre zuvor in dem so melancholischen wie treffenden Lied *Wir waren noch Kinder* nachempfand: «Du warst die erste Frau für mich/Ich war dein erster Mann/Wir sprachen auch von Hochzeit/In Schottland irgendwann/Ja, wir waren noch Kinder/Wir spielten einen Traum/Es kam der erste Bart/Ein zarter Flaum/Ja, wir waren noch Kinder/Von Angst noch keine Spur/Wir dachten damals wirklich/Es gäb uns nur ...»

Gut, in ihrem Fall gab es noch Tennis. Sie war selbst Sportlerin genug, um das nötige Verständnis aufzubringen für das, was mit ihrem Freund geschah. Obgleich sie nicht darauf gefasst war, in welch atemberaubendem Tempo sich dessen Karriere entwickeln und wie viele Stunden Sehnsucht ihr das bescheren würde. Bereits eines ihrer ersten Treffen mussten sie verschieben. Dafür tröstete sie der junge Gentleman mit einem Brief, den er am 1. September 1983 schrieb, um 21.09 Uhr begann, wie er neben dem Datum vermerkte (diese Exaktheit wird er in vielen Briefen beibehalten), und achtundvierzig Minuten später beendete: «Nachdem Du mir einen so netten Brief geschrieben hast, musste Ich Dir nun auch schreiben. Wie geht's? Mir geht's ‹na ja›. Teils super, weil ich am Samstag Morgen um 10^{00} nach New York fliege, teils schlecht, weil Ich am nächsten Mittwoch Dich nicht in Heidelberg begrüßen kann. Aber Ich hoffe, Ich werde es in New York während dem Match vergessen ...» Bevor er zu den Bekenntnissen kommt, die für die Freundin am wichtigsten sind, beschließt er ein paar Zeilen weiter: «Ab jetzt ist großschreiben bei mir out, verstehst du!» Um für sich tatsächlich die englische Schreibweise in die deutsche Sprache einzuführen, zumindest für den Moment, was ihm noch Schwierigkeiten bereitet, wie man an den Tintenkiller-Korrekturen nachträglich erkennen kann, die über die Jahre verblasst sind: «und da wäre noch etwas, du hast ja schon ein bild von mir, aber ich habe keins von dir. könntest du mir eins schicken, das wäre nett, damit ich dich auch ganz bestimmt nicht vergesse! daran kannst du auch sehen, dass du nicht eine von vielen bist, denn ich mag dich unheimlich! … ich hoffe, dass ich dich bald sehen werde und bleibe mir treu! Dein Boris … P.S.: aus New York schicke ich dir eine Karte und bringe dir vielleicht etwas nettes mit, o.k.! I love you, Je t'aime, Ich liebe dich.»

Darüber, dass ihre Zweisamkeit so oder so hintenan stehen musste, ließ er freilich von Anfang an keine Missverständnisse aufkommen. Er würde nur Zeit für sie erübrigen können, wenn alles andere erledigt war. Das andere, das waren seine täglichen Trainingsstunden, die Lehrgänge beim Deutschen Tennis Bund und zuvorderst der Plan der Coachs, ihn um den Erdball reisen zu lassen, damit er möglichst viele Turniere spielen konnte. Sich mit den Besten der Welt zu messen war für seine Entwicklung als Tennisspieler von Bedeutung, aber ebenso wichtig, um Punkte zu sammeln für die ATP-Weltrangliste. Erst eine gute Platzierung dort, und letztlich nur die, garantierte erquickliche Sponsoren- und bestimmt auch Werbeverträge. Zwar zahlten die Veranstalter bereits im Juniorenbereich passable Preisgelder und Siegprämien, für Normalbürger eher übertriebene Summen, aber Bares wurde stets reichlich benötigt – nicht zuletzt die Reiserei musste schließlich finanziert werden.

Den größten Batzen übernahm erst einmal der Deutsche Tennis Bund, der mit den Eltern Becker, die selbst zu wenig hatten, um die anfallenden Kosten aufwenden zu können, einen zweijährigen Ausbildungsvertrag abgeschlossen hatte. Von einem solchen profitierten auch die Familien anderer Nachwuchshoffnungen, wie die von Stefanie Graf zum Beispiel. Eine bis dahin einzigartige Erfindung im bundesdeutschen Sport, eine Vereinbarung, die leicht hätte aus der ehemaligen DDR stammen können, so sozial war sie gefasst. Sie nahm den Familien nicht nur sämtliche finanzielle Lasten ab, sondern garantierte – sollte es mit der großen Karriere nichts werden –, dass die Jugendlichen eine vernünftige Lehrstelle erhielten. Eingespielte Preisgelder sollten vom Tennisbund möglichst profitabel angelegt und später ausbezahlt werden. Dennoch scheiterte das Projekt. Findige Juristen kamen bald darauf, dass der Kontrakt nicht ganz den Vorschriften entsprach, da er mit den Erziehungsberechtigten abgeschlossen worden war, die Gegenleistungen aber von den Spielern einforderte und sie im Erfolgsfall auch begünstigte. In den Verträgen war übrigens auch ein Passus formuliert worden, wonach der Tennisbund demjenigen eine Million Mark zu zahlen hätte, dem es gelingen würde, auf den Thron zu steigen, Platz eins der Tennisweltrangliste zu erobern. Dieser Betrag kam den Funktionären tatsächlich utopisch vor, eine Dimension wie diese war ihnen bisher verschlossen geblieben. Deshalb waren sie über die folgende Annullierung der Vereinbarung im Grunde nicht unglücklich. Bald jedoch mussten sie dazulernen, auch was den möglichen Marktwert von Tennisstars betraf.

Das alles sorgte für eine klare Rollenverteilung in der noch jungen Beziehung: Boris reiste und spielte und reiste, die Freundin besuchte das Gymnasium, spielte – und wartete, das vor allem. Dem entsprach es dann auch, dass meist sie es war, die in den Zug stieg, um ihren Freund zu besuchen, der auf dem Papier ebenfalls noch als Schüler geführt wurde, sich aber eher wie ein Tennisprofi gerierte. Das erste Mal noch in jenem Spätsommer 1983, als sie zum Antrittsbesuch nach Heidelberg fuhr und am Bahnhof von Boris und seiner Mutter in Empfang genommen wurde. Von da aus steuerte Elvira Becker, noch etwas zögerlich, da es ihr offenkundig an Fahrpraxis mangelte, ihren Golf durch die Heidelberger Innenstadt, die Landstraße 594 entlang nach

Leimen, einmal quer durch, bis sie zur Nußlocher Straße 51 gelangten. Boris und Andrea saßen derweil auf der Rückbank und hielten sich bei den Händen.

Das Mehrfamilienhaus, das die Beckers zehn Jahre zuvor hatten bauen lassen, beherbergte ihre Wohnung im ersten Geschoss, vom Treppenaufgang rechts – vier Zimmer, Küche mit Essbereich, Diele, Bad. Unmittelbar darunter befinden sich mehrere Büroräume, darin betrieb Karl-Heinz Becker eine Bauleitungsfirma.

Den schönsten Blick gab das Wohnzimmerfenster frei – von dort sah man ins Grüne, Richtung Hang, auf dem sich der Friedhof befindet. Daneben schlängeln sich ein Dutzend Straßenzüge den Berg hinauf, auf dem sich Leimens teuerste Wohngegend befindet. Luftlinie keinen Kilometer entfernt, irgendwie zum Greifen nah, aber doch unendlich weit entfernt für die Beckers. Noch, aber nicht mehr lange. Denn eines Tages werden sie dort oben in bester Südhanglage, Im Schilling, ein großes Grundstück kaufen – tausend Quadratmeter für 1,2 Millionen Mark, erzählten sich die Leute im Ort – und das daneben gleich noch mit, damit niemand die schöne Aussicht verbaut. Sie werden eine großzügige Villa darauf errichten lassen, die Vater und Tochter Becker selbst entworfen haben. Und die sich von den anderen in der Straße abhebt mit einem auffälligen Turmzimmer, das weithin sichtbar ist, mit einer Musikanlage im Badezimmer, die sich einschaltet, wenn man den Toilettendeckel hebt, mit einer Überwachungskamera über dem Eingang und einem großen Namensschild am schwarzen Briefkasten. Sie werden im Garten einen Springbrunnen installieren, in dessen Mitte ein Tennisspieler beim Aufschlag nachgebildet ist. Und danach werden sie in der Stadt wieder neue Gerüchte hören, weil niemand so recht glauben will, was Karl-Heinz Becker früher oft verkündete: «Ich habe nicht vor, künftig vom Einkommen meines Sohnes zu leben.» Plötzlich wissen alle etwas anderes, und alle wissen es besser, auch, wie teuer der Prachtbau war: eineinhalb Millionen, drei mindestens, vielleicht sogar vier! Das war schon ein Thema, wenn es gerade kein anderes gab.

Andrea blieb zwei Tage und zwei Nächte, das hatten sie so ausgemacht. Keiner Abmachung bedurfte es dagegen, dass die jungen Leute tun und lassen konnten, wonach ihnen der Sinn stand. Es herrschte eine Art friedlicher Koexistenz zwischen Boris und seinen Eltern, die nicht verhehlten, dass sie mitunter ihre liebe Not mit der Erziehung des Sohnes hatten. «Durch seine häufigen Reisen hat Boris früh Eigenverantwortung entwickeln müssen», schrieb Karl-Heinz Becker im Dezember 1984 in einem Artikel für die *Welt am Sonntag.* «Meine Frau und ich waren oftmals in einer Zwickmühle. Auf der einen Seite hatten wir ein Kind, dem wir abends um neun Uhr sagen mussten: ‹Geh jetzt ins Bett.› Auf der anderen Seite brachte ich ihn am nächsten Morgen nach Frankfurt zum Flughafen, und er flog allein in die große Welt.»

Obwohl die Eltern für das Mädchen, das war sie ja noch, einen Schlafplatz im Zimmer der Tochter Sabine vorgesehen hatten, dort stand ein Doppelstockbett, schlich es sich nachts in das Zimmer von Boris, der in seinem Bett bereits wartete … Am nächsten Morgen war auch das geklärt, stillschweigend, die Eltern protestierten nicht. Tagsüber verbrachten sie die Zeit nicht ganz so kuschelig; einmal besuchten sie Großmutter Helena zum Kaffee, die in der Bergstraße wohnte, auf der anderen Seite des Ortes. Die meiste Zeit hielten sie sich jedoch in der Wohnung auf, in der guten Stube, wo der Fernseher stand. Elvira Becker störte die beiden nicht, ihr Bereich war die Küche, dort bereitete sie abwechselnd Mahlzeiten vor oder zu. Ihr Sohn mochte am liebsten gefüllte Paprikaschoten mit Reis, so, wie sie die Mutter anrichtete. Unschlagbar waren für ihn auch ihre Backkünste, besonders in der Vorweihnachtszeit, wenn sie Vanillekipferl backte.

Vater Becker ließ sich ab und zu blicken, gern präsentierte er den Aktenordner mit den gesammelten Zeitungsberichten. Nahm er die Fotosammlung noch hinzu, konnte darüber leicht ein Vormittag vergehen. Boris saß dabei, ohne viele Worte zu verlieren, er genoss die Verehrung im Stillen. Ein anderes Mal kramte Karl-Heinz Becker Videokassetten hervor, ehe er wieder in seinem Büro verschwand. Einige davon hatte er aufgenommen, als Boris noch sehr klein war. Sie beweisen, dass es dem Jungen bereits mit drei, vier Jahren gelang, einen Tennisschläger halbwegs fachgerecht zu halten, wenngleich das Racket nicht den üblichen Normen entsprach. Da der Steppke noch zu klein war für die gängigen Modelle, hatte der Vater einfach den Griff eines alten Holzschlägers abgesägt.

Überhaupt gehörten Videos und das Fernsehen zu den Lieblingsbeschäftigungen des jungen Boris, wenn er sich entspannen wollte. Er saß gern und lange vor dem Fernseher. «Ich war extrem», bekannte er später. «Unter der Woche durfte ich nur die Vorabendserien anschauen, am liebsten *Bonanza*, da fand ich Hoss Cartwright am besten ... Um 19 Uhr hat mein Vater Nachrichten gesehen, um Punkt 19 Uhr 30 gab's Abendbrot. Am Wochenende saß ich den ganzen Tag vor der Glotze, zwölf Stunden nonstop. Ich habe es geliebt. Ich konnte dir am Montag sagen, wann welche Filme am Sonntag laufen. Die besten Sendungen habe ich in der Programmzeitschrift dick unterstrichen.» In Cowboyfilme sei er vernarrt gewesen, Gary Cooper war sein Held, *High Noon* sein liebster Film.

Mit der Zeit bevorzugte er härtere Streifen. Mit den Videofilmen, die er jetzt Andrea vorführte und später anderen, auf denen er selbst zu sehen war – auf dem Tennisplatz, bei einer Siegerehrung, im Skiurlaub –, vermochte er ohnehin nicht viel anzufangen. Sosehr er in seinem Innersten davon überzeugt war, als Sportler eine gute Figur abzugeben, hätten ihn die Bilder auf Dauer gelangweilt. Obwohl es sich um das eigene Leben handelte, war es ja doch nur eine Wiederholung, also bestenfalls ermüdend. Dann lieber Actionfilme mit Rambo und Rocky, Mad Max oder eisenharten Kriegern in Vietnam, die waren seine Leidenschaft. Und bei denen duldete er auch Wiederholungen, weil sie im Grunde eine einzige Wiederholung waren, aber zugleich auch einen ganz bestimmten Zweck erfüllten. Der heranwachsende Tennisspieler hatte in diesen brutalen Filmen intuitiv etwas entdeckt, das ihm nützen konnte. Eine spezielle Form von Aggressivität nämlich, die viele verabscheuen, die auf ihn aber – besonders vor einem Spiel – geradezu ansteckend wirkte, wie er seinem besten Freund aus dieser Zeit erzählte. Die sein Gehirn in Motivation transformierte und damit seiner Psyche den notwendigen Kick verschaffte.

Am besten funktionierte das, wenn er sich die Szenen ansah, in denen Profiboxer Rocky bis zur völligen Erschöpfung für den Kampf der Kämpfe trainierte. Boris faszinierte, wie sich Sylvester Stallone in eine Art Mensch gewordene Kampfmaschine verwandelte. Er sah seine schmerzverzerrten Gesichtszüge, die energisch pulsierenden Muskelberge, Sturzbäche voller Körperschweiß – und empfing die Message, die einzig gültige: Sieg! Sieg! Sieg! Ich kann jeden bezwingen! Das inspirierte ihn, das stimulierte ihn, das putschte ihn auf. Und es war ein bisschen so wie bei BB, Björn Borg, seinem großen Idol. Jedes Mal, nachdem er dessen Matches im Fernsehen gesehen hatte, verspürte er einen starken Drang, selbst auf den Platz zu gehen, um den Filzball übers Netz zu jagen, mit der gleichen Perfektion – Aufschlag, Vorhand, Rückhand. «Dann musste ich raus. Und ich wollte die Schläge so bringen wie er.»

Eine Motivationshilfe anderer Art musste mitunter vor seinen Einsätzen als Daviscup-Spieler herhalten, so zum Beispiel 1985 in Sindelfingen. Bevor die Mannschaft auf den Platz ging, sahen sich die jungen Männer gemeinsam ein Sexvideo an. Das sei so üblich, sie seien eine tolle Truppe, da könne man so etwas schon machen, vertraute Becker anschließend Freunden an, die nicht wussten, ob er nur angeben wollte. Das war mitunter schwer einzuschätzen. Einmal erzählte er sogar, dass er Wachstumshormone gespritzt bekäme, damit er nicht so klein bliebe wie Vater und Mutter. Die Sache mit dem Video stimmte jedenfalls, dessen Wirkung indes war zumindest zweifelhaft. Den letzten Beweis blieb er schuldig, denn während er damals sein erstes Match gewann, musste er sich im zweiten geschlagen geben.

Es imponierte Andrea, dass Boris ohne Voranmeldung, selbst am Wochenende, einfach so im Leimener Tennisleistungszentrum einen Platz belegen durfte. Das kannte sie nur von den Profis, aber war ihr Freund nicht auch schon einer? Manchmal gingen sie gemeinsam dorthin; ihr bereitete der Aufschlag Probleme, für Boris war es die Paradedisziplin. War schon toll, diesem Jungen zuzusehen, wie er den Ball hochwarf, mit dem ganzen Körper Schwung holte, die Knie leicht beugte, um dann wie eine Feder gleichzeitig nach oben und nach vorn zu schnellen, während er mit dem Racket der Filzkugel wuchtig die Richtung gab. Mit einer Geschwindigkeit wie kaum ein anderer in seinem Alter konnte er die Aufschläge übers Netz feuern, in einem Match reihenweise Asse platzieren, wenn es gut lief. Und wie die wenigsten seiner Kontrahenten war er von einem Siegeswillen besessen, der ihn in ausweglosen Situationen zu Höchstleistungen trieb, zuweilen aber auch an den Rand der völligen Verzweiflung. «Er wollte immer gewinnen», weiß sein früherer Trainer Boris Breskvar, der sein Talent zuerst erkannte – da war sein Schützling sechs. «Nur Siege zählten für ihn.» Wenn er im Training zurücklag, wollte er so lange spielen, bis er gewonnen hatte.

«Wie er schon lief», meint Andrea, die seine Körpersprache zu deuten versuchte. «Er ging nicht wie die anderen, er schritt erhobenen Hauptes, den Rücken durchgedrückt.» Auf diese Weise habe er sehr selbstbewusst gewirkt – beinahe majestätisch für die einen, ein bisschen arrogant für die anderen – und konnte so manche Fauxpas in Sachen Kleidung und Frisur kompensieren, die ihm regelmäßig unterliefen. Seine Erscheinung wirkte zum Beispiel auch dann noch, wenn ihm ein Hemdzipfel aus der Hose hing – weil er stets so auftrat, als würde er es ganz bewusst so und nicht anders tragen. Eine Ledermütze, die ihm die Frau des französischen Tennisstars Yannick Noah schenkte, schien er eine Zeit lang gar nicht mehr vom Kopf zu nehmen, obwohl sie ihm nicht stand; selbst zur Badehose trug er sie. Zu einem ansehnlichen Outfit fand er eigentlich erst, nachdem ihm Barbara Feltus begegnete, seine spätere Ehe- und jetzige Exfrau.

Nur wer ihn aus der Nähe erlebte, konnte tiefere Einblicke gewinnen. Zum Beispiel, dass er oft unruhig und nervös wirkte – kaute er deshalb an seinen Fingernägeln? –, regelrecht aufgekratzt, als würde ihn etwas bedrücken. Und auch, dass es ihm schwer fiel, längere Zeit still zu sitzen.

Wer ihm noch näher kam, so wie Andrea, durfte ihn sogar bei seinen täglichen Ritualen beobachten, von denen er einige mit fünfzehn schon pflegte. Eines davon spielte sich vor einem großen Spiegel in der elterlichen Wohnung ab. Er stellte sich davor und übte mit seinem rechten Arm abwechselnd die Bewegungen für Vorhand- und Rückhandschläge. Dabei bewies er im Gegensatz zu sonst reichlich Ausdauer, diese Übungen konnten schon mal dreißig bis sechzig Minuten dauern oder noch länger. Er sah sich dabei ständig im Spiegel zu, um eine unkorrekte Haltung sofort korrigieren zu können. Zwischendurch strich er sich betont lässig durch die Haare, von rechts nach links, so wie er seinen Scheitel kämmte. Dabei sprach er mit seinem Spiegelbild, halblaut, aber in energischem Tonfall: «Ich bin der Größte! … Keiner kann mich schlagen! … Ich werde die Nummer eins! …» Auf das Prozedere verzichtete er auch während seiner Reisen nicht. Dann vollzog er diese Trockenübungen im Hotelzimmer, einen Spiegel gab es da immer. Einige seiner Trainer, die ihn später betreuen sollten, berichten, dass er auch andernorts die Bewegungen seiner Schlaghand trainierte, beim Spazierengehen, auf dem Flughafen, einfach so, immer, wenn ihm danach war, manchmal auch, wenn er nach dem richtigen Gefühl in seinem rechten Arm suchte. Das richtige Gefühl – darauf kam es an!

Irgendwann schenkte Boris seiner Freundin einen Zettel, der ihr das ganze Ausmaß eines Dilemmas vor Augen führte, das letztlich ihr eigenes war, weil sie vielleicht spürte, dass ihr aus den Händen glitt, was sie noch gar nicht recht zu fassen bekommen hatte. Für ihn war das Leben in Bewegung geraten und hatte eine Geschwindigkeit aufgenommen, die ihm nicht wirklich Zeit ließ für die kleinen Dinge des Lebens. Neben dem Tennis verloren alle anderen Belange an Gewicht – nicht nur die Schule und das familiäre Miteinander zu Hause, auch eine erste zarte Liebe. Bald wird er Journalisten sagen: «Ich würde jedem Mädchen davon abraten, meine Freundin zu werden. Das ist kein leichtes Leben.» Aber anders konnte es auch gar nicht funktionieren. Wer wie er nicht nur erfolgreich Tennis spielen, sondern ganz oben, bei den Besten mitmischen will, bedarf mehr als einer perfekten Technik, eines außergewöhnlichen Spielwitzes und gesunden Selbstvertrauens – der muss über mentale Fähigkeiten verfügen, die ihn von den meisten anderen Menschen unterscheiden. Was ihn auszeichnen muss, ist der unbändige Wille, sein Ziel zu erreichen und dafür ausnahmsweise alles hintanzustellen.

Boris Becker besaß diesen Willen. Und er hatte eine klare Vorstellung davon, wie er seinem Ziel näher kommen würde. Dazu gehörten eben die elf Jugendturniere und sechs Cup-Wettkämpfe, die Trainingslager und Bundesligaspiele, die auf jenem DIN-A4-Blatt für 1984 kalendarisch vermerkt waren, das er Andrea gab, um sie teilhaben zu lassen an seiner Jahresplanung. Daraus konnte sie ersehen, wie oft – vielmehr: wie selten – eine reelle Chance bestehen würde, mit ihm zusammensein zu können: Turniere in Wien und Tunis im März, dazwischen die Deutschen Hallenmeisterschaften in Kiel, im April Reisen nach

Monte Carlo, München oder Lissabon, das stand noch nicht fest, in den folgenden Monaten Auftritte in Hamburg, Paris, Venedig, Dortmund, London, Kitzbühel, Brüssel, Basel, Köln, Stockholm, Oslo, Kopenhagen.

Trennungen, nichts als Trennungen, der Preis des Erfolges. «Ob du mir es glaubst oder nicht», schrieb er Anfang März in einem Brief an sie, «ich habe im Moment so wenig Zeit, dass ich selbst sauer bin deswegen ... Ich glaube, dass unsere Beziehung jetzt auf eine schwere Probe gestellt wird. Ich bin sehr viel weg. Wir sehen uns lange nicht ...» Seine Zeilen beschließt er mit einem für einen Fünfzehnjährigen beachtenswerten Zitat: «Ein schlauer Mensch namens Jean Paul hat einmal gesagt: ‹Die Erinnerung ist das einzige Paradies, aus dem wir nicht vertrieben werden können.› Und das stimmt! ...»

Besser wurde es auch im folgenden Jahr nicht; im Gegenteil, nun reiste er noch häufiger, meistens ins Ausland. Die neuen Termine schrieb er diesmal eigenhändig auf einen kleinen Zettel: «1.–6. 1. 85 Birmingham, 7.–12. 1. 85 Portland, 13.–17. 1. 85 New York, 18.–26. 1. 85 Philly [Philadelphia], 27. 1.–2. 2. 85 Memphis, 3.–16. 2. 85 Delray Beach, 17.–24. 2. 85 La Quinta, 25. 2.–3. 3. 85 Leimen, 4. 3.–10. 3. 85 Daviscup, 11.–17. 3. 85 Brüssel oder Frankfurt, 18.–24. 3. 85 Rotterdam, 25.–31. 3. 85 Mailand, 1.–7. 4. 85 Monte Carlo ...» Selbst wenn er nicht überall dort spielen würde, Andrea war natürlich noch zu jung, um jedes Mal mitreisen zu können. Das wäre so auch nicht infrage gekommen, da sich Boris auf seinen Sport konzentrieren sollte und wollte. Eine derartige Ablenkung stand weder für seine Trainer noch für ihn zur Debatte. Eine ständige Begleiterin – undenkbar. Deshalb blieben ihnen die flüchtigen Momente. Einmal schickte er ihr Karten für ein Daviscup-Spiel, ein andermal trafen sie sich während eines Jugendturniers in Kiel, an dem sie mit ihrer Mannschaft teilnahm; zwischendurch kurze Wochenenden in Leimen, selten besuchte Boris sie bei ihren Eltern in Hanau.

«Da kommt ja wieder das Äffchen», sagten die dann und meinten es liebevoll.

Derweil beschäftigten Andrea noch andere Gedanken: Sie wollte, dass er etwas von ihr bei sich trug, wenn sie sich schon nur so selten sehen konnten. Das war lieb gemeint, entsprang aber auch ein bisschen dem Wunsch, nach außen hin Zusammengehörigkeit zu dokumentieren, das junge Glück festzuhalten. Ein wenig eifersüchtig war sie wohl auch, hatte Boris ihr gegenüber doch beim ersten Besuch in Leimen von einer hübschen Balletttänzerin geschwärmt, deren Wohnung er vom elterlichen Wohnzimmer aus sehen könne. Es war ja auch nicht leicht für Andrea, besonders dann nicht, wenn sie in der Zeitung von anderen Frauen lesen musste, mit denen ihr Boris angeblich eine Affäre unterhielt. Die ersten Sensationsgeschichten dieser Art kamen Anfang 1985 auf. Sogar harmlose Fotos, die ihn mit seiner ehemaligen Mitschülerin Bettina zeigten, mussten für abenteuerliche Spekulationen um eine «heimliche Liebe» herhalten, an denen nun wirklich nichts dran war, wie die Betreffende versichert. Dass sie groß in einer Zeitung abgebildet wurde, ohne dass sie jemand um Erlaubnis fragte, findet sie noch heute ungehörig. Seitdem, sagt sie, meide sie dieses Thema konsequent.

Namen tauchten immer mal wieder auf; irgendwann war es die amerikanische Tennisspielerin Susan Mascarin aus Grosse Pointe in Michigan, drei Jahre älter als er, die ihm den Kopf verdreht haben sollte. «Susan mit den langen Beinen brachte ihm die Liebe bei», skandierte eine Boulevardzeitung noch Jahre später, als sie eine Serie über seine sportliche Karriere abdruckte. «Jeder Junge darf sich verlieben, die erste Nacht ... nicht nach Hause kommen, ein Mädchen erobern und verlassen ... Boris hat das alles nie gedurft.» Schön gedichtet, nur stimmte es nicht. Die Begegnung mit Andrea war anfangs nicht anders verlaufen, als das bei Jugendlichen üblicherweise der Fall ist. Da war er noch nicht der Star, da konnte er mit ihr noch unbehelligt in ein Café gehen, da beobachteten ihn die Journalisten höchstens auf dem Tennisplatz – und das nur, wenn er Glück hatte. Obwohl er Susan betreffend nachher einräumte: «Gut, geküsst hab ich sie vielleicht auch, aber ich habe auch andere geküsst», war sie zumindest nicht die Erste gewesen.

Bei anderer Gelegenheit kamen andere Mädchen im gleichen Zusammenhang in den Medien vor, aber Boris sagte jedes Mal zu Andrea: «Glaub den Quatsch bloß nicht. Die schreiben doch eh, was sie wollen.» Aus heutiger Sicht erscheint ihr die Gutgläubigkeit etwas naiv, damals aber vertraute sie ihm. Gemeinsam beschlossen sie, dass Ringe doch eine schöne Sache wären, sie könnten jeder einen tragen und sich dadurch stets aneinander erinnern. Daraufhin brachte Andrea fünfhundert Mark von ihrem Ersparten zu einem Juwelier, der ihr dafür zwei goldene Ringe verkaufte, in die sie ihre Namen eingravieren ließ – den von Boris in einen Ring, ihren eigenen Namen in den anderen.

Als Boris dann zum ersten Mal in Wimbledon triumphierte, trug er das liebevoll ausgewählte Schmuckstück noch immer bei sich, durch die Fernsehkameras für jeden sichtbar, an einer goldenen Halskette, die ihm seine Eltern geschenkt hatten. Wenn das kein Zeichen war, das Symbol ihrer Liebe! Andrea erkannte den Ring sofort, auch wenn ihr Boris im selben Moment fremd zu sein schien. Eineinhalb Monate zuvor hatte er sich das letzte Mal bei ihr gemeldet, mit einem Brief. Sie hatte ihn gelesen und danach geweint. Aber das musste wohl so kommen.

ZWEITES KAPITEL

Trio Triumphale

Was soll ich denn mit dem anfangen?»

«Der ist wirklich gut ...»

«Sag mir: Wie soll ich so einen vermarkten? Guck dir den doch mal an, wie der aussieht.»

«Okay, der sieht komisch aus, aber ...»

«Ach, lass! Du hast keine Ahnung. Aus dem wird doch nichts.»

Die beiden Herren, die am Rande des Platzes mit der Nummer zwölf im Country & Tennis Club von Monte Carlo standen, feuerten sich die Sätze um die Ohren, wie das die zwei Spieler vor ihnen auf dem Court mit den Bällen taten. Der eine wollte punkten, möglichst ein As schlagen, den anderen überzeugen – sein Gegenüber aber retournierte, wehrte energisch jedes Argument ab, ehe es so richtig zur Sprache kam. Das wirkte für einen unbeteiligten Beobachter wahrscheinlich ziemlich unfreundlich, war aber gar nicht so gemeint. Der harsche Ton lag nur darin begründet, dass beide klare Worte schätzen, nicht gern um den heißen Brei herumreden, sondern am liebsten direkt zur Sache kommen. Das wusste jeder vom anderen, schließlich kennen sich die beiden seit ihrer Kindheit. Sie hatten in derselben Stadt gewohnt, in derselben Straße, waren zusammen aufgewachsen, so etwas verbindet.

Vielleicht hätten sie sich auf ein Unentschieden einigen sollen, das wäre in jedem Fall die fairste Lösung gewesen. Auf den ersten Blick behielt zwar der von ihnen Recht, der sich über das

Aussehen mokierte, über die verschmutzte Kleidung und das Gejammere des Jungen, der den weißen Sport wahrlich alles andere als elegant zelebrierte, sich eher wie ein Berserker benahm. Wer jedoch länger und genauer hinsah und den jungen Wilden näher kannte wie derjenige, der ihn jetzt anpries, wusste es besser. Der wusste, dass er tobte, weil er Fehler hasste, die eigenen am meisten, unbedingt gewinnen wollte, wusste, dass er sich die Knie aufschlug, weil er noch Bälle zu erreichen trachtete, die andere schon für verloren hielten. Wenn dafür Beweglichkeit und Schnelligkeit nicht hinreichten, dann eben per Hechtsprung. Was kümmerten so einen seine Hose und das Trikot! Ein Remis also, aber das gibt es beim Tennis nicht, da wird jedes Match so lange gespielt, bis der Gewinner feststeht. Das kann Stunden dauern; bei den beiden Herren nahm der Disput gleich mehrere Tage in Anspruch, allerdings mit reichlich Pausen.

Zu dem seltsamen Dialog kam es während eines Jugendturniers Anfang April 1984, in der Woche vor Ostern. Günther Bosch, der seit langem sein Geld als Trainer beim Deutschen Tennis Bund verdiente, aber bereits andere Pläne in seinem Kopf entwarf, hat ihn so in Erinnerung behalten. «Boris hatte in dem Spiel gerade eine Phase, in der er jammerte und weinte und wie ein Schwein aussah.» Das sind derbe Worte, nur muss man sie aus Boschs Mund hören, um sie richtig zu werten. Da klingen sie nicht nach Kritik oder Verachtung, vielmehr nach einer sachlichen Bestandsaufnahme, eine gewisse Sympathie keineswegs verhehlend. «Ja, ich bin Becker-verrückt», bekannte Bosch nicht nur einmal. Das nahm ihn ein für den Burschen, der sich jetzt auf den Sandboden warf, als lägen weiche Matten dort. Seinem Gesprächspartner bereitete es dagegen einige Mühe, so etwas wie Talent bei dem Jungen zu entdecken. Dass Bosch von seinem Spieler überzeugt war, auch in einer derartigen Situation, lag einfach daran, dass er solche schon oft genug erlebt hatte. Er zweifelte schon lange nicht mehr daran, unter seinen Eleven einen

Diamanten zu besitzen, dem nur noch der nötige Feinschliff fehlte. Und den wollte er ihm verpassen.

Günther Boschs beste Zeit beim Tennisbund lag bereits hinter ihm, als die denkwürdige Begegnung an der französischen Riviera stattfand. War dieses Treffen ein Versuch, seinem Leben eine neue Richtung zu geben? Wollte er alles aufs Spiel setzen, seinen sicheren Job, das Einfamilienhaus in Hemmingen, für das noch jahrelang monatliche Raten zu zahlen waren, und die Familie?

Boschs Biographie wird von einigen Personen, die seinen Weg für einen bestimmten Zeitabschnitt begleiteten, unterschiedlich interpretiert. Vor allem Enttäuschung spricht aus den Worten, die Richard Schönborn, lange Zeit Cheftrainer beim Deutschen Tennis Bund und damit dessen Vorgesetzter, für seinen ehemaligen Mitstreiter findet. Sie rührt aus der Vergangenheit, ihre Wurzeln stammen aus den Jahren Mitte der Siebziger, wenngleich es anfangs noch bestens lief zwischen ihnen. 1974 kam der gebürtige Siebenbürger Bosch als Kapitän der rumänischen Jugendmannschaft zum Galeacup – so etwas wie der Daviscup für Nachwuchsspieler – nach Saarbrücken. Offenbar fest entschlossen, seiner Heimat den Rücken zu kehren, auch auf die Gefahr hin, dass er für Jahre von seiner Ehefrau Rodica und der Tochter Christina getrennt leben müsste. Angeblich hatte er zuvor bei den Behörden im sozialistischen Rumänien einen Auswanderungsantrag gestellt, aber so kann es kaum gewesen sein, da sie ihn sonst sicher nicht zu dem Turnier geschickt hätten. Auf so etwas stand unter dem Diktator Nicolae Ceauşescu Gefängnis und kein Visum für den Westen. Tatsächlich aber nutzte Bosch den Aufenthalt in der Bundesrepublik, um sich schnell nach einer Trainerstelle zu erkundigen. Er fragte Wilhelm Bungert, den er seit ihrer gemeinsamen aktiven Zeit als Spieler kannte. Auch Schönborn erfuhr von Boschs Absichten, er sah sich gerade nach einem geeigneten Assistenztrainer um. Als Bosch klare Signale empfing, dass man sich in Tenniskreisen um ihn kümmern, ihn gegebenenfalls als Trainer unterbringen wolle, nahm er diese Zusicherung als Lebensversicherung und zerriss sein Rückflugticket.

Dass er einmal die besten deutschen Nachwuchsspieler bei Veranstaltungen wie der in Monte Carlo betreuen würde, hätte er nicht einmal zu träumen gewagt. Aber er kniete sich sofort hinein in seine Aufgabe, nachdem sie ihn damals aus dem Flüchtlingslager in Zirndorf holten, in dem er sich obligatorisch einzufinden hatte. «Da ich in Rumänien Staatstrainer war, bot man mir rund 1200 Mark Arbeitslosengeld an. Das war viel für mich. Davon hätte ich gut leben können.» Doch dem diplomierten Sportlehrer schwebte ein Job in seinem Fach vor, als Tennistrainer.

«Ich bin nie von jemandem so enttäuscht worden wie von ihm.» Schönborn macht das an persönlichen Erfahrungen fest, die das Verhältnis der beiden Männer zunehmend belasteten. Er rechnet vor, dass er ihm nicht nur den Posten als Bundestrainer verschaffte, auch bei der Suche nach einer Wohnung behilflich war und beim Kauf seines ersten Autos im Westen, eines Opel Kadett. Sogar einen Brief an den damaligen Außenminister Hans-Dietrich Genscher will er geschrieben haben, damit der sich beim rumänischen Staatsoberhaupt für die Ausreise von Boschs Ehefrau und Tochter einsetzte. Doch dafür habe sich Bosch bald mit Undankbarkeit und allerlei Intrigen revanchiert, die so weit geführt hätten, dass Schönborn 1978 seinen Job als Daviscup-Teamchef an ihn verlor. Bosch freilich sieht das anders, er führt seine Karriere ausschließlich auf seine Fähigkeiten zurück, auf das Vermögen, eine Mannschaft formen und zu Höchstleistungen motivieren zu können.

Sticheleien kamen von beiden Seiten, der eigentliche Auslöser ist heute nicht mehr zu ermitteln. Während Schönborn hinter vorgehaltener Hand die angeblich veralteten Trainingsmethoden seines Bundestrainers kritisierte, gelangte dieser wiederum zu der Erkenntnis, dass es unsinnig sei, bundesweit Richtlinien für ein einheitliches Tennistraining auszugeben, wie es sein Chef gern propagierte. Und dann sei Schönborn auch lieber in den Urlaub gefahren, anstatt während der Vorbereitung auf wichtige Cupspiele bei der Mannschaft zu weilen. Dritten zufolge stimmte von den Behauptungen der beiden jeweils etwas, aber nichts richtig. In der Führungsriege des Deutschen Tennis Bundes registrierte man einen fortwährenden Konkurrenzkampf, bei dem keiner der Kontrahenten sonderlich zimperlich vorgegangen sein soll.

Irgendwann sind es nur noch die Ergebnisse, die zählen, auch im Tennis. Und die sprachen Anfang der achtziger Jahre gegen Günther Bosch – als Teamchef trug er die Verantwortung, auch wenn es die anderen waren, die sich daneben benahmen. Die entscheidende Phase, sagt er, sei 1982 eingetreten, als die Daviscup-Mannschaft in Prag für ein Debakel sorgte, nicht einen einzigen Punkt nach Hause brachte und auch ansonsten wenig sportlich auftrat. «Danach war ich zum Abschuss freigegeben.» Den Posten verlor er, nicht aber den Arbeitgeber und das Amt des Bundestrainers, auch nicht seine Ideen. Kurz darauf präsentierte er dem Tennisbund ein neues Konzept, das zumindest die überzeugte, die zu entscheiden und das notwendige Geld zu bewilligen hatten, wenngleich auch andere glaubten, dass sie damit aufs falsche Pferd setzten.

Bosch plante einen kleinen Wanderzirkus. Mit vier Nachwuchsspielern, alle Jahrgang 1966 oder 1967, wollte er um die Welt reisen und an den wichtigsten Turnieren teilnehmen, um sie in der Auseinandersetzung mit internationalen Spitzenspielern zu schulen. Dafür wählte er die aus dem Kader aus, die er für die Besten hielt, denen er eine Erfolg versprechende Entwicklung zutraute und deren Eltern dem Unterfangen ihren Segen gaben. Udo Riglewski gehörte dazu, Patrick Kühnen und Carl-Uwe

Steeb. Der Leimener Boris Becker komplettierte das Quartett, anfangs als Nummer vier – das muss ihn gewurmt haben. Bosch glaubt, dass es aber zugleich seine Chance war: «Dadurch hatte er jemanden vor sich, das spornte ihn an, besser zu werden als die anderen. Bis er sie alle überholt hatte. Er wollte immer der Beste sein.» Gemeinsam traten sie als eine Art Nationalmannschaft in ihrer Altersklasse an. Gelegentlich stieß Tore Meinecke als Doppelpartner hinzu, der spielerisch wohl das größte Potenzial besaß, sich aber für einen anderen Weg entschieden hatte. Bereits mit fünfzehn Jahren schlug er die Profilaufbahn ein, war hierzulande der Jüngste, gefordert und gefördert von seinem älteren Bruder, der in Personalunion die Rolle des Coachs und des Managers übernahm. Sicherlich in guter Absicht, nur nicht immer mit dem notwendigen Fingerspitzengefühl, dafür gelegentlich mit der allzu forschen Eigenart, Erfolge schon zu vermarkten, ehe sie sich einstellten. So musste ein Buch her über den kommenden Star – ihr werdet schon sehen, wenn wir erst in Wimbledon siegen! Daraus wurde jedoch nie etwas. Erst behinderten Motivationsprobleme seinen Aufstieg, dann beendete ein schwerer Unfall die Karriere. Heute verdient Meinecke sein Geld als Tennistrainer in der Nähe von Genf.

Dass es auch dezenter zugehen konnte in diesem Geschäft, bewiesen Karl-Heinz und Elvira Becker. Für das Ehepaar zählten noch andere Werte – der christlich-katholische Glauben zum Beispiel und eine intakte Familie, ehrliche Arbeit, das Kammerspiel und nicht die große Show. Der Rummel lag ihnen nicht, auf den konnten sie gut verzichten. Weniger auf den Sohn, der sich für sein Alter und ihr Verständnis viel zu selten in der heimischen Wohnung aufhielt. Sicher, es erfüllte sie mit Stolz, wenn er nach einer Tour mit einem Siegerpokal zurückkehrte. Aber manchmal wäre ihre Freude eben größer gewesen, wenn er gar nicht erst die Reise angetreten hätte. «Meine Frau leidet am meisten darunter, dass ihr Sohn ihrer Obhut entrissen ist», klagte Vater Becker bei mancher Gelegenheit, nicht nur im privaten Kreis, auch Journalisten gegenüber.

Damit hinkten ihre Wünsche den Tatsachen freilich längst hinterher so wie sie selbst dem entschwundenen Sohn. Aber das war es gleichzeitig auch, was sie sympathisch machte. Ob nun inszeniert oder nicht – sie gaben das Bild einer Familie ab, wie man sie sich hierzulande nicht perfekter vorstellen mag, brav und bürgerlich, bodenständig und bescheiden. Sie benutzten einfache Worte, wenn sie sich unterhielten, Superlative gehörten nicht zu ihrem Sprachgebrauch. Als sich ihr Filius im Dezember 1984, mit gerade siebzehn, in Melbourne bis ins Viertelfinale der Australian Open spielte und dadurch auf der Weltrangliste der Tennisprofis auf Platz 54 emporkletterte – das eine wie das andere eine kleine Sensation! –, legten Vater und Mutter Becker einmal mehr die gewohnte Zurückhaltung an den Tag und Wert auf die Feststellung, dass sie doch nur einen ganz normalen Jungen zum Sohn hätten. «Die Gefahr, dass ihm dieser Erfolg zu Kopf steigt, besteht nicht. Wir als Eltern werden ihn immer wieder daran erinnern, dass nach einem Hoch manchmal auch ein Tief kommt. Wir werden dafür sorgen, dass er nie den Boden unter den Füßen verliert.»

Selbst als Boris sich im Sommer darauf anschickte, in das Halbfinalspiel von Wimbledon einzuziehen – was ja nur eine Zwischenstation auf dem Weg zum Olymp darstellte –, diktierte Karl-Heinz Becker den aufgeregten Journalisten noch in den Block: «Ich habe kein Wunderkind, sondern ein ganz normales Kind.» Damit reagierte er auf englische Boulevardblätter, die sich seit jeher auf Heldengeschichten verstehen und mit entsprechenden Titulierungen vorgeprescht waren. Aber wer wollte so einen Satz drei Tage danach schon noch hören! Da waren sie dann plötzlich doch gefragt, die Superlative, wer hätte das gedacht!

Wie ein Champion sah dieser Becker wahrlich nicht aus, 1984

in Monte Carlo. Aber auf den kritischen Beobachter, einen gewissen Ion Tiriac, der zunächst lässig abgewinkt hatte, wirkte er dann doch noch halbwegs überzeugend. Nicht in dem ersten Match, das Tiriac sah, und auch nicht so sehr durch sein technisches Spielvermögen. «Er war schlampig, er war babyfett, er konnte nicht laufen», schilderte Tiriac seinen ersten Eindruck. «Er war über und über dreckig, er war voller Sand, seine Knie bluteten, er bewegte sich wie ein Elefant …» Zwei Sachverhalte waren es, die ihn umstimmten: Einmal die Tatsache, dass es Becker bis ins Finale brachte und dasselbe sogar überlegen in zwei Sätzen gewann. Zum anderen die Hartnäckigkeit seines Landsmannes. «Ich war besessen von der Idee, Becker zur Nummer eins zu machen. Es war ein regelrechter Wahn», gesteht Bosch. Ihm sei gleichzeitig aber auch bewusst gewesen, dass er das weder als Trainer seiner Vierertruppe noch alleine schaffen würde. Eine zukünftige Nummer eins brauchte eine Spezialbetreuung, am besten den ganzen Tag lang. Und er als Coach benötigte einen Partner, der sich um die wirtschaftlichen Belange eines solchen Unterfangens kümmerte. Davon verstand Bosch nämlich nichts.

Nun war es nicht so, dass Günther Bosch als Einziger das besondere Talent von Boris Becker erkannte. Dass dieser Schützling zu Höherem berufen sein könnte, blieb auch den kundigen Spähern der großen internationalen Sportleragenturen nicht verborgen, die auf Turnieren und Meisterschaften herumschlichen, um nach geeignetem Nachwuchs Ausschau zu halten. Den Namen «Becker, Germany» hatten sogar die Mächtigsten unter ihnen längst auf den hauseigenen «Einkaufslisten» notiert. ProServ zum Beispiel, die Washingtoner Firma des einstigen US-amerikanischen Daviscup-Spielers Donald Dell, die keinen Geringeren als Ivan Lendl vertrat, und Mark McCormacks International Management Group, die weltweit einflussreichste Vermarktungsfabrik nicht nur in Sachen Tennis, die vor allem. Eine bessere

Adresse war nicht zu finden, so schien es jedenfalls. Der deutsche Tenniscrack erschien dem Boss immerhin so wichtig, dass er sich persönlich nach Hamburg bemühte, um den viel versprechenden Fang an Land zu ziehen. Im Auftrag der Familie Becker reiste Badens Tennispräsident Wolf-Dieter Späth in die Hansestadt, der schien Mister McCormack am ehesten gewachsen.

Sie trafen sich im Hotel Interconti an der Alster, dort hatte der Amerikaner eine Suite gemietet. Bevor Details zur Sprache kamen, vereinbarten sie Vertraulichkeit, niemand sollte von den Verhandlungen erfahren, bevor der Coup nicht unter Dach und Fach war. Daran hielten sich beide Seiten – dennoch kam der Kontrakt nicht zustande. McCormack habe zwar viel geredet, aber wenig konkret, sagt Späth. Über all die berühmten Sportstars sei gesprochen worden, die bei ihm unter Vertrag stünden, die Grande Dame des Tennis Martina Navratilova zum Beispiel und Chris Evert, und über den exquisiten Service, den er denselben angedeihen ließe. Nur ein Thema sparte er aus – die Finanzen. Darüber würde er gern mit den Beckers persönlich sprechen. Aber denen war das dann doch unheimlich: So ein riesiges Unternehmen und ihr Sohn nur einer von vielen. Das klang vielleicht nach großer weiter Welt und viel Geld, aber nicht nach Geborgenheit und Fürsorge – nach New York, Melbourne und Paris, aber so gar nicht nach Leimen.

Dann doch lieber einen Günther Bosch, den kannten sie, und er kannte ihren Sohn. Er riet den Beckers eindringlich davon ab, Boris an einen dieser Vermarktungsmultis zu verscherbeln. Und das bestimmt auch im eigenen Interesse, sein Plan sah nämlich anders aus: Wenn er Ion Tiriac, den Freund aus Kindertagen, gewinnen würde, sich als Manager und Geldgeber einzubringen, könnten sie zu dritt das Unternehmen Becker gründen. Er wollte sich um das Training kümmern, die Schläger bespannen und dem Jungen während der vielen Reisen ein Ersatzvater sein, mindestens vierzig Wochen im Jahr und vierundzwanzig Stunden am

Tag. Tiriac sollte alle organisatorischen und finanziellen Fäden in die Hand nehmen, Pläne erstellen und zahlungskräftige Sponsoren auftun, sodass sich Boris ausschließlich auf seinen Sport konzentrieren könnte. Ein Trio Triumphale schwebte ihm vor.

«Ohne Bosch hätte ich Becker nicht genommen», erklärte Tiriac später. Eine Ehrlichkeit, die für ihn spricht, ihn abhebt von den vielen, die im Nachhinein alles besser wussten und nicht müde wurden, ihren Beitrag zu Beckers Karriere herauszustreichen. Tiriac redete nicht nur, er riskierte es, damit war für Bosch die erste Hürde aus dem Weg geräumt. Die nächste stand in Leimen, in der Nußlocher Straße 51. «Was willst du denn mit diesem Teppichhändler? Den bringst du mir nicht ins Haus!» Günther Bosch hat die Worte noch heute im Ohr, die er sich von Karl-Heinz Becker anhören durfte, als er ihm einen Vertrag mit Tiriac ans Herz legte. Für einen Moment tat das weh, kam er doch aus dem gleichen Land, aus der gleichen Stadt; wie ein Teppichhändler fühlte er sich deswegen nicht. Und wennschon, was war schlecht an denen! Das dachte er aber nur und schob das Ressentiment auf Karl-Heinz Beckers konservative Gesinnung, für die er auch als CDU-Stadtrat in Leimen vehement eintrat – «er war schon ein bisschen rechts». Gesagt hat Bosch etwas anderes: Dieser Tiriac sehe vielleicht so aus, sei aber ein lieber Kerl. Und einer, der über viel Geld und gute Beziehungen verfüge und alle Tricks des Geschäfts virtuos beherrsche. «Ich habe ihn in den schillerndsten Farben beschrieben, damit sie in ihm den Größten sehen, den Guru der Tennisszene.» Nicht ohne Erfolg – die Beckers willigten ein, den schnauzbärtigen Rumänen mit der finsteren Miene wenigstens über ihre Türschwelle zu lassen.

Der Legende nach soll Ion Tiriac zu dem vereinbarten ersten Treffen standesgemäß mit einer Rolls-Royce-Limousine in Leimen vorgefahren sein. Das las sich gut, eine schöne Geschichte, die hatte Glamour. Außerdem ließ sie sich herrlich ausschmücken: Einen Menschenauflauf wollen manche an dem betreffenden Tag in der kleinen Stadt beobachtet haben, andere wussten das Gefährt in allen Details zu beschreiben, den Chauffeur gleich noch dazu. Irgendwie passte es auch, wie sonst hätte ein geheimnisumwobener Mann wie Tiriac, den der Dunst eines unbarmherzigen Geschäftemachers umgab, in die badische Provinz einziehen sollen! Der Kaiser tritt schließlich auch nicht zu Fuß vor sein Volk.

Den Tatsachen entsprach die Darstellung allerdings nicht. Doch selbst Günther Bosch, der es nun wirklich besser wusste, rückte den Auftritt nur in ein anderes, dennoch falsches Licht, als er die Anekdote seinem Ghostwriter Franz-Josef Wagner für das Buch *Boris* diktierte, das 1987 erschien: «Es ist eine Erfindung der Journalisten, dass Ion im Rolls Royce in Leimen vorfuhr. Wir – die Eltern, Boris, Ion und ich – trafen uns im ‹Airport-Hotel› in Frankfurt. Ion kam mit der Linienmaschine aus Paris nach Frankfurt, wir mit unseren Autos ...» Nur eine halbe Richtigstellung, die ganze Wahrheit blieb auch er damals schuldig. Noch galt es, den Schein zu wahren, wäre es unklug gewesen, die selbst gesponnene Geschichte zu entzaubern. Heute kann Günther Bosch das entspannter betrachten: Die Sache mit dem Rolls-Royce habe er sich ausgedacht, um Tiriac der Öffentlichkeit als Lichtgestalt zu präsentieren. Demnach sah die Wirklichkeit bescheidener aus: «Er hatte sich am Flughafen einen ganz normalen Ford gemietet, mit dem ist er zu den Eltern Becker gefahren.» Das Treffen im Hotel, dem Sheraton, bei dem dann die Vertragsangelegenheiten detailliert ausgehandelt wurden, fand erst zu einem späteren Zeitpunkt statt.

Ob nun McCormack oder Tiriac, das Tauziehen um den sechzehnjährigen Boris Becker fand hinter den Kulissen statt und war nicht für die Öffentlichkeit bestimmt. Nach außen hin schlugen die Beteiligten andere Töne an, Bosch etwa, der in einigen Zeitungen dafür plädierte, den Jungen nicht aus seiner gewohnten Umgebung herauszureißen, seine kontinuierliche Aufbauarbeit jetzt bloß nicht zu unterbrechen. Er meinte damit Leimen und das dortige Landesleistungszentrum, in dem Boris Becker noch immer täglich bei seinem ersten Trainer Boris Breskvar trainierte, wenn er im Lande war. Was von Boschs Äußerung zu halten war, verdeutlicht die Tatsache, dass er etwa zur gleichen Zeit Tiriac und Becker in Monte Carlo zusammenbrachte, aber darüber wusste ja niemand sonst Bescheid.

Am 1. Juni 1984 beendete eine Nachricht aus Paris dann sämtliche Spekulationen. Selbstredend war ein Mann wie Tiriac nicht blindlings in ein unberechenbares Abenteuer getappt. Dafür kannte er, der aus einem sozialistischen Land kam, die Gesetze der kapitalistischen Marktwirtschaft zu genau; Lektion eins: Nur der Gewinn zählt! Als Geschäftsmann hatte er nichts zu verschenken. Die Empfehlung von Bosch war zwar gut und schön, doch die allein genügte ihm nicht, Tiriac wollte den etwas ungewandten Burschen schon selber testen, auf seine Art. Er setzte vor den Deutschen Meisterschaften am Hamburger Rothenbaum ein Trainingsspiel an, nicht gegen einen Gleichaltrigen, das wäre zu einfach gewesen, Guillermo Vilas musste es sein. Der Argentinier, den Tiriac seit Jahren betreute, war doppelt so alt wie Becker und gerade als zehntbester Tennisspieler der Welt registriert. Fünf Stunden dauerte der Test, der nicht nur dem Jüngeren alles abverlangte. Schließlich war es Vilas, der den Arm hob und fragte, ob sein Coach nicht langsam genug gesehen habe. Dabei ging es dem alten Tennisfuchs nicht nur um spieltechnische Raffinessen, die würde man im Zweifel trainieren können – er wollte sehen, wie belastbar Becker war. Würde er aufgeben, wenn seine Glieder schmerzten, würde er schreien und toben, wenn er keine Kraft mehr in den Beinen spürte? Das Resultat muss den Manager überzeugt haben, das Wagnis einzugehen. Vilas sah das übrigens genauso. Aus dem, sagte er, könne ein ganz Großer werden!

Erst danach waren sich Familie Becker und Ion Tiriac einig geworden, bei den French Open sickerte die Neuigkeit durch. Insgesamt dreimal habe er mit den Eltern verhandelt, verriet der Manager. Und lobte deren Einstellung: Sie wollten, dass aus ihrem Sohn ein Meisterspieler wird. Nicht ein einziges Mal hätten sie gefragt, wie viel Geld er denn verdienen würde. Zwei Jahre, hatte der Rumäne gesagt, wolle er sämtliche Kosten für seinen neuen Mandanten übernehmen, danach müsse man weiter sehen. Zwei Wochen später gelangte auch eine offizielle Version in die Öffentlichkeit, der Deutsche Tennis Bund teilte am 15. Juni in einer Pressenotiz mit: «Die Managerfunktion von Boris Becker hat Ion Tiriac übernommen. Bundestrainer Günther Bosch scheidet ebenfalls in beiderseitigem Einvernehmen aus den Diensten des DTB aus.» Nachdem Tiriac sich zu diesem Schritt entschlossen hatte, war er mit Bosch zum Tennisbund gefahren, der damals noch in einem bescheidenen Quartier in Hannover residierte.

Dort stand man den Plänen zwar skeptisch, aber nicht widerspenstig gegenüber. Im Grunde kamen sie nicht einmal ungelegen, auch wenn das auf den ersten Blick unlogisch erscheint. Einerseits spielte sich Becker durch seine einsatzfreudige, kämpferische Spielweise nicht nur in die Herzen der Zuschauer – seine Matches waren meistens spannend, das honorierten sie –, sondern auch auf der Weltrangliste steil nach oben. Nahm er Ende 1983 gerade Platz 563 ein, rangierte er ein halbes Jahr später bereits auf 137, war im Dezember 1984 dann die Nummer 65. Andererseits bedeutete das häufigere Turnierauftritte, längere Reisen, steigende Kosten. Während die anderen drei meistens relativ früh ausschieden, erreichte er immer öfter die Finalrunde. Hinzu kam, dass Riglewski, Kühnen und Steeb bei vielen Turnieren gar nicht startberechtigt waren, da sie bis dahin noch nicht die notwendigen Weltranglistenpunkte erspielt hatten. Das sorgte zusätzlich für Reibereien in dem Fünferteam. Bosch wollte Becker, der inzwischen zur internen Nummer eins aufgestiegen war, nur noch bei großen Jugendturnieren, ansonsten aber bei den Herrenklassements einsetzen. Was zwangsläufig dazu führen musste, dass sich die anderen benachteiligt fühlten.

Ob sie nun wollten oder nicht, beim Tennisbund durften sie nicht nur sportlich, sie mussten auch ökonomisch denken. Es ahnte ja keiner von ihnen, dass sie gerade im Begriff waren, einen zukünftigen Wimbledon-Sieger ziehen zu lassen. Immer dieser Becker, soll Sportdirektor Günter Sanders schon zuvor manches Mal geklagt haben, wenn der Trainer dem Nachwuchsmann wieder eine Extrawurst braten wollte. «Das ging so weit», erzählt Bosch, «dass der schon abwinkte, wenn ich nur seine Bürotür öffnete: ‹Ach, kommen Sie schon wieder wegen Becker! Sie sind Bundestrainer und nicht nur für den einen zuständig. Ich will davon nichts mehr hören!›» Schließlich hatte auch der damalige Präsident des Tennisbundes, Walter Rosenthal – ob freiwillig oder nicht – dazu beigetragen, den Abnabelungsprozess zu beschleunigen. Offenbar war auch ihm Beckers Sonderrolle ein Dorn im Auge gewesen, aus kostentechnischen Gründen. Er schrieb einen Brief an den Spieler und dessen Eltern, in dem er ein Ultimatum stellte: Bis zum 15. September des Jahres 1984 müsse Becker mindestens auf Rang 80 der Weltrangliste stehen, andernfalls würde er Bosch als Trainer abziehen und durch Nikola Pilic ersetzen, der zu dieser Zeit für das Daviscup-Team verantwortlich zeichnete.

Dennoch, als es dann so weit war, wollten die Funktionäre Becker zumindest nicht umsonst freigeben, schließlich hatten sie in ihn investiert. Eine Frage des Geldes also, aber Tiriac war kein Mann, der in Geschäftsangelegenheiten lange lamentierte. «Wie viel?», fragte er nur. Als er die Summe, zwanzigtausend Mark, hörte, griff er auf der Stelle in die Innentasche seines Jacketts, um das Problem aus der Welt zu schaffen – in bar natürlich. Auf die Geldscheine verzichteten die Herren vom Tennisbund dann doch. Stattdessen schlugen sie vor, das Ganze mit einem Daviscup-Auftritt zu verrechnen. Boris sollte in Sindelfingen gegen

Spanien zum ersten Mal in der deutschen Nationalmannschaft antreten. Die ersten drei Spiele kostenlos, Handschlag drauf. Als er die absolviert hatte und der Tennisbund mit dem Vorschlag an Tiriac herantrat, seinem Schützling wenigstens die normale Prämie zu zahlen, die alle erhielten, schüttelte er mit dem Kopf: «Mein Präsident. Wir haben gesagt, drei Spiele umsonst! Danach bestimme ich, was wir wollen!»

Damit war der nahtlose Übergang vom Schüler Boris zum Tennisprofi Becker geglückt. An seinem Gymnasium hatten sie sich am Ende darauf geeinigt, die zehnte Klasse als bestanden anzuerkennen, was gleichzeitig bedeutete, dass er die mittlere Reife zugesprochen bekam, ohne gesonderte Prüfungen ablegen zu müssen. Ob er tatsächlich beherrschte, was sie ihm bescheinigten, würde sowieso nie jemand kontrollieren. Den Sechzehnjährigen schien dabei das Hickhack um seine Person – hier in der Schule, dort beim Tennisbund – nicht weiter zu beeindrucken. Störfaktoren vermochte er auszublenden, darin war er schon damals stark. Er konzentrierte seine Aufmerksamkeit ausschließlich auf das für ihn Wesentliche.

Sein Gesellenstück lieferte er wenige Wochen später nach – in Wimbledon, beim wichtigsten aller Tennisturniere. Respektlos schlug er sich dort bis in die dritte Runde vor; womöglich hätte er es noch weiter gebracht, wenn ihn nicht ein doppelter Bänderriss im linken Knöchel gestoppt hätte. Nie zuvor war es jemandem seines Alters gelungen, die dritte Runde zu erreichen. Überhaupt schlugen sich die deutschen Spieler in diesen Tagen auffallend gut. Claudia Kohde und Steffi Graf erreichten immerhin das Achtelfinale, die Brühlerin war damals fünfzehn. «Er ist fast mit einem unverschämten Selbstbewusstsein ausgestattet ... und fürchtet weder Tod noch Teufel», registrierte ein Berichterstatter des Sportinformationsdienstes über den deutschen Wunderknaben. Klaus Hofsäss, ein anderer Bundestrainer, sprach ihm einen «Killertrieb» zu und ließ sich vielfach mit dem Satz zitieren: «Der frisst auch eine Ratte, könnte er damit seine Schlagtechnik verbessern.»

Mit solchen Lobgesängen konnte der Beschriebene wenig anfangen, er gab sich pragmatischer: «Im Flugzeug nach London habe ich mir ausgerechnet, dass ich in der dritten Runde auf Scanlon treffe. Den schlage ich dann, und am Montag spiele ich auf dem Centre-Court gegen John McEnroe.» Diese Sätze waren keineswegs erfunden, um vor den Journalisten den coolen Jugendlichen zu geben – so dachte er wirklich. Eine verblüffende Unbekümmertheit, die bereits im Jahr zuvor ihre Blüten getrieben hatte. Als er sich während des Wimbledon-Turniers 1983 – er nahm an den Juniorenwettkämpfen auf den Nebenplätzen teil – einmal auf die Pressetribüne setzte, um ein Match von Ivan Lendl anzusehen, ließ er die Journalisten nach einigen Minuten lautstark wissen: «Der spielt nicht schlecht.» Nach einer weiteren Viertelstunde wollte er genug gesehen haben, sprach zu seinem Trainer: «Wir können los, ich weiß jetzt, was der kann» – und verließ die Anlage.

Es war wirklich so: Vor einem Spiel malträtierte er sich nicht mit Grübeleien, er ging auf den Platz mit dem festen Willen, ihn als Sieger zu verlassen, und der unbefangenen Überzeugung, das auch schaffen zu können, wenn er nur wollte. Er zerbrach sich nicht den Kopf darüber, wie gut sein Gegner sein würde, an welcher Stelle der vielleicht auf der Weltrangliste stand, er erstarrte auch nicht aus falscher Ehrfurcht vor großen Namen. «Er war der geborene Siegertyp», sagt Bosch. «Er war Spielertyp und Siegertyp in einem, konnte die Niederlage nicht ertragen. Egal, was er spielte, er musste immer gewinnen. Ob beim Kartenspiel, beim Basketball, beim Tennis – es ging immer nur um den Sieg.»

Mangelndes Selbstbewusstsein war Boris Beckers Schwäche ganz sicher nicht. Schon in diesen frühen Jahren zeichnete er sich durch eine enorme Ich-Bezogenheit aus. Was man auf dem Platz bei ihm spürte, sein Siegeswillen und die Respektlosigkeit selbst namhaften Rivalen gegenüber, drückte sich außerhalb des Sports zuweilen in recht banalen Dingen aus. So hatte er sich angewöhnt, das Wörtchen «ich» in Briefen nicht nur am Satzanfang, sondern prinzipiell groß zu schreiben. Diese Haltung, die die einen als Egomanie, die anderen als Arroganz auslegten, sollte sich in Zukunft noch deutlicher ausprägen.

In Ion Tiriac besaß er darin ein bestechendes Vorbild. Den störte es nie, wenn jemand sein Äußeres hernahm, um auf seinen Charakter zu schließen. Es war ihm egal, wenn ihn ein frustrierter Geschäftspartner den «größten Blutsauger der Branche» nannte, wenn Redakteure fabulierten, er sehe aus wie der «Hauptdarsteller einer Geisterbahn» oder wie der «Pate eines Mafiaclans», wenn er auf sie «grobschlächtig» und «hartgesotten» wirkte und sie nicht müde wurden, ihren Lesern weiszumachen, er würde als Partygag gern mal ein Bierglas zerkauen. Auf diese Weise ließ er sich bestimmt nicht aus der Reserve locken. Wer ihm damit kam, lernte höchstens seine einfache, dennoch bisweilen entwaffnende Rhetorik kennen, wie zwei Reporter des *Sterns*, denen er im November 1985 im Londoner Hotel Mayfair ins Diktiergerät sprach: «Hören Sie, ich kann meine Mutter nicht bitten, mich noch einmal zur Welt zu bringen.» Um eine passende Antwort war er nie verlegen. Und wenn er auf Fragen, die man ihm stellte, partout nicht eingehen wollte, erzählte er einfach etwas anderes. Manches Interview las sich, als hätten Tiriac und der Journalist nicht im selben Raum gesessen, so wenig bezogen sich seine Antworten auf dessen Fragen.

In der Öffentlichkeit bevorzugte Ion Tiriac konventionelle Umgangsformen und betrieb höflich Konversation – wenn es sein musste, in sieben Sprachen, auf Rumänisch, Englisch, Italienisch, Französisch, Spanisch, Russisch oder Deutsch. Verbale Angriffe parierte er mit der Gelassenheit eines Mannes, der bereit schien, es notfalls auch mit der gesamten Welt aufzunehmen. Wie einer, der seit frühester Kindheit gelernt hat, sich durchzuboxen, der den Kampf ums Überleben als Lebensform verinnerlicht hat. Der Eindruck täuschte nicht. Was wird aus einem, der 1939 im rumänischen Braşov geboren wurde, dessen Vater starb, als er noch ein Kind war, und dessen Mutter ihn und die jüngere Schwester allein durchbringen musste durch die bittere Zeit? Der unter ihrem strengen Regime und ihren Schlägen litt, sie aber gleichzeitig auch verehrte? Der früh am eigenen Leib zu spüren bekam, welche Schmach Armut bedeuten konnte, wenn es andere gab, die ausreichend Geld besaßen?

Trotz dieser Widrigkeiten hatte es der Rumäne zu Wohlstand gebracht, war aus ihm ein erfolgreicher Unternehmer geworden, ein Multimillionär. Eine Erfolgsstory, die den jungen Boris faszinierte, der instinktiv begriff, dass er von diesem Mann etwas lernen konnte. Tiriac verkörperte für ihn die personifizierte Zuverlässigkeit und Disziplin, Professionalität und abwägende Weitsicht. Wie geschickt der sein weltumspannendes Imperium formiert hatte und manchen Zwängen der Steuergesetze mit legalen Mitteln trotzte, durchschaute Becker noch nicht, das interessierte ihn auch gar nicht. Was ihn beeindruckte, war der Manager mit seinen unumstößlichen Prinzipien, der vielen Angst einflößte, bei seinen Geschäftspartnern zumindest Respekt erzeugte, der einflussreich wie kaum ein anderer im internationalen Tennisgeschäft operierte.

Seine Bewunderung für Machertypen dieser Couleur wird Becker stets beibehalten. Zeitweise wird er sich selbst in diese Kategorie einordnen, zu der er auch Menschen wie Otto Beisheim, den Metro-Gründer, rechnete und den Medienmogul Leo Kirch, als dessen Imperium noch nicht vom Untergang bedroht schien. Diese Sympathie mag manchen verwundern, für ihn war sie nur folgerichtig: Stammte er doch ebenfalls aus einem einfachen Elternhaus, in dem zwar Geld vorhanden war, aber nicht im Überfluss, lange nicht so viel, wie sich die Eltern gewünscht hätten. Und Leimen, war dieser kleine Ort nicht irgendwie mit Braşov zu vergleichen, nur eben deutsche Provinz und fünfundvierzig Jahre später? Von da aus zog er, der Unbekannte, hinaus in die Welt wie einst sein Mentor Tiriac.

Aber auch Günther Bosch war an der Entwicklung zum Ich-Menschen Becker nicht unbeteiligt, wenn auch auf eine ganz andere Art. Er unterwarf sich diesem Jungen, der bald ein Star sein sollte, führte ihn mit langen Zügeln, erduldete selbstbeherrscht, wenn Boris ihn beleidigte oder gar anschrie. «Wir haben versucht, ihn so natürlich wie möglich auszubilden», erklärt Bosch seine damalige Strategie. «Er sollte seine Natürlichkeit behalten. Ich wollte nichts an ihm verändern, das haben mir viele zum Vorwurf gemacht. Aber ich war überzeugt: Diese Persönlichkeit darf nicht gestört werden, sonst wäre er nicht mehr der Becker gewesen.» Dass es für den sportlichen Erfolg richtig war, scheint unbestritten. «Er wollte unbedingt die Vorhand wie Aaron Krickstein spielen, der als Jugendlicher vielleicht der Beste war. Es drängte ihn zum Nachahmen – Aarons Vorhand, Edbergs Kickaufschlag, die beidhändige Rückhand von Wilander. Aber ich habe gesagt: Du spielst deinen eigenen Stil, du spielst Becker! Es war ein enormer Kampf. Manchmal habe ich ihn im Training zehn Minuten die Schläge der anderen imitieren lassen, aber danach waren wieder seine dran.»

Zum besonderen Verhältnis zwischen Trainer und Spieler gehörte auch, dass Letzterer sich frühzeitig Freiheiten herausnehmen durfte, die ihm die Eltern sicher nicht hätten durchgehen lassen. «Wir haben uns gestritten, gefetzt, und dabei ist er bis ans Äußerste gegangen», erzählt Bosch. «Wenn ich manchmal nicht zurückgesteckt hätte, wäre es eskaliert, auch körperlich.» Boris habe grundsätzlich jeden neuen Vorschlag erst einmal abgelehnt, er habe überzeugt werden wollen. Gleichzeitig war er es, der entschied, ob die Argumente ausreichten – notfalls drehte und wendete er sie so, wie er sie brauchte. «Er war einfach stur.»

Bosch ließ vieles über sich ergehen. Er schwieg, wenn Becker das Training vor einem wichtigen Spiel abbrach und ihn einfach auf dem Platz stehen ließ. Er schluckte die Enttäuschung herunter, wenn Boris während eines Matches «Scheißtrainer» in die Kameras schrie – weil er in einem anderen, besseren Moment mit der Feststellung «Bester Trainer der Welt» belohnt wurde. Er bewahrte Ruhe, wenn Becker beim gemeinsamen Kartenspielen ausflippte und die Spielkarten durch die Gegend warf, weil er verlor. Er behielt die Fassung, wenn sein Spieler ihn aufforderte, den Journalisten gegenüber nicht so zurückhaltend zu sein – «Du bist der Trainer eines Wimbledon-Siegers!» –, um ihn anschließend respektlos zu attackieren, wenn er nach seinem Drängen doch etwas äußerte. «Ich hatte ein gutes Verhältnis zu den Reportern, aber wenn ich etwas über Boris sagte, und das kam in die Zeitung, war es das größte Problem. Er durfte erzählen, was er wollte, ich durfte es nicht. Ich durfte nicht ehrlich sagen, warum er ein Spiel verloren hat. Und er hat sich Ausreden für Niederlagen gesucht.»

Enge Vertraute von früher und jetzt, geschäftliche wie private, wird Beckers ausgeprägter Egoismus zu der Schlussfolgerung treiben, dass er sich für den Größten halte. Das gab er selber durchaus zu – wenigstens gebe es Situationen, in denen er glaube, «dass man alle Dinge beherrschen kann, dass man mit dem Finger schnippen muss und alles klappt, dass man klug und wunderschön und in allen Bereichen perfekt ist». Niki Pilic, der ihn später über Jahre als Daviscup-Teamchef und kurzzeitig als persönlicher Coach betreute, der ihn in dieser Zeit hilfsbereit einlud, in seinem Haus in München zu wohnen, sagt heute über ihn: «Er hält sich für einen Gott.» Das klingt überspitzt, liegt aber gar nicht so weit von dem entfernt, was Boris Becker verschiedentlich selbst über sich sagte. Damit ist nicht nur jener Satz gemeint, den er allen Ernstes einem Journalisten gegenüber geäußert haben soll, in dem er sich als den berühmtesten Deutschen bezeichnete, neben einem gewissen Diktator, der eigentlich österreichischer Herkunft war und millionenfach Tod und Elend über Europa brachte. Bereits 1986, nach seinem zweiten Wimbledon-Sieg, reifte die Erkenntnis in ihm: «Aber dann habe ich erkannt, dass ich langsam ein sehr wichtiger Mann bin in Deutschland, dass viele auf mich gucken, dass ich wichtig bin.» Irgendwann muss er sie verinnerlicht haben, diese Überzeugung, aus der er nie ein Hehl machte: «Ich bin keine nationale Größe, sondern einer der bekanntesten Menschen der Welt.»

Zu ähnlichen Selbsteinschätzungen gelangte er wiederholt. Unter anderem in einem Gespräch, das er Anfang Februar 2001 mit Redakteuren vom *Spiegel* im Münchner Restaurant Käfer führte. Dabei kam er zu dem Schluss: «Ich glaube, ich bin jetzt nicht übergeschnappt, aber ich bin schon in gewisser Weise ein Botschafter des neuen Deutschland ...» Zwei Fragen weiter benannte er die Gründe seiner ungebrochenen Popularität, so wie er sie sieht: «Zunächst einmal repräsentiere ich Deutschland im Ausland in einer Art und Weise, die viele überrascht. Ich lebe ein ganz anderes Leben und habe deshalb einen anderen Stellenwert in Amerika, in Japan, in Südamerika, als die meisten mir zugetraut hätten. Deshalb ist für manche schwer zu begreifen, was denn dieser Becker sein soll oder auch nicht.» Er fand für alles eine Erklärung während dieses Interviews, das die Redaktion dazu veranlasste, die Titelseite ihres Magazins mit einem Charakterporträt von Becker zu versehen – und der wohl kürzesten Schlagzeile, die es dort jemals gab: «Ich». Besonders aufschlussreich las sich in diesem Zusammenhang, woher seiner Meinung nach das enorme Selbstbewusstsein rührt: «Das ist mein Naturell. Ich habe leider oft zu wenig Angst und riskiere gern. Ich war von Beruf Spieler. Wie der Name sagt, ich habe für Geld gezockt, nicht im Casino, aber ich bin jeden Tag auf den Platz gegangen und habe für Hunderttausende Dollar gespielt. Das ist meine zweite Haut. Ich habe gewonnen und verloren. Ich hatte keinen

Libero und keinen Torwart, sondern ich war immer allein. Das prägt, und das wird mich mein Leben lang prägen.»

So allein, wie er behauptete, stand er allerdings auch wieder nicht. Einen Trainer hatte er in den ersten Jahren immer an seiner Seite, die meiste Zeit Boris Breskvar, der ihn das Tennisspielen lehrte und ihn fast neun Jahre lang auf seinem Weg begleitete. Nun gesellten sich mit Bosch und Tiriac zwei Tennisbesessene zu ihm, die ein Rundumsorglospaket für ihn schnürten. Sie planten nicht nur jedes Training und jede Reise, sondern nahezu jeden Schritt. Bosch vor allem verbrachte Stunde um Stunde an seiner Seite, vom Frühstück bis zum Abendbrot. Er mühte sich nicht nur, ihm ein guter Trainer zu sein, war auch ansonsten bestrebt, alles von dem Jungen fernzuhalten, was ihn vom Tennis hätte ablenken können. «Herr Bosch», beschrieb Karl-Heinz Becker einmal dessen Rolle, «der mir ehrlich gesagt hin und wieder im Umgang mit Boris zu weich ist, ersetzt Mutter und Vater gleichzeitig.» Er ging so sehr darin auf, dass er sein Privatleben fast vollständig dafür opferte. 1985 verbrachte er nicht einmal zehn Tage zu Hause bei Frau und Tochter, im Jahr darauf sollen es kaum zwanzig gewesen sein.

Auf das meiste verzichtete sein Schützling schon freiwillig, hatte er doch ein klares Ziel vor Augen: «Ich will die Nummer eins werden!» Aber auf alles? Auf seine Familie, auf eine Freundin, auf Andrea? Der Kontakt zu den Eltern beschränkte sich zunehmend aufs Telefonieren. Manchmal besuchten sie ihn bei Turnieren, selten legte er ein paar Urlaubstage in Leimen ein. «Wir hatten den Jungen nur am Telefon», klagte Vater Becker, «haben ihn am Radio gehört oder im Fernsehen gesehen. Aber wir können und wollen nicht mit ihm um die Welt tingeln.»

Für den Sohn war das zu verkraften, er war längst flügge geworden. Seine Eltern dagegen litten unter der Dauertrennung, vor allem Mutter Elvira, die seit jeher einen besonders intensiven Kontakt zu ihm unterhielt, was vielleicht daran lag, dass sich die beiden sehr ähnlich waren, und das nicht nur äußerlich. Auch Mutter Becker war von dem Ehrgeiz getrieben, etwas erreichen zu wollen im Leben, war von jener Ungeduld und Impulsivität erfasst, die der Sohn manches Mal für alle sichtbar auf dem Tennisplatz auslebte. Boris Breskvar und Günther Bosch, der erste und der zweite Trainer ihres Sohnes, bekamen das zu spüren, zu unterschiedlichen Zeiten zwar, aber aus ähnlichem Anlass. Nachdem beide jeweils ein Buch über Boris veröffentlicht hatten, ging sie mit ihnen hart ins Gericht, weil sie den einen oder anderen Sachverhalt falsch dargestellt fand. Bosch etwa hatte die etwas ungelenken, stämmigen Beine ihres Sohnes als «Klavierfüße» bezeichnet und sie als «Beine ohne Form, mit viel Fettgewebe und ohne Muskulatur» beschrieben, was ihm prompt den lautstarken Vorwurf einbrachte: «Wie kannst du so etwas über einen Helden der Nation schreiben?!» Allesamt waren es Kleinigkeiten, die genügten, um sie auf die Palme zu bringen. So haben sie auch andere kennen gelernt, so war es ihre Art.

Was die Frauen betraf, konnten sich Bosch und Tiriac nicht auf eine einheitliche Sichtweise einigen. «Ja, ja, die Mädchen. Das ist auch so eine Sache», bekannte der Trainer schon 1985: «Was können wir ihm denn da raten? Er kann doch nicht wie ein normaler junger Mann eine Beziehung aufbauen. Er ist doch ständig unterwegs und hat ohnehin nur Tennis im Kopf.» Während Günther Bosch den Harmonie suchenden Familienmenschen verkörperte, der noch immer mit seiner ersten Frau verheiratet ist, stand der Manager dauerhaften Beziehungen äußerst skeptisch gegenüber. «Er war der Meinung, dass es die echte Liebe nicht gibt», erzählt Bosch. «Boris sollte sich nicht fest binden, sondern besser in jeder größeren Stadt eine Geliebte haben.» Eine Einstellung, die aus Tiriacs persönlicher Leidensgeschichte resultierte. Seitdem seine Ehe gescheitert war, lehnte er feste Beziehungen ab. Und wenn er sich doch auf eine einließ, wie mit

Heather McLachlan oder später mit Sophie Ayad, die dann fast zehn Jahre an seiner Seite lebte, durfte sie zumindest nicht in eine Ehe münden. Selbst dann nicht, wenn sie wie im letzten Fall zwei Kinder hervorbrachte.

Dementsprechend gegensätzlich fielen die Ratschläge der beiden Männer für Boris aus. Grundsätzlich, da stimmten sie überein, passten Frauengeschichten nicht in ihr Konzept. Sie mussten sich jedoch nichts vormachen, der Junge befand sich in einem Alter, in dem er nicht nur seine eigene Sexualität entdeckte, zugleich schon die Wirkung sehr deutlich spürte, die Mädchen und auch Frauen auf ihn ausübten – und er auf sie. Einmal wandte er sich an Boschs Ehefrau Rodica, die eine gewisse Ratlosigkeit in seinen Worten bemerkt haben will. Er glaube zwar, dass er nicht gerade hässlich sei, aber dass ihm kein Mädchen begegnen würde, das auch mal nein sage, begreife er dann doch nicht. Selbst ältere Frauen würden ihm zu Füßen liegen.

Letztendlich spielte es keine Rolle, zu welcher der beiden Richtungen Boris Becker tendierte, ob er sich nach der Vertrautheit einer beständigen Beziehung sehnte, wie er es Andrea einige Male gesagt hatte, als sie gemeinsam tagträumten und sich vorstellten, mit all ihren Kindern an einem großen Tisch zu sitzen – oder ob er es sich inzwischen reizvoller ausmalte, den eher flüchtigen Abenteuern nachzugehen. Die Entscheidung nahmen ihm die Umstände ab. Und die verhießen nichts Gutes für die Beziehung zu Andrea, für eine längerfristige Bindung überhaupt – dafür war er einfach zu viel unterwegs und zu viel mit Tennis beschäftigt. Noch hielt er den Kontakt zu ihr aufrecht, so gut es eben ging; ein paar Telefonate, vereinzelt Briefe, auch mal eine Ansichtskarte, Treffen kaum noch. Nur einmal sah sie Licht am Ende des Tunnels, als er sie einlud, ihn in Monte Carlo zu besuchen. Kann schon sein, dass sie da zu viel hineininterpretierte, dass sie sich etwas vormachte; aber wie sollte sie das wissen, musste es nicht etwas Besonderes sein, wenn er sie zu sich bestellte?

Sie erfuhr nicht, ob er ihre Stippvisite ernsthaft in Erwägung zog, wenigstens erweckte es den Anschein. Die Tickets waren angeblich schon gebucht. Demnach sollte sie Anfang April 1985 ins Flugzeug steigen und von Frankfurt nach Nizza fliegen. Zu dieser Zeit würde er beim Turnier in Monte Carlo spielen, und sie könnte ihm zusehen. So hatte er es ihr jedenfalls am Telefon gesagt. Und Andrea hatte sich gefreut und die Abflug- und Ankunftdaten in ihren Kalender geschrieben, den sie meistens bei sich trug, als eine Art Tagebuch für Stichworte, mit denen sie die Ereignisse festhielt, die ihr wichtig erschienen. Aber nicht nur die, ihre Trainer hatten sie dazu angehalten, sich ein solches Tagebuch einzurichten. Das war bei Tennisspielern so üblich, auch Boris führte auf diese Weise eine Zeit lang Buch über sein Leben (was aber nichts mit den Berichten zu tun hatte, die die *Bild*-Zeitung unter dem Slogan «Boris. Mein Tagebuch» verbreitete – die schrieb ein anderer).

Andrea sollte in dem Kalender unter anderem die Anzahl ihrer Trainingsstunden vermerken, die Termine ihrer Spiele und die jeweiligen Ergebnisse; dazu, womit sie sich ansonsten beschäftigte, und sogar, wie lange sie täglich schlief. Damit sollten sich die jungen Tennisspieler selbst kontrollieren und ein Gefühl dafür bekommen, wie der optimale Tag eines Sportlers aussieht. Andrea hielt auch all ihre Begegnungen mit Boris darin fest, die intimen vermerkte sie gesondert. Die Absage notierte sie dann nicht mehr, danach war ihr in dem Moment nicht zumute. Neben der Enttäuschung blieb ihr wieder einmal das Warten – und eine abstruse Vorahnung. Die sollte sich in der letzten Aprilwoche bestätigen, da traf dann der Brief ein, der ihr jegliche Hoffnung nahm. «Hallo Andrea!», schrieb Boris auf dem Briefpapier des Hotels The Remington, 1919 Briar Oaks Lane, in Houston, Texas. «Nach den Ereignissen der letzten Wochen muss Ich Dir nun den zweiten Brief meines Lebens schreiben. Es geht nicht darum, ob Ich Dich mag oder nicht (übrigens mag Ich Dich sehr), aber es ist die Tatsache, dass wir einfach keine Zeit füreinander haben. Ich sehe Dich einmal in drei Monaten für ein paar Tage, und manchmal werden auch die uns genommen (siehe Monte Carlo) …» Die Formulierung ‹zweiter Brief meines Lebens› verwendete er übrigens als Running Gag; in fast jedem Brief aus jener Zeit schrieb er, dass es sein zweiter sei.

Der Brief offenbart die Seelenlage eines Jugendlichen, der nach einem Weg für sich suchte, den er als den richtigen empfinden konnte, hin- und hergerissen zwischen eigenem Anspruch und den Wünschen und Sehnsüchten seiner Umgebung, vor allem der Familie zu Haus. Er spiegelt die Gedanken und Sorgnisse eines Leistungssportlers, der Bestätigung in Erfolgen zu finden suchte, sich auf dem Weg dorthin aber ein Stück weit selbst verlor. So wie ihm ergeht es vielen jungen Menschen in dieser Phase ihres Lebens, wenn sie auch für die meisten nicht so dramatisch ausfällt.

Boris Becker geriet früher als die meisten seiner Altersgenossen und in einem extremen Maße in diese Konflikte. «Ich bin Tennisspieler», heißt es an einer anderen Stelle seines Briefes, «was ein verdammt harter Job ist, habe einen sehr guten, aber auch sehr harten Manager. So habe Ich keine Zeit für nichts. Selbst meine Eltern sind schon stocksauer, weil Ich sie so selten sehe (Meine Mutter meint manchmal zu mir, ob Ich nicht aufhören will Tennisspieler zu sein). Manchmal weiß Ich echt nicht weiter, meine Eltern wollen mich öfters daheim sehen, Tiriac will, dass ich jede Woche woanders auf der Welt spiele (da gibt es oft Streit zwischen den beiden), und Du fragst mich oft, wann wir uns endlich wieder sehen (was Dein gutes Recht ist) …»

Während Bosch und Tiriac ihn antrieben und ihm eine neue Welt eröffneten, die Erfolg, Geld und ungeahnte Freiheit verhieß, standen dem die Eltern im beschaulich-begrenzten Leimen gegenüber, weit weniger reizvoll, dafür eine Form von Sicherheit bietend, die jegliche Last von ihm nehmen konnte.

«Wir haben ihn langsam abgekapselt, das stimmt schon. Bald waren Tiriac und ich seine einzigen Bezugspersonen», erinnert sich Günther Bosch an die Anfangsphase des Dreiergespanns. Aber damit wäre die damalige Situation nur unzulänglich beschrieben, es war in Wahrheit noch komplizierter: Tiriac, der zu dieser Zeit schon damit gerechnet habe, dass Boris einmal ein Großer würde, erklärt Bosch, habe ihm regelrecht eingebläut, dass Monte Carlo nun sein erster Wohnsitz sei. Ende 1984 war Boris Becker in eine Dreizimmerwohnung im exklusiven Viertel Le Trocadero gezogen. Zunächst wohnte er in der 47 Avenue de Grande Bretagne im zweiten Stock zur Miete, später wechselte er seine Behausung. Zu seinen Nachbarn zählten anfangs zwei Tennisprofis, die an der Weltspitze mitmischten, Mats Wilander und Joakim Nyström. «Wir sind Kumpels», sagte Boris, und er meinte, dass sie das wochentags waren. Hin und wieder trainierten sie zusammen, gingen essen oder in eine Disco. An den Wochenenden aber, auf den Turnieren, standen sie sich als Kontrahenten gegenüber. Direkt nebenan quartierte sich ein halbes Jahr danach der Trainer mit seiner Familie ein, ihnen genügte ein geräumiges Zweizimmerappartement. Was nur wenige wussten, verrät Bosch: Die beiden Quartiere lagen nicht nur Wand an Wand, sie waren durch eine Tür miteinander verbunden. «Eine Zeit lang lebten wir fast wie eine Familie zusammen.»

Damit sei Leimen für ihn tabu, meinte Tiriac, da habe er nichts mehr zu suchen. Ob der Manager damals schon im Hinterkopf hatte, dass seine Forderung einmal steuerrechtlich von Bedeutung sein würde, bleibt Spekulation. Anfangs legte er genauso wie Bosch und Becker Wert auf die Feststellung, dass der Umzug allein aus sportlichen Gründen erfolgt sei. In Monte Carlo wären die Trainingsbedingungen einfach optimal, schon wegen des Wetters. Mit dem großen Geld sei ja noch nicht zu rechnen gewesen – was so nicht ganz den Tatsachen entsprach, aber gut klang; die deutschen Fans durften schließlich nicht verprellt werden. Um tennisspezifische Belange ging es ganz sicher, aber nicht nur. Immerhin kamen in den ersten acht Monaten von Boris Beckers Profikarriere schon über 45000 Dollar zusammen, die Werbeeinnahmen nicht gerechnet. Nachdem sein bisheriges Zugpferd Vilas in die Jahre gekommen war und bei Werbepartnern nicht mehr so zog, setzte Tiriac nicht nur halbherzig auf seine neue Trumpfkarte, das hätte seinem Wesen auch nicht entsprochen. Sicherlich wagte er mit Becker ein Risiko, in seinen Augen muss es jedoch ein kalkulierbares gewesen sein, sonst hätte er sich darauf nicht eingelassen.

Erst viel später kam heraus, dass Tiriac – wie es seine Art ist – von Anfang an Nägel mit Köpfen gemacht hatte. Bereits im ersten Halbjahr ihrer Zusammenarbeit schloss er beim britischen Versicherungsgiganten Lloyd's unter der Vertragsnummer NAD 8861727 eine umfassende Versicherung für sein neues Kronjuwel ab. Für ursprünglich vier, später dann zehn Millionen Dollar galt Versicherungsschutz im Falle der Invalidität, des Todes und der Entführung. Dafür war jährlich angeblich eine Prämie von rund 160000 Dollar zu entrichten. So viel Geld investiert niemand, wenn er sich keinen Gewinn verspricht.

Spätestens nach der ersten Million lag es dann aber auf der Hand, wozu die neue Adresse im sonnenverwöhnten Wohnort zumindest auch diente. Während sich Boris noch Ende 1986 schwer tat mit einem öffentlichen Bekenntnis und erklärte, sein neuer Wohnort habe keine finanziellen Hintergründe, hatte Vater Becker bereits zwölf Monate zuvor im *Spiegel* eingeräumt: «Ich verhehle gar nicht, dass Boris die steuerlichen Vorteile nutzt und nutzen wird, die sich in Monaco bieten.» Dafür offenbarte der Sohn dann 1989 in *Sports* umso offener den Grund seiner Sympathie für die Wahlheimat: «Ganz einfach, weil es ein Steuerparadies ist.»

Und noch etwas spielte eine Rolle bei der Entscheidung für den steuergünstigen Luxusstaat, in dem Neubürger Becker als 361. Deutscher registriert wurde: «Wir wollten dem Wehrdienst ausweichen. Boris wollte nicht zum Bund. Wir wollten das auch nicht. Dann wäre ja eine Weile Schluss gewesen mit dem Tennis.» Mittlerweile kann Günther Bosch offen darüber sprechen; damals hemmte ihn, Tiriac und Becker die Furcht, dass die Medien eine solche Ehrlichkeit wohl kaum honoriert hätten. Die kochten die Debatte ohnehin schon hoch, als die Frage aufkam, ob der Tennisspieler ungeachtet seiner Heldentat von Wimbledon in diesem Fall nicht behandelt werden müsste wie jeder andere junge Mann im Lande auch. Nicht einmal ein Monat verstrich nach seinem überraschenden Sieg, bis sich der damalige Verteidigungsminister Manfred Wörner für eine publicityträchtige Kampagne einspannen ließ, die jedoch einer juristischen Grundlage entbehrte. «Wörner: Boris muss zur Bundeswehr», titelte Deutschlands größte Boulevardzeitung – aber nicht nur die – und verfasste gleich den Marschbefehl dazu: «1986 Musterung, 1987 in die Kaserne». Dass das Wehrpflichtgesetz denjenigen einen Sonderstatus einräumte, die «ihren ständigen Aufenthalt und ihre Lebensgrundlage außerhalb Deutschlands haben», verschwieg man geflissentlich.

Dabei hatte sich Boris Becker ordnungsgemäß beim Einwohnermeldeamt in Leimen abgemeldet, rechtzeitig, noch mit siebzehn, wodurch gleichzeitig sein Name aus der Kartei des zuständigen Kreiswehrersatzamtes in Mannheim gelöscht wurde. Allen medialen Scheingefechten zum Trotz, an denen sich auch seriöse Blätter beteiligten, selbst die *Times*, konnte ihn niemand zwingen, auch der Verteidigungsminister nicht, die Uniform überzustreifen und eine Waffe in die Hand zu nehmen. Dann hätte er sich schon freiwillig melden müssen, aber danach stand ihm wahrlich nicht der Sinn. Dennoch ließen sich Becker, sein Vater, dem staatspatriotische Pflichten durchaus etwas bedeuteten, und Manager Tiriac sporadisch auf Diskussionen ein, als gäbe es einen Grund. Wenn es ihnen angebracht erschien und um die Gemüter zu beruhigen, verblüfften sie die Öffentlichkeit bisweilen mit der Aussage, der Tennisprofi wolle sich keineswegs drücken, es möge ja keiner an seinem Ehrgefühl zweifeln. Karl-Heinz Becker ließ es mit kryptischen Andeutungen wie diesen nicht bewenden, er gab sogar sein Ehrenwort: «Wir wissen noch nicht, wann, aber Boris wird sich auf jeden Fall freiwillig zum Wehrdienst melden.» Ob das mit seinem Sohn so abgestimmt war, wie er behauptete? Boris selbst offenbarte erst einige Jahre danach, wie er der Angelegenheit in Wahrheit gegenüberstand: Keine Frage, die Bundeswehruniform sollte nie seinen Körper zieren.

Der Umzug und Boris' neue Selbständigkeit belasteten zunehmend auch das Verhältnis zu seinen Eltern. Er stand ihren Forderungen nach häufigeren Kontakten, die besonders seine Mutter regelmäßig stellte, durchaus gespalten gegenüber. Manchmal riefen sie den Trainer an, den Becker mittlerweile vertrauensvoll Güntzi nannte: «Kann der Junge nicht mal für zwei Tage nach Hause kommen?» Dann sei er es gewesen, so Bosch, der versucht habe, ihn zu einem Besuch bei den Eltern zu überreden.

Auf den Reisen duldete der Jungprofi nur Bosch und Tiriac neben sich. Nicht einmal die Ehefrau des Trainers durfte anfangs bei den Spielen dabei sein, neben ihm auf der Tribüne sitzen sollte sie nie. «Er konnte niemanden ertragen neben mir. Er war total auf mich fixiert. Ich war sein Trainer, und den wollte er mit niemandem teilen.» Becker bestand auf feste Rituale, auf ein Frühstück zum Beispiel, an dem nur sein Trainer teilzunehmen hatte, und darauf, dass er ein Match in dem Trikot begann, mit dem er das vorherige gewonnen hatte. Einige Verhaltensweisen sollten sich im Laufe der Zeit ändern, nicht nur, weil bald Frauen den Platz an der Frühstückstafel einnahmen. Die Sache mit dem Trikot aber behielt er bis zum Ende seiner Laufbahn bei, was wohl einem gewissen Aberglauben geschuldet war. Der konnte darüber hinaus schon mal dazu führen, dass er sich von einem Kurier das Schuhmodell nachliefern ließ, das er bei seinem Wimbledon-Sieg getragen hatte – bis nach Melbourne, wenn es sein musste, wenn dort gerade ein Turnier anstand.

Aus diesen Gründen legte er auch keinen gesteigerten Wert darauf, dass ihn die Eltern auf den Turnieren besuchten, eine Zeit lang lehnte er das sogar strikt ab. Schließlich spielte er nun im Profitennis; was sollten die anderen Spieler von jemandem halten, der noch am Rockzipfel der Mutter hing – den würden sie doch niemals ernst nehmen. Was das Zusammensein mit den Eltern erschwerte, erläuterte Becker im Frühjahr 1986 Alain Deflassieux während eines Gesprächs für das *tennis magazin*: «Plötzlich fing ich an, um die Welt zu reisen – ohne sie. Genau in dieser Zeit, wo sie nicht dabei waren, habe ich mich so sehr verändert, bin ich ein ernsthafter, erwachsener Tennisprofi geworden. Das konnten sie überhaupt nicht nachvollziehen und begreifen. Wenn ich nach Hause kam, behandelten sie mich auch weiter wie einen kleinen Jungen. Selbst nach meinem Sieg in Wimbledon war das so. Ich dagegen wollte gerne ernsthafte Diskussionen mit ihnen führen, wollte ernsthaft mit ihnen über meine Karriere, mein Leben, die Mädchen, meine Ziele reden, aber das war nicht möglich.» Dies habe zwar nicht zu einem wirklichen Bruch geführt, aber zu einer ernsthaften Krise. Kein Wunder also, dass sich der Sohn in seiner neuen Umgebung wohler fühlte. Hier konzentrierte sich alles auf die eine Sache, auf Tennis – alles andere passte nicht in den Plan.

Boris versuchte, sein Leben neu zu ordnen. Aber von wem hätte er sich trennen sollen? Gegen die Eltern konnte er vielleicht rebellieren, aber eine Trennung war zu diesem Zeitpunkt nur von Andrea möglich. «Es ist auch nicht wegen einem anderen Mädchen», schrieb er ihr im bereits zitierten Brief. «Es geht einfach darum, dass wir uns nie sehen. Und Tiriac würde mir die

Hölle heiß machen, wenn Ich mit meiner Freundin auf einem Turnier aufkreuze. Was soll ich machen? Ich habe einfach keine Zeit für Dich. Und Ich muss Dir ehrlich sagen, dass Ich auch manchmal ein ganz normaler junger Mann bin, der manchmal das Bedürfnis hat, mit einem Mädchen zusammenzusein. Und auf den Turnieren gibt es viele Verlockungen ... So halte Ich es für besser, was mir ehrlich sehr Leid tut, weil Ich Dich echt gemocht habe und noch mag, dass wir unsere enge Freundschaft erweitern. Ich hoffe, Du verstehst was Ich meine. Wir können aber gerne weiterhin, was Ich sehr hoffe, gute Freunde bleiben. Ich sage Dir ehrlich, dass diese Freundschaft für mich mehr war. Es war eine Zeit meines Lebens, die Ich nie vergessen werde. Und vielleicht, wenn [ich] 29 bin, und meine Zeit als Tennisspieler vorbei ist, können wir ja ... Dein dich liebender Tennisspieler.»

Genau genommen stellt das Ende dieser Beziehung eine interessante Parallele zu seiner späteren Kompromisslosigkeit dar, die hatte aber nichts mit dem Brief zu tun. Nur war es eben so, dass Andrea von da an in seinem Leben nie wieder eine Rolle spielen sollte. Obwohl sie sich danach noch bei Turnieren in Key Biscayne, Melbourne und Kitzbühel begegneten, vermied er den direkten Kontakt. Nur bei einer Gelegenheit ließ er ihr ausrichten, in welchem Hotel er wohnte. Im ersten Impuls begab sie sich tatsächlich dorthin, kehrte dann aber doch wieder um, weil ihr diese Rolle nicht behagte. Sie wollte sich nicht wie eines dieser Groupies benehmen, die überall auf der Welt in den Spielerhotels herumlungerten.

Als sie dann später, mittlerweile erwachsen und erfolgreich als Geschäftsfrau, in finanzielle Schwierigkeiten geriet, weil eine Versicherung nach einem beträchtlichen Wasserschaden in ihrer Boutique die Zahlung hinauszögerte, sie aber renovieren und neue Ware bestellen musste, nahm sie ihren ganzen Mut zusammen, fuhr nach Leimen, um seine Hilfe zu erbitten; hatte er nicht geschrieben, dass sie Freunde bleiben könnten? Dort traf sie nur seine Eltern an, doch Vater Becker, der noch all die Fotos aufbewahrte, auf denen Boris und Andrea gemeinsam zu sehen sind, erkannte sie sofort und versprach, ihr Begehr bei nächster Gelegenheit an den Sohn weiterzuleiten.

Gemeldet hat Boris sich allerdings nie; schlimmstenfalls wird er gedacht haben, dass sie ihn jetzt, wo er über Geld zur Genüge verfügte, auch nur ausnutzen wollte wie all diejenigen, Hunderte waren es, die das seit seinem ersten Wimbledon-Sieg versuchten. Die ihn mit Briefen überschütteten, in denen sie ihn um hundert Mark oder tausend oder hunderttausend baten. Es waren damals beileibe nicht nur Autogrammwünsche, die den Postkorb der Familie Becker täglich füllten. Die Palette reichte von ehrlich gemeinten Glückwünschen, vielleicht ernst, aber keineswegs ehrlich gemeinten Heiratsanträgen, zweifelhaften Anlagetipps für das eingestrichene Vermögen bis zu neiderfüllten Hassbriefen, Letztere jedoch meistens ohne Absender. Eine Kategorie für sich bildeten jene Bittschreiben, deren Wahrheitsgehalt nicht nachzuprüfen war, schon aufgrund ihrer beträchtlichen Anzahl. Häufig schilderte der Absender ein ergreifendes Familienschicksal, durch das er an den Bettelstab geraten sei. Die nächsten berichteten von unheilbaren Krankheiten, wieder andere rechneten vor, dass die monatliche Rentenzahlung zu niedrig sei, ihnen nicht erlaube, einen menschenwürdigen Lebensabend zu verbringen.

Wer die genaue Postanschrift der Beckers nicht herausbekam – viele schrieben aus dem Ausland, Post ging aus der ganzen Welt ein –, adressierte den Umschlag einfach nur mit «An Herrn Boris Becker, Leimen», das genügte. Oder er schickte den Brief an die Stadtverwaltung, dort gab Oberbürgermeister Herbert Ehrbar persönlich die Order, höchst sorgsam damit umzugehen. Die meisten Schreiben wurden beantwortet – war ja auch Werbung für die Stadt –, bei Hetzschriften und Drohbriefen allerdings, auch davon gab es genügend, sparte man sich das, die wurden abgeheftet und im Stadtarchiv eingelagert.

Ausgesprochen kooperativ zeigte sich die Behörde, wenn es um Autogrammwünsche ging. Da die Familie Becker mit der Erledigung der Post sowieso kaum nachkam, bald ein paar enge Freunde bat, beim Abtragen der Briefberge behilflich zu sein, die sich im stillgelegten Schwimmbad im Keller des Hauses anhäuften, in der Garage und in einem eigens dafür eingerichteten Raum, einigte man sich darauf, dass auch die Stadt Fotos mit der Unterschrift des Wimbledon-Siegers verschicken durfte. Der Briefwechsel mit einem namhaften Bittsteller ist übrigens erhalten geblieben, wohl auch, weil der Schriftverkehr beiderseits auf Dienstbriefbögen verfasst worden war. Am 21. Februar 1986 unterzeichnete ein Stellvertreter des Leimener Bürgermeisters folgenden Brief: «Lieber Bernd, als Anlage übersende ich Dir einige Autogramme von Boris Becker ...» Adressiert war das Schreiben an einen gewissen Bernd Schmidbauer, CDU/CSU-Fraktion, Bundeshaus, 5300 Bonn 1. Damals noch gewöhnliches Mitglied des Bundestages, sollte er später zum Staatsminister und Geheimdienstkoordinator der Regierung Kohl aufrücken.

Der Abgeordnete Schmidbauer stand mit seiner Verehrung aber nicht allein da. Spätestens nach seinem ersten Sieg auf dem heiligen Rasen von Wimbledon blieben selbst hochrangige Politiker vom Becker'schen Tennisvirus nicht verschont – wobei es manchen nicht nur um den Sport als solchen ging. Mit diesem jungen Mann war Staat zu machen, erkannten sogleich die Oberhäupter desselben. Bundespräsident Richard von Weizsäcker – «der ist ein ganz einfacher Mann», stellte Boris Becker fest, «bei dem musst du nicht stottern» – und Kanzler Helmut Kohl – «zu dem hatte ich keinen Draht, wir haben nichts Persönliches besprochen» – verstanden es, sich medienwirksam in die Millionenschar der Bewunderer einzureihen. Aber dabei handelte es sich lediglich um die Anfänge einer regelrechten Hysterie, die der siebzehnjährige Leimener auslöste, der berühmteste Leimener aller Zeiten.

DRITTES KAPITEL

Unser Bobele

In den letzten Junitagen des Jahres 1985 herrschte gelassene Betriebsamkeit im ehrwürdigen Rathaus von Leimen. Das war um 1795 – etwa tausend Jahre nachdem «Leimheim» im Codex Laureshamensis erstmals urkundliche Erwähnung fand – als Palais Seligmann ziemlich genau in der Mitte der damals noch übersichtlichen Ansiedlung erbaut worden. Nicht einmal zweihundert Wohngebäude zählte zu dieser Zeit der Ort im Badischen – ein Dorf vor den Toren von Heidelberg, nicht mehr. Hinter den dickwandigen Mauern des Gebäudes gingen jetzt die Mitarbeiter der Stadtverwaltung ihren Dienstpflichten nach. Hektik breitete sich hier nur selten aus; obwohl die Stadt mittlerweile reichlich siebzehntausend Einwohner zählte, hielt sich der administrative Arbeitsaufwand im Rahmen. Das sollte sich rasch ändern, in einem solchen Maße, wie es niemand im Hause für möglich hielt.

Die längsten Arbeitstage hatte in der Regel der Bürgermeister zu verzeichnen, der in seinem Amtszimmer im ersten Stock hinter einem schweren Holzschreibtisch residierte. Hier traf Herbert Ehrbar seine Entscheidungen, von hier aus lenkte er die Geschicke der Kommune. Und hier referierte er gern über deren Aufschwung, den er seit Jahren in führender Position mitgestaltete. Er wurde nicht müde, Leimen als Europa-, Wein- und Sportstadt zu loben.

Es war ja auch beachtlich, was er zu Letzterem vorweisen konnte: Seine kleine Stadt als Mekka der deutschen Gewichtheberelite mit ihrem Bundesleistungszentrum und dem Olympiastützpunkt, der badischen Sportschützen, Hockeyspieler und Basketballer. Später gesellten sich noch die Radballer hinzu, wogegen der Tennisboom bereits Ende der siebziger Jahre eingesetzt hatte. Der hiesige Tennisclub Blau-Weiß existierte zwar bereits seit 1964, zu einer zielgerichteten Nachwuchsförderung auf leistungssportlicher Ebene kam es allerdings erst dreizehn Jahre später, mit der Errichtung des Landesleistungszentrums am südlichen Stadtrand. Genau an dieser Stelle stand auch die Wiege des Erfolges von Boris Becker.

Augenscheinlich erledigte Ehrbar seine Arbeit zur vollen Zufriedenheit der Bevölkerung – die Stadt wuchs und wurde ansehnlicher, die Arbeitslosenquote sank deutlich unter den Landesdurchschnitt. Bei der letzten Wahl im Jahr 1984 war der Parteilose mit dem überwältigenden Ergebnis von 91,5 Prozent zum zweiten Mal in seinem Amt bestätigt worden, und es sollte nicht das letzte Mal gewesen sein. Erst im Juni 2000 wird er seinen Posten abtreten, um in den Ruhestand zu wechseln.

Zur Ruhe kam er indes nicht. Auf dem Altenteil holte ihn die Vergangenheit ein und ließ so manche einst gefeierte Ruhmestat plötzlich in einem anderen Licht erscheinen. Was zunächst wie ein Affront der politischen Gegner anmutete, die nach ihm ins Rathaus einzogen, entpuppte sich als handfester Kriminalfall. Inzwischen waren es nicht mehr nur Gerüchte, sondern erste Spuren, die Polizei und Staatsanwaltschaft auf den Plan riefen. Verschiedene Hausdurchsuchungen hatten diesbezügliche Beweise zutage befördert. Im Juli 2001 wurde ein Ermittlungsverfahren wegen des Verdachts der Untreue zum Nachteil der Stadt gegen ihn eingeleitet. Ins Visier der Ermittler gerieten dubiose Grundstücksgeschäfte, daneben soll Ehrbar während seiner Amtszeit Investitionen in Höhe von rund fünfundzwanzig Millionen Euro in den Sand gesetzt haben. Mittlerweile gerieten außer ihm noch sechsundzwanzig andere Personen ins Fadenkreuz, einige von ihnen wurden vorübergehend festgenommen.

Was dem ehemaligen Bürgermeister, der in den Vorwürfen eine Rufmordkampagne zu erkennen glaubt, noch alles bevorsteht, bleibt ungewiss. Die Ermittler rechnen mit jahrelangen Nachforschungen, ehe sie den Fall vor Gericht bringen oder ad acta legen können. Einen der möglichen Zeugen, der dem Stadtoberhaupt über Jahre freundschaftlich verbunden blieb, als Gemeinde- und später Stadtrat für die CDU eng mit ihm zusammenarbeitete und sich im Bau- und Immobiliengeschäft bestens auskannte, Ehrbars Duzfreund Karl-Heinz Becker, können sie nicht mehr befragen – er ist inzwischen verstorben.

Im Sommer 1985 war Herbert Ehrbar noch davon überzeugt, alles richtig zu machen. Das Finale rückte näher im All England Lawn Tennis and Croquet Club, besser bekannt unter dem Namen Wimbledon, der gleichzeitig den Stadtteil im Süden Londons bezeichnet, in dem sich die 125 Jahre alte Arena befindet. Einige der Großen waren bereits ausgeschieden, John McEnroe, die Nummer eins der Tenniswelt, Ivan Lendl, der Verfolger, und Jimmy Connors, auch kein Schlechter. Dafür mischte der rotblonde Bursche aus der Nußlocher Straße immer noch mit, kaum zu fassen. «Mein Gott, hat das Nerven gekostet. Solche Spiele darf Boris nicht oft machen», beschwor ihn dessen Trainer Günther Bosch bereits nach dem Rasenkrimi gegen den Nachbarn aus Monte Carlo, Joakim Nyström, den Boris erst im fünften Satz knapp für sich entschied. Vater Karl-Heinz erging es am heimischen Fernseher nicht anders: erst fieberte er mit dem Sohn, dann ließ er sich publikumswirksam vernehmen: «Dem Bengel werde ich was erzählen, so was zweimal in nicht einmal vierundzwanzig Stunden, das hält ja kein Mensch aus … Man sollte ihn auf Körperverletzung verklagen, solche Spiele bringen einen in Herzinfarktnähe.»

Es ging dann aber doch so weiter, zumindest so ähnlich: Gegen Tim Mayotte wieder fünf spannende Sätze, mittendrin eine Knöchelverletzung, Erinnerungen an den Bänderriss an gleicher

Stelle im vorherigen Jahr – und Gedanken ans Aufgeben. Für einige Schreckminuten, dann spielte er weiter, vier Sätze gegen den Franzosen Henri Leconte, die sich über zwei Stunden und achtzehn Minuten hinzogen. Nervenaufreibend dann auch das Match gegen den Schweden Anders Jarryd, es musste wegen Regens unterbrochen und verschoben werden.

Nun wurde es langsam Zeit, Entscheidungen zu treffen. Nur einmal angenommen: Der Junge gewänne tatsächlich und käme anschließend in seine Heimatstadt ... Dieser Gedanke beunruhigte nicht nur Bürgermeister Ehrbar, ihn aber besonders, er war der oberste Repräsentant, ihn würde alle Welt kritisieren, wenn er einen solchen Tag nicht gebührend beginge. Wenn er nicht vorbereitet wäre auf den Moment, der den Namen der Stadt in aller Welt bekannt machen könnte. «Ein, zwei Tage vor dem Halbfinale setzten wir uns das erste Mal im Rathaus zusammen», erzählt Ehrbar, der die aufregende Zeit ziemlich genau in Erinnerung behielt. Selbst wenn er sich nicht für Tennis interessiert hätte, wäre ihm in diesen Tagen unschwer bewusst geworden, was für eine Lawine da auf ihn zurollte.

Die Journalisten waren längst scharenweise in Leimen eingefallen. Für die bedurfte es nicht erst des Einzugs ins Viertel- oder Halbfinale, denen genügte es, dass ein siebzehnjähriger Deutscher in Wimbledon an den Start ging, der sich von Spiel zu Spiel beachtlich steigerte, wie ein Fußballtorwart nach verloren geglaubten Bällen hechtete und die dann auch meistens noch erwischte. Der den rechten Arm nach vorn winkelte und den Oberkörper leicht nach hinten beugte, wenn ihm etwas besonders gut gelang. Der seine Hand so markant zur Faust ballte, dass die bald als Becker-Faust berühmt werden sollte. Der hin und wieder seinen Schläger wütend auf den Boden warf und mit ausgestrecktem Arm in Richtung Schiedsrichter lamentierte, wenn er sich von dessen Bewertung ungerecht behandelt fühlte. Der scheinbar entnervt Stoßgebete gen Himmel schickte, wenn es für einen Moment nicht lief, um sich am Ende breitbeinig auf den Platz zu stemmen und die Arme nach oben zu reißen, weil er trotz allem wieder eine Schlacht gewonnen hatte. Und er gewann sie alle in diesem Sommer 1985, eine nach der anderen.

Am meisten aber zählte die Reaktion des Publikums, das hatte seinen Liebling nämlich schon auserkoren, feierte ihn frenetisch mit Beifallsstürmen, nicht nur zum Schluss eines Matches, auch zwischendurch, wenn er fulminant punktete. Für die Zuschauer auf dem Centre-Court wie für Millionen vor den Fernsehapparaten konnte es nur der blasshäutige Rotschopf sein, weil er der Youngster war und weil niemand anderer so hingebungsvoll spielte wie er, weil er sich in aussichtslosen Situationen erst recht couragiert aufbäumte und den Älteren respektlos Punkt für Punkt abtrotzte, Spiel um Spiel. Endlich mal kein ausgeflippter Amerikaner und keiner von den langweiligen Schweden, die vielleicht elegant, aber doch nicht mitreißend aufschlugen. Boris Becker bot die spannendsten Plots, er war der geborene Held, die Siegfried-Gestalt aus good old Germany – da ging einem doch das Herz auf.

Wer von den Nachrichtenjägern nicht persönlich nach Leimen kommen konnte oder wollte, forschte mit Hilfe des Telefons nach der ultimativen Becker-Story. In diesem Fall waren nicht mehr nur die Fachjournalisten aus den Sportredaktionen gefragt, jetzt kamen die Experten fürs Zwischenmenschliche zum Zuge. Den sportlichen Pflichtteil erledigten die Kollegen in London, hier ging es um die Geschichten hinter dem Erfolg. Sie konzentrierten sich auf das Drumherum und vor allem auf das familiäre Umfeld. Zuerst riefen sie die Eltern an, wenn die zu erreichen waren. Bis es Vater Becker zu viel wurde, schließlich habe er genug in seinem Büro zu tun, er müsse doch weiter Geld verdienen. Also veranstaltete er kurzerhand eine Pressekonferenz im Tennisclub, für die Journalisten, die in Leimen weilten, um Zeit zu sparen. Für alle die gleichen Antworten, da waren die

Reporter nicht sonderlich begeistert. Dann vielleicht zu Großmutter Helena in die Bergstraße 3. In diesem bescheidenen Heim war Boris die ersten sechs Jahre seines Lebens aufgewachsen – wenigstens eine neue Information, auch wenn die meisten sie falsch verstanden, die dann von seinem Geburtshaus sprachen und schrieben. Geboren aber wurde er woanders. Bei Helena Becker zu klingeln war dennoch nicht angebracht, war pietätlos. Ihr ging es nämlich nicht gut, sie trauerte um ihren Mann, der war vor wenigen Tagen gestorben.

Von dem Todesfall soll der Enkel erst einmal nichts erfahren haben, damit wollte ihn die Familie nicht belasten, nicht in diesen Tagen. Großvater Franz hatte ihm sehr nahe gestanden, und das nicht nur, weil ihm die Eltern dessen Namen als zweiten Vornamen gaben. Bosch und Tiriac setzten einiges daran, dass nichts von dem Medienrummel bis zu ihm vordrang. «Ion schottete uns ab», ließ Bosch in seinem Buch schreiben. «Die Umwelt interessierte uns auch nicht. Boris hat nie gefragt, was die Zeitungen schrieben. Er wusste nicht, dass inzwischen Millionen Deutsche vor dem Fernseher saßen, Leimen von Reportern durchpflügt wurde.»

Sie mögen sich bemüht haben, dennoch muss der Trainer Entscheidendes übersehen haben. Ein paar Seiten weiter behauptet er: «Boris wusste auch nicht, was in den Zeitungen stand. Die Schlagzeilen der englischen Presse ... ließen wir nicht an ihn heran.» So einfach kann es nicht gewesen sein, sonst hätte er sich auf einer der routinemäßigen Pressekonferenzen, die nach jedem Spiel anstand, wohl kaum mit den anwesenden Journalisten auseinander gesetzt. Sein Appell richtete sich vor allem gegen die Schreiber der britischen Boulevardgilde, die ihn als «Bomber» und «Zerstörer», sein Spiel als «Blitzkrieg» beschrieben und seine Siege unter anderem mit dem zweifelhaften Ausspruch «Heil, Boris!» gefeiert hatten. «Ich bin nur ein Tennisspieler und kein Soldat», gab er denen mit auf den Weg, nicht ganz erfolglos, die meisten schlugen danach verhaltenere Töne an, immerhin.

In seiner Geburtsstadt kamen derweil die nächsten an die Reihe, die alten Klassenkameraden, die noch das Gymnasium besuchten, ehemalige Lehrer, eine Verkäuferin beim Bäcker, der Vorsitzende des Tennisvereins, der frühere Trainer Boris Breskvar. Oder noch einer aus der Familie, Onkel Hans zum Beispiel, der Bruder von Karl-Heinz, aber viel sagte der auch nicht. Fragt man ihn heute nach seinem Neffen, schweigt er gleich ganz. Nicht etwa, weil er zur Spezies der unfreundlichen Zeitgenossen gehört oder nicht auch stolz ist auf ihn. Der Grund liegt offenbar woanders, im Zerwürfnis der Familie: Nicht zwischen allen Verwandten ist das Verhältnis noch sonderlich gut. In der Vergangenheit ist es immer wieder zu Querelen gekommen, wenn einer von ihnen Informationen oder private Fotos für eine Veröffentlichung in den Medien herausgab.

«Ich bin schon lange das schwarze Schaf der Familie, die anderen meiden mich», verrät dazu eine Tante des Tennisspielers. «Sie werfen mir vor, dass ich mit Journalisten über den Jungen gesprochen habe.» Dabei ging es nicht so sehr um den Inhalt etwaiger Gespräche, sondern allein schon um die Tatsache an sich. «Niemand soll über Boris sprechen, wehe, wenn einer Fotos weggibt» – so lautete das eherne Familiengesetz, ausgegeben von den Beckers in der Nußlocher Straße. Die meinten das so ernst, wie es klang; gleichwohl soll es hier und da Verstöße gegeben haben. So jedenfalls erzählt man sich in der Verwandtschaft. Überliefert ist beispielsweise ein Krach, zu dem es kam, weil eine von Boris' Tanten Bilder aus seiner Kindheit verkauft haben soll. Als zwei seiner Cousins Fotos mit ihm in seinem Zimmer aufnahmen, mit denen sie sich angeblich ein paar Mark verdienen wollten, soll Vater Karl-Heinz mit einem Anwalt gedroht haben, der würde sie verklagen.

Für Betroffenheit soll im erweiterten Familienkreis eine Reaktion des Tennisspielers selbst gesorgt haben. Nachdem in einer Boulevardzeitung ein Foto von seiner Kommunion erschienen war, das offensichtlich aus einem Album der Großmutter väterlicherseits stammte, soll er ihr mit harschen Worten die Freundschaft gekündigt haben. Ein Verwandter berichtet, Boris habe im Beisein der alten Frau getobt und ihr sehr deutlich zu verstehen gegeben, dass sie für ihn ab sofort nicht mehr existiere. Seither habe der Enkel nie wieder ein längeres Gespräch mit ihr geführt. Noch Jahre danach, als sie als eine der wenigen aus der Verwandtschaft – nicht einmal den Patenonkel hatte er eingeladen – seiner Hochzeitsfeier im Schlosshotel Bühler Höhe beiwohnen durfte, habe er ihr nur wenig Beachtung geschenkt.

Obgleich Boris Beckers Rigorosität im Umgang mit Menschen, von denen er sich enttäuscht und betrogen fühlt, kein Geheimnis ist, sind derlei Anekdoten mit Vorsicht zu genießen. Großmutter Helena jedenfalls kann dazu keine Auskunft mehr geben – die Zweiundneunzigjährige lebt zurückgezogen, sie wird in einem Altenpflegeheim betreut, an vieles kann sie sich einfach nicht mehr erinnern. Als sie noch redseliger war, hat sie mehrfach ihre Unschuld beteuert. Zwar hätten sich damals tatsächlich Reporter in ihrer Wohnung aufgehalten, die auch ein Foto von ihr aufnahmen, allerdings habe sie keines vom Enkelkind herausgegeben, nicht freiwillig. Die Fremden seien ihr gegenüber sehr freundlich aufgetreten, deshalb habe sie sich nichts dabei gedacht, sie für einen Moment im Wohnzimmer allein zu lassen, um ihnen in der Küche einen Kaffee zu bereiten. Möglicherweise hätten sie diesen Augenblick genutzt, um sich des Fotos zu bemächtigen. Vermutlich hatten sie es nicht eingesteckt, sondern einfach schnell abfotografiert, beweisen konnte sie das freilich nicht.

Dabei hätten die Reporter sich eine solche Aufnahme mit weniger Aufwand und ganz legal beschaffen können. In Leimen ist es seit jeher üblich, die Konfirmanden und Kommunikanten jedes Jahrgangs im städtischen Mitteilungsblatt *Rathaus-Rundschau* abzubilden. Beim Stadtarchivar sind alle Ausgaben der Schrift einzusehen, mit der im Jahr 1952 die herkömmlichen Bekanntmachungen der Stadt abgelöst wurden, die bis dahin durch einen Anschlag am Rathaus oder den Ortsausrufer verbreitet worden waren.

Spätestens als die Finalteilnahme des Leimeners feststand, klingelten im Rathaus neben den Telefonen – ständig meldeten sich Journalisten, die Auskünfte wünschten – auch die Alarmglocken. Aber was war in diesen Tagen eigentlich geschehen? Wer hatte sich bis dahin schon für Tennis interessiert? Zum Fußball gehören zwei Mannschaften mit je einem Torwart und zehn Feldspielern, ein Schiedsrichter, zwei Linienrichter und ein Ball. Das weiß jeder, aber wer hätte auf Anhieb mit dem Wissen brillieren können, dass ein Spielfeld beim Tennis exakt 23,77 Meter Länge und 8,23 Meter beziehungsweise 10,97 Meter Breite – je nachdem, ob Einzel oder Doppel gespielt wird – zu messen hat? Wem war bisher aufgefallen, dass sich neben dem Schiedsrichter noch ein Netz-, ein Fußfehler- und zehn Linienrichter auf dem Platz aufhalten? Mal ehrlich, wer begriff überhaupt die komplizierten Regeln dieser Sportart, warum zum Beispiel die ersten zwei Punkte mit fünfzehn Zählern bewertet werden, der dritte aber nur mit zehn angerechnet wird? Wer wusste mit Slice oder Smash oder Spin etwas anzufangen, wer hätte erklären können, was ein Re-Break bedeutet und wann es zu einem Tie-Break kommt?

Fest steht, die sportliche Leistung des jungen Leimeners stellte nur die eine Seite der Medaille dar. Auf die andere wurden in großen Lettern die Schlagzeilen geprägt, die täglich über ihn erschienen. Lobeshymnen gleich dutzendfach, eine Form verbaler Gigantomanie, die alles bisher Dagewesene in den Schatten stellte. Wenn auch die eigentliche Geburtsstunde der Medienfigur Boris Becker in die Zeit seines ersten Wimbledon-Triumphs fiel, hatten die medialen Wehen doch bereits früher eingesetzt. Ungefähr zwei Wochen vorher, nachdem er im Londoner Queens Club sein erstes Grand-Prix-Turnier gewonnen hatte und eine deutsche Zeitung den Warnhinweis «Wimbledon muss zittern: Boris Becker kommt» druckte. Dabei handelte es sich um eine vergleichsweise zurückhaltende Formulierung, wenn man bedenkt, dass etwa zum gleichen Zeitpunkt die «rüdesten, ordinärsten, aggressivsten Totschlagzeilenmacher der Welt», wie Chefredakteur und Medienexperte Helmut Markwort einst die englischen Presseleute nannte, darangingen, ein speziell auf Becker gerichtetes Medienfeuerwerk zu zünden, das noch jahrelang kriegerische Schlagzeilen in den Pressehimmel schießen sollte.

Mit der Überschrift «Boris Becker: Diese Vorhand schockt die Welt» wurden anschließend die Leser einer Sonntagszeitung auf dessen Auftritt in Wimbledon eingestimmt. Mit seinem ersten Sieg dort erwachten auch die deutschen Kriegsberichterstatter des Sports – nun lasen sich die Überschriften auch hierzulande so ähnlich: »Bum-Bum-Boris hämmerte den Ami Pfister raus» … «Aufschläge wie Gewitter, Boris donnert weiter» … «Kämpfer Boris: Fuß kaputt, Supersieg» … «Unser Held Boris» … «Das Duell» … «Schlag zu, Boris!». So geballt die Schlagzeilen daherkamen, stellten sie doch nur einen Vorgeschmack auf das dar, was noch kommen sollte.

Manche bemühten sich, die Tage von Wimbledon mit Max Schmelings legendärem K.-o.-Sieg gegen Joe Louis zu vergleichen, oder suchten Parallelen zum unvergessenen Triumph der deutschen Fußballnationalmannschaft im Weltmeisterschaftsfinale von 1954 in Bern – und doch war es diesmal irgendwie anders. Boris Becker schien prädestiniert zu sein, eine Heldenrolle zu übernehmen, die über das Sportliche weit hinausging.

Endlich gab es wieder ein Idol für die Jugend, ein Vorbild, zu dem sie aufschauen konnte, welches ihr den Glauben vermittelte, dass es sich lohnt, die No-Future- und Null-Bock-Mentalität zu überwinden. Schon scharrten die Werbeverantwortlichen der großen deutschen Firmen mit den Hufen. Die Herren von der Deutschen Bank reagierten schleunigst und sicherten sich Beckers Dienste als Werbefigur, für eine Million Mark im Jahr oder mehr, genau wird das ja nie verraten. Der Slogan für die folgende Anzeigenkampagne jedenfalls lag auf der Hand: «Es ist ein gutes Gefühl, wenn aus Leistung Erfolg wird».

Den Erfolg Boris Beckers am 7. Juli 1985 erlebten rund 14400 Zuschauer auf den Tribünen rings um den Centre-Court von Wimbledon mit. Weltweit verfolgten über dreihundert Millionen Menschen vor ihren Fernsehern das Match gegen den Amerikaner Kevin Curren, das in der Bundesrepublik vom Zweiten Deutschen Fernsehen live übertragen wurde. Wann hatte es das jemals gegeben, dass andere Sendungen für eine Tennisübertragung verschoben oder aus dem Programm gestrichen wurden? Der Erfolg rechtfertigte diese Entscheidung. Die Mainzer Sendeanstalt registrierte eine Einschaltquote von gut elf Millionen, was für ein Tennisspiel gigantisch war und an diesem Tag die fünfthöchste Quote darstellte. Demnach hatte man sich in jedem dritten Haushalt, der über einen Fernseher verfügte, für das Finalspiel des Leimeners entschieden. Nur die amerikanische Serie *Hotel*, damals der Straßenfeger schlechthin, die Unterhaltungsshow *Melodien für Millionen* und die Nachrichtensendungen *heute* und *Tagesschau* fanden ein noch höheres Interesse.

Die Maschinerie im Printmedienbereich lief in den Stunden der größten Tennisübertragung aller Zeiten ebenfalls auf Hochtouren. Die *Frankfurter Allgemeine Zeitung*, und nicht nur die, verschob ihre Andruckzeiten, der *Spiegel* hatte noch in letzter Minute eine Becker-Geschichte ins Blatt gehoben, die indes schon veraltet war, bevor das Heft am nächsten Morgen an die Zeitungskioske gelangte. Sie vermochte zu berichten, dass nach Baron Gottfried von Cramm, der vor dem Zweiten Weltkrieg dreimal erfolglos ein Finale bestritt, und Wilhelm Bungert, der 1967 das Endspiel verlor, sich zum dritten Mal ein Deutscher anschickte, nach dem Siegerpokal von Wimbledon zu greifen. Die eiligst verfasste Story konnte auch noch den couragierten Triumphzug der Nummer zwanzig der Weltrangliste beschreiben – aber eben nur bis unter die besten Vier des Turniers. Im wirklichen Leben war der neue Superstar schon weiter, als die Rotationsmaschinen liefen.

Boris Becker und Günther Bosch hatten Quartier im Londoner Hotel Gloucester bezogen, wie im vergangenen Jahr. Und sie gingen davon aus, dass sie im nächsten wieder hierher kommen würden, im Jahr darauf und in dem danach ... Der Siebzehnjährige bewohnte das Zimmer mit der Nummer 405, sein Coach quartierte sich nebenan ein, an seiner Tür war die Zahl 406 befestigt. So hielten sie es meistens, wenn sie zu Turnieren reisten, zumindest am Anfang, als Frauen noch keinen Zutritt zum Reich Becker bekamen. Und das aus rein praktischen Erwägungen, es vereinfachte den Kontakt zwischen ihnen – oft waren ihre beiden Zimmer durch eine Tür verbunden – und verschaffte dem Trainer die Gelegenheit, sich nebenbei noch um die persönlichen Sachen seines Schützlings zu kümmern. Dem gelang es binnen kürzester Zeit, in seiner Unterkunft einen Zustand herzustellen, der mit dem Wort Unordnung nur unzureichend beschrieben wäre. «Wie im Dschungel sah es dort aus», erzählte Bosch manchmal. Die frischen Hemden lagen dann schon mal zwischen den verschwitzten Trainingssachen und die Socken, Jeanshosen und Musikkassetten – dreißig bis vierzig schleppte er meistens mit – wild im Zimmer verstreut, neben seinen Schlägern, dem Walkman und allerlei Massagesalben.

Der Coach beseitigte nicht nur das Durcheinander im Zimmer – so gut das möglich war –, vor der Abreise packte er für gewöhnlich auch die Koffer für seinen Schützling. Als Trainer war er gleichzeitig auch sein Butler. Er bespannte nachts die Schläger, checkte für beide in den Hotels ein, wenn sie reisten, kümmerte sich auf den Flughäfen um das Gepäck, rief ein

Taxi herbei, wenn sie eines benötigten, zahlte die Rechnungen, wenn sie essen gingen. Boris hatte eigentlich nie Geld dabei, das sollte auch lange Zeit so bleiben, über das Ende seiner Tenniskarriere hinaus. Er bewegte sich unbeschwert an der Seite seines Betreuers und durfte erleben, wie es ist, wenn einem alle lästigen Alltagsdinge abgenommen werden. Dafür habe er Bosch und Tiriac schließlich engagiert, meinte er, ganz der Boss, noch vor seinem ersten Wimbledon-Finale: «Sonst hätte ich sie ja nicht geholt, sondern hätte auch ganz allein Tennisturniere spielen können.»

Bei Bedarf übernahm der Trainer auch noch die Rolle des Spielgefährten. Wollte Becker in seinem Zimmer toben, tobte er mit. War dem Jungen nach einem Ringkampf zumute, ließ Bosch sich auch darauf ein. «Wenn er sich noch einmal wie ein Kind geben möchte», sagte er, «dann spiele ich mit.»

Zweifellos übertrieb es Bosch mit seiner Fürsorge, wie er heute sagt – aber nicht ohne Grund. Er habe das Vertrauen von Beckers Eltern genossen, die hätten sich hundertprozentig auf ihn verlassen. Sogar, was finanzielle Belange betraf. Er verfügte über eine Kreditkarte, mit der er alle Rechnungen beglich und anschließend abrechnete. Sie hatten ihm ihren Sohn anvertraut, mit dem er nun um die Welt reiste, deshalb sei sein Verantwortungsgefühl besonders ausgeprägt gewesen, vielleicht mehr als bei der eigenen Tochter. Die wurde die meiste Zeit sowieso von seiner Frau betreut. Boris war ja nicht sein eigenes Kind, schon deshalb durfte nichts schief gehen. Hinzu kam, dass er all seine Anstrengungen dem Ziel unterwarf, einem außergewöhnlichen Talent zu einer einzigartigen Karriere zu verhelfen. «Er sollte die Spitze erklimmen!»

Bestimmt spielte unterschwellig eine gewisse Angst mit hinein, immerhin bedeutete der Job auch für ihn sein Leben. Nachdem er beim Tennisbund die Türen zugeschlagen hatte, war er von Tiriacs Gnaden abhängig, der ihm zu Beginn siebentausendfünfhundert Mark im Monat zahlte und sämtliche Reisespesen übernahm. Das Honorar erhöhte sich bald, hätte aber auch auf null sinken können, wären Bosch und Becker nicht miteinander ausgekommen. Er konnte der beste Coach sein – wenn Becker ihn ablehnte, würde ihm all sein Können nichts nützen, würden seine Verdienste nicht zählen, dann hätte er keine Chance. Dementsprechend waren intern die Rollen verteilt, das ließ der Jüngere ihn auch spüren, zunehmend mehr.

Am Morgen des Finaltages, eines Sonntags, war Boris bereits wach, als ihn sein Trainer um neun Uhr wecken wollte. Er erzählte beim Frühstück, dass er von der Herzogin von Kent geträumt habe, die ihm zum Sieg gratulierte. Ob es sich tatsächlich so verhielt oder ob er sich das nur einredete – sein Trainer lächelte. Wenn es dem Jungen half, sollte er doch, wichtig war allein, dass er sich gut fühlte und von sich überzeugt war. Er musste selbstbewusst auf den Platz gehen, sein Gegenüber sollte in ihm schon vor dem ersten Aufschlag den künftigen Gewinner fürchten. Siegessicheres Auftreten, darum ging es, weil es um alles ging. Die Psyche spielte immer eine elementare Rolle, an solch einem Tag besonders.

In Leimen begann der Showdown am Montagmorgen. Nachdem der bereits zu diesem Zeitpunkt berühmteste Sohn der Stadt am Vorabend, um exakt siebzehn Uhr sechsundzwanzig Ortszeit, seinen letzten Aufschlag so wuchtig und präzise über das Netz gefeuert hatte, dass Kevin Curren nichts weiter übrig geblieben war, als den siebenundfünfzig Gramm schweren Filzball von seinem Schläger ins Aus abprallen zu lassen, war dem Bürgermeister klar gewesen, dass ihm eine arbeitsreiche Woche bevorstand, die anstrengendste seiner Amtszeit womöglich. Denn er würde mehr zu tun haben, als nur einen gewöhnlichen Empfang im Rathaus vorzubereiten. Nach allem, was den Medien zu entnehmen war, kehrte der siebzehnjährige Leimener nicht nur als erster deutscher und als jüngster Wimbledon-Sieger aller Zeiten zurück. Boris Becker, daran gab es nichts mehr zu deuten, würde als Volksheld in seine Heimatstadt einziehen.

Neben vielen anderen Fragen beschäftigte Herbert Ehrbar zunächst die, wie viel Zeit bleiben würde, um die Fortsetzung des Becker'schen Triumphzuges auf badischem Boden vorzubereiten. Im Grunde kam die Nachricht, dass der neue Tenniskönig zunächst einmal nach Monte Carlo reisen wolle, um sich einige Tage von den Strapazen zu erholen, dem Krisenstab im Rathaus nicht ungelegen. Als der Bürgermeister den Auftrag gab, blaue Plakate mit weißer und königsgoldener Schrift – «Wimbledonsieger Boris Becker» – für den Empfang drucken zu lassen, die überall im Ort ausgehängt werden sollten, stand der Termin endlich fest: Bis zum kommenden Freitag würden sich die Leimener noch gedulden müssen.

Den Organisatoren im Rathaus blieb dennoch kaum eine Verschnaufpause. Sie hatten einen Siebzehn-Punkte-Plan abzuarbeiten, der von der Öffentlichkeitsarbeit bis zum Bedienpersonal für das Bankett, von der Beschaffung der Begrüßungstransparente bis zur Festlegung der Fahrzeugfolge des Autokorsos alle Eventualitäten berücksichtigte. Ungeklärt war noch, ob es angebracht sein würde, den hoch geschätzten Sohn der Stadt zum Ehrenbürger zu ernennen. Auch mit einem solchen Ehrentitel wäre er der Jüngste gewesen, nicht nur in seiner Heimatstadt. Dieses Thema brachte schließlich die SPD-Fraktion auf einer Gemeinderatssitzung zur Sprache. Ein entsprechender Antrag scheiterte jedoch am Veto der CDU-Vertreter, der Fraktionsvorsitzende Karl-Heinz Becker persönlich sprach sich gegen die geplante Ehrung aus, sein Sohn sei dafür noch zu jung. Stattdessen entschied man sich, Boris den Goldenen Ring der Stadt zu verleihen, ein speziell angefertigtes Schmuckstück im Wert von vierzehn Karat.

Bürgermeister Ehrbar leitete die Kommandozentrale für die Feierlichkeiten, regelmäßig rief er seinen Stab zum Rapport. Die entsprechenden Sitzungsprotokolle sind erhalten geblieben, sie werden im Stadtarchiv aufbewahrt. Neben detaillierten Problemanalysen und Arbeits- und Regieanweisungen für den großen Auftritt wurden in den Unterlagen auch jene Kosten aufgelistet, die die Stadt für so genannte Fremdleistungen aufwandte, für Lebensmittel und Getränke zum Beispiel, die Metzger, Bäcker, Getränkehändler und Brauerei zur Verfügung stellten, für das Aufstellen von Toilettenwagen, für Tischdecken, Urkunden, Foto- und Druckarbeiten, für eine Gerüstfirma, die gegenüber vom Rathaus eine Pressetribüne errichtete, für Telefongebühren und geliehene Schreibmaschinen, die zu versichern waren. Unter dem Strich kamen fast vierzigtausend Mark zusammen, die Arbeitsleistungen der Stadtbeschäftigten nicht mitgerechnet. Auch diese Ausgaben sollten dem Bürgermeister später vorgehalten werden. Dabei hätte man sie getrost als Werbungskosten deklarieren können. Die organisierte Sympathiebekundung für den ehemaligen Leimener, eine farbenprächtige Inszenierung, geriet gleichzeitig zu einer Promotionsveranstaltung für die Stadt. Die angereisten Berichterstatter, die – je nachdem – deutsch, französisch, englisch, ja selbst japanisch sprachen, verbreiteten ihre Eindrücke und Bilder von der festlich geschmückten deutschen Provinz und dem überschwänglichen Jubel ihrer Bewohner in der ganzen Welt.

All diese Sequenzen passten trefflich in ein ganz besonderes Bild, welches die Medien vom phönixgleichen Aufstieg eines siebzehnjährigen Wunderkindes zeichneten. Damit lagen sie nicht falsch, aber eben auch nicht ganz richtig. Selbst wenn seriös niemand die Sensation von Wimbledon vorhersehen konnte, fand der Gipfelsturm des Boris Becker so überraschend nun auch wieder nicht statt. Der überragende Erfolg trat lediglich eher ein, als ihn diejenigen erwartet hatten, die im Prinzip fest damit rechneten.

In der Legende vom Wunderkind Boris stecken mehrere und durchaus fragwürdige Annahmen. Zum Beispiel ist es falsch zu behaupten, mit dem Leimener habe der Tennisboom in Deutschland begonnen. Den hatten andere vor ihm schon eingeleitet, Wilhelm Bungert etwa, der Wimbledon-Finalist von 1967. Zählte der Deutsche Tennis Bund Ende der sechziger Jahre gerade 360000 Mitglieder, wuchs die Zahl stetig, bald auf über eine Million, heute sind über zweieinhalb Millionen registriert. Bereits Mitte der siebziger Jahre, bestimmt aber am Ende dieses Jahrzehnts nahm es sich für Vertreter der bundesrepublikanischen Mittelschicht zunehmend schick aus, am Wochenende auf dem Court mit Freunden oder Geschäftspartnern für ein Match das Racket zu schwingen. Im Grunde zählten Boris Becker und Steffi Graf bereits zu den Kindern dieser Entwicklung, wenn sie auch erst mit ihnen ihren Zenit erreichte.

Es gibt viele, die glauben, dass es so weit nur kommen konnte, weil Boris Becker neben seiner sportlichen Qualität noch eine sehr persönliche mitbrachte, die ihn zeitweise zur Leitfigur seiner Sportart erhob: Charisma. Dieses Wort wird in Lexika als «Gnadengabe» übersetzt und als «nicht alltägliche, übernatürlich geltende Eigenart eines Menschen» beschrieben, die ihn anderen gegenüber als Autorität oder Führerpersönlichkeit erscheinen lässt. Über eine besondere Ausstrahlung verfügte schon der jugendliche Tennisspieler Becker, der sich durchaus kameradschaftlich geben konnte, dennoch eine gewisse Distanz zu den anderen hielt, ob absichtlich oder nicht. Vermutlich spielte es schon eine Rolle, dass er sich für einen Ausnahmeathleten hielt und seine so selbstherrlichen wie ehrgeizigen Bekenntnisse vor dem Spiegel durchaus ernst meinte. Schon im Alter von fünfzehn Jahren gerierte er sich als Leader der Trainingsgruppe, führte für sie das Wort gegenüber den Trainern, während ihn gleichzeitig etwas Geheimnisvolles umgab, eine gewisse Unnahbarkeit. Ohne es seinen Mitstreitern großartig zu deklarieren, nahm er für sich die Führungsfunktion in Anspruch, die sie ihm auch überließen.

Je nachdem, wen man heute befragt, heften sich gleich mehrere Personen das Verdienst an, Boris Beckers Karriere nicht nur befördert, sondern dafür den entscheidenden Beitrag geleistet zu haben. Nun gibt es das Sprichwort, dass der Erfolg viele Väter habe, welches sicherlich auch in diesem Fall zutrifft. Günther Bosch sagte einmal, dass die Tennisbranche die eifersüchtigste im Sport überhaupt sei, hier würden Neid und Missgunst bis zu einem unerträglichen Maße regieren. Offensichtlich war er selbst nicht ganz frei von solchen Anwandlungen. Wie sonst hätte er in seinem Buch gleich an zwei Stellen behaupten können, dass Boris als «Tennis-Wilder» zu ihm gekommen sei, dass der Junge, bevor er sein Coach wurde, nie eine Einzeltrainerstunde bekommen habe und sich kein «klassischer Tennislehrer» seiner angenommen hätte?

Das entspricht nachweislich nicht den Tatsachen, gab es doch vor ihm jenen slowenischen Tennistrainer, der denselben Vornamen und das gleiche Namenskürzel trägt wie Becker: BB – Boris Breskvar. Er war ein durchaus ehrgeiziger Lehrer, der sein Fach von der Pike auf gelernt hatte, unter widrigen Bedingungen im einst jugoslawischen Ljubljana zwar, dafür umso zielstrebiger. Mit vierzehn gehörte Breskvar zu den besten Tennisjungen Sloweniens, drei Jahre später zur Creme der Nachwuchsspieler des gesamten Landes. Er stieg in das Daviscup-Team auf, sein Hobby zum Beruf machen wollte er dennoch nicht. Als Sohn eines Chirurgen studierte er zunächst Medizin, um nach sechs Semestern das Fach zu wechseln und am Ende die Hochschule mit einem Trainer-Diplom zu verlassen. Irgendwann verschlug es ihn nach Heidelberg zum renommierten Tennisclub Schwarz-Gelb, der schon damals in der Bundesliga spielte. Hier sollten sich die Wege von BB und BB kreuzen. Das geschah im Frühjahr 1974. Breskvar leitete zu dieser Zeit neben dem Clubtraining zweimal die Woche auch das Bezirkstraining für den Badischen Tennisverband.

Den sechsjährigen Jungen, der mit ungefähr dreißig anderen Steppkes zum Vorspielen erschienen war, beobachtete er mit zwiespältigen Gefühlen. Da gab es andere, die ihr Racket eleganter handhabten und die Bälle auch zielgerichteter übers Netz schlugen, aber keiner von denen offenbarte einen derart ausgeprägten Siegeswillen wie Klein Boris. Herkömmliche Trainer, die Wert auf eine gewisse Eleganz beim Spiel legten, wie es hierzulande weit verbreitet war, glaubt Breskvar, hätten den Jungen bei dieser Gelegenheit aussortiert. Er aber habe Wettkampftypen gesucht, Fighter, die nicht aufgeben, wenn sie im Rückstand liegen, sich bis zur völligen Erschöpfung verausgaben. Deshalb sei Boris ihm sofort aufgefallen, nicht etwa durch eine gute Spieltechnik, über die verfügte er beileibe nicht. Konnte er auch gar nicht, hatte er bisher doch keinen Tennisunterricht erhalten, stattdessen meistens einsam und allein seine Bälle gegen Wände geschlagen, auf der Tennisanlage in Leimen oder vor dem Haus der Eltern. Was den Trainer beeindruckte, waren sein «enormer Kampfgeist» und sein «unglaubliches Ballgefühl», wie er noch im Rutschen oder Fallen versuchte, den Ball zu treffen. «Wenn ich ihm den Ball scharf links und rechts in die Ecken setzte, um ihn auf dem falschen Fuß zu erwischen, versuchte er wirklich mit allen Mitteln, ihn noch zurückzuschlagen.» Das sei ihm nicht immer gelungen, und es sah bestimmt nie graziös aus, ins Gewicht allein fiel, dass er alles drangab. Schon damals habe er sich nach den Bällen geworfen, dabei Knie und Ellenbogen blutig geschlagen, weil ihn niemand gelehrt hatte, wie man sich geschickt abrollt. Das interessierte ihn auch wenig, den Ball wollte er erreichen, was immer es an Schürfwunden einbringen mochte.

«Einen solchen bedingungslosen Willen und Einsatz hatte ich bis dahin noch bei keinem anderen Jungen beobachten können», staunte Breskvar, der diesen Satz einst für einen Vortrag nach Beckers erstem Wimbledon-Sieg aufschrieb. Den beachtenswerten Eigenwillen fand er in Zukunft immer wieder bestätigt, mitunter auf recht makabre Weise. Einmal, im Winter, sei Becker mit einer blutigen Nase zum Training erschienen, die mit einem Pflaster notdürftig verarztet worden war. Er jammerte nicht, suchte auch keine Ausrede, erzählte vielmehr voller Stolz, was geschehen war: Er hatte sich mit drei anderen Schülern eine Schneeballschlacht geliefert. Als Deckung nutzte er einen Holzzaun, hinter den er sich schutzsuchend hockte, wenn die anderen ihn bewarfen. Legten die eine Pause ein, um sich neue Schneebälle zu formen, sprang er hoch, feuerte seine ab und duckte sich wieder. In der Hektik des Gefechts gelangte er bei solch einem Manöver zu dicht an den Zaun und spießte sich die Nase an der Spitze einer der Latten auf. Obwohl ihm das einige Schmerzen bescherte, fühlte er sich als Sieger, war er dem neuerlichen Beschuss doch noch rechtzeitig ausgewichen: «Ich war schneller als die anderen.» Zwar hatte er Blut verloren, aber den ungleichen Wettkampf gewonnen, einzig das zählte für ihn.

Breskvar nahm ihn nach der ersten Sichtung, die keine zwanzig Minuten dauerte, in seine Trainingsgruppe auf. Nicht nur das, er machte sich auch frühzeitig daran, dem Jungen etwas beizubringen, das im Moment nicht so sehr nach Tennis aussah, ihn in Zukunft aber vor den schlimmsten Verletzungen bewahren sollte. Dafür besorgte er eine Weichbodenmatte, wie sie im Schulunterricht beim Hochsprung verwendet wird, auf der er mit ihm übte, sich nach seinen Sprüngen, die schon damals spektakulär, aber noch etwas unbeholfen aussahen, richtig abzurollen. Nach einiger Zeit tauschte er die voluminöse gegen eine dünne Turnmatte, ehe sein Schüler die Sprünge auf dem harten Filzboden der Tennishalle perfektionierte. Dazu gehörte auch, dass er nach dem Sprung den Schläger noch in der Hand hielt, was ihm früher selten gelungen war. Später sollte das Ergebnis dieser Übungen als Becker-Hecht weltweite Berühmtheit erlangen.

Es soll nicht verschwiegen werden, dass dieser im Tennis eher seltene Körpereinsatz keineswegs allein trainiert wurde, um Verletzungen auszuschließen, die Gegenspieler zu verblüffen oder um den Zuschauern artistische Showeinlagen darbieten zu können. Das eigentliche Ziel bestand darin, Beckers mangelnde Beweglichkeit und Schnelligkeit mit flotten Sprüngen auszugleichen. Die Beinarbeit war nie seine Stärke gewesen, er spielte behäbiger als die meisten Gleichaltrigen. Auf einem Lehrfilm, der ihn im Alter von zwölf, dreizehn Jahren mit anderen Nachwuchsspielern vom Badischen Tennisverband, darunter auch Steffi Graf, beim Training in Leimen zeigt, ist das deutlich zu erkennen. Es bereitet ihm erhebliche Schwierigkeiten, seine Beinbewegungen entsprechend den Vorgaben zu koordinieren. Beinahe halsbrecherisch muten seine Versuche an, Kreuzschritte und eine Art seitlich ausgeführten Schuhplattler hinzubekommen. Wenn man die Aufnahmen betrachtet, wartet man förmlich darauf, dass ihm die eigenen Füße jeden Moment zum Verhängnis werden, er über sie stolpert und gehörig auf die Nase fällt. An einigen Stellen wirken seine ungelenken Bewegungen geradezu komisch, als wollte er den Clown geben. Umso erstaunlicher ist, dass er mit den Sprüngen bereits als Kind einen Weg suchte, ein Manko auszugleichen, über das er sich offenbar früh im Klaren war. Hätte er über eine höhere Grundschnelligkeit verfügt, über mehr Geschicklichkeit mit den Beinen, wäre er vermutlich niemals der Idee verfallen, sich den Bällen entgegenzuhechten.

Es wäre nur gerecht, nähme man Breskvars Verdienst endlich unbestritten zur Kenntnis. Im Gegensatz zu Boschs Behauptungen war er es nämlich, der den kleinen Becker regelmäßig trainierte, neun Jahre lang, nicht immer allein – als Verbandstrainer hatte er eine ganze Gruppe zu betreuen –, aber auch nicht selten. Nachdem 1977 das Landesleistungszentrum in Leimen errichtet worden war, keine zehn Minuten Fußweg von der Wohnung der Familie Becker entfernt, praktisch in Sichtweite, trafen Breskvar und Becker wochentags zusammen und dazu häufig noch am Wochenende. «Mit den anderen habe ich nie privat trainiert», sagt er, «mit Boris schon.» Was gewiss auch daran lag, dass er sich mit dessen Vater anfreundete. Als sich der Trainer ein Einfamilienhaus in Leimen bauen ließ, übernahm Karl-Heinz Becker die Funktion der Bauaufsicht, arbeitete die eine oder andere Stunde, ohne sie in Rechnung zu stellen. Breskvar bedankte sich mit kostenlosen Trainingsstunden für den Sohn, die er samstags und sonntags abhielt. Es bedurfte auch keiner großartigen Bitten vonseiten der Beckers, dass er Boris zu Turnieren in seinem Auto mitnahm, wenn die Eltern ihn nicht begleiten konnten, was häufiger vorkam.

Dabei gab es oft genug Gründe, an dem Jungen zu verzweifeln, weil Boris sich scheinbar selten den Kopf über Dinge zerbrach, die sich abseits des Tennisplatzes ereigneten. Da konnte er zerstreut und vergesslich sein und Streiche aushecken, über die andere nur den Kopf schüttelten. Einige Geschichten sind Boris Breskvar im Gedächtnis haften geblieben, über die er heute schmunzeln kann. Einmal fuhr er zum Beispiel mit seiner Trainingsgruppe zu einem Lehrgang nach Kroatien. Da Boris auf seinen gewohnten Brotaufstrich zum Frühstück auch in der Ferne nicht verzichten wollte, ließ er sich den von seiner Mutter in die Reisetasche packen. In seinem Quartier machte er sich am nächsten Tag darüber her, vergaß jedoch, das Glas wieder fest zu verschließen, ehe er mit den anderen trainieren ging. Hinterher musste er auf seinen geliebten Süßkram allerdings verzichten. Als er zurückkam, krabbelten Hunderte von Ameisen durch das Zimmer, die sich gerade über die Marmelade hermachten.

Während einer Trainingsreise nach Slowenien erlebte der Trainer, wie weit Beckers Ehrgeiz mitunter gehen konnte. Sie spielten Fußball am Strand, als dessen Temperament mal wieder mit ihm durchging. Da er am Bein verletzt war und sich schonen sollte, musste er das Tor hüten. Das war schon ärgerlich genug für ihn, weil er nicht als Stürmer ins Geschehen eingreifen konnte; noch schlimmer aber war es, dass seine Mannschaft mit einem Tor zurücklag. Kurz vor Schluss flog der Ball dann auch noch ins Wasser und drohte abzutreiben, was die bevorstehende Niederlage endgültig besiegelt hätte. Obwohl es noch früh im Jahr war, um Ostern herum, und die Wassertemperatur kaum zwölf Grad Celsius betrug, sprang er in voller Montur dem Ball hinterher. Er wollte unbedingt wenigstens noch ein Unentschieden erreichen. Nachdem ihn die anderen, die seinen Badegang fassungslos beobachteten, aus dem Meer gefischt hatten, gab er seine angestammte Position auf, holte sich das Leder und stürmte humpelnd zum gegnerischen Tor, um selbst den Ausgleich zu erzielen. Als ihm das gelang, war seine Welt wieder in Ordnung.

Anekdoten ähnlicher Art weiß Erko Prull zu berichten, der eine Zeit lang zweimal wöchentlich die Kondition des badischen Tennisnachwuchses schulte. «Zum Abschluss spielte ich mit den Jungs oft Fußball, Boris war immer begeistert dabei. Wenn seine Mannschaft allerdings am Ende zurücklag, warf er sich auf den Boden und heulte und bestand darauf, dass wir so lange weitermachen, bis er gewonnen hatte.» Um die Angelegenheit nicht ausufern zu lassen, habe Prull manchmal ein Eigentor geschossen. Natürlich musste das so aussehen, als sei ihm das versehentlich passiert, sonst hätte es nicht gegolten – eine Frage der Ehre. Der Leimener sei schon der Auffälligste in der Truppe gewesen, nicht nur aufgrund seines Aussehens. Er habe auch sonst, abseits der sportlichen Betätigung, manch Haarsträubendes unternommen. Bei einem Lehrgang im slowenischen Portoroz stahl er sich morgens vor allen anderen in den Frühstücksraum des Hotels, um sämtliche Brötchen von den Tischen zu räumen und auf seinem zu drapieren. Solche Späße liebte er. Weniger lustig fand der Busfahrer auf der Rückreise den Bewegungsdrang des jungen Mannes. Der kletterte, als sie in München ankamen, durch ein Dachfenster auf den Bus, übermütig wie er war, zum Entsetzen der Betreuer. Nachdem ihn sein Trainer heruntergezogen und der aufgebrachte Fahrer ihm lautstark die Leviten gelesen hatte, schloss er sich in die Bustoilette ein und kam erst nach zwei Stunden wieder heraus. Da war ihm der eigene Auftritt dann doch peinlich.

Nachdem Boris Becker in Wimbledon den Tennisolymp erklommen hatte, wurde gern die Geschichte erzählt, er sei als Kind so schlecht gewesen, dass ihn der Trainer gelegentlich dazu verdonnerte, mit den Mädchen spielen zu müssen. Darunter hätte er furchtbar gelitten, und aus ebendieser Demütigung habe er die Motivation entwickelt, besser zu werden als alle anderen, um es ihnen zu zeigen. Auch Becker erinnerte sich als Erwachsener daran, dass ihn die Suche nach Anerkennung vorangetrieben habe, dass er davon ausging, über den sportlichen Erfolg auch in anderen Bereichen seines Lebens Akzeptanz zu erfahren. Als er einmal gefragt wurde, ob man aus einem bestimmten Holz geschnitzt sein müsse, um als Sportler ganz oben zu stehen, wies er mit seiner Antwort in dieselbe Richtung: «... ich glaube einfach, dass man in der Kindheit sehr geprägt wird. Dass man sich da viele Narben holt und Charakterzüge und Stärken und Schwächen aneignet ... Ich war schon immer ein Außenseiter. Meine einzige Möglichkeit, mit anderen Jungen zusammenzusein, von ihnen akzeptiert zu werden, war mein Sport.» In einem anderen Gespräch sinnierte er über die Ursache seines «fiebrigen Ehrgeizes» und wurde konkreter: «Ich glaube, ich bin in meinem Innern immer noch auf Rache aus. Ich habe als kleiner Kerl in Leimen viel mit Steffi Graf trainiert und gespielt. Denn sie war die Beste bei den Mädchen und ich der Schlechteste bei den Jungs. Die älteren Spieler ... haben mich deswegen oft gehänselt. Ich habe als Kind also oft in der Ecke gestanden und habe mich sehr verletzt gefühlt. Damals habe ich mir geschworen, eines Tages fege ich euch Armleuchter alle vom Platz. Diese Rachewut ist ganz tief in mir geblieben ...»

In der Rolle des Unterdrückten hat Trainer Breskvar ihn nicht gesehen. Es findet sich auch keiner von seinen ehemaligen Mitschülern, der ihn in diesem Sinne als Außenseiter erlebt haben will. Eine gewisse Sonderstellung leugnen die meisten indes nicht, die sei jedoch nur durch seine häufige Abwesenheit zustande gekommen, ansonsten sei er sehr wohl akzeptiert worden. Obgleich sich nicht viele in der Klasse für Tennis interessierten, fanden es die Mitschüler schon eindrucksvoll, wenn die Zeitungen über ihn berichteten.

Auf dem Tennisplatz kam es allerdings schon vor, dass er mit den Mädchen trainierte, aber diese Aufgabe fiel auch anderen zu, unabhängig von deren Leistungsvermögen. «Einige Übungen führten wir natürlich gemeinsam durch, was sprach dagegen?«, fragt Breskvar, der auch Beckers Schwester Sabine bis zu ihrem sechzehnten Lebensjahr trainierte. Ließ er Mädchen und Jungen ab und zu auf dem Tennisplatz gegeneinander antreten, verbarg sich keineswegs Schikane dahinter, auch wenn es der eine oder andere so aufgefasst haben mag. Ein Grund, sagt er, könne zum Beispiel gewesen sein, den Teamgeist der Gruppe zu fördern. Manchmal erklärte es sich auch dadurch, dass einfach ein gleichgeschlechtlicher Spielpartner fehlte. Darüber hinaus habe er solche Konstellationen manchmal zielgerichtet herbeigeführt, um entweder das betreffende Mädchen oder den Jungen oder beide zu motivieren. Boris Becker habe durchaus zu denen gehört, glaubt sein ehemaliger Coach, deren Ehrgeiz er auf diese Weise anstacheln konnte. Ab einem bestimmten Zeitpunkt sicher nicht mehr, weil er dann allen Mädchen weit überlegen war. Also ließ Breskvar sich eine neue Herausforderung für ihn einfallen, schickte zum Beispiel gleich zwei Spieler gegen ihn auf den Platz.

«Mit ihm war es ein ständiger Kampf», sagt Breskvar, der Junge sei ein anstrengender Partner gewesen. Er habe seinem Trainer oft Paroli geboten, was anstrengte, im Grunde aber für ihn sprach, für sein Selbstbewusstsein, da er es mit einem äußerst resoluten Coach zu tun hatte. Der sagt von sich selbst, er sei sehr streng gewesen. Wer sich nicht an seine Anweisungen hielt, musste sich auf Sanktionen gefasst machen, darin war er konsequent, verdonnerte den Sünder zu Strafrunden oder Liegestützserien oder zog für ein Training die Getränke ein. Und wenn es ihm ganz übel aufstieß, sprach er ein Trainingsverbot aus. So weit kam es mit Boris Becker allerdings nie – für den wäre das auch schlimmer gewesen als alle anderen Strafen zusammen.

Breskvar erzählt, er habe Boris öfter besonders hart rangenommen. So ließ er ihn absichtlich gegen die Sonne spielen und setzte den fälligen Seitenwechsel kurzerhand aus, wenn sich sein Schüler über die Beeinträchtigung durch das grelle Licht mokierte. Er trieb ihn bei Regen auf den Platz und wies ihm bei starkem Wind absichtlich die ungünstigere Spielhälfte zu, wenn er ihn bei seiner Ehre packen wollte. Und manchmal stattete er ihn mit einem alten Schläger aus, dem schlechtesten, den er finden konnte, um seine Kämpfernatur herauszufordern. Damit lag er richtig bei ihm, für Gymnastik und Konditionstraining konnte Boris sich nicht erwärmen. Beides langweilte ihn, er suchte den Kampf, die unmittelbare Auseinandersetzung Mann gegen Mann. Wenn es ums Spielen ging, war er sofort dabei, ob Fußball, Tennis, Hockey oder Basketball, das war erst einmal zweitrangig. Dann verstand er wenig Spaß, dann wollte er nur eines: gewinnen! Es scherte ihn nicht, wer ihm gegenüberstand, ob er gegen seinen Trainer antrat, der ihm logischerweise noch überlegen war, oder auch ein Mädchen.

Zeigte er dennoch Schwäche, köderte ihn Breskvar mit kleinen Preisen, mit einer Tüte Caprisonne oder auch zwei, das genügte schon. Ein Anreiz war wichtig für ihn, es sollte immer um etwas gehen. Verlor er gegen den Coach, sollte der das Spiel verlängern, noch einen Satz und noch einen, er suchte den Sieg. Wenn ihm das auch im Nachsatz nicht gelang, gab Breskvar ihm beim nächsten Mal die Chance für eine Revanche. «Dann kam er schon heiß zum Training, so etwas motivierte ihn.» Ähnlich hielt es einst Richard Schönborn, der Cheftrainer beim Deutschen Tennis Bund, wenn er Boris bei Lehrgängen unter seine Fittiche bekam: «Beim Fußball steckte ich ihn absichtlich in die schwächere Mannschaft. Dann trieb er seine Mitspieler an, sie sollten sich gefälligst bewegen. Er rackerte, als wollte er das Spiel notfalls allein gewinnen. Nicht einmal, wenn seine Truppe klar führte, nahm er sich zurück, er verausgabte sich bis zum Schluss.»

Waren es neben der eigentlichen Tennislehre derartige Tricks, die Boris Beckers beispiellosen Siegeswillen hervorbrachten? Und war der es wiederum, der ihn in die Lage versetzte, als provinzieller Jungspund im weltweiten Tenniszirkus gegen die erfahrenen Stars zu bestehen? Eine monokausale Erklärung für die Erfolgsstory Boris Beckers gibt es sicher nicht. Immerhin hat er selbst die Rolle seines ersten Trainers hervorgehoben, als er noch am Beginn seiner Laufbahn stand. Boris erklärte, dass er ihn für denjenigen hielt, der seine Karriere überhaupt erst ermöglichte: «... wäre da nicht ... Herr Breskvar gewesen, der mir immer wieder Mut machte, wäre mir die Lust am Leistungstennis wahrscheinlich ganz vergangen.» So äußerte er sich 1983; ein Jahr danach flocht er ihm noch einmal einen Ehrenkranz: «Er ist auch heute noch mein Trainer und beschäftigt sich jede freie Minute mit mir ... Er kennt mich vom jüngsten Alter an, und dies ist von Vorteil. Er weiß genau, wie ich reagiere, und kann mich darauf schon im Vorfeld bestens einstellen.»

Günther Bosch, der den Verbandscoach bald ablösen sollte, stimmte zunächst in die Lobgesänge für den Berufskollegen ein; das gehörte sich auch so, soll Breskvar ihn doch der Familie Becker als künftigen Trainer empfohlen haben. Dafür zollte Bosch ihm Anerkennung und Dank, die er in zwei Briefen niederschrieb. Den ersten sandte er nach Leimen, als der Deal zwischen ihm, Tiriac und den Beckers unter Dach und Fach war, den zweiten nach dem überraschenden Wimbledon-Sieg.

Diese scheinbar herzliche Verbundenheit mag auch dem Wissensstand derjenigen entsprochen haben, die im Leimener Rathaus gerade darangingen, das Jubelfest für Boris Becker vorzubereiten. Sie wollten nichts dem Zufall überlassen, beschafften nicht nur die notwendigen Fahrzeuge für den Festumzug quer durch den Ort, planten auch gleich noch die Besetzung der jeweiligen Autos. Es schwebte ihnen vor, dass der Ehrengast im vordersten Wagen Platz nimmt, an seiner Seite die Eltern und Schwester Sabine. In der Karosse dahinter sollten Breskvar, Bosch und Tiriac folgen, die Väter seines Erfolges. Sie waren damit allerdings einem Trugschluss aufgesessen: Die beiden Trainer in demselben Fahrzeug, also auf gleicher Stufe, das war des Guten dann doch zu viel – nicht mit Bosch. Ion Tiriac war für derlei Veranstaltungen sowieso nicht zu haben. Er zog es vor, dem ganzen Rummel zu entfliehen, wichtige Geschäfte, Sie verstehen schon …

Die Sitzordnung musste kurzfristig geändert werden. An der Spitze wurden Becker und Bosch in einem offenen Mercedes-Jeep durch den lauen Sommerabend chauffiert, alle anderen rollten im Schritttempo hinterher, Beckers Familie, die vom Tennisverein Blau-Weiß und die Abgesandten vom Badischen Tennisverband, ein paar Politiker, Ehrenbürger der Stadt, sie alle der Vollständigkeit halber, wenngleich sich kaum jemand für sie interessierte von denen, die am Straßenrand Spalier standen und eine imposante Kulisse bildeten. Die wollten allein dem Helden ihre Sympathie bekunden, bestenfalls noch ein Autogramm von ihm erhaschen, nichts weiter. Selbst Bosch schien sich in seiner Haut nicht sehr wohl zu fühlen, wirkte er neben dem Hauptdarsteller doch wie ein unbeteiligter Statist. Während Becker auf der gesamten Strecke von seinen Anhängern pausenlos umjubelt wurde, nahm vom Trainer fast niemand Notiz. Becker kritzelte hundertfach seinen Namen auf Bilder und Fähnchen, die man ihm reichte. Bosch vielleicht zehn- oder zwanzigmal, kaum öfter.

Der Schein trog nicht, auch in Hinblick auf Beckers Verhältnis zu seinem ersten Trainer – die Sache zwischen ihnen war nicht gut ausgegangen, und die Kluft sollte noch größer werden. Nachdem Günther Bosch Beckers Training und die Vollbetreuung übernommen hatte, schwanden dem Tennisspieler die einstmals guten Erinnerungen. Obwohl sie nicht im Streit auseinander gegangen waren, jedenfalls entdeckte Breskvar keinerlei Anzeichen dafür, mied der einstige Schützling fortan den Kontakt zu ihm. Begegneten sie sich danach auf einem Turnier, grüßte er knapp, wenn es sich nicht gar vermeiden ließ, ansonsten ging Boris ihm aus dem Weg. «Tennisspieler sind Egoisten, das müssen sie auch sein», weiß Breskvar und lässt es als Entschuldigung für seinen ehemaligen Schüler gelten. Verletzt habe es ihn trotzdem, dass er bei ihm dermaßen in Vergessenheit geriet. Diese Wunde ist noch immer nicht verheilt.

Beckers Reaktion mag ihre Ursache darin haben, dass die gemeinsamen Trainingsstunden selten von Harmonie geprägt waren, da der prinzipienfeste Slowene sein Talent nicht nur förderte, sondern ihn in erster Linie forderte, wie er es für richtig hielt. Verbandspräsident Wolf-Dieter Späth nahm für sich die Funktion des Schlichters zwischen den Fronten in Anspruch; diplomatisch will er ein ums andere Mal die Wogen geglättet haben, wenn die Nerven auf beiden Seiten blank lagen. «Meistens erfuhr ich es umgehend, wenn die beiden im Training besonders scharf aneinander geraten waren. Dann rief mich Breskvar an und wollte hinschmeißen. Mit dem trainiere er nicht mehr, der raube ihm die letzten Nerven, sagte er. Eine halbe Stunde später meldete sich Vater Becker, auch er klagte: Der Boris sei wütend auf den Coach, er wolle nicht mehr trainieren. Sein Junge sei so aufgebracht, er befürchte, dass er dem Coach bei der nächsten Zankerei an den Kragen springe.»

Späth schlug sich stets auf die Seite seines Trainers, auch wenn er das den Beckers gegenüber so nicht äußerte, um die Gemüter zu beruhigen. Dennoch hielt er Breskvar für einen der besten Tennislehrer im Land, vielleicht für den besten überhaupt. Gemeinsam hätten sie ein hervorragendes Team gebildet, Funktionär und Coach, das das Leimener Landesleistungszentrum als erfolgreichste Kaderschmiede im bundesdeutschen Tennissport etablierte.

Boris Becker wäre für jeden Trainer ein schwerer Brocken gewesen, da er sich prinzipiell erst einmal gegen alles und jeden auflehnte. «Ich sage grundsätzlich zuerst immer nein», bekannte er 1985. «Ich will wissen, warum etwas so ist und nicht anders.» Bosch und alle, die ihm in gleicher Funktion folgten, können ein Lied davon singen. Aber nicht nur die. «Es gab damals eine Zeit», erinnerte sich Ion Tiriac einmal, «wo er sagte: ‹Die Bäume sind gelb.› Und ich sagte: ‹Nein, sie sind grün.› Und er sagte: ‹Und sie sind doch gelb.›» Überhaupt sei Boris der schwierigste Sportler gewesen, den er je betreut habe: «Ich kann ihm hundertmal sagen: Du schlägst die Vorhand zu spät. Und er sagt hundertmal: Nein, die Vorhand ist perfekt.» Becker sah es nun einmal auf seine Art, und die erklärte er so: «Wenn der Manager ja sagt, und der Spieler sagt nein, dann heißt das nein. Tiriac macht nichts, was ich nicht will. Das kann er auch nicht, weil ich nun mal ein Dickschädel bin.»

Das muss vorher schon so gewesen sein. «Wir hatten ihn in einer Zeit, wo er sich so benahm, dass ihn jeder andere rausgeschmissen hätte», konstatiert Späth. Von seinen Wutanfällen und Heultiraden war schon die Rede, und dass er seine Aggressionen auch während des Trainings an seinem Schläger ausließ, wenn es nicht lief, liegt nahe. Nur konsequent war es, dass er sich mit seinen Gegenspielern um jeden Ball stritt, den er im Aus gesehen haben wollte oder auch nicht, je nachdem, wie es ihm gerade zum Vorteil gereichte.

Dennoch kann Boris Breskvar den Grund nicht finden, der dazu führte, dass er derart in Ungnade fiel. Noch zehn Tage nach dem Wimbledon-Sieg ließ sein früherer Zögling in einer Zeitung schreiben: «Von ihm habe ich Tennis spielen gelernt … Ich verdanke ihm alles … Ohne ihn könnte ich heute nicht so spielen.» Danach aber habe Becker in Kooperation mit Bosch einiges darangesetzt, ihn aus seiner sportlichen Biographie zu löschen. Bezeichnend dafür waren nicht nur jene Sätze in Boschs Buch, die den ersten Trainer schlicht verleugneten; allein die Tatsache, dass auf den 239 Seiten, die Boris' Leben und seine Laufbahn bis 1986 beschreiben sollten, nicht ein einziges Mal der Name Breskvar auftauchte, sprach für sich. Umso mehr, da das Werk auf dem Umschlag als «das einzige autorisierte Buch über Boris Becker» ausgewiesen wurde, der jede Seite gelesen haben soll, bevor sie in Druck ging. Nicht anders verhielt es sich mit dem Buch *Advantage Becker,* das elf Jahre später von Boris' Medienberater Robert Lübenoff herausgegeben wurde. Auch hier findet sich kein Hinweis auf den Mann, der Becker einst das Spiel beibrachte, beginnt die Darstellung seiner Karriere erst mit dem Einstieg als Profi.

Zwischendurch tat Boris Becker auch persönlich kund, dass für ihn das Kapitel beendet war, und das unmissverständlich. Als Breskvar in Zusammenarbeit mit dem Tennisexperten Ulrich Kaiser Mitte der achtziger Jahre das Fachbuch *Tennis wie es Boris Becker bei mir lernte* verfasste, baten sie ihn, ein kurzes Vorwort zu schreiben. «Wir warteten einige Zeit, dann kam sein Vater zu mir. Er sagte, es sei ihm furchtbar unangenehm, geradezu peinlich nach all den Jahren, aber Boris wolle das nicht machen. Angeblich hätte ihn Bosch davon abgehalten.» Wenn er es schon nicht tat, so hinderte das die Autoren nicht, ihn im Buch an einige seiner Äußerungen zu erinnern, die er im Sommer 1985 von sich gegeben hatte. Damals hatte er noch reichlich Lorbeeren an den ehemaligen Trainer verteilt. Während sich andere genau an ihren ersten Schultag erinnern könnten, hatte er gesagt, würden ihm seine ersten Trainerstunden im Gedächtnis geblieben sein. Bei Breskvar habe er Tennis gelernt, und er sei es auch gewesen, der mit ihm gespielt habe wie mit einem Mann, was Schinderei bedeutete, aber auch Anerkennung, die für ihn viel wichtiger war.

In späteren Interviews vergaß Becker diese Erkenntnisse, drängte Breskvars Verdienste beiseite und äußerte sinngemäß, dass er damals zu jung gewesen sei, um sich jetzt noch an die Zeit erinnern zu können. Aber da gehörte er auch schon zu den besten Spielern der Welt, hatte dreimal Wimbledon gewonnen und für einige Wochen den Thron der Weltrangliste bestiegen. Er war seinen Wurzeln weit entrückt und hatte zu diesem Thema eine spezielle Philosophie entwickelt, die er einem Journalisten der *Süddeutschen Zeitung* in einem Münchner Biergarten kundtat: «Generell werden Trainer weit überschätzt. Ein guter Spieler macht seinen Weg. Ein Trainer hilft ...»

Vater Becker hatte es einst anders gesehen, als es um die sportliche Zukunft des Sohnes ging. Mehrfach soll er Breskvar gebeten haben, ihn auch zu begleiten, wenn er ins Profilager wechsele. Die Anfragen schmeichelten dem Tennislehrer, bestätigten sie doch seinen Kurs, nur fehlte ihm der Mut, einen solchen Schritt zu wagen. Beim Tennisverband befand er sich in unkündbarer Stellung, also auf sicherem Posten, den wollte er nicht aufgeben, der Familie zuliebe und seinem ruhigen Gewissen. Kannte er Beckers Potenzial auch am besten, konnte er nicht blind davon ausgehen, dass es genügen würde, um auch ihm, dem Coach, eine gesicherte Existenz zu garantieren. Unter Umständen trug seine Entscheidung zu dem Bruch mit den Beckers bei. Boris registriert noch heute sehr genau und vergisst es nie, wer ihm eine Absage erteilt.

Eine andere Erklärung könnte in dem zu finden sein, was der einstige Cheftrainer Richard Schönborn über die Psychologie von Tennisspielern sagt, die so gestrickt sind wie Boris Becker. Er deutet das gespaltene Verhältnis zu den ehemaligen Ausbildern generell so: «Einerseits erkennen die Spieler, dass sie in gewisser Weise von ihnen abhängig sind oder es zumindest waren, dass sie ihnen dankbar sein müssten, weil sie es ohne sie nicht geschafft hätten. Andererseits handelt es sich um extrem ichbezogene Typen, denen diese Dankbarkeit zuwider ist. Irgendwann hassen sie den Trainer dafür. Sie wollen ihre Erfolge als eigenes Verdienst sehen und sie mit niemandem teilen.» Das ließe sich bei Boris auf seine Trennungen von all jenen Trainern beziehen, die einen solchen Stellenwert in seiner Karriere einnahmen. Nach Breskvar und Bosch kommen hierfür am ehesten der Australier Bob Brett, der ihn Anfang 1991 zur Nummer eins machte, und Nick Bollettieri, der amerikanische Tennisschleifer, in Betracht; andere wie Eric Jelen und Günter Bresnik, die nur kurze Gastspiele in ihrer Funktion geben durften, sicher nicht. Wenn auch die Personen wechselten, blieb Beckers Prinzip stets das gleiche: Erst dicke Freunde, dann ein bitterer Abschied.

Wenigstens standen Bosch und Breskvar friedlich nebeneinander auf dem Rathausbalkon in Leimen, als am Abend des 12. Juli 1985 rund dreißigtausend Menschen dem jüngsten Wimbledon-Sieger aller Zeiten zujubelten. Es herrschte Volksfeststimmung in den engen Straßen der Stadt. Spielmannszüge wiederholten in regelmäßigen Abständen ihr Repertoire. Mit Lautsprechern wurde der Platz vor dem Rathaus seit Stunden beschallt, aus ihnen plärrten immer wieder dieselben Lieder, die eigens zu diesem Anlass aufgenommen worden waren. «Bum Bum Boris, Sieger von Wimbledon», sangen die Musiker der Dreimanncombo California, «ein Superstar zu werden hat er sich ausgedacht/hat jede freie Stunde auf'm Tennisplatz verbracht …» In volkstümlichen Reimen versuchte sich auch eine andere Kapelle: «Atemlose Stille auf dem Center-Court/keiner spricht auch nur ein Wort/da steht dieser Junge mit siebzehn Jahr'n/ein Hüne fast mit blondem Haar/Boris, the Prince of Wimbledon/nennen ihn manche schon …» Die Bäckerei Weber bot ein eigens zu diesem

Anlass kreiertes Gebäck an. Das bestand aus einem deftigen Spezialteig mit Sauerkraut und Speck, war wie ein großes B geformt und wurde BoBeLe genannt – als Abkürzung für Boris Becker Leimen. Daher auch die Bezeichnung Bobele für Becker, die sich zahlreiche Journalisten zu Eigen machten. Einige von denen, die diesen Ursprung nicht kennen, schreiben ihn noch heute falsch – Bobbele.

Zu leichtem Gerangel kam es anschließend im Spiegelsaal des Rathauses, doch das blieb der Öffentlichkeit verborgen. Auf einem privat gefilmten Video hingegen ist deutlich zu sehen, wie sich die Trainer, aber auch andere, ein Bundestagspolitiker zum Beispiel und Tennisfunktionäre, alle Mühe gaben, in dem unübersichtlichen Gedränge am richtigen Platz zu stehen. Dort nämlich, wo die Blitzlichter der Pressekameras zuckten und die Scheinwerfer der Fernsehleute den Raum erhellten – so nah wie möglich neben dem Star. Der ertrug den Rummel mit beinahe stoischer Gelassenheit, lächelte freundlich, erst vom Balkon zu den Massen, dann drinnen in die Runde.

Was er von dem ganzen Brimborium hielt, verriet er erst später. «Nach meinem Wimbledon-Sieg dieses Jahr bin ich zum ersten Mal nicht nach Leimen gefahren», erklärte er im Herbst 1989. «Ich hatte keine Lust, dort schon wieder den Affen zu machen, und habe gesagt: Leute, vergesst alles, diesmal mache ich, was ich will.» Das war keineswegs eine späte Einsicht oder Ausdruck eines plötzlichen Sinneswandels, es entsprach auch vorher schon nicht seinem Wunsch, auf diese Art als Trophäe herumgereicht zu werden, ganz gleich, ob es sich um seinen Heimatort handelte oder nicht. Nur behielt er das erst einmal für sich. Er offenbarte es höchstens seinen engsten Vertrauten, die darüber schwiegen, weil sie wussten, dass er mit dieser Einstellung Sympathiepunkte bei seinen Anhängern verlieren würde.

Das erste Mal probte er den Aufstand noch im Verborgenen – und nicht mit letzter Konsequenz. Nachdem er im Sommer 1986 erneut in Wimbledon gewonnen hatte, begab er sich zwar schneller als im Jahr zuvor zu den Eltern nach Leimen, aber nicht, um sich dort feiern zu lassen. Davon konnte das Festkomitee um Bürgermeister Ehrbar natürlich nicht ausgehen, das eiligst ein Duplikat der letztjährigen Feierlichkeiten organisierte. Der Autokonvoi startete pünktlich, geriet aber zum Geisterzug, da von Boris Becker weit und breit nichts zu sehen war. König Ehrbar steckte in der Klemme, da er seinem Volk ein Freudenfest versprochen hatte. Undenkbar, wenn er vor die Massen treten und alles abblasen müsste, wie stünde er denn da, wer würde ihn dann noch ernst nehmen?

Herbert Ehrbar blieb keine Wahl, die Menschen warteten auf dem Festplatz und skandierten Beckers Namen, er musste selbst in die Nußlocher Straße fahren, um den Widerborstigen umzustimmen. Was der sich bloß dabei denkt? Nicht viel, denn es ging nur darum, dass er keine Lust verspürte, das ganze Theater noch einmal über sich ergehen zu lassen. Tat er dann aber doch, nach ein paar ernsten Worten vom Bürgermeister, mit einer guten Stunde Verspätung. Die nahmen ihm seine Fans nicht übel, auf einen Boris Becker warteten sie gern. Dass er ihnen nicht ehrlich, sondern mit einem aufgesetzten Lächeln kam, erkannten sie aus der Entfernung nicht. In ihren Augen war die Vorstellung gelungen; als er die Ehrenbürgerurkunde in den Händen hielt, war sie perfekt – und doch nur eine Schmierenkomödie.

Die nächsten Querelen setzten an anderen Orten und etwas später ein, sie hatten mit seinem Publikum nichts zu tun. Vermutlich blieben sie den meisten bis heute verborgen, da sie sich nicht auf dem Tennisplatz ereigneten, sondern hinter den Kulissen ausgetragen wurden. Es ging schlicht und ergreifend um die Frage, wer sich den größten Orden an die Brust heften durfte. Aus dem unscheinbaren, bürgerlichen Leimen war ein respektloser Bengel in die Welt hinausgezogen, um die besten Tennisspieler das Fürchten zu lehren. Und nun war aus der betulichen badischen Provinz ein Wimbledon-Sieger hervorgegangen – höchste Zeit, denjenigen zu küren, der einen solchen Weg ermöglicht hatte. Aber genau hier schieden sich die Geister. Wer war es nun, der Beckers Talent als Erster erkannte?

Fragt man drei Personen, die – auf unterschiedlichen Positionen und unterschiedlich weit entfernt – von Anfang an dabei waren, Breskvar als Verbandstrainer in Leimen, Bosch und Schönborn als Bundes- beziehungsweise Cheftrainer beim Tennisbund in Hannover, bekommt man drei Versionen zu hören; nimmt man einen Vierten noch hinzu, Späth vielleicht, den Tennispräsidenten aus Baden, erhält man die vierte Variante und so weiter. Als Dreh- und Angelpunkt, einzig hier herrscht Übereinstimmung, wird von allen jenes Sichtungsturnier bezeichnet, das am 7. Oktober 1976 im baden-württembergischen Biberach stattfand. Nach den bis dahin geltenden Richtlinien des Deutschen Tennis Bundes war Boris mit acht Jahren – er maß einen Meter vierzig und wog fünfunddreißig Kilogramm – noch zu jung, um in die Auswahl zu gelangen. Ursprünglich sollte sich nur seine Schwester an den Tests beteiligen. Er durfte trotzdem mit, so wie Steffi Graf, die, eineinhalb Jahre jünger, das Alterslimit ebenfalls noch nicht erreicht hatte.

Was sich dort abspielte, sieht jeder etwas anders:

Breskvar sagt: «Schönborn lehnte erst ab, er wollte sich die beiden nicht ansehen. Sie waren ja eigentlich noch zu jung.»

Späth sagt: «Er fragte mich, ob ich verrückt sei und ob wir beim Tennisbund neuerdings einen Kindergarten hätten. Ich bat ihn, er solle sie für mich testen, nur so, sonst würden sie heulen. Danach musste er einsehen, dass man auch mit Acht- und Neunjährigen schon arbeiten kann.»

Schönborn sagt: «Bosch behauptete, ich wollte Boris nicht fördern. Das Gegenteil war der Fall: Er lehnte ihn ab, weil er zu schwer war.»

Bosch sagt: «Er wirkte plump und schwerfällig, besaß aber ein gutes Antizipationsvermögen. Ich dachte, aus dem könnte etwas werden.»

Breskvar sagt: «Bosch unterschrieb die schlechte Beurteilung.»

Bosch sagt: «Das Glück von Boris war, dass Schönborn bei der anschließenden Tagung der Jugendkommission nicht dabei war. Da schlug ich ihn als einundzwanzigsten für den C-Kader vor. Obwohl es bisher nur zwanzig gab, klappte das. Alle stimmten zu, und Schönborn wurde vor vollendete Tatsachen gestellt.»

Die Wahrheit liegt vermutlich irgendwo dazwischen. Das Beste ist, man hält sich an die dokumentierten Fakten. Auf dem Talentsichtungsbogen vom Oktober 1976 vermerkten die Herren vom Tennisbund zumeist Kritisches über den kleinen Boris: «Vorhand – keine Schleife, steht zu frontal, gebeugter Ellenbogen peitscht aus dem Handgelenk mit Unterarm ... Rückhand – dreht sich zu wenig, technisch besser als die Vorhand ... Aufschlag – kurzer Pendel, trifft den Ball nicht im höchsten Punkt ...» Die «allgemeinen Bemerkungen» fielen günstiger aus: «gutes Ballgefühl, bissig, geschickt, noch technische Mängel». Zwar genügte ihnen das nicht, um den Jungen in den nationalen Nachwuchskader aufzunehmen, sie regten aber eine Förderung auf Verbandsebene an.

Zwei Jahre danach fiel das Resümee ganz anders aus, auf seine dokumentierte Weitsicht ist Schönborn noch heute stolz. «Sehr bissig, kämpferisch, ausgezeichnet motiviert, sehr gutes Ballgefühl, <u>könnte</u> einmal deutscher Spitzenspieler werden oder sogar <u>viel mehr</u>!!», notierte Deutschlands mächtigster Tennistrainer handschriftlich mit entsprechenden Unterstreichungen – und ordnete abschließend an: «Ab sofort individuelles Training durchführen – <u>Talent!</u>»

Von da an sollten nicht einmal sieben Jahre vergehen, ehe der Kleine von einst die Tenniswelt der Großen eroberte. Bis der Junge aus der Kleinstadt Leimen als Profi in der Weltstadt London jenen Thron bestieg, von dem alle Tennisspieler träumen. In dieser Zeit hatte sich vieles in seinem Leben verändert, einiges aber eben nicht. Für die Leimener war er der freundliche Nachbarsjunge geblieben, auch wenn er inzwischen erhaben im luxuriösen Monte Carlo residierte. Als er ihnen vom Rathausbalkon zuwinkte, ein bisschen verlegen, ein wenig stolz, mit vor Aufregung gerötetem Gesicht, sahen sie in ihm noch den jungen Bengel mit seinem Spleen, stundenlang einen Filzball gegen die Hauswand zu dreschen, zum Ärgernis der Hausbewohner manchmal, wenn die das monotone Plom-Plom mal wieder nervte. Sie sahen freilich auch den Sohn der Beckers aus der Nußlocher Straße, wie er da oben stand, in einem karierten Jackett, das ein Sonderangebot aus dem Bekleidungsgeschäft um die Ecke gewesen sein konnte und dem seines Vaters wie eine andersfarbige Zwillingsausgabe glich. Seine Erscheinung offerierte ihnen nichts von der großen weiten Welt, die er inzwischen kennen gelernt hatte, sie suggerierte ihnen eher das Gefühl, dass sich da einer auf Reisen begeben hatte, der nun heimgekehrt war in die Idylle ihres Ortes.

Es waren wohl nicht so sehr die Einwohner von Leimen, die in den kommenden Wochen und Monaten und Jahren immer wieder zu seinem Elternhaus pilgerten und dort wie vor einem Abbild der Jungfrau Maria ausharrten. Dennoch riefen einige von ihnen jetzt erstmals oder regelmäßiger bei der Familie Becker an, um sich nach dem Sohn und seinen Erfolgen zu erkundigen. Dabei wollten sie nicht einmal zudringlich sein, auch wenn es Elvira und Karl-Heinz Becker hier und da vielleicht so vorkam, wenn sie sich beobachtet fühlten, weil sie plötzlich von jedermann nicht nur gegrüßt, sondern in ein Gespräch verwickelt wurden. «Inzwischen möchte ich mir oftmals eine Tarnkappe aufsetzen», konstatierte Karl-Heinz Becker ziemlich schnell. Ihr Leben sei in der Vergangenheit ruhiger und gelassener verlaufen. Jetzt könne er mit seiner Frau nicht einmal mehr in Ruhe spazieren gehen.

All die Jahre hatten sie sich gemüht, ihr kleines Unternehmen, das Bauleitungsbüro, so zu führen, dass es Gewinn abwarf, sie wollten akzeptiert sein im Ort. Plötzlich standen sie im Mittelpunkt, umso mehr, da der berühmte Sohn selten greifbar war. Ein Teil seines Ruhmes fiel auch für sie ab. Und manchmal taten sie sich schwer, damit umzugehen. Noch heute wird in der Stadt erzählt, wie Elvira Becker eines Tages mit einem Tausendmarkschein beim Bäcker erschien, um eine Kleinigkeit einzukaufen. Und wie sie sich beim Fleischer das Vielfache von dem einpacken ließ, was sie üblicherweise verlangt hatte, stets auf Mark und Pfennig achtend. Andere erlebten, wie Vater Becker im Vereinslokal des Tennisclubs lautstark fluchte, als eines Abends für ihn kein Tisch mehr frei war. Von Tochter Sabine wird berichtet, dass sie auf einmal nicht mehr jeden grüßte. In einer Großstadt wäre all das kaum aufgefallen, im beschaulichen Leimen tat es das schon. Einen gewissen Neid muss man sicherlich bedenken, wenn man solche Geschichten hört. Ausgerechnet die Elvira mit ihrer Familie hatte es geschafft. Sie, die damals mit ihren Eltern als Fremde, als Verstoßene hierher kam, mit nicht viel mehr als den Kleidern, die sie am Leib trug.

VIERTES KAPITEL

Die Vertreibung

Das Schlimmste lag hinter ihnen, als die Lastwagen am 7. Juli 1946 aus südwestlicher Richtung die Ortsgrenze von Leimen passierten. Obwohl die Fahrer die Geschwindigkeit spürbar drosselten, rollten die schweren Räder donnernd über das unebene Straßenpflaster, über dem sie niedergehende Wolken aufgewirbelten Staubs zurückließen. Hinten, auf der Ladefläche, die nicht mehr mit einer Plane überspannt war, saßen Frauen und Männer eng beieinander. Die Kinder hatten sie, dem elterlichen Instinkt folgend, schützend zwischen sich genommen.

Die Gestalten auf der Pritsche boten nicht gerade einen einnehmenden Anblick. Sie waren in dunkle Gewänder gehüllt, die ihnen zu groß geworden schienen und an denen die Spuren der zurückliegenden Monate hafteten, die von Anstrengungen und Entbehrungen zeugten – von Hunger und Krankheit, von körperlichen und seelischen Qualen, deren Auswirkungen sich auch in ihren Gesichtern wiederfanden. Einigen von ihnen waren die Haare ergraut und der Glanz aus den Augen gewichen. Stumm blickten sie ins Nirgendwo, und wenn sie doch ein paar Sätze sprachen, oder einzelne Worte nur, taten sie es so kraftlos leise, als seien während des Transports die Lebensgeister aus ihnen gewichen. Dabei glichen die wenigen Kilometer von Hockenheim hierher einer Spazierfahrt, gemessen an dem, was sie zuletzt hatten ertragen müssen.

Wenigstens hatten sie überlebt. Auch wenn ihr fremd erschien, was sie in diesen Minuten zu sehen bekam, musste die elfjährige

Elvira froh sein: Sie hockte neben ihrer Mutter Amalia, die ihr am Morgen das rotblonde Haar zu Zöpfen gebunden hatte, und das vermittelte ihr ein Gefühl der Sicherheit. Trotz der Wirren, die hinter ihnen lagen und die das Mädchen eingeschüchtert und geängstigt hatten, war ihr die Familie erhalten geblieben, zumindest der wichtigere Teil. Neben ihr und der Mutter saßen auch der Stiefvater Emil Repper und der vier Jahre ältere Bruder Egon auf dem Wagen. Wo sich ihre erwachsenen Geschwister, Erich und Rosi, aufhielten, wusste sie nicht so genau. Die Schwester hatte sich im Frühjahr 1945, in den letzten Kriegstagen, von der Familie getrennt, als diese vor den russischen Truppen flüchtete, und war spontan einem Wehrmachtsoffizier gefolgt. Das Schicksal des Bruders, der für Nazideutschland an die Front gezogen war, schien zunächst ebenfalls ungewiss. Er geriet in amerikanische Gefangenschaft, sollte Elvira später erfahren. Beide werden sie überleben und wieder zu ihrer Familie stoßen.

Mit einem feierlichen Begrüßungskomitee brauchten die achtundsechzig Männer und Frauen und Kinder auf den Lastwagen wahrlich nicht zu rechnen, als diese in die Straße einbogen, die bis vor das Rathaus führte. Etwa fünfzig Meter weiter, auf einem kleinen Platz, der sich zwischen dem Bürgermeisteramt und dem Gasthof Zur Krone befand, hielten die Autos. Die Neuankömmlinge drückten ihre Habseligkeiten, die ihnen nach allem geblieben waren und die sie in Bündeln und Rucksäcken verstaut hatten, an sich und stiegen von den Fahrzeugen. Sie waren nicht die ersten Fremden, die hier Einzug hielten, vor ihnen wurden an dieser Stelle schon Ungarndeutsche und Südmährer und Böhmerwälder abgesetzt – allesamt Vertriebene aus den ehemaligen Ostgebieten eines Tausendjährigen Reiches, das nach zwölf Jahren in Schutt und Asche zerfallen war. Sie wurden nicht erwartet, sie waren ungebetene Gäste und deshalb nicht willkommen. Wie die schon sprechen, tuschelten die Einheimischen, dieses Kauderwelsch versteht doch niemand. Und manchmal stöhnten sie: Noch mehr Rucksackleute! Dieses Pack beschert uns doch nur Probleme. «Für die waren wir verlauste Flüchtlinge, Habenichtse, mit denen sie sich nicht abgeben wollten«, erinnert sich Elviras Bruder Egon Pisch. »Das war auch nicht verwunderlich, so abgewirtschaftet, wie wir aussahen.»

Und dennoch: Bei allen Ressentiments, die dunkelsten Tage sollten der Vergangenheit angehören. Hier würden sie endlich bleiben können, das hatte man ihnen versprochen. Zwar füllten die Erinnerungen an die Heimat noch ihre Gedanken, aber sie mussten der Realität ins Auge sehen. Zurück würden sie wohl niemals können – dort, wo sie herkamen, wollte sie niemand mehr. Vielleicht würde es ihnen ja gelingen, mit den Menschen hier im Ort ihren Frieden zu schließen. Wenn sie ehrlich waren, verstanden sie deren Abneigung, an ihrer Stelle hätte ihnen das ebenfalls Unbehagen bereitet. Es herrschten schwere Zeiten in Europa, in Deutschland, die Bewohner von Leimen waren davon nicht verschont geblieben. Ihr Leben war nach dem Ende des Zweiten Weltkriegs düster genug. Die «katastrophale Wohnungsnot», wird der Ortschronist festhalten, zwang eine eigens gebildete Wohnungskommission zu «fast diktatorischen Maßnahmen»: Obdachlose und Flüchtlinge wurden bei Familien, die über freie Räume verfügten, diese aber nicht hergeben wollten, mehr oder minder zwangseinquartiert. Um die Hungersnot zu lindern, ordnete der Bürgermeister eine Abgabepflicht für selbst angebautes Obst und Gemüse an. Das Vieh der Bauern wurde gezählt, um heimliche Schlachtungen zu verhindern. Bei all diesen Einschränkungen sollten die viertausend Leimener nun auch noch über tausendsechshundert Flüchtlinge aufnehmen.

Die Familie der elfjährigen Elvira kam zunächst mit anderen im Gasthof Rebstock unter, der sich noch heute an der Rohrbacher Straße befindet. Dort diente ihnen der große Saal, in dem Tische und Stühle den Feldbetten mit Strohsäcken oder alten Decken und einem Herd weichen mussten, vorübergehend als

Notunterkunft, ehe die Pischs bei Einheimischen im ersten Haus der Engelsgasse untergebracht wurden. Nur einen Steinwurf von dem Platz entfernt, an dem sie wenige Wochen zuvor vom Lastwagen gestiegen waren, reichlich desillusioniert, nachdem sie ihre Heimat ohne Hab und Gut hatten verlassen müssen. Der für sie dennoch stets Markstein des Neuanfangs bleiben wird und auf dem sich neununddreißig Jahre später an die dreißigtausend Menschen versammeln sollten, um einem der Ihren, einem Abkömmling ihrer Familie, ihre huldvolle Aufwartung darzubringen.

Das Zimmer, das den Pischs in der Engelsgasse zur Verfügung stand, brauchten sie nicht mehr mit anderen zu teilen. Das wäre auch kaum möglich gewesen, weil es nur etwa neun Quadratmeter maß. Dicht gedrängt reihten sich vier Betten aneinander, daneben nur ein schmaler Gang. In einem winzigen Vorraum blieb gerade Platz für einen Herd und einen kleinen Tisch mit Stühlen. Einen Wasserhahn gab es nicht in der provisorischen Wohnung, über einen Wasseranschluss verfügten nur die Hausbesitzer. Um ihre Notdurft zu verrichten, mussten die Einquartierten über einen Hof gehen, am anderen Ende befand sich ein Plumpsklo. So froh sie waren, endlich wieder für sich zu sein, ein klein wenig Privatsphäre zu haben, litten die Pischs doch unter den beengten Verhältnissen, umso mehr, als die vermissten Geschwister hinzukamen. In dieser Zeit verfügte Elvira, die Kleinste, nicht einmal über ein eigenes Bett. Um ihr eine Schlafgelegenheit zu schaffen, schoben die Älteren die Betten zusammen und legten das Mädchen nachts zwischen zwei Erwachsene. Mutter Amalia bereitete noch etwas anderes Sorgen: Sie wurde jeden Tag damit konfrontiert, ihre Lieben mit hungrigen Mäulern am Tisch sitzen zu sehen, während es ihr an ziemlich allem fehlte, um wenigstens einmal am Tag eine nahrhafte Mahlzeit zu bereiten. Lebensmittel waren knapp im Ort, sie mussten rationiert werden. Dazu mangelte es der Familie an Geld und Bezugsscheinen. Dieser Zustand verbesserte sich erst, als der Vater und die Söhne Arbeit bekamen, die ein paar Mark einbrachte.

In der Folgezeit gestaltete sich die Situation der Familie dann zunehmend erträglicher, auch wenn es noch einige Jahre dauern sollte, bis sie eine vergleichsweise geräumige Drei-Zimmer-Wohnung in der Nußlocher Straße, Hausnummer 37, beziehen durfte. Elviras Eltern fanden sich mit ihrer Rolle als Vertriebene in der Fremde ab; der jüngsten Tochter würde dieses Schicksal vielleicht erspart bleiben, war sie doch jung genug, in einer Generation aufzuwachsen, in der nicht mehr so sehr zwischen Einheimischen und Zugereisten unterschieden wurde. Und sie, die Alten, würden schon irgendwie leben können mit den Animositäten der neuen Nachbarn, die sie gelegentlich zu spüren bekamen, mal ein unfreundliches Wort, mal ein abschätziger Blick. Es blieb ihnen auch keine Wahl, schließlich würde Leimen für sie überall sein. Und was bedeuteten diese verhaltenen Abneigungen schon im Vergleich zu dem blindwütigen Hass derjenigen, die sie aus ihrer geliebten Heimat vertrieben hatten?

Elvira hatte die ersten zehn Jahre ihres Lebens in dem kleinen Dorf Kunewald verbracht, dem heutigen Kunin, das im Osten der Tschechischen Republik liegt, etwa neunzig Kilometer nordöstlich von Brünn, in unmittelbarer Umgebung der Oderquelle, und etwa zweitausend Einwohner zählte. Dort besaßen ihre Eltern ein Bauerngehöft, zu dem dreiundzwanzig Hektar Grund und Boden und ein kleines Stück Wald gehörten. Das Anwesen befand sich seit über hundertsechzig Jahren im Besitz der Familie Pisch, als Elvira im Juni 1935 geboren wurde, als jüngstes von sechs Kindern. Ihre Mutter Amalia war bereits dreiundvierzig, als sie die Tochter gebar, die kurze Zeit später in der Heiligenkreuz-Erhöhungskirche des Dorfes feierlich die Taufe erhielt. Überhaupt lebten die Pischs streng katholisch, das sollte sich auf die Tochter übertragen, die den Glauben verinnerlichte und später, als sie selbst Ehefrau und Mutter wurde, in ihrer eigenen Familie Wert auf regelmäßige Kirchgänge und häusliche Rituale legte. Einen solchen Brauch stellte das tägliche Tischgebet vor den Mahlzeiten dar, zu dem sich die Familienmitglieder an den Händen hielten. So wird es Elvira später noch halten, auch wenn sich ihre Gottesfurcht nicht im erhofften Maße auf ihre Kinder übertrug.

Als das Mädchen noch nicht ganz drei Jahre alt war und gerade damit begann, seine Welt zu erkunden, die aus dem elterlichen Bauernhof bestand, aus der großen Scheune dahinter und den Ställen, in denen die Familie Pferde, Kühe, Schweine, Hühner, Gänse, Enten und Truthähne hielt, wachte ihr Vater eines Morgens nicht mehr aus dem Schlaf auf. Es war ihm die letzte Zeit nicht gut gegangen, dennoch trat sein Tod überraschend ein. Leopold Pisch, von eher kleiner und untersetzter Statur, mit einem Kaiser-Wilhelm-Schnauzbart und schon früh nur noch spärlichem Haupthaarwuchs, hatte Probleme mit dem Herzen beklagt und seit langem unter Bluthochdruck gelitten. Einige Male, wenn er sich schlecht gefühlt hatte, war der Arzt zu ihm gekommen, der Blutegel auf seinen nackten Körper legte, damit die sich erst festsaugten, dann voll saugten und dadurch den Blutdruck senkten. So hielt man es damals auf dem Land.

Mutter Amalia trauerte, nur blieb ihr nicht viel Zeit dafür. Ihre Lage verlangte, dass sie der Angelegenheit mit einiger Nüchternheit begegnete, es ging schließlich nicht nur um ihre Existenz. Jetzt trug sie allein die Verantwortung für die Kinder. Zwei waren ihr schon gestorben, vor Jahren, sie waren krank gewesen, das konnte sie sich nicht anlasten, Schuldgefühle waren ihr trotzdem geblieben: Sie war ihre Mutter gewesen und hatte sie nicht retten können.

Der älteste Sohn Erich wäre ihr bei der Landwirtschaft eine Unterstützung gewesen, nur hielt der es damals noch nicht so mit dem Arbeiten, war eben noch ein junger Bengel. Zwar schafften außerdem zwei Knechte und eine Magd auf dem Gut,

1 Anfänge eines Champions:
Der kleine Boris Becker auf dem Tennisplatz

2 Die Familie Becker: Hans, Doris, Helena, Franz, Karl-Heinz und Theresa (v. l. n. r.)

3 Boris' Großeltern mütterlicherseits: Amalia und Leopold Pisch

4 Die Familie Pisch: Elvira, Egon, Emil Repper (Stiefvater), Amalia, Erich und Rosi (v. l. n. r.)

5 Elvira und Karl-Heinz Becker am Tage ihrer Hochzeit

6 Schwester Elise, die Boris am 22. November 1967 als Hebamme ins Leben half

7 Das Geburtshaus Boris Beckers, Kaiserstraße 21 in Leimen, damals ein privates Entbindungsheim

8 Die Bergstraße 3
in Leimen:
In diesem Haus
verbrachte Boris
Becker die ersten
Jahre seiner
Kindheit.

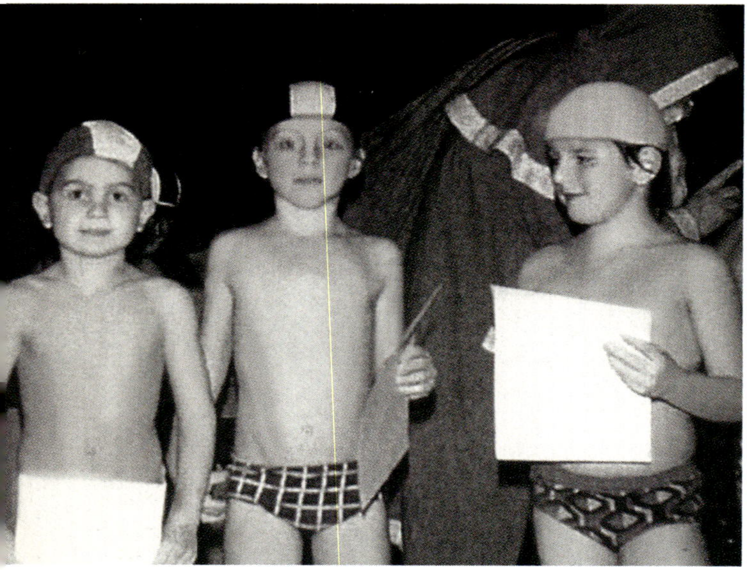

9 Nikolaus-
schwimmen im
Schwimmverein
Neptun in
Leimen, 1973.
In der Mitte
Boris Becker,
links sein Freund
Hartmut Renz

10 Klassenfoto der Grundschule Leimen, um 1977. Boris Becker oben links, oben rechts seine Lehrerin Karin Weipprecht

11 Kommunion in der Herz-Jesu-Kirche in Leimen, 1977. Boris Becker steht in der Mitte der obersten Reihe.

Deutscher Tennis Bund e.V.
3 Hannover, Bonner Str. 12 A

TALENTSICHTUNG

Ort, Datum: LEIMEN 29./30.9.1978

Verband: BTV – BADISCHER TENNIS VERBAND

Verein: TC BW LEIMEN Trainer: BRESKVAR

Name u. Vorname: BECKER BORIS

Geburtsdatum: 22. NOVEMBER 1967 Gewicht: 40 KG

Größe: 154 CM

Anschrift: NUSSLOCHER STR 51 6906 LEIMEN

Tel.-Nr.: 06224/71737

Spielt Tennis seit: 4 JAHREN

Andere ausgeübte Sportarten:

Vorhand: Schon ein recht guter Schlag mit viel Topspin – Stärke!

Rückhand: Keine wesentlichen Mängel – sollte mehr Slice und Topspin spielen

Aufschlag: Bei der Ablage eine Verzögerung, der rechte Fuß bleibt hinten, Absprung zusammen, streckt sich nicht

Flugball: VH – zu frontal, RH – absolut nur } bei beiden aber gute technische Voraussetzungen.

Beinarbeit: Beweglich, schnell auf den Geraden, wenig wendig

Allgemeine Bemerkungen: sehr ehrgeizig, kämpferisch, ausgezeichnet motiviert, sehr gutes Ballgefühl, könnte einmal deutscher Spitzenspieler werden oder sogar viel mehr!! Ab sofort individuelles Training einmal führen. Talent

Kondition: allgemeine gut, spezifische noch unzureichend.

Vorschlag zur Förderung: Förderung vorrangig auf DTB-Ebene in Kader aufnehmen!!

Richard Schönborn

12 Sichtungsbogen des Deutschen Tennis Bundes für Boris Becker, 1978: «... könnte einmal deutscher Spitzenspieler werden oder sogar sehr viel mehr!»

13 Noch nicht ganz vorbildlich in der Schlägerhaltung: Boris als Jugendspieler

14 Zwei künftige Weltstars: Steffi Graf und Boris Becker

15 Der deutsche Tennisnachwuchs im Trainingscamp in St. Anton. Boris Bildmitte hinten, rechts neben ihm Bundestrainer Richard Schönborn

16 Mit Boris Breskvar, seinem ersten Trainer

17 Die erste große Liebe: Andrea aus Hanau

18 Deutsche Jugendmeisterschaften, 1983. Boris Becker 2. v. l., rechts neben ihm Christian Pöttinger, 2. v. r. Boris Breskvar

19 Boris kämpft! Schon als Jugendlicher überzeugte er durch seine besondere Willenskraft und unbändigen Ehrgeiz.

20 Mit Günther Bosch beim Krafttraining

21 Boris Becker, Ion Tiriac und Günther Bosch auf einem Flug von Cincinnati nach Los Angeles

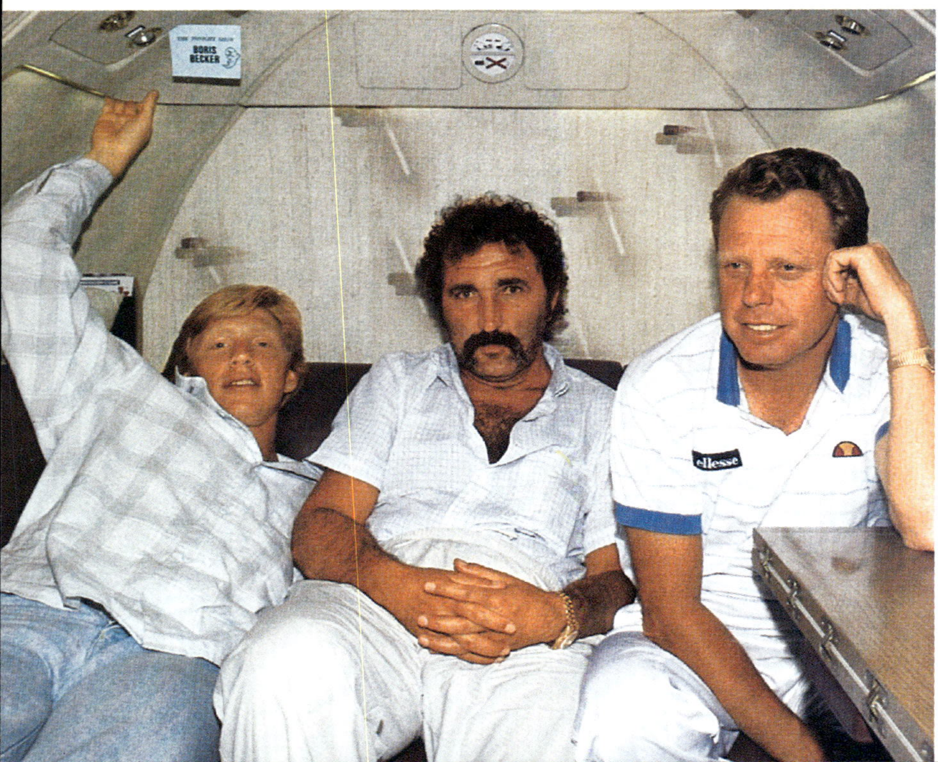

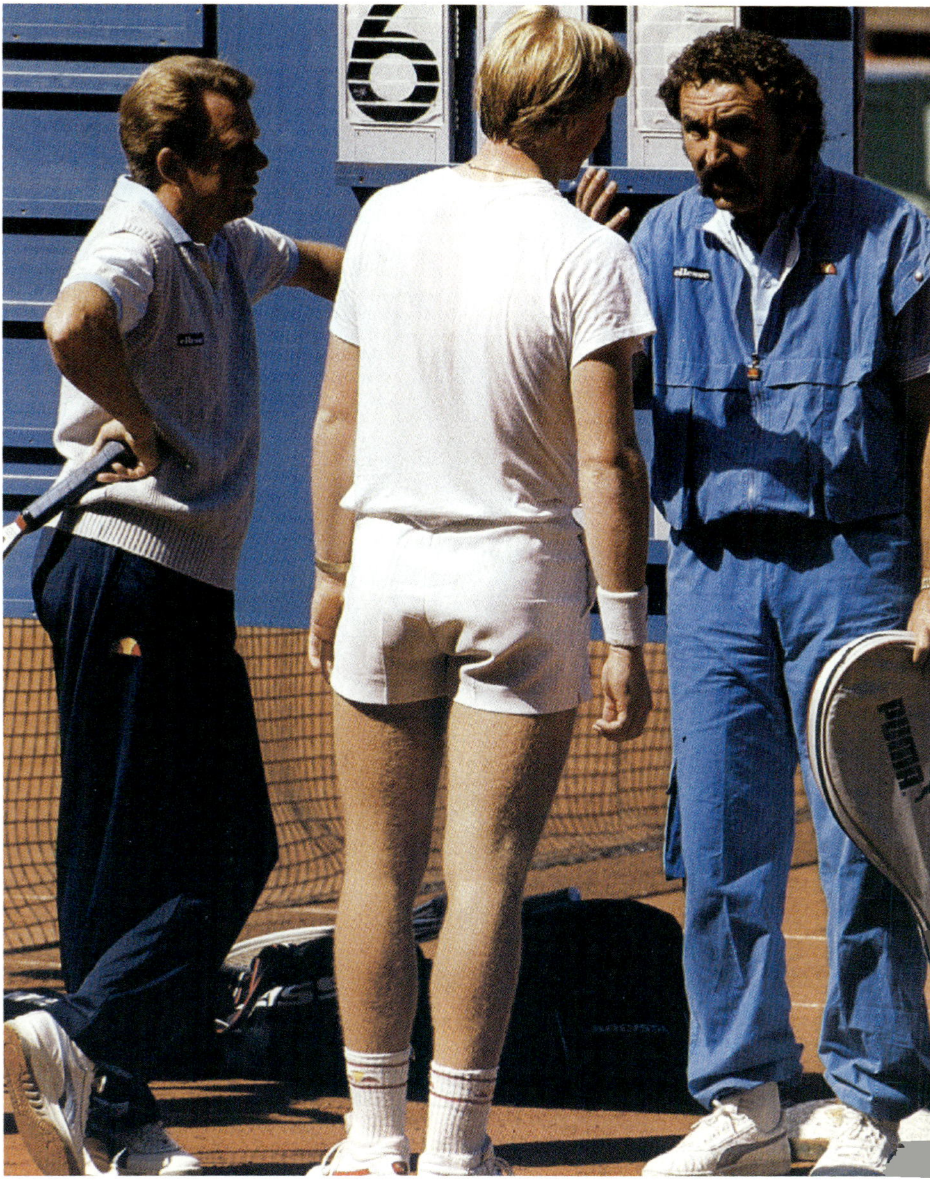

22 Das Trio Triumphale bei der Arbeit

23 Der Tag, der Boris Beckers Welt veränderte: nach dem ersten Wimbledon-Sieg am 7. Juli 1985 mit Mutter Elvira, Schwester Sabine und Vater Karl-Heinz

aber auch die benötigten einen Herrn, eine Respektsperson, die ihnen die Arbeit auftrug und sie kontrollierte.

Es traf sich gut, dass Emil Repper nur ein paar Häuser weiter wohnte, gleich hinter dem Friedhof, und sich der Witwe durchaus zugetan fühlte. Elvira und ihre älteren Geschwister sind zwar so manches Mal nicht ganz schlau geworden aus dem, was der gelernte Schreiner ihnen erzählte, dennoch arrangierten sie sich schnell mit dem Nachbarn, der bald ihr Stiefvater und der neue Hausherr werden sollte.

Emil Repper brachte allerlei Geheimnisse mit ins Haus und reichlich Temperament. Die spannendsten Geschichten erzählte er immer dann, wenn er von seiner Zeit als Offizier im Ersten Weltkrieg schwadronierte. Wenn es stimmte, was er sagte, war er im kaiserlich und königlichen Dragoner-Regiment 12 für die Österreicher an die Front gezogen. Einmal brachten ihm seine jungen Zuhörer mit ihren Blicken so viel Skepsis entgegen, dass er kurzerhand seinen linken Arm freimachte und nach oben streckte, um ihnen zum Beweis auf der Innenseite des Oberarms eine Tätowierung zu präsentieren: ‹kuk›. Das beeindruckte natürlich. Zu den Abenteuergeschichten passte auch, dass sich in seinem Umzugsgepäck einige imposante Säbel befanden. Als Widerspruch registrierten die Kinder indes, dass sie ihn nie auf einem der Pferde reiten sahen, die in den Stallungen untergebracht waren. Dies hätte doch seiner Passion entsprechen müssen. Dass er hingegen mit seinen Fechtwaffen eindrucksvoll zu hantieren wusste, stellte er bei Gelegenheit gern zur Schau. Eine solche ergab sich meistens dann, wenn es beim Feuerwehrball oder bei anderen Festlichkeiten der Dorfgemeinschaft, auf der Kirmes oder beim Tanz im Gasthaus Kepetzke, zu Raufereien kam. In einem solchen Fall sprang er schon mal auf einen der Tische und fuchtelte wild mit seinem Säbel durch die Luft.

In jenem Jahr, als Elvira ihren Vater verlor, 1938, begann für einige im Dorf und viele im gesamten Sudetenland eine neue politische Zeitrechnung. Die heutige Geschichtsschreibung erlaubt es, die Ereignisse von damals so zu sehen, wie sie sich zutrugen, ungehindert der Tatsache, dass sie in ihrer Konsequenz noch immer gern verschwiegen werden. Wie sich herausstellte, hatte Adolf Hitler 1938 auf der Konferenz von München nicht nur für die eigenen Großmachtsphantasien gestritten, sondern auch für die Verwirklichung deutschnationaler Träume eines Großteils der Bevölkerung des Sudetenlandes. Nachdem Englands Premierminister Neville Chamberlain und sein französischer Amtskollege Edouard Daladier zustimmten, das deutsch besiedelte Sudetengebiet von der Tschechoslowakei abzutrennen und es dem Deutschen Reich zuzuschlagen, setzte der Führer die Wehrmacht in Marsch, um die umstrittene Region und ihre Menschen «heim ins Reich» zu holen. Diese Heimsuchung geriet für allzu viele zur Versuchung – «Führer, wir danken dir». Und auch dir, Konrad Henlein, du Führer der Sudetendeutschen Partei, der sich beeilte mit seinem Kotau vor dem richtigen Führer, dem in Berlin. Das war aber erst der Anfang – vom Ende.

Von da an kehrten Zucht und Ordnung ein – oder das, was einige dafür hielten, auch in Kunewald und Umgebung. Die Schulen in der nächstgrößeren Stadt, Neutitschein, erhielten Namen wie Adolf-Hitler-Schule und Horst-Wessel-Schule, die Jungen schlossen sich der Hitlerjugend an, auch Elviras Brüder. Der ältere, erzählt der jüngere, blieb der ganzen Chose treu, wechselte später nur die braune Uniform, der er entwuchs, gegen die der SA-Standarte Feldherrnhalle, einer Eliteeinheit, die sich zuvorderst aus Freiwilligen rekrutierte. Noch später soll er bei den Kämpfen vor Leningrad verwundet worden sein. Ganz am Schluss, zurück im untergehenden Reich, nahmen ihn amerikanische Soldaten gefangen.

Die Familie lebte derweil weiter von Viehzucht und Ackerbau, die braunen Herrscher erleichterten ihr und den anderen vorerst den Alltag. Hatten die Bauern bisher zweimal die Woche in aller

Herrgottsfrühe ihre Pferdefuhrwerke anspannen müssen, um ihr Gemüse, Obst und Geflügel in die Stadt zu fahren – manchmal bis nach Brünn oder Ostrau –, das sie dort auf dem Markt feilboten, richtete die Wehrmacht jetzt eine Sammelstelle gleich im Dorf ein. Dort brauchten die Bauern ihre landwirtschaftlichen Erzeugnisse nur noch abzugeben, danach kümmerten sich andere um den Transport und Verkauf. Das Geld für ihre Waren wurde ihnen auf ein Bankkonto überwiesen.

Elvira bekam davon nicht so viel mit. Manchmal trieb sie die Kühe mit auf die Weide, oder sie fuhr samstags mit nach Neutitschein auf den Markt, oder sie half der Mutter im Haus. Politik spielte in ihrem Leben erst einmal keine Rolle. Politik war höchstens das, was in der Bibel geschrieben stand und der Pfarrer sonntags in der Kirche predigte. Sie und ihre Geschwister werden sich später an eine schöne Kindheit erinnern – vielleicht war sie nicht immer leicht, aber meistens ging es ihnen gut. Schon möglich, dass sich über die Jahre einiges verklärte, so wie ihnen von den frostigen Wintern hauptsächlich die angenehmen Erlebnisse in Erinnerung blieben. Es sei immer viel Schnee gefallen und oft so kalt gewesen, dass die Titsch, der schmale Fluss, der sich durch den Ort schlängelt, zufror. Zum einen verkürzte das den Weg zur Schule, die sich auf der gegenüber liegenden Seite befand. So mussten sie nicht mehr den Umweg über die Brücke machen. Zum anderen bot die robuste Eisfläche nach dem Unterricht Gelegenheit zum Schlittschuhlaufen. Rodeln ging auch prima, die Abfahrt begann direkt vor dem Wohnhaus, das auf einem kleinen Berg erbaut worden war, und führte bis hinunter zur einzigen Hauptstraße, die parallel dem Flusslauf folgte. Da sie auf dem Hügel wohnte, wurde die Familie von den Nachbarn auch Bergpisch genannt, seit Generationen schon. Und noch heute wohnen in Leimen ehemalige Kunewälder, die in Elvira die Tochter vom alten Bergpisch sehen.

Dass die vermeintlich heile Welt unter der Naziherrschaft nur eine Scheinwelt war, erfuhr das Mädchen erst, als dem braunen Spuk, der sich über Europa verbreitet hatte, der Garaus gemacht wurde. Im Frühjahr 1945 vernahmen die Einwohner von Kunewald den Geschützdonner, der an Lautstärke zunahm, je weiter sich die Frontlinie aus Osten in ihre Richtung vorschob. Die ersten Flüchtlingstrecks aus Oberschlesien zogen bereits durch den Ort, es war nur noch eine Frage von Tagen, dass auch sie aufbrechen mussten. Als es darum ging, dem herannahenden Kampfgeschehen und dem Zugriff der sowjetischen Soldaten zu entfliehen, rüsteten die Pischs und Reppers zwei Pferdewagen, verstauten Lebensmittel darauf und alles, was ihnen lieb und teuer war und Platz fand. Elvira fuhr mit ihrer Mutter und dem Stiefvater auf dem ersten Wagen voran, die anderen folgten auf dem zweiten. Nur war es schon zu spät. Sie kutschierten ein paar Tage durch die Gegend, schliefen nachts in fremden Scheunen oder Ställen; sie kamen auch ein paar Ortschaften und eine gehörige Strecke weiter, aber nicht weit genug, da die schmalen Straßen mit Flüchtlingstrecks und mit Karawanen von Gefangenen der Roten Armee regelrecht verstopft waren. Nachdem sie irgendwo von russischen Panzern gestoppt wurden und eines ihrer Fuhrwerke hergeben mussten, traten sie den Rückweg an. Vielleicht war es in der Heimat wieder sicherer, hofften sie, der Krieg schien dort doch vorbei.

Das Kampfgeschehen war zwar vorbei, aber die Leidenszeit der Familie hatte erst begonnen. Als sie auf ihren Hof zurückkehrte, fand sie die Überreste einer alkoholseligen Siegesfeier vor, die Soldaten der Roten Armee auf ihrem Grundstück veranstaltet hatten. Im Haus und im Garten sah es wüst aus, wenigstens waren die Gebäude vom Granatbeschuss verschont geblieben. Gaben sich zunächst die russischen Militärs als Siegermacht, gingen sie nach dem ersten Rausch zur Tagesordnung über und versuchten, das Leben im Dorf zu organisieren, so gut es eben ging. Dazu gehörte, dass sie die schlimmsten Übergriffe, die tschechische Partisanen in ihrem Hass auf alles Deutsche in anderen Orten verübten, in Kunewald weitestgehend verhinderten. Zu willkürlichen Tötungen soll es trotzdem gekommen sein, berichten Überlebende. Elviras Bruder Erich musste mit ansehen, wie ein Nachbar niedergeschossen wurde. Auch bei ihnen seien die Partisanen wütend eingefallen, erzählt er, hätten auf dem Hof randaliert und Mutter und Stiefvater vor den Augen der Kinder geschlagen. Ihn bedrohten sie mit einer Kalaschnikow im Anschlag: «Wenn ihr deutsche Soldaten versteckt habt, kriegst du die erste Kugel ...»

Die Sudetendeutschen in Kunewald müssen sich gefühlt haben wie einst verfolgte Juden im Hitlerreich. Per Dekret sprachen ihnen die neuen Machthaber sämtliche Besitztümer ab, alles gehörte mit sofortiger Wirkung dem tschechischen Staat. Sie verhängten für die Deutschen eine Ausgangssperre zwischen acht Uhr abends und sechs Uhr morgens, versagten den Kindern den Schulbesuch und verboten Gottesdienste in deutscher Sprache und die Benutzung öffentlicher Verkehrsmittel. Außerdem zwangen sie die deutschen Bewohner, an ihrer Kleidung ein großes N für Nemec [für: Deutscher] zu tragen, gut sichtbar, schwarz auf weißem Grund. Die Maße legten sie exakt fest: Der weiße Kreis musste zwölf Zentimeter im Durchmesser betragen, der Buchstabe aus einem ein Zentimeter breiten schwarzen Band genäht werden. Diese Maßregelungen entsprachen nicht erst der Siegesstimmung unter den befreiten Tschechen, bereits 1943 hatte ihr Präsident Edvard Beneš aus dem Exil verkündet: «Den Deutschen wird erbarmungslos und vielfach alles das zurückgezahlt werden, was sie seit 1938 in unserem Land angerichtet haben.»

Wer keine Arbeit nachweisen konnte, bekam keine Lebensmittelkarten. Die Pischs harrten auf ihrem Hof aus, noch. Hier gab es genug zu tun, auch wenn ein tschechischer Verwalter einzog, sie ins Ausgedinge vertrieb und zu billigen Arbeitskräften degradierte, eine weiße Fahne über dem Grundstück hisste und das Kommando übernahm. Mit ihm hatten sie unter diesen Umständen sogar noch Glück gehabt – er tat ihnen nichts zuleide, war stattdessen daran interessiert, dass Ackerbau und Viehzucht möglichst qualifiziert weiterliefen. Später übernahm und pflegte er sogar die Grabstätte der Familie. Heute befindet sich auf dem Anwesen eine Geflügelzuchtfarm.

Zunächst durften die Pischs bleiben, aber nicht mehr lange. Spätestens nach dem Treffen von Winston Churchill, Harry Truman und Josef Stalin im Potsdamer Schloss Cäcilienhof im Sommer 1945 muss ihnen klar gewesen sein, dass ihre Tage im Heimatdorf gezählt sein würden. Die Repräsentanten der alliierten Siegermächte einigten sich darauf, die Deutschstämmigen aus Polen, Ungarn und der Tschechoslowakei auszusiedeln. Das sollte, so schrieben sie es fest, in «ordnungsgemäßer und humaner Weise» vonstatten gehen. Als es dann so weit war, Pfingsten 1946, erlebten es die Angehörigen der Familien aus Kunewald anders: Für sie begannen Tage und Wochen ungezählter Demütigungen, die sie als ungerecht empfanden, unter denen sie litten. Die erste erwartete sie im benachbarten Neutitschein. In den Fabrikräumen der Firma Spitzer & Klappholz, in denen sie sich zu versammeln hatten, machten sich so genannte Revisoren über ihr Gepäck her. Pro Person durften sie fünfzig Kilogramm mitführen, aber nicht alles, was ihnen ans Herz gewachsen war, behalten. Schmuck und andere Wertsachen zogen die Kontrolleure sofort ein. Auch Regenschirme, Hemden und Bettüberzüge wurden teilweise konfisziert.

Nach dieser Tortur wurden sie in ein Aussiedlungslager auf dem Annaberg verfrachtet, in dem allerlei Ungeziefer durch die Schlafräume kroch, was dazu führte, dass vor allem Kinder an Ekzemen und Hautausschlägen erkrankten. Mit der Verpflegung war es nicht weit her, überhaupt wurden sie wie Strafgefangene gehalten. Als Aufseher betätigte sich eine finster dreinblickende

Gestalt, die sie Gummimann schimpften, weil sie ihren Dienst mit einer Hundepeitsche in der Hand versah und diese mit Vorliebe einsetzte, Lagerinsassen zu drangsalieren. Für die Frauen war eine ehemalige Kellnerin aus der Gegend zuständig, die sich daran ergötzte, die Eingesperrten stundenlang in praller Sonne stehen zu lassen, und keinerlei Regung zeigte, wenn eine von ihnen in Ohnmacht fiel. Männer und Frauen waren in verschiedenen Baracken untergebracht, die Bereiche mit hohen Stacheldrahtzäunen voneinander abgetrennt, Kontakte untereinander streng verboten. Elvira, die wenige Tage zuvor elf Jahre alt geworden war, durfte bei ihrer Mutter bleiben. Stiefvater und Bruder sah sie erst wieder, als die tschechischen Bewacher sie am Bahnhof gemeinsam in einen der vierzig Viehwaggons drängten, in dem sie auf der Eisenbahntrasse über Prag zur bayerischen Grenze transportiert wurden und von da aus weiter nach Nürnberg und Hockenheim, in die Nähe der ihnen zugewiesenen neuen Heimat im Badischen.

Hier wurde Elvira nach dem Sommer in die Volksschule aufgenommen, die sich unmittelbar hinter dem Rathaus befand, also nur einen kurzen Fußweg entfernt von ihrem neuen Zuhause. Da sie durch die Ereignisse nach Kriegsende fast ein Jahr lang den Unterricht versäumt hatte, stufte man sie eine Klasse tiefer ein, als es ihrem Alter entsprach. Diesem Umstand war es vermutlich zuzuschreiben, dass sie den Jungen, an den sie einmal ihr Herz verlieren sollte, erst später kennen lernte. Ansonsten hätte es leicht geschehen können, dass sich die beiden bereits als Banknachbarn in derselben Klasse begegnet wären. Denn der junge Mann, der auf den Namen Karl-Heinz hörte, war gleichen Jahrgangs, war wie sie 1935 geboren, lediglich zweieinhalb Monate vor ihr, am 17. März.

Er stammte aus der ortsansässigen Familie Becker, bereits die Wiegen seiner Eltern standen in Leimen. Zum Haushalt gehörten noch zwei Schwestern und ein Bruder. Vater Franz hatte

1928 eine gewisse Berühmtheit in der Region erlangt. Der gelernte Maschinenschlosser gehörte nicht nur zu den ersten sieben Männern, die im nahen Heidelberg einen Bus als öffentliches Verkehrsmittel steuerten, mit seinen einundzwanzig Jahren war er gleichzeitig der Jüngste im Bunde, dabei zuverlässig wie kaum ein anderer. Das änderte sich auch nicht – in seiner gesamten Berufszeit verursachte er keinen Unfall. Drei Jahre darauf heiratete er seine Jugendliebe Helena Hess, die sich nach der Volksschule in der väterlichen Zigarrenfabrik August Hess als Zigarrenmacherin verdingte. Dabei handelte es sich nicht um einen Betrieb im herkömmlichen Sinne – im Kurpfälzischen benutzte man vielmehr das Wort Zigarrenquetsch dafür, womit eine häusliche Produktion beschrieben wurde, die sich vornehmlich in der Küche und im Wohnzimmer vollzog. Neben den Frauen der Familie fanden sich zumeist ein paar Nachbarinnen ein, die an Tischen saßen und mit einiger Fingerfertigkeit den Tabak in die richtige Form brachten. Als die Geschäfte noch gut liefen, von 1933 bis 1938 etwa, beschäftigte Hess zeitweilig bis zu einem Dutzend Helfer. Einige der Älteren in Leimen sehen noch seine Frau Margarethe vor sich, wie sie manches Mal an der Toreinfahrt des Grundstücks lehnte und den Geschmack der Hausmarke testete, auch das gehörte dazu.

Nach dem Krieg, Franz Becker musste der Wehrmacht vier Jahre an der Westfront dienen, erhielt er sofort wieder eine Anstellung. Aufgrund seiner fachlichen Kompetenz und der bekannten Zuverlässigkeit stellte ihn sein Arbeitgeber für mehrere Jahre an die Stadt Heidelberg als persönlichen Chauffeur des Bürgermeisters ab, ehe Franz Becker anschließend wieder in die Fahrerkabine eines Busses stieg.

Trotz der Verzögerung liefen sich Karl-Heinz Becker und Elvira Pisch doch noch im richtigen Moment über den Weg. Nach dem ersten Treffen ergab sich ein zweites, die beiden verliebten sich. Obwohl auch andere Anwärter um ihre Gunst buhlten, entschied sie sich für ihn. Ihre Herkunft spielte inzwischen keine Rolle mehr, sie war eine attraktive junge Frau, energisch, zielstrebig und forsch, die einigen Ehrgeiz daransetzte, beruflich eine ansprechende Ausbildung zu erhalten. Die gewünschte Qualifikation als Stenotypistin erwarb sie bei der Firma Grau, in der eigentlich Bremsen hergestellt wurden. Sie erledigte die Büroarbeit zur vollsten Zufriedenheit der Vorgesetzten, sodass sie schließlich zur Sekretärin des Chefs aufstieg.

Für Elvira Pisch bestand kein Grund, ihre wahre Abstammung zu verleugnen; als Heranwachsende schloss sie sich der Deutschen Jugend des Ostens an, einer Organisation der Sudetendeutschen Landsmannschaft, und engagierte sich in der Volkstanzgruppe. Das Interesse an der Vergangenheit ließ auch im Erwachsenenalter nicht nach. Als sich in den sechziger Jahren eine Gruppe einst Vertriebener aus Leimen aufmachte, die Heimat zu besuchen, reiste sie mit. Damit bot sich gleichzeitig eine gute Gelegenheit, dem Mann an ihrer Seite den Ort zu zeigen, in dem sie ihre frühen Kinderjahre verbracht hatte. Karl-Heinz Becker gehörte zu diesem Zeitpunkt längst zur Familie.

Im Sommer 1960, am 24. Juni, waren die beiden in der Herz-Jesu-Kirche von Leimen getraut worden, in der sie regelmäßig den Gottesdienst besuchten, sie im weißen Kleid mit hüftlangem Schleier, er im dunklen Anzug mit weißer Fliege. Eine Woche zuvor hatten sie unter der Rubrik «Standesamtliche Nachrichten» in der *Rathaus-Rundschau* das Aufgebot bekannt gegeben, zwei Wochen danach die Eheschließung als solche, so wie das viele in Leimen noch heute tun. Nach der feierlichen Zeremonie in der Kirche hielten sich die zwei bei den Händen und posierten für das Hochzeitsfoto vor einer überlebensgroßen Nachbildung des gekreuzigten Jesus, die hinter dem Altar am inneren Giebel des Kirchenschiffs hing. Im entscheidenden Moment soll das Blitzlicht des Fotografen versagt haben, der die Panne jedoch zu spät bemerkte. Dafür gelang einem Verwandten auch ohne Kunstlicht ein Schnappschuss, der die frisch Vermählten an der gewünschten Stelle zeigte, allerdings nicht mit dem Lächeln, das sie für den Fotografen aufgesetzt hatten. Die Aufnahme, bei der es sich angeblich um die einzig brauchbare handelte, die in der Kirche entstand, hielt das Brautpaar eher mit einem skeptischen Gesichtsausdruck fest.

In der zweizeiligen Hochzeitsanzeige, die am 8. Juli 1960 im städtischen Mitteilungsblatt erschien, war als gemeinsame Wohnanschrift das Haus mit der Nummer 11 in der Kaiserstraße vermerkt. Möglicherweise handelte es sich um einen Druckfehler, im Aufgebot stand als Adresse des Bräutigams noch die Kaiserstraße 31. Die Braut hatte bis dahin offiziell, wie es sich gehörte, bei ihren Eltern in der Nußlocher Straße 37 gewohnt. Einige Jahre später sollten sie gemeinsam eine Wohnung in dem Haus Bergstraße 3 beziehen, in dem auch Beckers Eltern Helena und Franz jahrzehntelang lebten. Das zweigeschossige Haus, das – etwas oberhalb – am nördlichen Rand des ursprünglichen Ortskerns steht, befindet sich noch heute im Besitz der Familie. Wenn zutrifft, was Verwandte und Nachbarn berichten, wurde es Anfang der sechziger Jahre von Franz Becker und seinem Sohn errichtet. Als sicher gilt, dass Elvira und Karl-Heinz Becker in den oberen Stock des Neubaus einzogen, bevor am 29. Januar 1964 ihr erstes Kind, eine Tochter, zur Welt kam. Das Mädchen ließen sie in der katholischen Kirche, in der sie schon ihre Hochzeit vollzogen hatten, auf den Namen Sabine taufen.

Knapp vier Jahre danach fand sich die Familiengemeinde erneut in dem Gotteshaus ein, um der Taufe des zweiten Kindes der Eheleute beizuwohnen. Am 22. November 1967 war ihnen ein Sohn geboren worden, dem sie die Vornamen Boris und Franz gaben. Es wurde häufig gerätselt, warum ihnen für den Jungen ausgerechnet der Name Boris in den Sinn kam. Einige zogen den Titelhelden eines Filmes in Betracht, am hartnäckigsten aber hielt sich eine Version, wonach die Eltern der Name eines

Schriftstellers animiert habe, dessen bekanntestes Buch damals mehr oder weniger zufällig auf dem Nachttisch gelegen haben soll – Boris Pasternaks *Doktor Schiwago.* So oder so, die Wahl hätte kaum treffender ausfallen können: Der Name Boris stammt aus dem Russischen oder Bulgarischen und stellt die Kurzform von Borislav dar. Der erste Teil, borti, steht für kämpfen, der zweite, slava, bedeutet Ruhm und Ehre. Schon vor Urzeiten huldigten die Gläubigen der russisch-orthodoxen Kirche einem Heiligen gleichen Namens.

Interessant ist auch, was die Namensforscherin Gertraud Dimde dazu herausfand. In dem Buch *Dein Name, dein Schicksal* unternimmt sie den Versuch, mögliche Auswirkungen des Vornamens auf den Lebensweg des Trägers zu ergründen. Ihrer Theorie zufolge reagieren Menschen bei der Ausbildung ihres Charakters in nicht unerheblichem Maße auch auf Erwartungshaltungen, die andere ihnen aufgrund ihres Vornamens entgegenbringen. Demnach würden im Fall Boris Eigenschaften gefördert, «die man mit Führungspersönlichkeiten und Vorbildern in Verbindung bringt». Der Namensträger beherrsche seine Umwelt durch seinen starken Willen. Er verfolge ein festes Ziel, das er so schnell nicht aufgebe, setzt selbst Strafen ein, um andere zu diesem Ziel zu bringen. Zudem besitze er eine subtile Art, andere zu beeinflussen. Wer Boris heiße, neige allerdings zu einer gewissen inneren Vereinsamung, da die Luft auf dem Gipfel dünner sei. Besonders in jungen Jahren würden Träger dieses Namens sich mitunter wie Rabauken benehmen, um später allerdings zu der Einsicht zu gelangen, dass ihnen ein würdevolleres Auftreten besser bekäme.

Aber zurück ins Leimen des Jahres 1967. Es war Ende November, die knapp neuntausend Einwohner des Ortes richteten sich auf Weihnachten ein. Die Geschäfte boten ausgewählte Waren zu Sonderpreisen an. Ein Hähnchen aus Holland, 650 Gramm das Stück, gefroren, kostete im Lebensmittelgeschäft Schreiber nur eine Mark neunundneunzig, ein Liter ausländischer Rotwein eine Mark achtzehn. Damenstrümpfe waren auf neunundsiebzig Pfennig heruntergesetzt, Ananas, die ganze Frucht, auf eine Mark fünfundneunzig. Was man sonst noch fürs bevorstehende Fest benötigte, pries eine Bäckerei an: Weihnachtsgebäck und Christstollen nach alten Rezepten in reicher Auswahl. Im Hause Becker griff Elvira nach der Geburt selbst zu Mehltüte und Teigroller, im Kochen und Backen war sie begabt und geübt, das hatte sie von ihrer Mutter gelernt. Außerdem kam sie damit billiger über die Runden, Sparsamkeit war im Haushalt angebracht, jetzt, wo ihr Mann allein für das Einkommen sorgte.

Karl-Heinz Becker verdiente den Familienunterhalt damals als Hochbautechniker, obwohl das nicht der einzige Beruf war, den er erlernt hatte. Ursprünglich durchlief er eine Lehre als Schreiner, absolvierte danach jeweils einjährige Praktika als Bauschreiner, Maurer und Zimmermann, um sich anschließend zum Bautechniker und Bauleiter zu qualifizieren. Seltsamerweise wurde ihm später trotz der beachtlichen Auswahl, die er bot, ausgerechnet ein Beruf zugeschrieben, für den er zu keiner Zeit einen Nachweis besaß. Nachdem Sohn Boris erste Bekanntheit erlangte und in den Zeitungen Artikel über ihn erschienen, ging der Vater als Architekt in die Verlagsarchive ein. Schwer zu sagen, wie es dazu kam, zumal sich kaum ein Bericht findet, in dem seine Berufsbezeichnung den Tatsachen entspricht – als hätten sich alle Berichterstatter dieser Welt gegen die Wahrheit verschworen.

Die Überlegung, dass er selbst zu dem allgemeinen Irrtum beitrug und im Gegenzug nichts tat, um ihn wieder auszuräumen, ist nicht von der Hand zu weisen. Einer der frühesten Belege dafür findet sich in den Unterlagen der Grund- und Hauptschule, die Boris Becker ab dem 26. August 1974 besuchte. In der Kartei, die für jeden Schüler angelegt wurde, ist neben dem Namen des erziehungsberechtigten Vaters die Berufsbezeichnung «Architekt» vermerkt. Zehn Jahre danach, im Dezember 1984, veröffentlichte die *Welt am Sonntag* einen Beitrag, in dem sie den Autor als «Karl-Heinz Becker, 49, Architekt in Leimen» auswies. In Interviews, die bald folgten, unter anderem im *Spiegel*, in *Quick* und *Bunte*, bezeichnete er sich mehrfach als Besitzer eines Architekturbüros. Da entbehrte es nicht einer gewissen Komik, wenn er in einem dieser Gespräche auf die Frage, wie viel von dem korrekt sei, was bislang über seinen Sohn geschrieben stand, antwortete: «Meine Frau meint, circa zehn Prozent ... Es erstaunt mich immer wieder aufs Neue, was ich alles gesagt haben soll.» Andernorts wies er nach einer ähnlichen Frage auf eine Rechtsanwaltskanzlei hin, die voll mit solchem Unsinn beschäftigt sei, um zwei Antworten später sein angebliches Architekturbüro ins Spiel zu bringen, das er in Wirklichkeit nie besaß oder leitete. Im Übrigen hielt es der Sohn nicht anders, wenn es um den Beruf seines Vaters ging.

Zwar hegte Karl-Heinz Becker einstmals tatsächlich Ambitionen, sich mit Hilfe der einzelnen Qualifikationen eine Laufbahn als Architekt zu sichern, wie das früher möglich war, doch sorgte eine Gesetzesänderung dafür, dass ihm die Berufsanerkennung verwehrt blieb. In den siebziger Jahren sei er deswegen sogar gegen das Land Baden-Württemberg vor Gericht gezogen, berichtet ein Bekannter, um die für die Berufsausübung erforderliche Eintragung in die Architektenrolle zu erstreiten. Jedoch war dem Unterfangen kein Erfolg beschieden. Als Karl-Heinz Becker dennoch den Schritt in die Selbständigkeit wagte, indem er ein Bauleitungs- und Planungsbüro eröffnete, hätten einige der ausgewiesenen Architekten im Ort sein Tun so penibel wie argwöhnisch verfolgt. Ohne dass er in die berufsständische Organisation aufgenommen war, durfte er sich weder Architekt nennen noch offiziell entsprechende Aufträge ausführen. Dafür holte er sich fähige Partner in die Firma, die unterschriftsberechtigt waren und dafür an seinen Einnahmen partizipierten.

In der öffentlichen Darstellung dachten die Medien Vater Becker eine glorreichere Rolle zu, die sich dem Erfolgsimage des Sohnes fügte. Nach ihrem Verständnis handelte es sich bei ihm zum Beispiel um denjenigen, der mit dem Bau der neuen Halle des Tennisclubs Blau-Weiß beauftragt worden war und der 1977 gleich nebenan das imposante Gebäude des Landesleistungszentrums errichtet hatte. Doch in beiden Fällen trat er, entsprechend seiner Befähigung, lediglich als Bauleiter in Erscheinung.

Die Geschäfte liefen nicht schlecht, aber auch nicht wirklich gut. So manchen Auftrag verdankte er seinen langjährigen Kontakten im Tennis-, im Fußball- und im Schwimmverein und der Arbeit im Gemeinderat, bald auch dem aufstrebenden Sohn, um den sich schon früh die Bundesligavereine in Heidelberg und Mannheim bemühten, und nicht nur die. Damit kam auch Vater Becker ins Gespräch und dessen kleine Firma.

Die wohl kritischste Phase durchlebte die Familie, als die Eltern Anfang der siebziger Jahre bei der örtlichen Filiale einer Bank einen beträchtlichen Kredit aufnahmen. Mit dem Geld finanzierten sie den Bau eines Mehrfamilienhauses am Ende der Nußlocher Straße, das 1973 fertiggestellt und mit der Hausnummer 51versehen wurde. Beckers bezogen die Wohnung im ersten Geschoss rechts, in den Räumen darunter richtete sich der Vater seine Arbeitsstelle ein. So günstig der Standort der Immobilie für den Sohn war, in unmittelbarer Nähe zum Fußballstadion des VfB Leimen und keine zehn Minuten Fußmarsch von der Tennisanlage entfernt, so wenig Segen schien auf dem Bau zu liegen. Da das Büro des Vaters, in dem mittlerweile auch die Mutter Schreib- und Abrechnungsarbeiten verrichtete, nicht ausreichend Gewinn abwarf und die Mieteinnahmen die Löcher im Haushaltsbudget nur notdürftig stopften, schwebten die monatlich fälligen Raten wie ein Damoklesschwert über ihnen. Aus Kostengründen konnten die Beckers das Schwimmbad im Keller nicht weiter unterhalten. Ohne Wasser diente das gekachelte

Becken dem Sohn und seinen Freunden hin und wieder als überdachtes Fußballfeld im Kleinformat, andere Bereiche nutzte die Familie als Lagerfläche.

Insbesondere Mutter Becker soll unter dem drohenden Finanzkollaps gelitten haben, was sicherlich mit ihren Erinnerungen an die schrecklichen Erlebnisse der Kindheit, an die plötzliche Armut nach der Vertreibung zusammenhing. Nachts klagte sie dem Ehemann häufig ihr Leid, erzählte Karl-Heinz Becker Freunden und Verwandten. Schlimmstenfalls hätte er sein Büro aufgeben müssen. Dafür soll es zumindest einen Plan gegeben haben, der vorsah, dass er dann einen Posten in der Stadtverwaltung übernähme, angeblich den des Betriebshofleiters. So soll es – streng vertraulich, versteht sich – zwischen dem Bürgermeister und ihm abgesprochen worden sein. Vor ihren Kindern hielten die Eheleute den Kummer verborgen, so weit es ging. Seitdem sie kaum noch ruhig schlafen konnten, hätten sie das Bauwerk so manches Mal verflucht; umso mehr, als ihnen schließlich die Bank mit Zwangsversteigerung drohte. Um dem zu entgehen, veräußerten sie schweren Herzens einen Teil des Hauses als Eigentumswohnungen, darunter das geräumige Penthouse, das sie gern selbst bezogen hätten.

Diese Schwierigkeiten drangen nicht nach außen, nur Eingeweihte wussten Bescheid. Stattdessen entfaltete das schmucklos graue Gebäude nach Boris Beckers erstem Wimbledon-Sieg für Scharen von seinen Anhängern eine Anziehungskraft, wie sie sonst nur Wallfahrtsorten beschieden ist. Eine Zeit lang dürfte es das meistfotografierte Haus weit und breit gewesen sein – nicht einmal das im kulturhistorisch weitaus interessanteren klassizistischen Stil erbaute Rathaus erlebte einen solchen Andrang von Touristen. Vermutlich kamen viele nur in der Hoffnung, dem Star vor der Haustür einmal persönlich zu begegnen, oder wenigstens dessen Eltern; auch die wurden dann um Autogramme bedrängt.

Im Zusammenhang mit der Nußlocher Straße 51 kursierte bald noch eine Falschinformation. In einigen Veröffentlichungen wurde die Adresse als Geburtshaus des Tennisspielers ausgegeben. In Wirklichkeit jedoch erblickte er an ganz anderer Stelle das Licht der Welt. Sein erstes Bett stand in einem hofseitigen Anbau des Hauses Kaiserstraße 21. Dort befand sich seit Anfang der fünfziger Jahre das private Entbindungsheim von Elise Lingg, einer resoluten alten Dame, die einer angesehenen Leimener Familie entstammte und bereits 1925 in Karlsruhe zur Hebamme ausgebildet worden war. Schwester Elise erfreute sich im Ort einer mindestens genauso großen Bekanntheit wie die jeweiligen Bürgermeister, von denen sie einige überlebte. Sie wurde geachtet und von vielen wohl auch gefürchtet. In ihrem Reich herrschte sie wie eine Königin, unnahbar fast, Disziplin fordernd und gleichzeitig Frömmigkeit ausstrahlend. Vor und nach jeder Mahlzeit dankte sie dem Herrgott mit einem Gebet, sechs- bis achtmal am Tag. Wer sie jedoch näher kennen lernte, entdeckte ihre Herzensgüte unter der rauen Schale, die sie sich über die Jahre zugelegt hatte. Einen Mann an ihrer Seite duldete sie nicht, jedenfalls kannte niemand einen, der ihr die Aufwartung machen durfte. Stattdessen führte sie einen reinen Frauenhaushalt, ihre leiblichen Schwestern Käthe, Pauline und Tina gingen ihr zur Hand. Während die ersten beiden meistens zum Putzen kamen, führte die dritte die Hauswirtschaft und bekochte sie und die Wöchnerinnen.

An die dreitausend Kinder – das entsprach einem Drittel der Gesamtbevölkerung von Leimen – waren unter Schwester Elises Aufsicht geboren worden, ehe sich Elvira Becker im Frühjahr 1967 an sie wandte, da ihre Regelblutung seit Mitte Februar ausgeblieben war. Knapp neun Monate später, eine Woche vor ihrem neunundsechzigsten Geburtstag, half Elise Lingg der jungen Frau, einen gesunden Jungen zu gebären. Auch den Gang zur Behörde erledigte sie für die Patientin. Im Rathaus stellte der Standesbeamte Karl Schemenauer die Geburtsurkunde für Boris Franz Becker aus. Der Sorgfalt ihrer Nachfahren ist es zu verdanken, dass nicht nur zahlreiche Fotos von ihr und von dankbaren Müttern mit ihren Neugeborenen erhalten blieben, auch zahlreiche Geburtenbücher überstanden so die Zeit. Zweckmäßigerweise benutzte Schwester Elise Heftkalender, um die einzelnen Entbindungsvorgänge zu dokumentieren. Neben der Adresse, den Namen und Geburtsdaten der zukünftigen Eltern notierte sie den Zeitpunkt der letzten Monatsblutung der Schwangeren, den Tag der voraussichtlichen Kindesgeburt und Angaben zur Krankenkasse, die die Kosten übernahm. Den Eintrag zur Familie Becker führte sie am 3. März aus. Knapp zwei Jahre später setzte sie sich zur Ruhe.

Obwohl sämtliche Daten, die Geburt des Sohnes betreffend, ordnungsgemäß registriert wurden, tauchten in der Vergangenheit hin und wieder Männer auf, die ein entscheidendes Detail der Eintragungen anzweifelten. Die Behauptung, die jeder von ihnen aufstellte, war so abenteuerlich wie absonderlich – und unverschämt, ja beleidigend noch dazu. Angeblich sei nicht Karl-Heinz Becker der leibliche Vater, sondern sie hielten sich dafür. Einer von diesen Verwirrten belästigte die Familie Anfang der neunziger Jahre über mehrere Monate hinweg. Er terrorisierte Beckers Eltern mit Telefonanrufen und fuhr zu Turnieren, um seinen Sohn zurückzuholen, wie er sagte. Da ihm das nicht gelang, reiste er eines Tages nach Leimen und klingelte an der Haustür in der Nußlocher Straße. Als Vater Becker öffnete, verlangte er seinen Sohn und gleich noch zehntausend Mark dazu. Noch einmal ließe er sich nicht abwimmeln, geiferte er, sodass die Polizei einschreiten musste. Auf dem Revier hielt er an seiner Geschichte fest: Boris sei sein unehelicher Sohn, Elvira Becker hätte ihn als Baby für fünftausend Mark von seiner einstigen Geliebten gekauft. Die Story stimmte so wenig wie alle anderen. Das haben die vermeintlichen Väter irgendwann eingesehen.

Nur einer ist noch heute von seiner Vaterschaft überzeugt, ein Kaufmann aus dem Hessischen, der Boris Becker so ähnlich sieht, als sei er dessen älterer Bruder. Insgesamt dreimal wandte er sich an den Tennisspieler, doch der ging auf ein Treffen nicht ein, beauftragte stattdessen seine Rechtsanwälte mit entsprechenden Antwortschreiben. Dabei wollte der Geschäftsmann schwören, dass es die junge Elvira Becker war, mit der er zur Faschingszeit 1967 ein kurzes Techtelmechtel hatte. Dafür habe es sogar einen Zeugen gegeben, behauptet er, seinen Bruder, aber der ist vor einigen Jahren verstorben. In einem kleinen Ort wie Leimen wäre so eine Affäre allerdings kaum geheim geblieben, ganz abgesehen davon, dass die Beckers damals schon verheiratet waren und sich Elvira wohl niemals auf so etwas eingelassen hätte.

Die Ehe war zu diesem Zeitpunkt jedenfalls alles andere als zerrüttet. Karl-Heinz kümmerte sich um sein berufliches Fortkommen, seine Frau führte zu Hause das Zepter und versorgte die Kinder. Sie bestimmte, wo es langging, war ehrgeizig und trieb ihren Mann hin und wieder ein bisschen an, er war der Stillere von beiden. Zumindest in der Beziehung, in der Gemeinde sah das anders aus. Allmählich profilierte er sich als Kommunalpolitiker, der sich für die Belange seiner Mitmenschen einsetzte. Wenige Tage nach der Geburt seines Sohnes trat Karl-Heinz Becker während einer Fragestunde im Gemeinderat auf. Er kritisierte, dass es bei Trauerfeiern auf dem Friedhof immer wieder zu Lärmbelästigungen käme, da auf dem nahe gelegenen Sportplatz Fußball gespielt würde. Vielleicht war seine Familie selbst von den unangenehmen Begleiterscheinungen betroffen gewesen, in diesem Jahr hatte sie seine Schwiegermutter zu Grabe getragen. Mit seiner Anfrage zielte er auf eine prinzipielle Regelung. Während der Hauptgottesdienste an Sonn- und Feiertagen, zwischen neun und elf Uhr, bestand bereits ein Spielverbot, warum sollte das im Falle einer Beerdigung nicht ebenfalls möglich sein?

Für die Interessen seiner Mitmenschen setzte sich Karl-Heinz Becker auch in Zukunft ein. Für die Christlich-Demokratische Union zog er 1971 das erste Mal in den Gemeinderat ein und blieb – abgesehen von einer sechsjährigen Unterbrechung – dabei, später als Stadtrat und Fraktionsvorsitzender, bis ihn eine unheilbare Krankheit davon abhielt.

In einem der kritisierten Vereine übrigens, dem VfB Leimen, sollte Beckers Nachwuchs bald selbst gegen den Lederball treten und für Stimmung, also auch Lärm sorgen, als begnadeter Stürmer im hellblauen Vereinstrikot. Seine Betreuer erkannten sein Talent, sie sahen ihn für die Elf der Kreisauswahl vor und prophezeiten ihm Karrierechancen weit darüber hinaus. Als Kicker präsentierte sich der zehnjährige Boris nicht weniger geschickt und mindestens so impulsiv wie auf dem Tennisplatz. Einerseits brachte er es zuwege, in einem wichtigen Aufstiegsspiel allein sechs Tore von neun für seine Mannschaft zu schießen, andererseits gingen die Nerven mit ihm durch, wenn es hieß, eine Niederlage zu verkraften. Dann lief er zornig in die Umkleidekabine, weinte und warf Stollenschuhe und Trikot fluchend in die Ecke. Manchmal entlud sich die Wut auch an seinen Mitspielern. Auf dem Fußballplatz war er, wenn überhaupt, nicht allein für Misserfolge verantwortlich, er konnte sie aber auch nicht im Alleingang verhindern. Das wird ihn, der es vom Tennis anders kannte, der bei einem Match auf sich allein gestellt war, gefuchst haben. Aber er steckte auch so in der Klemme. Selbst wenn er sich fit genug fühlte, beide Sportarten würde er auf Dauer nicht betreiben können. Die Doppelbelastung war zunehmend rein zeitlich kaum zu bewältigen. Nicht selten wartete sein Vater nach dem Abpfiff schon mit der Tennistasche auf ihn, weil auf dem Tennisplatz noch ein Match anstand.

Über kurz oder lang stand eine Entscheidung an. Die Beckers trafen die richtige.

FÜNFTES KAPITEL

Der ideale Held

Im Grunde ereignete sich wenig, was die Bundesbürger ernsthaft bewegte, im Jahr 1985, zumindest bis zu jenen Sommertagen Anfang Juli, die das Land mit einem eher am Mittelmeer typischen Wärmeschleier überzogen. Die meisten Nachrichten gerieten rasch in Vergessenheit, einige überdauerten kaum den Tag. Wem ist noch geläufig, dass im Januar das erste deutsche Satelliten-Fernsehprogramm auf Sendung ging oder sich die Stahlgiganten Krupp und Klöckner zu einem Unternehmen zusammenschlossen, um den zunehmenden Stellenabbau zu bremsen? Mit anderen Ereignissen verhielt es sich ähnlich; nur wenige, die Eingang in die Geschichtsbücher fanden. Zum ersten Mal wurde hierzulande Smogalarm der höchsten Stufe ausgelöst, der im westlichen Ruhrgebiet ein absolutes Fahrverbot nach sich zog. Durch einen Prozess vor dem Landgericht in Frankfurt am Main erlangte der Neonazi Michael Kühnen bundesweite Bekanntheit. Ab 1. April strahlte das Zweite Deutsche Fernsehen zum Sendeschluss die Nationalhymne aus, die ARD schloss sich im Monat darauf an. In Stuttgart-Stammheim erhielten die RAF-Mitglieder Christian Klar und Brigitte Mohnhaupt lebenslange Haftstrafen. Als erster Deutscher gewann Bernhard Langer das bedeutende Golfturnier im US-amerikanischen Augusta. In Italien traf DDR-Staats- und SED-Parteichef Erich Honecker mit dem Papst zusammen. Das Europapokal-Endspiel im Fußball fand Ende Mai einmal mehr ohne deutsche Beteiligung statt. Stattdessen blamierten sich Eintracht Braunschweig und Fortuna Düsseldorf mit überraschenden Niederlagen vor dem Publikum in den ostdeutschen Stadien von Aue und Erfurt. Im Morgengrauen eines Junitages fand auf der Glienicker Brücke in Berlin der größte deutsch-deutsche Agentenaustausch seit 1945 statt. Drei Wochen darauf knackte eine niedersächsische Hausfrau den Jackpot im Lotto und kassierte mit fast sieben Millionen Mark die bis dahin höchste Gewinnsumme, die in Europa je an eine Einzelperson ausgezahlt worden war. Zu guter Letzt sorgten die gefälschten Hitlertagebücher noch einmal für Schlagzeilen, nicht durch neue Enthüllungen, sondern durch den Urteilsspruch eines Hamburger Richters, der die zwei Protagonisten des größten deutschen Presseskandals für Jahre ins Gefängnis beförderte.

Nicht dass man diese Daten abrufbereit im Gedächtnis bewahren müsste. Sie helfen lediglich, sich ein Bild zu machen von der Zeit, in der sich ein Jüngling aus der badischen Provinz anschickte, in der britischen Hauptstadt eine Sensation zu vollbringen. Um es überspitzt zu formulieren: Die Nation dämmerte in gewisser Weise vor sich hin, diskutierte halbherzig über kommerzielle Leihmutterschaft – aber der Fall spielte sich in England ab, weit genug entfernt, in Deutschland noch undenkbar –, natürlich über die Wiederaufbereitungsanlage Wackersdorf – die Demonstrationen folgten zwar im selben Jahr, aber später – und das Weltraumraketenabwehrsystem SDI – ob Deutschland sich engagieren würde, ließ Bundeskanzler Helmut Kohl noch offen. Auch auf dem Gebiet des Sports, der ja noch am ehesten die Massen begeistert, waren kaum Höhepunkte zu verzeichnen: Die letzte Fußball-Europameisterschaft vergeigt, in der Formel 1 kein Michael Schumacher in Sicht, der flitzte noch im Kart über die Piste, und mit Golf konnte man nun wirklich niemanden hinterm Ofen hervorlocken. Keine leichte Zeit auch für die Medien: Wo blieben die Idole, wo die Helden, nach denen die Boulevardpresse verlangte?

Dann kam Wimbledon – der Gipfelsturm und die Sternstunde eines vierschrötigen Jungen, der mit seinem Talent aufbegehrte, aber eigentlich zu jung schien, um bei den erfahrenen Tenniscracks ernsthaft mitzumischen. Der sich jedoch um abstrakte Überlegungen dieser Art noch nie geschert hatte, der scheinbar unbekümmert, sichtbar respektlos und mit einem Selbstvertrauen auf den Court marschierte, das einige seiner Kontrahenten als Arroganz auffassten – ihr Pech, sein Glück. Der zugleich aber nicht mehr hätte mitbringen können, um das altehrwürdige Stadion, das er später gern als «mein Wohnzimmer» bezeichnete, als Held zu verlassen: neben spielerischem Vermögen, Kampfgeist bis zur völligen Erschöpfung und unbändigem Siegeswillen ebendiese Jugend. Er war siebzehn – noch nicht einmal volljährig.

Ein Jahr darauf gewann er erneut das Turnier, da war er achtzehn und sein Sieg ein Riesenerfolg, aber keine Sensation mehr – nicht das Wunder, als das es im Vorjahr galt. Dabei hieß sein Gegner im Finale diesmal immerhin Ivan Lendl, den er in drei Sätzen schlug. «1985 war sein Wimbledon-Sieg für die Deutschen wie Weihnachten im Sommer», sagte Günther Bosch damals, «in diesem Jahr dagegen fast schon Normalität.» Jedenfalls kein Wunder, nicht für die Medien und nicht für die Öffentlichkeit, die von Siegern halt Siege erwartet, obwohl für Boris Becker und seinen Coach viel mehr an Aufwand, an Training und Motivation hinter diesem zweiten Sieg steckte, weil er diesmal als einer der Favoriten antrat und sich mit einem enormen Erfolgsdruck konfrontiert sah. Was wäre denn gewesen, wenn er nicht gewonnen hätte? Als Zufall hätten sie den Vorjahrssieg rückwirkend apostrophiert, als glückliche Fügung, da es oft geregnet hatte und er sich in den Pausen erholen konnte – und weil die großen Favoriten alle vorher rausgeflogen waren. Mit einem Kometen hätten sie ihn verglichen, der kurz in den Tennishimmel aufgestiegen, für einen Moment erstrahlt war, um anschließend rasch zu verglühen.

Und dann brachte er seine Individualität mit, die trotz seines jugendlichen Alters so ausgeprägt war, dass sie ihn von der Tennismaschine Ivan Lendl, dem durch eine schaurige Kindheit das

Lachen ein für alle Mal vergangen schien und der nun streng nach Plan ausschließlich für seine Erfolge lebte, gleichermaßen unterschied wie von Stefan Edberg, dem attraktiven Langweiler auf dem Tennisplatz, der während eines Spiels so wenig Emotionen herausließ wie einst sein Landsmann Björn Borg. Die französische Presse fand für den Unterschied passend einen bildhaften Vergleich. Während sie in Becker «le grand méchant loup», den großen bösen Wolf, erkannte, fiel ihr zu Edberg «le grand méchant mou» ein – großer böser Schlappi. Fürwahr, Becker gab sich frecher als alle erwachsenen schwedischen Spieler zusammen; mit den zuweilen rabiaten Ausfälligkeiten des in die Jahre gekommenen Haudegens John McEnroe konnte er sein Betragen indes nicht messen. Das wollte er auch gar nicht, was eindeutig für ihn sprach.

Becker war anders. Becker war nicht langweilig. Becker war aber auch kein Krakeeler. «Becker war der ideale Held – ob er wollte oder nicht», befand in dem Buch *Sternstunden des Tennis* Ulrich Kaiser, der auf dem Gebiet getrost als Experte bezeichnet werden darf, da er dem weißen Sport seit Jahrzehnten eng verbunden war und zur Genüge Stars und Sternchen kommen und verschwinden sah. Die Belege für diese These fanden sich genauso wenig bloß auf dem Tennisplatz, wie sich Beckers Heldenimage allein auf den Wimbledon-Sieg zurückführen lässt. Woran lag es dann, dass er, der Junge aus Leimen, eine Lawine der Beachtung lostrat, nicht nur in Deutschland, weltweit, welche ihn in den exklusivsten Bereich gesellschaftlicher Anerkennung und Bewunderung manövrierte, die bis dahin vornehmlich bedeutenden Staatsmännern und weltberühmten Rockmusikern, Sportlegenden wie Muhammad Ali und Pelé und vielleicht noch den namhaftesten Hollywoodstars vorbehalten blieben?

Wahrscheinlich weil ihm gelungen war, was ihm eigentlich nicht gelingen konnte. Weil sein Sieg gegen alle Gesetzmäßigkeiten verstieß, die bis dahin im Tennissport gegolten hatten. Weil er nach allen Erfahrungen keine Chance besaß, als Verlierer schon feststand – und doch alles umkrempelte. In den letzten hundert Jahren, verkündete Ion Tiriac in jenen Tagen, habe es im Tennis nichts Vergleichbares gegeben, also noch nie.

Boris Becker fiel es womöglich selbst am schwersten, seine neue Rolle zu begreifen, zu überraschend wurde er damit konfrontiert: «Ich konnte vorher leider nicht ein halbes Jahr üben, Weltstar zu sein.» Keine drei Jahre zuvor hatten die Verfasser einer sportwissenschaftlichen Studie, die in ihren kühnsten Träumen nicht damit rechneten, dass sich seine Entwicklung dermaßen rasant vollziehen würde, noch gemahnt: «Die neue Rolle, auch bekannte Ligaspieler schlagen zu können, muss er erst verkraften. Er muss auf den Umgang mit Presse und Medien vorbereitet und in beginnenden Finanzfragen beraten werden.»

Mit einem Mal spielte sich sein Sportlerleben in anderen Kategorien ab: Nicht die Besten des Landes hatte er hinter sich gelassen, den Besten der Welt war er zuvorgekommen. Er hatte gleich einen Jahrhundertsprung vollzogen. Die Vorbilder im eigenen Land gab es eh nicht, von denen er hätte lernen können, mit der neuen Situation fertig zu werden. So geschwind wie er hatte keiner vor ihm den Mount Everest des Erfolges bestiegen, und niemand war wie er bis auf den Gipfel vorgedrungen. «Ich war erst siebzehn und hatte den größten Erfolg, den ein Sportler haben kann, und hatte Millionen», ließ er die wundersame Lebenswandlung später Revue passieren. «Aber als Mensch, da hatte ich doch überhaupt noch kein Leben gehabt bis dahin, keine Tiefe, keine Freundin, nichts. Plötzlich macht's rums, und von einem Tag auf den anderen kannst du nicht mehr so leben wie noch vierundzwanzig Stunden vorher. Auf einmal ist alles, was du sagst, unglaublich wichtig, dich erkennen Millionen Leute, überall, und schreien, wenn sie dich sehen. Und du denkst: Ja, sind die denn alle bescheuert? Die haben doch vorige Woche noch nicht geschrien.»

Dabei waren ihm nicht einmal die vierundzwanzig Stunden geblieben. Vor dem letzten Schlag im Finale galt er noch als talentierter Nachwuchsspieler, dem die Experten eine große Karriere prophezeiten – einen Augenblick später schon erhielt er einen neuen Namen: Boris Becker Superstar. Im ersten Siegestaumel riss er die Arme triumphierend in die Höhe und sog den Jubel des Publikums wie im Rausch in sich ein – Stunden danach wunderte er sich dann, was für ein Aufhebens sie um seine Person machten: «Ich habe plötzlich die Leute nicht mehr verstanden. Menschen, die einen noch als ganz normal empfunden haben, guckten mich plötzlich an, als ob ich der Messias wär.» Das eben geborene Idol wollte noch keines sein, fühlte sich längst nicht reif genug: «Es war beschissen. Ich hab ja noch selber nach Idolen gesucht.»

Eine völlig neue Dimension beschworen andere herauf – die Medien. Für sie kam einer wie Boris Becker gerade im rechten Moment: Vom Typ netter Nachbarsjunge, aufgewachsen in bescheidenen Verhältnissen – wenn sich aus dem nichts machen lässt! Sie hätten ihren neuen Helden nicht besser erfinden können. Besonders attraktiv sah der Bengel nicht aus, doch das störte nicht, war sogar von Vorteil, sollten die Leute ruhig denken, das ist einer wie sie. Redegewandt zeigte er sich auch nicht, stotterte in die Mikrophone der Reporter und schwang sich mit unzähligen Ähs von Wort zu Wort – kein Problem, das suggerierte Schüchternheit und weckte gerade bei älteren Damen den Beschützerinstinkt.

Und dann seine Familie – sie spiegelte all die Tugenden wider, die einem Menschen ans Herz wachsen lassen: Bescheidenheit, Fleiß, Disziplin, Hilfsbereitschaft, Ehrlichkeit. Nein, die Beckers waren keine arroganten Schnösel, die sich im Ruhm des Sohnes sonnten, das waren bodenständige Leute, die fleißig arbeiteten und sparsam lebten. Sie fuhren nicht im luxuriösen Oberklassewagen protzig durch die engen Straßen von Leimen, sie waren auf dem Teppich geblieben. Die Nachbarn sprachen nur gut über sie, sympathische Menschen seien das, sie die bescheidene Hausfrau, er der strebsame Architekt, wenngleich das ja nicht stimmte und andere Attribute sich auch noch ändern sollten. In den Vordergrund drängten sie sich jedoch nie, das entsprach nicht ihrem Wesen. Sie waren bemüht, sich so zu geben, als könnte nichts ihre kleine heile Welt erschüttern. Auch wenn diese nun ins Wanken geraten war und immer mal wieder geriet, wie Vater Becker mit Vorliebe anhand einer Begebenheit verdeutlichte, die sich eines Tages in seinem Büro zutrug: «… da geht das Telefon, am anderen Ende ist ein Herr Späth. Ich sage: ‹Späth? Wolf-Dieter, bist du es?› Da sagte der andere: ‹Mein Name ist Lothar Späth› [zu dieser Zeit Ministerpräsident des Landes Baden-Württemberg]. Vor lauter Ehrfurcht … bin ich da am Telefon aufgestanden.» So etwas machte sich gut, das kam bei den kleinen Leuten an, die Beckers sprachen ihre Sprache – und bescherten dem Sohn auf diese Weise noch zusätzliche Sympathiepunkte.

Allen voran die Boulevardmedien, aber auch die Macher der Werbebranche vereinnahmten den Sportler Becker als Nationalhelden: Boris, der Große. Sie kürten ihn zum schlagzeilenträchtigen Hauptakteur ihrer Darstellungen, widmeten ihm fortan jede erdenkliche Aufmerksamkeit, bei der es nicht nur um Tennis speziell und Sport allgemein ging, das hätte nicht genügt, um ihn als Mediengestalt auf Dauer am Leben zu erhalten. Erst hievten sie ihn von den Sportseiten auf die Titelseiten, dort hielten sie ihm jahrelang die teuersten Plätze frei – Finanzexperten rechneten die Spalten in Anzeigenkosten um und kamen auf zweistellige Millionenbeträge –, bis er eines Tages in den Klatschspalten verschwand, wo er sich noch heute vornehmlich tummelt. Eine Tragödie oder nur eine leidliche Allianz, die sich für beide Seiten auszahlen sollte? Oder beides?

Nach der obligatorischen Pressekonferenz an jenem 7. Juli

1985 und einer exklusiven Dreißig-Minuten-Zugabe für die deutschen Berichterstatter sagte er erst einmal gar nichts mehr, weil Manager Ion Tiriac schnellstens befand, ab sofort müsse ein Gesprächstermin, zwei Stunden, bei seinem Klienten 150000 Mark kosten; schließlich redete man nun nicht mehr mit einem beliebigen Tennisspieler, so hatte er ihn sowieso nie betrachtet, sondern mit dem jüngsten Wimbledon-Sieger aller Zeiten. Was nach schierer Geldgier aussah, entpuppte sich als geschickter Schachzug, den Marktwert seines Zöglings zu steigern. Wusste Tiriac doch um das Gesetz der Branche, das einem Triumphator von Wimbledon um die zehn Millionen Dollar an Werbegeldern verhieß, wenn man es geschickt anstellte. Der Schlachtruf Wahres gegen Bares diente aber zunächst weniger der unmittelbaren Kapitalmehrung als Beckers Wohlergehen, der fürs Erste genug geracker und sich eine Pause redlich verdient hatte. Auf diese Weise blieb ihm ein stundenlanges Interviewmarathon erspart, alle Welt hätte ihm sonst in den nächsten Tagen ein Mikrophon unter die Nase gehalten. Und auch ansonsten ging das Konzept vortrefflich auf: Einige Journalisten reagierten wie Junkies, denen der Stoff entzogen wurde. Der Wert eines Becker-Statements verdoppelte und verdreifachte sich.

Später, in einer Zeit, in der sich Boris Becker augenscheinlich selbst für ein übersinnliches Wesen hielt, verklärte sich der frühe Erfolg in seiner eigenen Betrachtung. Es sei eben nicht nur schlicht ein Sieg in Wimbledon gewesen, dahinter hätte sich mehr verborgen. Zeitweilig gefiel er sich darin, die Angelegenheit mystisch zu deuten, nicht nur im privaten Kreis, er teilte seine Sinnsuche auch öffentlich mit. «Irgendjemand, irgendwas hat mich nach Wimbledon verpflanzt und mich dort gewinnen lassen», verkündete er den Lesern eines Nachrichtenmagazins. «Das war nicht normal, dass ich da mit siebzehn siegen konnte, eigentlich gegen alle Gesetze. Und auch wie die Jahre danach abliefen, das ging oft nicht mit rechten Dingen zu.» Nur folgerichtig, dass er sich für unantastbar hielt – derartige Phasen gab es tatsächlich, sie wiederholten sich hin und wieder. «Ich bin ein spiritueller Mensch», sagte er einmal, und er begäbe sich voller Vertrauen in Gottes Hände. «Gott gibt mir eine Chance, und ich versuche sie zu nutzen, nicht nur auf dem Tennisplatz.»

Große Worte eines jungen Mannes, der empfänglich auf Huldigungen jeglicher Art reagierte und manchmal ernsthaft in Gefahr geriet, die Bodenhaftung zu verlieren. Abgesehen von der Begeisterung, die seine Fans ihm entgegenbrachten, begegneten ihm hier und dort auch Journalisten mit einer Art Gottverehrung, nutzten Interviewtermine nicht zum Fragenstellen, versicherten ihm stattdessen untertänigst ihre Ergebenheit, um ja nur bei der nächsten Gelegenheit wieder zum erlauchten Kreis der Auserwählten zu gehören, denen Zutritt zum Hofe des Königs gewährt wurde. Erhöhte das doch gleichzeitig ihre Chance, auch andernorts, in den Redaktionskonferenzen, Lorbeeren zu ernten. Das hat sich bis heute nicht geändert, wenn die Zahl der getreuen Diener auch sichtlich geschrumpft ist.

Doch das geschah erst später. Bevor im Juli 1985 die neue Zeitrechnung im Leben Boris Beckers anbrach, gingen er selbst und Manager-Vater Tiriac noch kulant mit Journalisten um, die sich kritische Fragen einfallen ließen. Am Pfingstsamstag desselben Jahres, es war der 25. Mai 1985, trafen die beiden mit Steffi Graf und deren Vater in Paris auf zwei *Spiegel*-Redakteure, denen das erste und eines der seltenen Doppelinterviews Becker/Graf zu verdanken ist. Was sich vor und nach dem Gespräch ereignete, behielten die Beteiligten zunächst für sich. Erst später berichtete Kurt Röttgen, damals Sportchef des Magazins, über die Beschwerlichkeiten, die mit diesem Termin verbunden waren. Die leidigen Irritationen gingen allerdings nicht von Becker oder Tiriac aus. Peter Graf, der für seine ungestüme Art noch bekannt werden sollte, war es, der die Tochter keine Sekunde aus den Augen ließ, jedes Wort des Gesprächs verfolgte, etwaige Zwischentöne zu erahnen glaubte, auch wenn es keine gab, und dazwischenredete, sooft es ihm passte. Tiriac dagegen verließ die Runde, kaum dass er die Zusage erhalten hatte, das Interview nach Niederschrift zur Autorisierung vorgelegt zu bekommen. Vermutlich hätte er Peter Grafs Anwesenheit ohnehin nicht lange ertragen, aber auch so hielt er seinen Schützling für Manns genug, eigenständig die Fragen zu beantworten, wie unbequem sie ausfallen mochten. Der Junge verstand, sich auf dem Tennisplatz zu wehren, warum sollte ihm das bei einem Wortgefecht nicht gelingen? Selbst wenn Tiriac damit falsch läge, es würde eine gute Schule für ihn sein.

Journalisten waren längst nicht die Einzigen, die Boris hofierten und ihm mit jedem Mal ein bisschen stärker das Gefühl vermittelt haben müssen, weit mehr als ein erfolgreicher Tennisspieler zu sein. Bundespräsident Richard von Weizsäcker erschien eigens im *Aktuellen Sportstudio*, um mit dem rotblonden Helden zu plaudern. Bundeskanzler Helmut Kohl schüttelte ihm wenigstens die Hand und drückte ihn verbal an die breite Brust. Tennis interessierte den Kanzler nicht so sehr, dennoch war er gut beraten – die inszenierte Nähe konnte sich, wenn überhaupt, nur positiv auf die Zahl künftiger Wählerstimmen auswirken. Nicht nur, dass 91 Prozent der Bundesdeutschen Boris Becker kannten, die Meinungsforscher ermittelten außerdem, dass ihn fast genau so viele sympathisch fanden. Er traf mit Lady Diana zusammen, spielte im Weißen Haus mit US-Außenminister George Schultz Tennis, besuchte Nelson Mandela in Südafrika, aber das erst viel später. Wo er auftauchte, wurde er wie ein Staatsgast empfangen, nicht erst in den Hotels, in denen die prachtvollsten Suiten für ihn hergerichtet wurden. Bereits bei seiner Ankunft am Flughafen wartete meistens schon eine Eskorte auf Mister Superstar und seine Begleiter. Es kam sogar vor, dass ihnen Polizeifahrzeuge mit Blaulicht den Weg durch den Verkehr bahnten.

Ein halbes Jahr nach seinem zweiten Wimbledon-Sieg, kurz

vor Weihnachten 1986, empfing Papst Johannes Paul II. Boris Becker zu einer Audienz im Vatikan. Der Tennisspieler erschien nicht allein in dem Saal, saß aber mit Freundin Benedicte Courtain, seiner Schwester Sabine und den Eltern in der ersten Reihe. Nachdem ihn das Oberhaupt der katholischen Kirche mit deutschen Worten begrüßt hatte, verneigte er sich tief vor ihm und küsste den päpstlichen Ring des Heiligen Vaters. Anschließend segnete der Papst Becker und seine Begleiterin – und das alles vor den Objektiven von Kameraleuten, die sich keine Sekunde entgehen ließen und mit ihren Aufnahmen letztlich dafür sorgten, dass der fromme Besuch bald recht unfromm ins Gerede kam. Denn kurz darauf erschien ein Foto, das bei vielen den Verdacht hervorrief, er sei nicht um seiner selbst willen nach Rom gereist. Auf dem Bild war der Moment festgehalten, in dem Becker dem Papst einen seiner Schläger überreichte, was ihm an sich nicht zu verübeln gewesen wäre, wenn auf der Verpackung nicht weithin sichtbar das Logo der Herstellerfirma Puma geprangt hätte. Ein unverzeihlicher Missbrauch kirchlicher Weihen, wetterten die einen, ein geschmackloser PR-Gag, schimpften die anderen.

Wenn selbst der Papst nicht widerstand, wer konnte dann noch vom Becker-Fieber verschont bleiben! «Die Lichtgestalt Becker hat inzwischen globale Strahlkraft erlangt und allenthalben den Wunsch geweckt, so zu sein wie er», schlussfolgerte nach seinem zweiten geglückten Streich von Wimbledon die *Weltwoche*, die in der Schweiz erscheint und nicht eben zu den Blättern gehört, die sich aufs Übertreiben verlegen. Doch so positiv sahen bei weitem nicht alle den neuen Superstar. Die öffentlichen Selbstanalysen, die der Verehrte von Zeit zu Zeit als Seelenstriptease in Gesprächen mit Journalisten betrieb, forderten immer auch erboste Leserbriefe heraus. «Was für eine Welt, in der ein ‹neunmalkluger› Himbeerbubi, bei dem die geistigen Fähigkeiten proportional zu den körperlichen nicht gewachsen sind, eine Lichtgestalt genannt wird», beklagte eine Leserin im September 1986. Ein anderer Briefschreiber fühlte sich von der «täglich zu beobachtenden Überheblichkeit des ‹neuen Deutschen›» angewidert und hielt es gar für gefährlich, aus den «sportlich anerkennenswerten Leistungen eine geistige Führerschaft abzuleiten». Vor allem Beckers Selbstbild regte zum Protest an: «Jetzt reicht es», zitierte der *Spiegel* eine Zuschrift als Reaktion auf ein fünfseitiges Interview, in dem er sich als «sehr wichtigen Mann in Deutschland» bezeichnet hatte, der wie kein anderer seine Landsleute im Ausland repräsentiere. «Nur weil ein junger Mensch besser mit einem Schläger einen Ball treffen kann als andere, hält er sich für das Vorbild der neuen Deutschen. Wenn das so wäre – armes Deutschland.»

Falls er solche Veröffentlichungen zu Gesicht bekam, wovon auszugehen ist, ließ er sich davon nicht beeinflussen. In wenigem blieb er so konsequent wie in der Einschätzung seines Ichs. Dass er dieses Wort in seinen Briefen für würdig erachtete, groß geschrieben zu werden, stellte da nur den Anfang dar. Später gipfelte es darin, dass er seine Berühmtheit mit der Madonnas verglich – «ich bin ja auch eine Madonna, ich bin ja so bekannt wie sie, vielleicht sogar noch bekannter als sie» –, eine gewisse Seelenverwandtschaft mit Marlene Dietrich, Marlon Brando und James Dean herbeiphilosophierte und von sich am liebsten in der dritten Person sprach: «Ein Kerl wie Becker» oder «Das Wunderkind Boris ist Vater Becker geworden». Als das deutsche Team 1993 auch ohne ihn den Daviscup gewann, brachte er die Glückwünsche nicht persönlich, sondern per *FAZ*-Interview auf den Weg – man beachte die staatsmännische Wortwahl: «Zunächst einmal möchte ich der deutschen Mannschaft offiziell … gratulieren.» Im selben Gespräch benutzte er das Wort «ich» über hundertfünfzig Mal, groß schrieben es die Zeitungsleute natürlich nur am Beginn eines Satzes.

Es war von Anfang an so: Boris Becker polarisierte die Massen, sobald er seinen Arbeitsplatz, den Tenniscourt, verließ. Dort bot er gute oder schlechte Spiele, auf jeden Fall beste Unterhaltung, und fast immer ging es spannend zu. Tauschte er jedoch das Racket gegen ein Mikrophon oder Diktiergerät, schieden sich die Geister. Die einen brachte er auf die Palme, die anderen gerieten in Verzückung und verziehen ihm jede Entgleisung. Der Anziehungskraft des Ausnahmeathleten verfielen auch einige von denen, die selbst als Idole gelten. Franz Beckenbauer zum Beispiel, der Kaiser, der sich in Verehrung vor ihm verneigte: «Der Boris steht meilenweit über allen. Da reicht kein Schmeling hin, kein Seeler, kein Beckenbauer – niemand.»

Selbst Intellektuelle verrieten Gefühle der Zuneigung – zum Beispiel Sir Peter Ustinov, Schriftsteller und Schauspielerlegende. Er lobhudelte mit wohlgewählten Worten, die aus heutiger Sicht einer gewissen Komik nicht entbehren; er konnte ja nicht wissen, dass sich vieles ändern würde: «Becker hat einen guten, intelligenten Instinkt für den Wert des Lebens und die relative Bedeutung des Sports. Er ist eine sehr deutsche Mischung: manchmal diese brutale und unempfindliche Präsenz und doch das sehr Empfindsame, Poetische, Schwarzsehende. Eben noch ein donnernder Aufschlag, dann die ganze deutsche romantische Melancholie, die fast selbstzerstörerisch an ihm nagt.»

Der Schriftsteller Martin Walser fand ebenfalls poetische Worte, für Profitennis allgemein und Boris Becker im Besonderen. Hier sollen nur Letztere zitierte sein, ausführlich, weil sie so schön klingen: «Es mag sein, dass man, wie ich, in seiner Kindheit viel mit Engeln zu tun gehabt haben muss, um Boris Becker so verehrungswürdig zu finden … Man muss, um die Boris- und Steffi-Altarbilder malen zu können, Wimpern malen können, rötliche und rein blonde; und die oberen verhaken sich fast in die unteren. Dann muss man diesen Boris-Blick malen können, der immer alles zugleich enthält: Unschuld, Frechheit, Kälte, Hitze, Grinsen, Wut und Trauer. Der eher übermäßige Mund entscheidet, was jeweils dominiert. Wenn Boris Becker gewinnt, sieht er aus wie ein Sohn von Kirk Douglas und Burt Lancaster. Wenn er verliert, sieht er aus wie er selbst.» Becker hat diese Sätze gelesen; bis hierhin wird er ihnen gern gefolgt sein, die Fortsetzung indes dürfte ihn verärgert haben: «Das Faszinierende an den Tennisgottheiten: Es gibt bei ihnen, an ihnen keine Spur Höheres. Sie sind total irdisch. So trivial wie Frank Sinatra, Marilyn Monroe, VW und du und ich. Und sie sind, wie wir, alles andere als ewig.»

Schließlich wäre noch Günter Grass zu erwähnen, inzwischen Literatur-Nobelpreisträger, der sich eines Abends im Münchner Szenelokal Schumann's zu Becker an den Tisch setzte, um ihm die Legende von Sisyphos zu erzählen. Prompt verwendete der Sportstar die Geschichte, um bei einem der nächsten Interviews sein Treiben auf dem Tennisplatz mit der verdrießlichen Arbeit des Sisyphos gleichzusetzen.

Weitaus prosaischer und mit analytisch-scharfem Verstand betrachtete dagegen der streitbare Rhetorikprofessor Walter Jens den medialen Becker-Hype. Ihm war es ein Gräuel, in dem jungen Burschen einen Helden sehen zu sollen: «Wer sich selbst als Vorbild bezeichnet, hört sogleich auf, ein solches zu sein.» Dessen Anmaßung, gepaart mit nationalistischer Emphase, sei für ihn etwas, das er nur mit einem Satz Bertolt Brechts kommentieren könne: «Nachbarin, euren Speikübel bitte.» Dabei zielte er nicht einmal so sehr gegen den jungen Mann direkt, meinte eher diejenigen, die Becker für ihre Zwecke benutzten und in eine «gnadenlose Entfremdung» trieben.

So wenig massenkonform sich diese Äußerungen 1987 auch lasen, es sollte nicht mehr viel Zeit verstreichen, ehe der Tennisprofi deutlich selbstkritischere Töne anschlug: «Ich habe ‹nur› Tennis gespielt, und dann wurde ich gegen meinen Willen zum Idol von Millionen gemacht und zum Vorträger von allem möglichen. Ich war das gar nicht. Völlig utopisch anzunehmen, dass ich dies jemals hätte sein können. Aber es passte eben vielen ausgezeichnet in den Kram.» Abgesehen davon, dass es niemals der Zustimmung eines Menschen bedarf, um von anderen als Idol verehrt zu werden, hinderten ihn solche Äußerungen aber keineswegs, das so Gesagte bei der nächsten Gelegenheit zu negieren, um sich lieber wieder seiner Berühmtheit zu brüsten.

Dennoch lag Becker nicht so falsch mit der Erkenntnis, benutzt worden zu sein. Er beklagte, dass es in seinem Fall «um die systematische Vereinnahmung einer Person» ginge, der er sich endlich widersetzen wolle. Allerdings ist ihm das nur beschränkt gelungen. Wenn man es genau betrachtet, wird er noch heute instrumentalisiert, auch wenn er das so kaum zugeben würde. Er sagt lieber, er sei Herr der Lage und benutze die anderen nur. Doch die Vereinnahmung durch Firmen, für die er als Werbebotschafter in Erscheinung tritt, findet tagtäglich statt. Die Tatsache, dass er selbst sich bewusst für Verträge und Werbespots entscheidet und andere ablehnt, ändert daran nichts. Das hat er früher schon getan, so wie ihm sein Engagement früher schon mit Millionenbeträgen entgolten wurde.

Mit sechzehn, siebzehn Jahren war er vielleicht nicht reif genug, diejenigen Unternehmen auszuwählen, die zu ihm passten, das taten andere für ihn, die natürlich nicht zuletzt aufs Geld achteten. Außerdem, welche Produkte passten schon – abgesehen von Turnschuhen und Trikots, Rackets und vitaminreichen Getränken vielleicht – zu einem siebzehnjährigen Leistungssportler? Damals betraten alle Beteiligten eine neue Sphäre. In Amerika waren Geschäfte von diesem Ausmaß längst üblich, keine Summe galt dort als wirklich utopisch; in Deutschland hingegen stieß bis dahin niemand in solche Dimensionen vor. Was Ion Tiriac zu der Bemerkung hinriss: «Die Deutschen haben keine Ahnung, was Profisport ist.» Weltweit betrachtet, schöpfte der clevere Manager nur die Töpfe aus, die andere vor ihm geöffnet hatten, die Vermarkter von McEnroe und Lendl zum Beispiel, die von Fußballstars, Basketball- und Baseballheroen. Umgemünzt auf deutsche Verhältnisse, bedeutete es, dass Boris Becker in kurzer Zeit so viel Geld verdiente, wie das vor ihm im Land keinem anderen Profisportler gelungen war. Bereits für 1986 wurde sein Jahreseinkommen auf rund zweiundzwanzig Millionen Mark geschätzt, weit über die Hälfte davon stammte aus Werbeverträgen. Damit rangierte er mit großem Abstand vor dem Golfer Bernhard Langer und der Tenniskönigin Steffi Graf, deren Salden vor Steuern mit viereinhalb beziehungsweise drei Millionen veranschlagt wurden. Selbst der kaiserliche Franz Beckenbauer brachte es als Teamchef gerade mal auf zwei Millionen.

Nach dem ersten Wimbledon-Sieg ging Manager Tiriac ganz in seinem Element auf. Zigfach flatterten ihm die Offerten der verschiedensten Firmen auf den Schreibtisch, und ihm fiel die komfortable Aufgabe zu, nach seinem und Beckers Gutdünken – auch dessen Eltern wurden gefragt – entsprechend Zu- oder Absagen zu erteilen. «Jeder will ein Stück von Boris», registrierte er, doch alles habe seinen Preis, nichts in der Welt gebe es umsonst, schon gar nicht den neuen Liebling der Nation. Auch was das Wirtschaftliche betraf, hatte er das überzeugendste Argument vorzuweisen: Zweihundertfünfzig Stunden sei Becker allein 1985 im Fernsehen zu sehen gewesen, so oft und so lange wie kein anderer auf der Welt. Mehr Werbezeit sei mit niemand anderem zu bekommen. Er sei einfach der beste Exportartikel, den es je in Deutschland gegeben habe, abgesehen vom Volkswagen vielleicht. Becker verfüge überall über einen hohen Marktwert, in Deutschland wie in Amerika, in Japan und sonstwo.

Tiriacs Philosophie bestand nicht allein darin, die höchsten Beträge auszuhandeln, er profitierte mit 25 bis 30 Prozent davon. Ihm lag daran, möglichst wenige, dafür hochkarätige Sponsoren zu gewinnen, schließlich hatte er einen Sportler und keine Litfaßsäule zu bestücken. Trotzdem sehe er seine Aufgabe darin, Boris Becker zu einem reichen Mann zu machen. Er wolle das Einkommen des Sportlers so maximieren, dass dieser die restlichen fünfzig Jahre seines Lebens gut oder vielleicht noch besser leben könne als zu seiner aktiven Zeit.

Der Deutschen Bank war die Werbung mit Beckers Konterfei für drei Jahre drei Millionen Mark wert, wie unwidersprochen lanciert wurde. Dabei herrschte im Bankhaus nicht einmal Einigkeit darüber, welche Kunden sich mit dem Slogan «Es ist ein gutes Gefühl, wenn aus Leistung Erfolg wird» angesprochen fühlen sollten. Einige fühlten sich sogar abgestoßen: Hochfinanz und Steuerflucht, wie geht das denn zusammen! Ein Uhrenhersteller aus der Schweiz überwies jährlich einige hunderttausend Mark dafür, dass Becker am linken Handgelenk einen Chronometer aus dem Hause trug. Ein Chemiekonzern zahlte fast das Gleiche, aber nicht so lange, und begnügte sich mit einem Patch des Firmenlogos auf dem rechten Ärmel des Trikots. Einen noch viel üppigeren Geldsegen bescherten ihm verschiedene Sportartikelhersteller, nacheinander zwei Elektronikkonzerne, Automobilhersteller, erst einer schlichten, dann einer edlen Marke, ein Lottoveranstalter und der US-amerikanische Produzent eines weltweit beliebten Erfrischungsgetränkes mit Stammsitz in Atlanta.

Als Geschäftsmann agierte Ion Tiriac überzeugend. «Ein äußerst seriöser Partner, mit dem hätte ich Verträge per Handschlag geschlossen», schwärmt einer, der einst einen Millionenkontrakt mit ihm aushandelte. Der Rumäne sei keiner von diesen Schwätzern, die sich gern reden hörten. «Er formulierte Sätze kurz und knapp, präzise auf den Punkt. Der wusste genau, was er wollte.» Und er hielt sich stets an die Regeln des vertraulichen Geschäfts. Nie verriet er Summen, über Finanzen spricht er auch jetzt noch nicht. Auf keinen Fall gegenüber der Presse, also behalf die sich mit Spekulationen, die manchmal so richtig wie ein anderes Mal falsch waren. Als sich The Coca-Cola Company 1985 für drei Jahre weltweite Werberechte sicherte, wurde hier und dort vom Acht-Millionen-Deal geschrieben, tatsächlich wechselten drei Millionen Dollar die Besitzer.

Mit Vorsicht waren solche Zahlenangaben immer zu genießen, und so verhält es sich auch gegenwärtig noch. Während eine Zeitung Beckers Werbeeinkünfte zwischen 1984 und 2001 auf hundertdreißig Millionen Mark bezifferte, rechnete eine andere die gleichen Posten zu dem doppelten Betrag zusammen. Weit auseinander drifteten für diesen Zeitraum auch die Angaben zum Gesamteinkommen: zwischen zweihundert und vierhundert Millionen Mark.

Einmal waren konkrete Zahlen nachzuweisen, als der *Welt am Sonntag* im Herbst 1988 eine Kopie des «Agreements» zwischen der Sportartikelfirma Puma und Tiriacs Werbe- und Marketingagentur TIVI zugespielt wurde. Über TIVI – ein Firmenkürzel, das für Tiriac und Vilas, den ehemaligen Tennisprofi, stand – liefen damals alle Becker-Verträge. Ein raffiniertes Konstrukt, ein ausgeklügeltes Steuersparmodell, aber das ist ein Kapitel für sich. Die Vereinbarung, die gegen den Willen der Vertragspartner an die Öffentlichkeit gelangte, stellte ein Novum im weltweiten Sportwerbegeschäft dar, und das in mehrfacher Hinsicht. Was besonders überraschte: Sie wurde augenscheinlich von langer Hand vorbereitet, und zwar zu einer Zeit, als Beckers kometenhafter Aufstieg keineswegs abzusehen war. Bereits am 15. Januar 1985, fast sechs Monate vor Wimbledon, brachten die Beteiligten einen ersten Entwurf in englischer Sprache zu Papier, am 18. April des folgenden Jahres unterzeichneten sie die überarbeitete, endgültige Fassung. Ein kompliziertes Zahlen- und Paragraphengeflecht, welches Becker von Jahr zu Jahr steigende Pauschalsummen garantierte, 1987 dreieinhalb Millionen Dollar, 1988 vier Millionen, danach viereinhalb Millionen und so weiter, bis zum Jahr 1992. Allerdings war die Auszahlung der Beträge in voller Höhe daran geknüpft, dass er auf der Weltrangliste einen der ersten zehn Plätze einnahm. Wäre er auf schlechtere Positionen abgestiegen, hätten sich die Honorare einem prozentual festgelegten Schlüssel entsprechend verringert.

Das Unternehmen im fränkischen Herzogenaurach, das wirtschaftlich im Schatten des Ortsrivalen Adidas agierte – die Firmen gehörten jeweils einem der verfeindeten Brüder Adolf (Adidas) und Rudolf (Puma) Dassler –, hatte alles auf eine Karte gesetzt, also voll auf den jungen Tenniscrack. Es riskierte nicht nur die Zahlung von insgesamt 28,5 Millionen Dollar, sondern stellte auch gleichzeitig einen Teil der Produktion auf eine Becker-Linie um. Puma verpflichtete sich, mindestens vier Becker-Schläger und acht entsprechende Schuhmodelle herzustellen und die Hälfte der produzierten Tenniskleidung als Becker-Ware zu deklarieren. An allen Unternehmungen sollten Tiriac und Becker prozentual beteiligt werden. In Amerika waren sogar über tausend Boris-Becker-Shops in Supermärkten und Kaufhäusern geplant. Beim Vorsatz blieb es allerdings auch, das Ganze erwies sich als Marketingfehler.

Anfangs sprachen die Verkaufszahlen zwar noch für den ungewöhnlichen Deal, auch aus Sicht des Fabrikanten, zumindest was den Absatz der Schläger betraf. Nach dem zweiten Wimbledon-Sieg lieferte Puma mit 300000 Rackets doppelt so viele wie im Jahr zuvor an die Händler. Doch danach stagnierte nicht nur Beckers Leistung auf dem Tennisplatz, auch die Nachfrage nach Devotionalien flaute ab. Die Textilkollektion traf schon vorher nicht so richtig den Geschmack der Käufer, das Schuhgeschäft lief nur kurzzeitig optimal. Die Folgen waren absehbar: Nach einem Wechsel an der Firmenspitze setzte der neue Vorstandschef Hans Woitschätzke alles daran, aus dem Kontrakt herauszukommen. Bis dahin waren lediglich die ersten dreieinhalb Millionen Dollar gezahlt worden. Um eine vorzeitige Vertragsauflösung zu erreichen, soll Puma mit einer Entschädigungssumme nachgeholfen haben, zehn Millionen Dollar, so das Gerücht, das lediglich in der Höhe von beiden Seiten dementiert wurde. Das «Ende einer Ehe» war sogar in der DDR eine Pressemeldung wert. Kommerz und Profisport passten so gar nicht in das Weltbild der Einheitssozialisten, schön, dass es schief gegangen war. Und noch einer reagierte, allerdings im fernen Argentinien: Die ganze Kungelei mit Mister Becker versetzte einen Mann in Wut, der wie er ein Weltstar war, jährlich jedoch lediglich eineinhalb Millionen Dollar vom deutschen Sponsor sah: Diego Armando Maradona. Viel zu wenig für einen wie ihn, wenn der blasse Deutsche schon so viel bekommt. Der Fußballer schrie seinen Ärger heraus, wie es seinem heißblütigen Temperament entsprach, verlangte neue Verhandlungen und mindestens das Doppelte.

Der Fall Puma verdeutlichte eines: Auch der Tennisheld Becker war als Werbefigur nicht unbegrenzt haltbar und sein Wert nicht ins Uferlose zu steigern. Je häufiger er der Boulevardpresse zuarbeitete, wenn auch unabsichtlich, indem er auf dem Tennisplatz mit seinem Schläger wütete, auf der Autobahn in eine Radarfalle raste, sich in verfängliche Frauengeschichten oder andere Skandale verhedderte, desto weniger taugte er als makelloses Aushängeschild. Manchmal genügte es schon, wenn er in der Öffentlichkeit eine Meinung vertrat, die nicht unbedingt seinem Denken entsprach, dafür seinem spätpubertären Wunsch entsprang, die zu provozieren, die ihm zuhörten. Beispiel Hafenstraße: Als er mit den Hausbesetzern am Hamburger Elbufer verbal sympathisierte, zogen die feinen Herren der Deutschen Bank die Reißleine. Drei Jahre waren genug, gut, dass der Vertrag gerade auslief.

Verstimmt reagierten auch die Manager eines Kölner Automobilherstellers, als sie von Beckers No-Limit-Tour auf der Schweizer Autobahn N 2 im Kanton Nidwalden erfuhren. Nicht genug, dass ausgerechnet ihre Werbeikone mit 164 Stundenkilometern in eine Radarfalle der eidgenössischen Polizei brauste, steuerte der Tennisspieler auch noch ein Fahrzeug der Konkurrenz, viel schnittiger und sportlicher und auch teurer als jenes, welches sie ihm zur Verfügung gestellt hatten. Flugs veröffentlichten sie in der Hauspostille ein Reuebekenntnis für die Mitarbeiter, das sie dem Sünder in den Mund legten: «Andere Automarken benutze ich nur noch, wenn ich bei Freunden mitfahre, oder wenn ich öffentliche Verkehrsmittel benutze, wie zum Beispiel ein Taxi.» Das sollte die Gemüter fürs Erste beruhigen, wenngleich er sich nicht wirklich an das Versprechen hielt.

Im Oktober 1990 blitzte erneut eine Radaranlage, als Becker – «ich bin ein Linksfahrer» – eine Baustelle mit 128 Stundenkilometern passierte, diesmal auf der Strecke Stuttgart–München und im gesponserten Auto mit Kölner Kennzeichen. Das war zu viel, auch für den zuständigen Verkehrsrichter, der ihm fünfhundert Mark Geldstrafe aufbrummte und seinen Führerschein für einen Monat einzog. Nicht sofort, das konnte sein Anwalt Peter von Pierer noch verhindern. Er reichte den Führerschein seines Klienten, der an dessen achtzehntem Geburtstag in Monaco ausgestellt worden war, der Erlanger Polizei nach. Zwar Anfang März erst, ausnahmsweise, aber mit behördlicher Genehmigung. Das war klug eingefädelt: Einen Tag danach reiste Becker nämlich für einige Wochen nach Key Biscayne. Für seinen Aufenthalt dort trug er eine amerikanische Ausfertigung in der Tasche, davon besaß er zwei. Die neuerliche Verfehlung wäre vermutlich nicht bekannt geworden, hätte ein Polizist nicht gegen das Dienstgeheimnis verstoßen. Nur so konnte es gewesen sein, denn eine Woche darauf präsentierte eine Boulevardzeitung die Nachricht exklusiv in großer Schrift auf Seite eins. Ein Reporter war in den Besitz einer Fotokopie des eingezogenen Führerscheins gelangt, gegen Geld, wurde gemunkelt, was Becker im fernen Florida auf die Palme brachte und seinen Rechtsanwalt bewog, eine Dienstaufsichtsbeschwerde in die Wege zu leiten. Aber dadurch bekamen die Journalisten nur noch mehr zu schreiben, auch die von anderen Blättern.

Später stieg Becker auf die Marke mit dem Stern um, und dieser hält er bis heute die Treue, obwohl er zwischendurch gelegentlich für Porsche und Ferrari schwärmte. So viel Ausdauer bewiesen allerdings die wenigsten Geldgeber, manch einer zog sich lieber zurück. Beckers Image sei leider nicht mehr das, was es einmal war, verkündete ein Sprecher der Deutschen Bank, die fast ein Jahr lang die Anzeigenkampagne aussetzte und 1988 das Werbeabkommen wie erwähnt nicht mehr verlängerte. Ein holländischer Elektronikkonzern verzichtete ebenfalls auf weitere Dienste. Dafür rückten neue Investoren nach. Bald trank er Milch statt Limonade, band sich die Uhr eines anderen Herstellers ums Handgelenk, tauschte Schläger, Trikot und Hosen und schlüpfte in ein italienisches Turnschuhfabrikat. Lukrativ blieb es immer für ihn, zumal an Gegenleistung nicht viel verlangt wurde, ein Fototermin hier, eine Pressekonferenz dort. Später bestimmte sowieso er die Regeln, auch wenn die anders im Vertrag standen. Passten vereinbarte Promotionstermine plötzlich nicht mehr in sein Konzept, weil er gerade Besseres zu tun hatte, Urlaub in der Karibik oder ein romantisches Wochenende zu zweit, erschien er eben nicht, oder später. Zu spät kam er meistens, zwanzig Minuten wenigstens, das soll heute noch so sein – man lässt gern warten.

In jüngster Zeit ist seiner Rolle, die er in Werbespots für einen amerikanischen Online-Dienst übernimmt, die größte Aufmerksamkeit beschieden. Selten setzte sich eine Botschaft in den Köpfen der Menschen so fest wie der Satz «Ich bin drin», nicht zuletzt wegen der frivolen Zweideutigkeit. Doch schon der nächste Spot war nicht mehr so einprägsam. Überhaupt muss der Erfolg der Kampagne in Zweifel gezogen werden. Für das erste Quartal 2002 meldete der weltgrößte Medienkonzern Time Warner, zu dem der Online-Dienst gehört, einen Rekordverlust von über sechzig Milliarden Euro, der höchste in der US-Firmengeschichte. Zu dem desaströsen Defizit führten in erster Linie ausgerechnet drastische Rückgänge im Online-Werbegeschäft.

Selbst wenn Boris Becker als Werbeträger einmal nicht wie erhofft funktionierte, blieb das Interesse an seiner Person in der

Öffentlichkeit bestehen. «Sein sportliches Leben glich einer Achterbahn, sein privates einem Zickzackkurs», fassten Alexandra Prümke und Jens Hagendorf in ihrer wissenschaftlichen Schrift *Sind wir nicht alle ein bisschen ... ääh ... Boris Becker?* kurz und bündig zusammen, in der sie dessen Stellenwert als Marke und Star untersuchten. «Er war nicht kalkulierbar, und das machte ihn interessant und menschlich. Boris vereinbarte scheinbar unvereinbare Qualitäten: Er war ein Siegertyp und hatte dennoch Fehler. Dem Publikum bot Boris damit Flächen zur Projektion und Identifikation.» Bestenfalls gelang es den Werbekreativen, beide Bereiche, Erfolg und Niederlage, zu verbinden, wie der Agentur Springer & Jacobi, die für ihn die Sätze dichtete: «Stark ist, wer Fehler macht. Stärker, wer aus seinen Fehlern lernt.» Damit sollte er einem am Elchtest gescheiterten Fahrzeugmodell durch eine Anzeigenkampagne wieder auf die Sprünge helfen.

Übrigens ist Boris Becker inzwischen tatsächlich eine Marke. Er meldete seinen Namen im Jahre 1999 unter der Registriernummer 39961 882. 1/28 beim Patentamt an und ließ ihn als Marke gleich in sieben Variationen schützen. Für das entsprechende Kürzel «BB» existiert schon länger ein Signet, das Ähnlichkeit mit dem doppelten «R» von Rolls-Royce aufweist.

Verschiedene Copytests ergaben damals schon, dass Zeitungen mit Geschichten über Boris Becker ihre Auflage durchaus steigern konnten. Daran hat sich nichts geändert, im Gegenteil; mittlerweile können sich vor allem Klatschblätter nur noch auf eine geringe Zahl Prominenter verlassen, die als Zugpferde am Kiosk im gleichen Umfang wie er funktionieren. Die öffentlich zelebrierten Trennungen von Schauspielerehen à la Wussow und Glas jedenfalls bringen längst nicht die Quote, die Boris Becker in den Armen einer neuen Frau beschert. Offenbar sogar unabhängig vom Wahrheitsgehalt der jeweiligen Berichte. Was in der Yellow Press, aber auch im Boulevardbereich zu kuriosen Erscheinungen führt. So brachten in ein und derselben Dezemberwoche des Jahres 2001 sechs bunte Blätter sechs unterschiedliche Geschichten über das Verhältnis zu seiner geschiedenen Frau Barbara, die sich samt und sonders widersprachen. Während man in einem Blatt bereits die Hochzeitsglocken für die beiden läuten hörte, zum zweiten Mal, wartete man in einem anderen mit der «neuesten Boris-Lüge» auf, veröffentlichte eine abstruse Geschichte darüber, dass der Hochzeitstermin bereits festgestanden, Becker dann aber doch einen Rückzieher gemacht habe. Gemeinsame Weihnachten in München sah man hier voraus, da eine glückliche Freundschaft zwischen den beiden. Nichts davon entsprach den Tatsachen. Die Texte waren mit heißer Nadel gestrickt und dienten lediglich dem Verkauf. Wenn die Konkurrenz mit Becker aufmacht, sagt einer der Chefredakteure, müssen wir das auch. Und so geschieht es beinahe jede Woche wieder.

Obwohl sich Becker eine Hornhaut auf die Nervenzellen wachsen ließ, mit denen er diese Praktiken wahrnahm, reagierte er hin und wieder doch fassungslos ob des Erfindungsreichtums mancher Schreiber: «Ich kann es nur schwer begreifen, dass die Presse so viele Freiheiten hat. Dass die Presse alles schreiben kann, was sie will.» Die Klage war einerseits verständlich, der Gedanke andererseits nicht ganz frei von Heuchelei. Zumal er selbst in Interviews oder in Artikeln, die unter seinem Namen veröffentlicht wurden, häufig seine Meinung änderte. Einmal konnten ihn ärgerliche Frauengeschichten in seinem Spiel angeblich nicht beeinflussen, beim nächsten Mal wollte er nur dann gut sein, wenn sein Privatleben intakt ist. Vergleichbare Widersprüche hat er über die Jahre zahlreich hinterlassen. Erst jüngst erklärte er, dass ihn viele nach seiner Autobiographie fragten, er es aber noch zu früh finde, sein Leben niederzuschreiben. Dass zu diesem Zeitpunkt bereits ein fast fertiges Manuskript vorlag, das er in Zusammenarbeit mit einem Ghostwriter erstellte, behielt er für sich. Dabei hatte er sogar schon einen Vertrag mit einem deutsch-amerikanischen Verlagshaus abgeschlossen, den allerdings wieder gekündigt, als ihm im Sommer 2000 in seinem Privatleben Ungemach drohte.

Als Unwahrheit würde Becker solche Verlautbarungen nur bei anderen werten. Bei ihm handelt es sich höchstens um Meinungsänderungen, die seiner Entwicklung zuzuschreiben seien. Für ihn ist eigentlich immer nur wahr, was er gerade sagt. Das einzig Beständige an seinen Äußerungen ist die Veränderung. Nicht dass er sich dessen nicht bewusst wäre oder diesen Wesenszug gar bestreiten würde. Er steht dazu und erklärt den steten Sinneswandel mit enormer Lernfähigkeit und permanenter Weiterentwicklung, die einem offenen Menschen wie ihm, einem Flaneur zwischen den Welten, einem Global Player, einfach innewohnten. Nur macht es das für die Menschen in seinem Umfeld nicht einfacher. Immerhin deuten selbst enge Vertraute und die, die es einmal waren, seine mangelnde Gedankenkonstanz als eine Form von Orientierungslosigkeit. Zudem, auch darin sind die Beobachter sich einig, spiele wohl eine gewisse Selbstverliebtheit eine Rolle, die ihn selbst stets an die Richtigkeit seiner Worte glauben ließe.

Wer Becker als Werbegestalt einsetzte, hoffte auf eine geschickte Verflechtung von Werbebotschaft und redaktionellem Inhalt. Was Zuschauer mittlerweile in beinahe jeder Talkshow zu sehen bekommen, nämlich eine als Gespräch getarnte Produktwerbung, hielt mittlerweile auch in vielen Presseorganen Einzug. Da setzt sich ein Schauspieler oder ein Regisseur ins plüschige Fernsehstudio, um seinen neuen Film anzupreisen, ein Schriftsteller verrät Privates, damit auch sein eben erschienenes Buch vor einem Millionenpublikum zur Sprache kommt, Musiker halten ungeniert die neue CD in die Kamera, während Sportler eigentlich nur erscheinen müssten, damit die Zuschauer vom Logo des Sponsors am Hemdkragen geblendet werden.

So offensichtlich läuft es in Zeitungen und Zeitschriften nicht ab. Der Leser muss schon genauer hinsehen, um die reine Botschaft zu erkennen, dafür ist sie dann umso einprägsamer. Sie kommt angenehm unaufdringlich daher, kriecht nahezu unbemerkt ins Bewusstsein, wird schließlich als sachliche Information gespeichert und nicht als Lockruf der Werbung. Eine Art Automatismus, der tatsächlich funktioniert, das haben Experten herausgefunden. Während Boris Becker früher vornehmlich vor oder nach wichtigen Turnieren Interviews gab, sich die Auskünfte zumeist auf seinen Sport bezogen, mitunter auf die Lage der Nation, erklärte er nach Hochzeit und Kindgeburt den Lesern seine private Welt. Jetzt drehte und dreht es sich zumeist um ihn – und jene versteckten Werbemissionen. Es ist dann alles andere als Zufall, dass er nach langem öffentlichen Schweigen ausgerechnet vor einer neuen PR-Aktion seine Sprache wiederfindet. Ein, zwei Fragen dazu müssen sein, der Rest ist Begleitmusik, so wird es vorher ausgemacht. Und penibel kontrolliert, ob der Name der Firma und die Bezeichnung des Produkts oft genug erwähnt sind, bevor der Text zum Druck freigegeben wird. Von alldem erfährt der Leser natürlich nichts.

Wie engstirnig es in einem solchen Fall zugehen kann, erlebte die Journalistin Christel Vollmer mit, nachdem sie im Februar 2000 Boris Becker in einer Suite des Hamburger Hotels Atlantic für *Bild am Sonntag* interviewt hatte. Gerade war ein neuer Werbespot im Fernsehen gestartet – Becker rauschte im Bademantel durch eine Wohnung –, ein bisschen Schützenhilfe durch das Massenblatt konnte da nicht schaden. Und die Zeitung hätte auch davon profitiert, denn der einstige Tennisprofi zeigte sich ungewöhnlich mitteilsam, bot seltene Einblicke in sein Privatleben. Hätte, wohlgemerkt, wenn es nicht zum Eklat gekommen wäre, der letztlich dazu führte, dass das Interview nie erschien. Dabei hatte Chefreporterin Vollmer alles richtig gemacht, hatte die Fragen nach der Werbekampagne geschickt mit den journalistisch relevanten verbunden und durchaus interessante Antworten erhalten, von denen die meisten noch nirgendwo geschrieben standen. Vielleicht konnte man sich vorstellen, dass es bei Beckers nicht viel anders zuging als bei Müllers oder Meiers – schade eigentlich um die schöne Illusion –, doch wohl niemand hatte das Folgende von ihm so schon gelesen oder gehört:

«Zum Glück gibt es bei uns nicht nur einen Tag in der Woche, sondern ein paar gemütliche Familientage mehr. Ich habe zwei Kinder und eine Frau, und die brauchen Zeit. Dennoch ist der Sonntag ein ganz besonderer Tag. Wir gehen gegen zehn Uhr morgens alle zusammen in eine kleine Bar direkt neben unserem Haus in München zum Frühstücken. Wir machen daraus eine richtige Zeremonie. Die übrigen Wochentage frühstücken wir zu Hause. Danach gehe ich so gegen zwölf Uhr mittags mit unserem Großen zum Tennisspielen oder ins Museum. Barbara kümmert sich um Elias. Wenn wir in Florida sind, gehen wir alle zusammen zum Strand. Mittagessen gibt es bei uns sonntags nicht. Wir essen schon sehr früh zu Abend und bringen die Jungs danach ins Bett. Der Abend gehört Barbara und mir. Wir sitzen beide gemütlich zu Hause und genießen ein Glas Rotwein oder gehen zusammen aus.»

Nächste Frage: Herrscht nachts Ruhe im Haus?

Antwort Becker: «Nein, beide Kinder schlafen noch sehr unregelmäßig. Da wir oft auf Reisen sind, haben sie mit der Zeitumstellung zu tun. Elias war schon dreimal in Amerika. Er ist auf dem Flug immer ungeheuer ruhig und leicht zu haben.»

Frage: Ist Noah manchmal eifersüchtig auf seinen kleinen Bruder?

Antwort: «Nein, nie. Er hat sich immer Geschwister gewünscht und ist ganz stolz auf den Kleinen. Er trägt ihn oft durch die Gegend, bis Elias schreit, weil er etwas heftig angefasst wurde.»

Frage: Wie sieht es mit weiteren Kindern aus?

Antwort: «Ich mache ja nur die kleine Arbeit. Den großen Teil verrichtet meine Frau. Ich bin da ganz in ihrer Hand. Ich bin gerne bereit, meinen Beitrag zu leisten, aber so kurz nach der Geburt kann man mit Frauen nicht über weitere Kinder sprechen. Die Geburt ist schon sehr schmerzhaft … Ich glaube, Barbara und ich wollen noch ein paar Kinder. Es ist zu schön.»

Der Zweitgeborene des Ehepaares Becker, Elias Balthasar, war damals fünfeinhalb Monate alt. Dass kurz darauf erneut ein von ihm gezeugtes Kind zur Welt kommen sollte, das Resultat einer zwar flüchtigen, aber heftigen intimen Begegnung in der Wäschekammer eines Londoner Hotels, wusste er zu diesem Zeitpunkt noch nicht. Allerdings erhielt er sehr bald davon Notiz, nur wenige Tage nach dem Interview, durch ein kurzes Faxschreiben, das ihn am 17. Februar 2000 in München erreichte – doch dazu später. Vorerst fuhren sich die Verhandlungen zwischen der Journalistin und Beckers Medienmanager Robert Lübenoff fest. Vereinbarungsgemäß faxte sie ihm die Niederschrift des Interviews, das sie auf Band aufgenommen hatte, damit er den Text mit Becker lesen und autorisieren konnte. Sie schlugen geringfügige Änderungen vor, die sich auf das eigentliche Gespräch bezogen. Die waren nicht der Rede wert, also nicht der Grund des Streits, der dann um den Vorspann des Textes entbrannte.

Obgleich in der ursprünglichen Fassung sowohl der Fernsehspot als auch die Firma erwähnt waren, genügte das Lübenoff nicht. «Er wollte einen PR-mäßigen Einstieg», erinnert sich Vollmer. Den aber wollte die Redaktion nicht, oder besser, sie wollte nicht noch deutlicher formulieren, dass Becker offenbar nur aus Werbezwecken zu dem Treffen bereit gewesen war. Lübenoff, der unmissverständlich zu verstehen gab, dass er sich für mächtig genug hielt, seine Vorstellungen gegen jeden Widerspruch durchzusetzen, er sei schließlich die rechte Hand des Superstars, wandte sich daraufhin an Michael H. Spreng, den damaligen Chefredakteur der Sonntagszeitung. Der aber ließ ihn abblitzen, für Werbung sei eine andere Abteilung zuständig. Und was das

Redaktionelle betreffe, da vertraue er seiner Reporterin. Nachdem Beckers Adjutant trotzdem auf seinen Standpunkt beharrte, bewies Spreng Rückgrat und entschied: Dann drucken wir das eben nicht!

Am Beginn von Boris Beckers steiler Karriere waren die Rollen noch anders verteilt. «Wir hatten ein gutes Verhältnis zu den deutschen Journalisten», erklärt Günther Bosch ihre Ansicht von damals, die ihm heute etwas naiv vorkommt. «Boris und ich waren wirklich der Meinung, dass sie unsere Freunde sind, dass sie unser Bestes wollen. Wir nahmen an, dass wir ihnen offen und ehrlich erzählen könnten, was uns bewegte.» Wenn Boris auf die Tribünen ging, grüßte er sie mit «my friends» und plauderte mit ihnen, völlig ungezwungen. Das habe sich allerdings in dem Moment geändert, als Ion Tiriac meinte, auch die Information sei eine Ware, deren Austausch ein Geschäft. Damit könne man Geld verdienen, sagte er, sie sollten gefälligst nicht jedem Reporter alles auf die Nase binden. Der entscheidende Schritt erfolgte nach Wimbledon 1985, berichtet Bosch: «Im Jahr darauf unterschrieben Boris und ich jeweils einen Exklusivvertrag mit der *Bild*-Zeitung. Boris soll eine Million Mark pro Jahr dafür kassiert haben. Mein Honorar fiel wesentlich bescheidener aus.» Ausgemacht war, dass sämtliche Informationen von und über den Tennisstar, auch und vor allem aus dem privaten Bereich, zuerst an das Hamburger Blatt geliefert werden sollten.

Anfangs gab sich Becker freundlich und verständnisvoll – das sei der Preis des Ruhmes, und den wolle er ja auch. Er vermisse die Ruhe nicht, sagte er im Frühjahr 1986, es störe ihn nicht, wenn ihn jemand auf der Straße um ein Autogramm bitte oder wenn er in eine Fernsehshow eingeladen werde. «Ich bin nicht verrückt danach, zugegeben, aber ich unterhalte mich gerne mit Journalisten – mit seriösen wohlgemerkt, nicht mit Skandal-Reportern; von der Sorte gibt es gerade in Deutschland nämlich eine ganze Menge.» Selbst denen gegenüber zeigte er sich kulant:

Wenn er all diese Artikel lese, müsse er oft schmunzeln, weil er viele Dinge über sein Privatleben erfahre, von denen er gar nichts wusste. «Manchmal geht es schon ziemlich weit, aber ich reagiere ... nicht darauf, um diesen ganz ‹speziellen› Reportern nicht noch mehr Zündstoff zu liefern.» Ansonsten aber sei es halt so, die Medien müssten leben, und wenn er gerade im Gespräch sei, müssten sie über ihn schreiben, ob die Geschichten nun stimmten oder nicht.

Seine Auffassung sollte sich ändern, wie sich sein Selbstverständnis mit der Zeit wandelte und seine Vorstellung von persönlicher Freiheit und sein Anspruch darauf. Erst einmal stolperte er in einem Interview noch über die eigene, demonstrativ zur Schau gestellte Gelassenheit. Einerseits reichte er den Aufdringlichen unter den Fotografen die Hand, als wolle er sie in ihrer Arbeit ermutigen: «Ich bin jetzt an einem Punkt angekommen, wo ich diese Leute verstehe. Ihnen geht es ums tägliche Brot. Mit den Paparazzi, die mich verfolgen, um ein Bild von mir in einer Zeitung unterzukriegen, komme ich, ehrlich, inzwischen ganz gut aus. Ich bin halt eine öffentliche Person. Und die kriegen dann für so einen Schnappschuss hundert Mark, das ist okay. Die sind nicht das Problem.» Andererseits geißelte er den Umstand, dass ihm seine Bekanntheit in erheblichem Maße die Freiheit raube: «Ich kann tun und lassen, was ich will, am nächsten Tag steht es in der Zeitung. Jeder Mensch in Deutschland weiß, was Boris Becker an drei von fünf Tagen macht. Und das ist ziemlich schlimm.» Zwei Antworten, ein einziger Widerspruch, lag doch der Zusammenhang klar auf der Hand: Kein Bild ohne Text, nur selten eine Story ohne Foto.

Die Erleuchtung soll ihm im Jahr 1987 gekommen sein, in dem er nach der spektakulären Trennung von Ersatzvater Günther Bosch nicht nur sportlich einige Niederlagen wegstecken musste, sondern zum ersten Mal auch reichlich Schelte von den Medien. Wenn er ehrlich sei, habe er sich bis vor drei Jahren stark von den Medien beeinflussen lassen, gestand er 1990. «Ich kannte die Vorgänge hinter den Zeitungskulissen auch nicht, wie Storys entstehen, wer wann wo an welchem Rad dreht.» Inzwischen lag der finanziell einträgliche Pakt mit dem Springer Verlag hinter ihm, dazu ein öffentlicher Krach, den ihm das Ende beschert hatte.

Daran war er allerdings selber schuld, weil er tat, was er anderen vorwarf: er verdrehte die Tatsachen. «Ich habe den Vertrag vorzeitig gekündigt», ließ er verlauten. «Ich konnte mich mit der Art und Weise, wie die Geschichten erfinden, und auch mit den Methoden, wie sie arbeiten, nicht mehr identifizieren. Als ich ausstieg, verlor ich eine Menge Geld.» Über die Arbeitsweise der Springer-Leute mag man denken, wie man will, nur zog nicht er den Schlussstrich, sondern die Chefredaktion der Zeitung. Die kündigte die Abmachung knapp neun Monate vor Ablauf der vereinbarten Frist, da sie sich vom Vertragspartner – gelinde formuliert – veralbert sah. Nach seiner missglückten Wimbledon-Teilnahme 1988 sollte Becker Informationen für die Serie «Triumph und Tränen» liefern. Der zog es jedoch vor, seinen Frust in der Karibik auszuschwitzen. Danach traf man sich zu einer Aussprache, der Aufmüpfige gelobte Besserung, lieferte in Folge dann aber doch nicht die erhofften Informationen aus seinem Privat- und aus seinem Seelenleben.

Stattdessen erzählte er knochige Geschichten aus seinem Sportleralltag, denen es an Fleisch fehlte, da der so spannend nicht aussah. Und warum das letzte Spiel noch einmal beschreiben – das hatten die Leute doch eh gesehen. Um zu retten, was nicht mehr zu retten war, schickte die Redaktion «ihren Meister der Indiskretion», wie Helmut Markwort in dem Buch *Boris B.* schrieb. «Keinen, der Asse zählt und Tie-Breaks zergliedert, sondern einen von der seltenen Sorte, die auf Vollglatzen Locken drehen können.» Gemeint war der Journalist Franz-Josef Wagner, der auch Günther Boschs Buch schrieb und einige Zeit engen Kontakt zu Becker pflegte, aber am Ende bei ihm in Ungnade fiel.

Beckers Verstimmung hielt an und er mit seiner globalen Medienschelte nicht mehr zurück. «Die Medien – Zeitungen und Fernsehen – gehen über Leichen, damit sie eine Story kriegen und damit ihre Show weitergeht: Die Menschen, die dabei auf der Strecke bleiben, sind ihnen doch scheißegal. Und das gilt für die *Bild*-Zeitung, die direkter, brutaler und krasser ist als die anderen; das gilt aber im Grunde auch für die *FAZ* und die *taz*, die *Frankfurter Rundschau* und die *Süddeutsche* – sie machen das nur ein bisschen intelligenter.» Er hasste es, wenn die Zeitungen ihn nach verlorenen Spielen oder Turnieren in die Mangel nahmen: «Es trifft mich, wie verantwortungslos Menschen und Journalisten, in dieser Reihenfolge, ihre Kritik überzeichnen und zu öffentlichen Hinrichtungen schreiten ... Sobald eine Person schwach erscheint, wird sie journalistisch ermordet.» So etwas zerrte an seinen Nerven, vor allem auf die Dauer. Wie gerne hätte er zurückgeschlagen, es denen heimgezahlt, die vielleicht gar nicht wussten, was sie ihm antaten: «Es gibt einige Menschen – wenn ich denen in einem geschlossenen Raum begegnet und nicht der bekannte Boris Becker wäre, dann hätte nur noch einer diesen Raum zu Fuß verlassen. Und zwar ich. Der andere wäre vielleicht rausgerobbt.»

Gleichzeitig versuchte er, sich gegen Nachstellungen zu wehren, sich einen Schutzschild zuzulegen, um ein klein wenig Privatheit zu erhalten. Er schaffe sich seine Privatsphäre, sagte er, «indem ich mein Aussehen, meine Frisur zum Beispiel, und meine Ansichten gegenüber der Öffentlichkeit bewusst häufig verändere. So bewahre ich einen Lebensraum, in den kein Fremder hineinkommt.» Das klang schon seltsam kryptisch. Ein anderes Mal erzählte er einem Reporter, wie er in Monte Carlo mit schwarzer Perücke und Sonnenbrille verkleidet in ein Café ging, um nicht erkannt zu werden. Er hätte seine Ruhe haben und erleben wollen, wie einer behandelt wird, der nicht so berühmt ist wie er. Und er schmückte die Schilderungen aus wie jemand, der eine neue Welt entdeckte. Der Journalist schrieb eifrig mit und es später in seinem Bericht nieder. Die eigentliche Pointe verschwieg der Star dem Reporter jedoch, die liefert Günther Bosch nach: «Er wollte das mal ausprobieren, wir haben ihn gelassen. Da ich mit Tiriac aber die ganze Zeit bei ihm saß, wusste natürlich trotzdem jeder, wer sich hinter der komischen Maskerade verbarg.»

Es ist schwer vorstellbar, wie es ist, Tag für Tag auf Schritt und Tritt unter Beobachtung zu stehen, und das über Jahre hinweg. Welche Ausmaße das annehmen kann, führte das Schicksal von Prinzessin Diana vor Augen. Boris Becker hat es oft ähnlich erlebt, und er hat es oft genug verflucht. Als er einmal gefragt wurde, worin er das größte Opfer sehe, das er für seine Karriere bringen musste, die entgangene Jugend, die verlorene Heimat oder die verpasste Schulausbildung, antwortete er: «Nichts davon. Ganz simpel: dass mich jedes Schwein erkennt, egal, wo ich bin und was ich tue. Immer beobachtet zu werden ist wie eine lebenslängliche Strafe.» So spannend er die Aufmerksamkeit anfangs empfand, die man dem jungen Star entgegenbrachte, litt er doch zusehends unter der Dauerbeobachtung. Der Junge sei einsam, stellte Manager Tiriac fest, er könne nicht mit einem Mädchen ausgehen, ohne einen Menschenauflauf oder Presserummel zu verursachen. Der Trainer sah es noch drastischer: «Er ist ein Gefangener seiner Popularität.»

Aber wie bei Lady Di entwickelte sich auch bei ihm eine Form der Hassliebe zu denen, die ihm immer wieder ins Rampenlicht verhalfen. Hier schimpfte er gegen die Journaille, die ihn damals auf die Bühne geschoben habe und deren Verkaufsschlager er all die Jahre gewesen sei, andernorts aber traf er sich mit Journalisten zu stundenlangen Gesprächen, um sein Inneres nach außen zu kehren. Interviews seien Therapien für ihn, rechtfertigte er sein Mitteilungsbedürfnis. Er würde alle Vierteljahre seine Meinung ändern und wolle das dann loswerden. Erst verfluchte er einen Fotografen, der seiner neuen Freundin auflauerte, dann ließ er sich mit seiner Verlobten sogar nackt im Bett fotografieren, von deren Vater, Ross Feltus, einem Fotografen, der die Bilder teuer an eine Illustrierte verkaufte. Er forderte ein ungestörtes Privatleben, ließ sich aber ein Dreivierteljahr lang auf Schritt und Tritt mit einer Filmkamera von Bernd und Carlo Thränhardt begleiten. Die Brüder erstellten ein Filmporträt, das den Tennisstar auch in sehr privaten Situationen zeigte, die an Intensität selbst von manchem Zuschauer als unangenehm empfunden wurden. So genau wollten sie es dann doch nicht wissen, so viel wollten sie nicht sehen.

Es gab nämlich auch die andere Seite, und es gibt sie immer noch: Boris Becker schmeichelt die mediale Aufwartung, die ihm das Gefühl vermittelt, alle Welt würde liebend gern an seinen Gedanken teilhaben. Er brauche diese Form der Bestätigung, sagt ein ehemaliger Freund. In der Tat könnte das den Zwiespalt erklären. Geld kann ihn kaum verlockt haben, davon besaß er schon damals genug. Sicherlich, manchmal benutzte er solche Gelegenheiten, um Gerüchte zu dementieren oder einen Sachverhalt richtig zu stellen, der falsch durch die Medien geisterte. Aber das war dann auch offensichtlich. Und verständlich bei dem, was alles über ihn in der Öffentlichkeit behauptet wurde. Der Phantasie einiger Berichterstatter schien keine Grenze gesetzt, und moralisch der Wahrheit verpflichtet fühlte sich so mancher Reporter auch nicht. Seltsame Krankheiten wurden erfunden und nächtliche Alkoholexzesse. Einige von ihnen entblödeten sich nicht einmal, ihm Drogensucht und Aidskrankheit anzudichten. Da spätestens hörte der Spaß dann aber auf, fing die Arbeit seiner Rechtsanwälte an.

SECHSTES KAPITEL

Drunter und drüber

Das hatte er sich dann doch anders vorgestellt. Was wollten die eigentlich alle von ihm? Hatten die wirklich gedacht, er würde ab sofort nur noch gewinnen, jedes Match und jedes Turnier, gegen jeden Gegner? «Ich konnte die Welt nicht mehr verstehen«, sagte Boris Becker, «Leute, die mich vier Wochen zuvor noch angehimmelt haben, schickten mich nun zum Teufel.» Erst die Hysterie, dann der Fluch. Sie registrierten seine Auftritte nicht mehr nur, sie bewerteten sie immer auch, aber wie: Gewann er, war es das Normale, verlor er, eine Katastrophe. Sie verschoben die Relationen, die Zwischentöne sparten sie aus, es existierte nur Schwarz oder Weiß. «Immer saß ich im Fahrstuhl zwischen Himmel und Hölle.» Und Niederlagen nahmen manche Zuschauer gleich persönlich. In Kitzbühel warfen sie Kissen und Stühle auf den Platz, nachdem er bereits in der ersten Runde glatt in zwei Sätzen verloren hatte. Bei den US Open in New York scheiterte er in der vierten Runde gegen Joakim Nyström, ärgerlich, aber keinesfalls ehrenrührig, gehörte der doch auch zu den Spitzenspielern und war sogar um einiges erfahrener als Becker. Ein Reporter fragte allen Ernstes, wie er «den Schock denn verdaut habe». Aber Becker fiel zum Glück eine passende Antwort ein: Was für einen Schock, sei denn jemand gestorben?

So verrückt waren die Zeiten, die Monate nach dem ersten Wimbledon-Sieg, abgesehen von der Medienhysterie, die das Ganze zusätzlich aufputschte – «immer wird an mir geritzt, immer werden meine Schwächen gesucht». Riesengroß war nun der

Druck, der auf der Erfolgstroika lastete, auf Becker, Bosch und Tiriac, den Wundermachern. So überlegt und besonnen sich jeder von ihnen nach außen hin gab, das innerbetriebliche Getriebe geriet aus dem Takt, die Zahnräder griffen nicht mehr ineinander, wie sich das die drei gewünscht hätten. Boris Becker, der Jüngste des eingeschworenen Männerbundes, war es, der zuerst ausbrach, der nach Freiraum verlangte, dem das Behütetsein zunehmend gegen den Strich ging, der neben dem Sport auch ein bisschen leben wollte. Es waren die normalen Wünsche eines Jugendlichen, die plötzlich mit dem kollidierten, was Bosch und Tiriac einst mit ihrem Plan der Rundumbetreuung vorschwebte: Er wollte am Steuer eines schicken Flitzers über die Autobahn rasen – seine Fahrprüfung hatte er pünktlich zu seinem achtzehnten Geburtstag abgelegt. In eine Discothek gehen wollte er, wie andere in seinem Alter, sich mit Mädchen treffen, auch das, und das vor allem.

Im Dezember flog er bei den Australian Open in Melbourne in der ersten Runde gegen Michiel Schapers raus. Im gleichen Monat schlug er beim Daviscup in München erst Stefan Edberg, dann Mats Wilander. Beim Masters in New York unterlag er im Januar seinem Finalgegner Ivan Lendl, bei dem er sich zwei Monate darauf beim Turnier von Chicago mit einem Zweisatzsieg revanchierte. Doch dann kamen Dallas und die Niederlage im Finale, gegen Anders Jarryd, ausgerechnet gegen den, den hatte er noch immer bezwungen. Dieses Mal nicht, achtzigtausend Dollar Preisgeld erhielt er trotzdem, doch was änderten die schon! Trainer Bosch geriet in Rage. «Du bist nicht gestorben auf dem Platz», fauchte er ihn an. Und meinte damit, dass er nicht genug gekämpft, sich nicht bis zum letzten Schweißtropfen verausgabt habe. So redeten sie untereinander, sie sagten «den anderen töten» und meinten schlagen, besiegen. «Du hättest noch Waffen gehabt», warf er ihm vor, was bedeutete, dass er sich hätte wehren und das Match noch umbiegen können. Becker zeigte ihm seine Blutblasen an den Füßen, doch die ließ der Trainer als Argument nicht gelten – solche Spiele würden nicht die Füße entscheiden, nicht ein paar jämmerliche Blasen, sondern der Kopf, die Psyche.

Lasst mich doch auch mal verlieren, dachte Becker und sagte es auch. Und lasst mich machen, was ich will. Der goldene Käfig war ja ganz gut und schön, aber doch nicht immer, nicht als Gefängnis. Er trainierte hart, fünf, sechs Stunden am Tag, das war sein Job, das begriff er schon. Nur suchte er danach den Freiraum, suchte die Luft zum Atmen und die Gelegenheit, sich so zu geben, wie es seinem Alter entsprach und nicht seinem Status als Star. Hatte er bisher vor allem Tennis gelebt, wollte er jetzt einmal sehen, was das Leben außerdem noch zu bieten hatte. Wie sich diese Freiheit anfühlte, dieses Untertauchen im Normalen, hatte er Ende Dezember 1985 einmal in Berlin erlebt. Er war einige Tage vor den Junioren-Weltmeisterschaften angereist, die Anfang Januar begannen. Für Silvester war ein festlicher Ball im Hotel Interconti geplant, Boris Becker als Stargast eingeladen. Doch dem stand der Sinn nicht nach organisierter Fröhlichkeit, schon gar nicht in diesem Rahmen, den er für spießig hielt. «Er hatte keine Lust, schon wieder im Mittelpunkt zu stehen, und fragte mich, ob ich nicht eine bessere Idee hätte», erinnert sich Mediziner Christian Merettig, der, damals Student, als Chauffeur jobbte und Becker zugeteilt worden war. «Er wollte mit jungen Leuten zusammensein, ohne dass die über ihn herfielen.»

Also trommelte Merettig seine Freunde zusammen und veranstaltete spontan eine Party in seiner Studentenbude an der Kufsteiner Straße, die kaum vierzig Quadratmeter maß. Seine Großmutter, die ein paar Häuser weiter wohnte, briet Buletten und bereitete Kartoffelsalat – ein Studentenbüfett für den Superstar, dem sie anderswo die tollsten Delikatessen kredenzt hätten. Am Silvesterabend holte Merettig den privaten Ehrengast und dessen Schwester im Hotel ab. Es sollte niemand merken, dass er sich davonstahl. Nur Tiriac und Bosch wussten Bescheid. Der eine drückte ihm zweihundert Mark für den Abend in die Hand, der andere mahnte, er solle es mit dem Feiern nur nicht übertreiben. Dann lotsten sie ihn vom Fahrstuhl in die Küche und von dort aus in die Tiefgarage.

Becker benahm sich wie ein Champion in dieser Nacht, er trank kaum Alkohol, nur ein Gläschen Sekt zum Anstoßen um Mitternacht, ansonsten hielt er sich an Orangensaft. Zigaretten schlug er ebenfalls aus, auch die, die nur so aussahen, als wären sie welche. Dafür unterhielt er sich ungezwungen mit den Partygästen, die neugierig auf ihn, aber nicht aufdringlich waren. Eine attraktive junge Frau, schwarze Haare, hellbrauner Teint, im hautengen blauen Paillettenkleid zeigte sich besonders wissbegierig. Das entsprang ihrem Naturell, wie ihr späterer Beruf beweisen sollte. Alice Brauner, die Tochter des Filmproduzenten Atze Brauner, heute Fernsehjournalistin mit eigener Talksendung, nahm ihn über eine Stunde lang auf dem Balkon ins Verhör. Aber das war ihm nicht unangenehm, die Kälte störte beide nicht, im Gegenteil, man wusste sich zu wärmen. Er fühlte sich zu ihr hingezogen und hätte gern mehr als nur den Abend mit ihr verbracht. So weit kam es nicht, weil sie keine Frau für eine Nacht war. Am frühen Morgen fuhren sie ihn ins Hotel zurück.

Der Berliner Hobbychauffeur bescherte Boris Becker später noch andere unbeobachtete Momente. Er führte ihn in diverse Szeneläden und dort aus Hinterausgängen wieder heraus, wenn sich Journalisten näherten. Im «Dschungel» lernte Boris neben Schwulen gleich noch Transsexuelle kennen – komm schon, Kleiner, schreib mir mal ein Autogramm auf die Sektpulle. So was gab es in Leimen nun wirklich nicht, so traute sich da keiner auf die Straße. Im selben Lokal trafen sie einen Dealer, der ihnen eine Haschkugel zum Kauf anbot. Ein Schnellkurs reales Leben. Der Student spazierte nachts mit ihm über den Kurfürstendamm und stand Schmiere, wenn er sich nach ein paar Bier ungebührlich an einem Baum erleichtern musste. Keine große Sache, das passiert wohl jedem einmal – aber wann konnte Boris Becker sich schon so gehen lassen, ohne dass es irgendein Journalist spitzbekam und am nächsten Tag in der Zeitung stand? Pinkeln am Baum – damit wäre er erster Kandidat für die Schlagzeile auf der Titelseite geworden.

Die Silvesterfeier blieb dem Berufsstand der Neugierigen jedoch nicht verborgen, einer der Anwesenden muss geplaudert haben. Fotos, mit denen man sicher ein lukratives Geschäft hätte machen können, existierten nicht. Die jungen Leute hatten sich vorher darauf geeinigt, dass keiner einen Fotoapparat mitbrachte, damit sich der prominente Gast ungestört fühlte. Aber die bloße Nachricht genügte auch so, um dem Studenten zu Ansehen bei seinem verdatterten Hausverwalter zu verhelfen, der es kaum fassen konnte: Ich bin so stolz, schrieb der Mann ihm, einen Mieter wie Sie im Haus zu haben, der den Helden der Nation persönlich kennt.

Für Boris Becker blieb es ein kurzer Ausflug, sein wirkliches Leben spielte sich woanders ab. In Atlanta, Dallas, Forrest Hill, Rom und Paris, tagsüber auf dem Tennisplatz, nachts im Hotel, tagelang, wochenlang. Zwischendurch vielleicht mal ein kurzer Abstecher in das Appartement nach Monte Carlo, sein Zuhause, das so richtig gar keines werden konnte, da es meist auch nur als Schlafinsel diente. So unverkrampft wie in den Berliner Nächten ging es auf Tour selten zu, solange er einem neuerlichen Turniersieg hinterherlief.

Boris machte es oft spannend. Brillierte er eben noch mit einem klaren Zweisatzsieg, konnte er im nächsten Match freilich genauso klar gegen einen No-Name untergehen. Bei den French Open in der französischen Hauptstadt kämpfte er sich bis ins Viertelfinale, immerhin, so weit war er dort im Herrenklassement noch nie vorgedrungen. Spiele auf Sandplätzen waren seine Stärke nun wahrlich nicht, dafür galt er mit vierundachtzig Kilogramm Körpergewicht als zu schwer und in seinen Bewegungen zu ungestüm. Der problematische Sandbelag sollte ein Trauma für ihn bleiben, und das bis ans Ende seiner Karriere. Sosehr er sich mühte und so verbittert er auch kämpfte, niemals sollte es ihm gelingen, den Siegerpokal von Paris zu erringen.

Doch nach der Niederlage gegen den Schweden Mikael Pernfors, der auf der Weltrangliste dreiundzwanzig Plätze unter Becker notiert war, ging es weder um sein Gewicht noch um seine Beinschnelligkeit. Was ihm der Trainer ankreidete, war seine Disziplinlosigkeit. «Er hat sich nicht an die taktische Marschroute gehalten», tobte Günther Bosch, den die Widerspenstigkeit seines Schützlings diesmal so sehr nervte, dass er sein Missfallen gleich öffentlich kundtat. Hatte er ihm doch aufgetragen, von Anfang an Druck zu machen, sich nicht an die Grundlinie zurückzuziehen, ans Netz sollte er gehen, voll auf Angriff spielen. Einen Satz lang hatte er das auch umgesetzt, so wie sie es trainiert hatten. Dann setzte er sich darüber hinweg, nahm sich zurück, fabrizierte einen Fehler nach dem anderen – und verlor.

Und nun das Zerwürfnis. Endlich krachte es einmal, ein gefundenes Fressen für die Sportberichterstatter. Wann hatte Becker jemals einen Satz null zu sechs verloren, seitdem er Profi war? Das war ihm noch nie passiert. Dass er vom eigenen Coach in aller Öffentlichkeit kritisiert wurde, aber auch nicht. Becker mochte es ohnehin nicht, wenn der Trainer mit Journalisten sprach, und jetzt zog er über ihn her wie ein Lehrer über einen ungehörigen Schüler. Und überhaupt, ein Misserfolg wurmte ihn ja wohl am meisten. Die wüssten doch gar nicht, wie es ihm geht. Er sei fast durchgedreht, sagte er danach, er habe im Umkleideraum seinen Kopf gegen die Wand geschlagen. «Ich war völlig Matsch.»

Dabei drang nur nach außen, was seit einiger Zeit hinter den Kulissen brodelte. Bosch erinnert sich: «Es war eine schlimme Niederlage für Boris. Es hatte vorher schon Krach gegeben, aber zwischen Tiriac und mir. Ich wollte, dass Boris seine Spielart auf allen Belägen beibehält. Ich war für einen überraschenden Vernichtungskrieg, er sollte nicht lange fackeln, Druck machen und das Spiel schnell beenden – gerade auf Sand, wo er körperlich vielen unterlegen war. Tiriac dagegen meinte, er müsste sich dem Belag jeweils anpassen, also auf Sand die Bälle eher halbhoch rüberspielen, einen langen Ballwechsel führen, abwarten, um dann beim zwanzigsten vielleicht zu punkten. Vor Paris mischte er sich ins Training ein. ‹Komm, spiel Topspin›, forderte er ihn auf. Wir gerieten uns in die Haare, er wollte mich vom Platz werfen und selber das Training übernehmen.» Das sei Boris natürlich nicht verborgen geblieben. Er sei völlig durcheinander geraten und habe nicht mehr gewusst, nach wem er sich nun richten sollte. Vermutlich habe er es gegen Pernfors dann irgendwie beiden recht machen wollen. Und das ging völlig daneben.

Spieler und Trainer rauften sich wieder zusammen, zu einer Zweckgemeinschaft, denn Becker wollte Wimbledon gewinnen, dem ordnete er alles unter. Böse und laute Worte waren beide im Umgang miteinander gewöhnt. Dass sie sich anschrien, gehörte nicht zum guten, aber zum alltäglichen Umgangston. «Boris war ein Choleriker», sagt Bosch, «aus dem musste alles sofort raus, was an Wut da war. Er brauchte das, um sich aufzuladen, vor allem, wenn es nicht so gut lief.» Das heißt aber nicht, dass sie außerhalb des Trainings nicht auch freundschaftlich miteinander umgingen, manchmal wie Vater und Sohn. Aber auch das war nicht unproblematisch. «Bosch rückte mir immer näher, während ich immer weniger Nähe vertrug», beschrieb Becker den Zustand. Vielleicht befiel den Trainer so etwas wie Verlustangst. Vielleicht klammerte er noch mehr, weil er spürte, dass sein Schützling sich ihm entzog. Bestimmt wollte er das Beste für ihn, aber Becker wollte das nicht mehr von ihm.

Von Paris zogen sie direkt nach London, das Turnier von Queens stand auf dem Plan, die Generalprobe für Wimbledon. Wer hier den Platz als Sieger verließ, erhielt den Favoritenbonus. Becker hatte im Jahr zuvor gewonnen. Das gelang ihm diesmal nicht. Im Viertelfinale musste er sich Tim Mayotte geschlagen geben. «Eine Tragödie für den Jungen», so Bosch, «er war total down.» Und Gefahr in Verzug für den Trainer, wie sollte der ihn jetzt noch aufrichten? Es blieb nur wenig Zeit.

«Damals habe ich ein Ding gemacht», erzählt Günther Bosch, «von dem bis heute kaum jemand etwas weiß.» Boris, der sich auch keinen Reim auf seine Niederlagen machen konnte, bat ihn um eine Auszeit, wenigstens zwei Tage. Gerade jetzt wollte er das Training unterbrechen, kurz bevor das wichtigste Turnier des Jahres begann – unvorstellbar! Oder doch nicht? Bosch befragte den Psychologen in sich. Vielleicht war ein Kurzurlaub ja genau das richtige Mittel, um ihn mental wieder auf den Damm zu bekommen. Im Grunde ging es weniger um einen Urlaub an sich als um eine junge Frau für ihn, die sollte Beckers Stimmung aufbessern. Ausgerechnet eine Frau, das widersprach nun wirklich ihren Grundsätzen.

Günther Bosch warf die eigenen Regeln für das eine Mal über Bord, brachte ihn zum Flughafen und ließ ihn ziehen. Okay, zwei Tage, dafür sollte er sich danach umso mehr reinknien. Ihre Abmachung hielten sie geheim, nicht einmal Tiriac wurde involviert. Als der jedoch davon erfuhr, geriet er außer sich. «Ich dachte, er zerschlägt den Aufzug, so wütend war er», berichtet Bosch. Der Trainer beichtete seine großzügige Entscheidung, nachdem ihn der Manager im Fahrstuhl des Hotels gefragt hatte, wo denn der Junge abgeblieben sei. Wüste Beschimpfungen folgten, auch Tiriac ist ein heißblütiger Charakter: Ob er vollkommen bescheuert sei! Wie könne er so etwas erlauben! Er würde ihn rausschmeißen! Außerdem müsse er alles bezahlen, wenn das Unternehmen Wimbledon schief ginge!

Boris wollte nicht zu irgendeiner beliebigen Frau, er war in eine ganz bestimmte verliebt. Die Zeit mit Andrea war in seinem Gedächtnis verblichen, die Liaison mit Susan Mascarin, der amerikanischen Tennisspielerin, inzwischen auch abgehakt. In

Monte Carlo wartete eine andere Schönheit auf ihn: Benedicte Courtain, fast drei Jahre älter als er, die Tochter des Chefs der Ausländerbehörde des Fürstentums. Sie hatte sich an der hiesigen Universität als Jurastudentin eingeschrieben, ohne dass sie einen Studienabschluss mit letzter Konsequenz verfolgte. Lieber genoss sie das süße Leben der Hautevolee, feierte mit den Mitgliedern der Fürstenfamilie, gesellte sich zu den Schönen und Reichen, von denen es im Steuerparadies nur so wimmelte. Verschiedene Affären wurden ihr nachgesagt oder angedichtet, wer wusste das schon genau, zuletzt sollte sie mit dem Mitbesitzer eines Formel-1-Rennstalls liiert gewesen sein. Demnach besaß sie nicht nur Erfahrungen, was zwischenmenschliche Beziehungen betrifft, sie hatte auch schon das Vagabundenleben eines ständig Herumreisenden miterlebt.

Die Trennung lag noch nicht lange zurück, als sie Boris Becker das erste Mal begegnete. Sie traf ihn im Wartezimmer eines bekannten Physiotherapeuten in Monte Carlo. Dort erschien der Tennisspieler in Begleitung seines Coachs, der am ersten Kontakt zwischen den beiden nicht ganz unbeteiligt gewesen sein soll. Bosch gibt zu, dass er die beiden miteinander bekannt machte. «Danach tauchte sie bei dem Turnier in Paris auf. Ich sollte immer dabei sein, weil Boris nicht den Mumm hatte, sich alleine mit ihr zu unterhalten.» Er leugnet auch nicht, dass ihm die Aussicht auf eine solide Bindung zupasse kam: «Ich wollte, dass Boris eine feste Freundin hat, und die Beziehung so formen, dass Benedicte mit uns mitreist.» Das sollte auch so kommen, nur waren er und seine Frau Rodica dann diejenigen, die dem jungen Paar im Wege standen.

Boschs Wunsch nach einem geregelten Liebesleben für seinen Spieler war durchaus verständlich, nach alldem, was der Trainer in den zurückliegenden Monaten auf diesem Gebiet erleben musste. Er dachte sich: Besser eine feste Freundin als keine richtige und dafür viele. Ion Tiriac kannte auch diesen Bereich des bisweilen schillernden Tenniszirkus und hatte es unmittelbar nach dem ersten Wimbledon-Erfolg vorhergesehen: Boris, hatte er gesagt, jetzt wirst du dich vor Mädchen nicht mehr retten können. Sie werden dir alle von der großen Liebe vorschwärmen, doch den meisten von ihnen wird es nur um das große Geld gehen. Sie werden in der Nacht mit dir schlafen und am Tag darauf ihre Geschichte an eine Zeitung verhökern.

Damit lag er gar nicht falsch. Hereingefallen ist Boris trotzdem auf die eine oder andere. Vielleicht geriet er manchmal selbst durcheinander bei dem Angebot, das sich ihm offenbarte. Andrea, die Jugendfreundin aus Hanau, die ihn ehrlich liebte, hatte er sich noch warm gehalten, während er in Manhattan schon mit Susan Mascarin anbandelte, passenderweise in der Discothek Heart Beat. Da die Neue zu dieser Zeit auf der Weltrangliste unter den ersten vierzig rangierte, wusste sie, dass ihnen nicht viel Zeit bleiben würde, doch die nutzten sie.

Zwischendurch tauchte die Nachwuchs-Schauspielerin Constance Wetzel an seiner Seite auf, wie die andere älter als er und genauso anschmiegsam. Was die Hamburger Bankierstochter von der Elbchaussee indes im Schilde führte, durchschaute er nicht so recht. Wie sollte er wissen, ob sie es ehrlich meinte, ob es wirklich Liebe war, wenn sie doch kein Geheimnis für sich behalten konnte? Allzu gern ließ sie sich mit ihm fotografieren, pflegte offenbar weniger die Beziehung als ihre guten Kontakte zu Journalisten. Die waren dankbar, denn sie erfuhren vieles von der jungen Frau, woraus sie ein modernes Märchen stricken konnten. Die intimsten Details sparten sie darin besser aus, damit hätten sie die Leser nur vor den Kopf gestoßen. Obgleich ihnen die willige Informantin angeblich auch das letzte Geheimnis noch offenbarte. Eine Journalistin kann sich gut an einen Abend in einem Hamburger Lokal erinnern, an dem sie mit ihr zusammensaß: «Die Worte sprudelten aus ihr heraus. Irgendwann wirkte es nur noch peinlich. Erzählte sie doch tatsächlich, sie hätten es so wild miteinander getrieben, dass sie davon ganz wund gewesen sei.» Trotz solcher Entgleisungen schaffte es die Schauspielerin auf so manche Titelseite, als Dank für ihre Indiskretionen. Doch Becker war dieses Verhalten zuwider, darin erkannte er keine Liebe – also trennte er sich von ihr.

Geredet hat die junge Frau nicht so viel, die sich in Cincinnati an ihn heranmachte, von großen Gefühlen wurde ihr Tun aber scheinbar auch nicht bestimmt. Boris fühlte sich zwar erst geschmeichelt, aber dann missbraucht, als er merkte, dass es Desiree Nosbusch offenbar weniger auf sein Herz als auf Fotos abgesehen hatte, die sie mit dem deutschen Tennisstar zeigten. «An jeder Ecke hatte sie einen Fotografen postiert», klagte er. Auch Fürstin Gloria von Thurn und Taxis scherte ein in die Reihe der Verehrerinnen, auf ihre damals typische wilde, aber gleichsam unverfängliche Art. Sie saß während einer Bambi-Verleihung mit ihm an einem Tisch. Anschließend erschien sie in seinem Hotel und rief ihm durch das Foyer entgegen: «Boris, du bist der Größte.» Außerdem soll sie ihm einen Brief aufs Zimmer geschickt haben: Komm auf mein Schloss, ich lade dich ein. Du kannst so lange bleiben, wie du willst.

Nicht zuletzt solche Bekenntnisse führten dazu, dass ihm im Laufe der Jahre unzählige Amouren nachgesagt wurden: Mit Stephanie von Monaco, weil sie sich nebeneinander am Strand sonnten und ausgelassen miteinander schäkerten, die lebenshungrige Dame aus dem Fürstenhaus oben ohne. Mit Eisprinzessin Katarina Witt, weil sie in Wimbledon in seiner Loge dem Spiel zusah und anschließend dabei beobachtet wurde, wie sie in seinem Haus verschwand. Mit Playmate Heidi Nunez-Gomez, weil die mit ihm in der Münchner Discothek Pasha bis zum Morgengrauen tanzte. Mit Zoe Appleyard, der Investmentbankerin, weil sie in London mit ihm fotografiert wurde. Mit Sabine Käfer, der Ehefrau des Münchner Delikatessenpapstes, weil die eine Zeit lang ständig allein nach New York jettete und ausgerechnet in dem Hotel abstieg, in dem auch er logiert, wenn er in der Stadt am Hudson River weilt.

Auch Isabelle Kessler, die junge Schönheit, die im Dezember 2001 als Beckers neuer Schwarm gehandelt wurde, gehörte zu dieser Riege. Von ihr und Boris gelangten sogar Fotos an die Öffentlichkeit, die die beiden turtelnd in London zeigen. Doch im Gegensatz zu den meisten anderen ließ die junge Frau das Gerede nicht kalt. Mit Hilfe des Prominentenanwalts Matthias Prinz setzte sie sich gegen das Medienspektakel zur Wehr. Der Jurist schickte den Pressehäusern einstweilige Verfügungen ins Haus: Keine Küsse, keine Liebe, stimmt alles nicht. Wer etwas anderes behauptet, dem droht eine empfindliche Geldstrafe.

Reichlich durchtrieben benahm sich eine junge Frau aus dem hessischen Oberursel, die ihm schon viel früher als Aushilfskellnerin in der Frankfurter Discothek Le Jardin über den Weg lief. Sie ging ungeniert zu Werke. Dabei besaß sie keine wirkliche Chance, sie wäre als Freundin niemals ernsthaft infrage gekommen. Denn eigentlich entsprach die Neunzehnjährige keineswegs Beckers Schönheitsideal, also auch nicht seinem Beuteschema. An ihr reizte ihn etwas anderes. Überall fielen ihm die Frauen um den Hals, sie aber blieb auf Distanz, erst einmal. Das weckte den Sportsgeist in ihm, für ihn war es ein Spiel, das er wie jedes andere gewinnen wollte. Das gelang ihm auch, zwei Nächte sollen sie miteinander verbracht haben, doch die konnten ihn nicht für das entschädigen, was danach auf ihn zukam. Das war an Häme kaum zu überbieten, obwohl er jede Intimität mit ihr bestritt. Wer glaubte das schon, wie konnte er nur? Sie offenbarte sich nämlich nicht nur ihm, sondern kurz darauf der ganzen Nation, natürlich auf eine andere Art. Erst plauderte sie mit Journalisten, dann ließ sie die Hüllen fallen und sich nackt für den *Playboy* fotografieren. Für sie ein einträgliches Unterfangen, fünfzehntausend Mark sollen herausgesprungen sein, für ihn der peinliche Nachgeschmack eines flüchtigen Abenteuers.

Das sprach bestimmt nicht für Stil, den besaß sie nicht, aber auch nicht für Beckers Lebensweise, der so harmlos nicht war, wie er manchmal dargestellt wurde. Und wie er es selbst gern darstellte: «Ich könnte mit sehr vielen Frauen schlafen», sagte er damals und später immer mal wieder. Er sei für viele Frauen offensichtlich Freiwild, sie würden ihn regelrecht jagen. Sie lauerten ihm vor dem Tennisplatz auf oder im Hotel. Sogar einige Mütter erhofften sich für ihre Töchter etwas und quartierten sie wohlweislich in den Häusern ein, in denen Boris abstieg. «Aber ich will Liebe», sagte der, «keinen Sex.» Was vielleicht ehrlich klang, aber so nicht gemeint war, weil es einfach nicht zutraf. «Sicher, ich habe meine One-Night-Stands hinter mir …» Auffallend, dass er meistens dann in Versuchung geriet und in ein medienwirksames Fettnäpfchen trat, wenn er mit dem Daviscup-Team unterwegs war. Merkwürdig, dass er aus seinen Fehlern offenbar nichts lernte. Denn so eine Geschichte wie mit Fräulein Neder war ihm zuvor schon einmal passiert, und die Sache war ähnlich unangenehm ausgegangen.

Im Dezember 1985 begegnete er der blonden Petra, die damals noch Steigenberger hieß. «Ich fand ihn weder attraktiv noch interessant, ich kannte ihn ja gar nicht», erzählt die junge Frau. Sie war auf Einladung des Chefs ihrer Tennisschule ins Dorint-Hotel nach Garmisch-Partenkirchen gekommen, um sich das Training der deutschen Daviscup-Mannschaft anzusehen. Für die Achtzehnjährige aus Murnau ein aufregender Ausflug, zum ersten Mal erlebte sie das Spektakel mit, das sich überall dort abspielte, wo Boris Becker aufkreuzte. Während seine Mitspieler im Auto vorfuhren, flog er standesgemäß mit einem Hubschrauber ein, der unmittelbar neben der Herberge landete. Ein imposanter Auftritt, so etwas kannte sie nur aus dem Fernsehen von Politikern oder amerikanischen Popstars.

Auf dem kurzen Fußweg zum Foyer muss sie ihm aufgefallen sein, was nicht weiter schwer gewesen sein dürfte, da sie ausnehmend hübsch war und mit ihren langen blonden Haaren unter allen anderen einen reizvollen Blickfang abgab. Sie stand etwas seitlich vom Haupteingang, er sah ihr in die Augen. Es war mehr als ein flüchtiger Blick, Boris hatte sie fixiert. Und offenbar für gut befunden. Nach dem Training ließ er den Chauffeur seiner schwarzen Limousine kurz anhalten, als er sie sah. Er öffnete das Fenster und lud sie ein: «Wir sehen uns dann später.»

Petra verstand nicht so recht, was er damit meinte, erfuhr das aber im nächsten Moment von ihrer Freundin Tamara, die sich zu Beckers Teamkollegen Michael Westphal hingezogen fühlte. Der hatte ihr verraten, was ansonsten niemand wissen sollte: Die Tennisspieler übernachteten nämlich nicht im Dorint, wie lanciert worden war, um allzu anhängliche Fans auf eine falsche Fährte zu locken. Für sie waren stattdessen Zimmer im feineren Münchner Hotel Vier Jahreszeiten gebucht. Tamara wusste nicht nur das, sie hatte auch die Zimmernummern von Becker und Westphal in Erfahrung gebracht und von denen für sich und Petra eine Einladung und genaue Instruktionen erhalten. Die beiden Herren ließen also bitten. Warum nicht, man könnte ja einen netten Abend miteinander verbringen – an mehr habe sie wirklich nicht gedacht. Noch nicht einmal, als sie vor Beckers Suite im dritten Stock des Hotels stand und von ihm hereingebeten wurde.

Wie ein Kavalier sah er nicht gerade aus in seinem weißen T-Shirt und den blauen Trainingshosen, er benahm sich aber durchaus so. Boris bot ihr eines von den Getränken an, die auf einem Tisch postiert waren, und Früchte aus einer opulenten Obstschale. Er selbst nahm sich ein Wasser, sie entschied sich für Erdbeeren und eine Apfelsaftschorle. Alkohol lehnte sie ab, da sie davon ausging, noch in der Nacht die Rückfahrt anzutreten. Beim Zimmerservice bestellte er einen Toast und meinte, sie solle etwas essen. Danach gerieten sie ins Plaudern. Ihr Gastgeber gab sich neugierig, als wollte er das Wissen über eine Welt aufsaugen, die ihm abhanden gekommen war: Wo wohnst du, was machen deine Eltern, hast du Geschwister, was treibst du in deiner Freizeit? Es schien so, als würde ihn das alles interessieren. Er wirkte ganz natürlich, erinnert sich Petra, die sich über einiges wunderte, was er ihr im Gegenzug erzählte. Über die Sache mit den Frauen zum Beispiel, die ihm angeblich zugeführt wurden, wenn er einmal sexuellen Notstand hatte. So soll er es ihr berichtet haben; ob es stimmte, weiß sie nicht, vielleicht wollte er damit auch nur vor ihr prahlen. Andererseits sah sie ja selber, wie sein Leben aussah. Er spielte zwanzig Turniere im Jahr, manchmal noch mehr, dazu eine Reihe von Schaukämpfen – da blieb kaum Zeit für ein normales Privatleben.

Petra kauerte den ganzen Abend in einem der breiten Sessel, beantwortete seine Fragen, stellte selber welche, hörte ihm zu und vergaß, dass sie einem so berühmten Menschen gegenübersaß. Zwischendurch kramte er aus einer großen Sporttasche, die bis oben hin mit CDs gefüllt war und die er auf jeder Reise bei sich hatte, wie er sagte, seine Lieblingslieder hervor. Er reichte ihr die Kopfhörer seines CD-Players und legte eine Scheibe von Chris Rea ein. Sie fühlte sich wohl in seiner Gesellschaft und blieb schließlich über Nacht bei ihm, nachdem er sie darum gebeten hatte. Sie schliefen miteinander, ein Kondom benutzten sie nicht.

Ein solches Detail klingt an dieser Stelle reichlich indiskret, es muss aber erwähnt werden, da es die Komplikationen erklärt, die daraus entstanden. Wie das zwischen engen Freundinnen bisweilen so ist, erzählten sich Tamara und Petra, was sie mit den Männern erlebten, auch die Einzelheiten, die Petra besser für sich behalten hätte. So aber erfuhr die Freundin, dass sie in jener Nacht mit Boris nicht verhütete. Schwanger wurde sie zwar nicht, dennoch klang die Information delikat genug, um die Affäre auf die Seite eins der *Bild*-Zeitung zu katapultieren: «Meine Nacht mit Boris – Ich nahm die Pille nicht», stand dann da geschrieben, am

Kopf der Seite, mit so großen Buchstaben, dass die Wörter fast die Hälfte des Titelblatts einnahmen. Daneben platzierten sie ein Foto von ihr – was gab es da noch zu dementieren?

Dabei schwört sie bis heute, niemals mit einem Redakteur dieses Blattes gesprochen zu haben. Sie kann es sich nur so erklären, und dafür gäbe es auch Beweise, dass ihre Freundin dahinter steckte. Tamara soll sich in einen Berliner Journalisten verliebt, die verfänglichen Informationen weitergetratscht und fünftausend Mark Honorar dafür kassiert haben. Seitdem war sie nicht mehr gut auf Tamara zu sprechen, sagt Petra, und habe den Kontakt zu ihr abgebrochen. Doch was nutzte das noch? In dem kleinen Städtchen Murnau löste die Geschichte einen großen Skandal aus. Die Bewohner, von denen sich viele jeden Sonntagmorgen zur Messe in der katholischen Kirche versammelten, zerrissen sich die Mäuler über das lotterhafte Mädchen. Die Begriffe Luder und Bitch waren damals noch nicht gebräuchlich, aber ähnliche, die das Gleiche meinten. Sie trafen nur auf Petra nicht zu, wenngleich sich das in den ersten Veröffentlichungen so las. Über die Berichte konnte ihre Mutter vielleicht noch schmunzeln, ihr Vater dagegen nicht so sehr, der musste im Gemeinderat einigen Spott über sich ergehen lassen.

Ob das nun die große Liebe war, vermochte Petra nach der ersten Begegnung nicht zu sagen. Sie fühlte sich von ihm angezogen, er hatte sie für sich eingenommen mit seiner charmanten Art. Wer weiß, vielleicht wäre aus ihnen noch ein richtiges Paar geworden. Für kurze Zeit sah es fast danach aus. Er schenkte ihr Karten für die Daviscup-Spiele in München, sie trafen sich in einer Discothek, anschließend reiste sie ihm nach Berlin nach. Doch dabei handelte es sich eher um eine Verzweiflungstat, sie wollte unbedingt mit ihm sprechen. Denn die Zeitungsberichte hatten inzwischen alles zunichte gemacht. Boris wies sie jetzt von sich, weil er annahm, er sei wieder einmal ausgenutzt worden. Wem konnte er denn überhaupt noch trauen?

Dabei hätte sie ihm alles erklären können, die Sache mit Tamara und alles andere auch. Doch dazu bekam sie keine Gelegenheit mehr. Wenn er den Kontakt zu jemandem abbrach, dann konsequent, ohne Wenn und Aber, dann hatte er sich ein für alle Mal entschieden. Petra versuchte es trotzdem noch einmal, mit einer Idee, die vielleicht gut gemeint, aber mindestens so naiv wie unangebracht war: Sie traf sich mit einem Journalisten, der für eine Illustrierte arbeitete und ihr anbot, den Sachverhalt einmal richtig darzustellen. Der hielt sich zwar etwas genauer an die Fakten, aber das änderte natürlich auch nichts mehr.

Die Sache mit Benedicte verlief nicht so flüchtig, sie nahm einen wichtigeren Platz im Leben des Tennisspielers ein. Er fuhr mit ihr sogar nach Leimen und stellte sie seinen Eltern vor. Die gaben indes nicht viel auf diese Aktion. «Sie waren zweimal hier», erzählte der Vater Ende 1986. «Das allerdings heißt nicht viel. So etwas geht ja heutzutage bei den jungen Leuten schneller als früher bei uns.» Bei ihrem Sohn allemal, der hatte ihnen schon einige Mädchen vorgestellt. Das entsprach nicht unbedingt den Vorstellungen seiner Eltern – sie wünschten sich ein bisschen mehr Konstanz in seinem Leben, auch was das betraf. Es ärgerte sie jedes Mal, wenn sie in den Zeitungen von seinen angeblichen Affären lasen. Was war da nun wieder dran? Meistens wussten sie das nicht, der Sohn beichtete ihnen schließlich nicht jedes seiner Abenteuer. Obwohl es ihn wenig interessierte, wenn die Leute über ihn tratschten, seine Eltern berührte das schon. Vor allem der Mutter war so etwas unangenehm, an solchen Tagen wäre sie am liebsten nicht einkaufen gegangen, manchmal verließ sie das Haus tatsächlich nicht. Dabei war alles vergleichsweise harmlos, gemessen an dem, was auf sie in dieser Hinsicht noch zukommen sollte.

Auch von Benedicte Courtain erfuhren sie zuerst aus der Zeitung. Wieder so eine Geschichte, dachten sie zunächst. Kurz darauf erklärte ihnen der Sohn, dass es sich dieses Mal anders verhalte, dieses Mal würde es sich um eine feste Beziehung handeln, die ihm wichtig sei. Er wolle, dass diese Frau mit ihm lebt. Nicht nur das, sie sollte ihn auch auf seinen Reisen begleiten, die ja sein Leben waren. Das hatte er bisher noch nie gewollt. Die Eltern zeigten Verständnis, der Junge war alt genug, ihre Begeisterung hielt sich dennoch in Grenzen. Würde sie ihm den Kopf nicht so sehr verdrehen, dass er seinen Beruf vernachlässigte?

Diese Befürchtungen waren so abwegig nicht, sie bereiteten auch Bosch und Tiriac Kopfzerbrechen. Sie versuchten, die Angelegenheit so weit unter Kontrolle zu bringen, dass er sich wenigstens nach ihren Ratschlägen richtete. Diese Benedicte war ja ein nettes Mädchen, aber musste sie denn immer dabei sein? «Einmal erschien sie völlig erkältet bei einem Turnier», erzählt Bosch. «Wir machten uns die ganze Zeit Sorgen, dass sie Boris anstecken könnte.» Auch sonst sei diese Beziehung ein großes Problem gewesen. Boris habe plötzlich nicht mehr nur Tennis im Kopf gehabt; egal, wo auf der Welt sie sich gerade aufhielten, er wollte ständig zu ihr fliegen, wenn sie nicht bei ihm war, am besten immer zwischen den Tunieren. In dieser Zeit sei er noch unberechenbarer gewesen als sonst, was man auch auf dem Tennisplatz sehen konnte.

Das sei völliger Quatsch, widersprach Becker. Mit seinem Spiel habe das überhaupt nichts zu tun, er sei schließlich ein Profi und könne sich nicht nach seinen Launen richten. Die Liebe zu ihr würde ihn vielmehr beflügeln. Und das bewies er den Nörglern auch. Er nahm sie mit auf die Reise zu drei aufeinander folgenden Turnieren, nach Sydney, Tokio und Paris – und gewann zum ersten Mal drei Turniere hintereinander. Nach den jeweiligen Endspielen rief er den Vater an: Siehst du, ich habe mit Benedicte gewonnen! Ansonsten kümmerten ihn die Bedenken seiner Eltern und der Betreuer herzlich wenig, er war halt verliebt und sah die Welt in anderen Farben. Was zählte die Vernunft, wenn die Gefühle stärker waren? Und das hatte zweifellos auch seine gute Seite, um auf die Tage vor Wimbledon 1986 zurückzukommen.

«Seinen Sieg konnten wir auch Benedicte verdanken», glaubt Bosch, sie habe bei dem Kurzbesuch in Monte Carlo seine dunklen Gedanken vertrieben und ihm zu neuem Siegeswillen verholfen. Als er nach dem Wochenende wie vereinbart in London erschien, war er fest entschlossen, seinen Coup vom Vorjahr auf dem heiligen Rasen zu wiederholen. Und so schlug er sie alle, Mikael Pernfors, mit dem hatte er sowieso noch eine Rechnung zu begleichen, Miloslav Mecir, Henri Leconte und im Finale seinen ärgsten Widersacher, Ivan Lendl.

Danach war die Welt wieder in Ordnung – zumindest erweckte es den Anschein. Tiriac schluckte seinen Groll gegen Bosch, dessen Großzügigkeit hatte sich als richtig erwiesen; doch die Grabenkämpfe zwischen ihnen fanden weiterhin statt. Bosch fühlte sich bevormundet, er wollte die Trainingsinhalte selbst bestimmen, Tiriac indessen sah sich prinzipiell im Recht. Becker stand irgendwo zwischen ihnen, hin und her gerissen: auf der einen Seite der väterliche Freund, der ihm mit seiner Frau Rodica zu nah auf die Pelle rückte, obwohl sie es beide nur gut meinten; auf der anderen Seite der knallharte Manager, der nachweislich auch eine Menge von Tennis verstand und ihm außerdem sein finanzielles Auskommen sicherte. Irgendwie waren beide für ihn wichtig, irgendwie standen sie ihm aber auch beide im Weg. «Wir haben uns darüber ausgesprochen, dass ich etwas freier leben möchte», antwortete Becker einmal zwei Redakteuren, die ihn auf das Dilemma ansprachen. «Ich will jetzt allein irgendwohin fliegen oder Urlaub machen, und ich will nicht mehr, dass die beiden über jeden Schritt und Tritt von mir informiert sind.» Von einer Trennung sprach noch niemand, obwohl die nicht mehr lange auf sich warten ließ. Erst einmal verkündete er: «Solange ich Tennis spiele, werde ich die beiden haben.» Dieses Zitat stammt vom Dezember 1986, einen Monat darauf galt es bereits nicht mehr.

Günther Bosch übersah die Probleme keineswegs, doch offenbar hat er sie anders gedeutet. «Ich merke, dass unsere Bindung von Tag zu Tag enger wird», sagte er und muss das wohl mehr auf die Stunden bezogen haben, die sie gemeinsam auf dem Tennisplatz verbrachten. Da traf das auch zu, besonders während eines Matches gab er ihm von der Tribüne aus Hilfestellungen – ohne Worte, durch möglichst unauffällige Zeichen und Gesten, denn das so genannte Coaching ist beim Tennis verboten. An die dreißig Geheimzeichen waren zwischen ihnen ausgemacht, die hatten sich in unzähligen Trainingsstunden so ergeben. Der Zeigefinger an der rechten Schläfe sollte ihm sagen: Denk nach, du spielst dumm. Drei gespreizte Finger bedeuteten: den Ball dreimal übers Netz spielen, dann erst punkten. Streckte er einen Zeigefinger gerade nach oben, hieß es, den Ball beim nächsten Aufschlag höher zu werfen. Und so weiter.

Abseits des Tennisplatzes stellte sich das Verhältnis indes anders dar. Benedicte Courtain war die erste Frau, die sich nicht vom Ruhm des deutschen Stars blenden ließ und sich ihm nicht gleich willig fügte. Eine wie sie wollte erobert werden, das erhöhte ihren Reiz umso mehr. Sie beanspruchte Zeit, sie wollte einen erwachsenen Mann, der ihr die Welt zu Füßen legte, und keinen, der noch am Rockzipfel seines Ziehvaters hing. Und Becker entschied, dass es an der Zeit war, sich von denen abzunabeln, die ihm sein Leben bisher organisiert hatten. Er wollte bestimmen, wann das Training stattfand, bei welchen Turnieren er antrat und mit wem er Werbeverträge abschloss. Bosch sah zuerst seinen Einfluss schwinden, er war das schwächste Glied in der Gemeinschaft, war nur Angestellter von Tiriac und auf dessen und Beckers Wohlwollen angewiesen. Verlassen konnte er sich auf den Männerpakt nicht mehr, das spürte er. Becker setzte auf Konfrontation, mehr, als das bei ihm ohnehin üblich war – er rief ihn nur selten noch «Güntzi», dafür öfter «Trainer». Bald sollte er ihn nur noch beim Nachnamen nennen, «he,

Bosch». Aber das waren lediglich die Randerscheinungen einer auseinander brechenden Freundschaft.

Diese Entwicklung beunruhigte auch Ion Tiriac, der das Unternehmen gefährdet sah. Die Frage, auf welche Seite er sich schlagen sollte, stand für ihn nicht an. Boris Becker war der Diamant, mit Bosch allein konnte er keinen Blumentopf gewinnen. Insgeheim dachte er wohl, dass dessen Zeit als Coach sowieso bald abgelaufen sei. Was konnte Bosch seinem Spieler schon noch beibringen? Also beteiligte Tiriac sich als Sekundant und fiel seinem Jugendfreund mit ein paar markigen Sprüchen in den Rücken. Das einzige, was dem Weltklassespieler Boris noch fehle, sei ein Weltklassetrainer, verkündete er bei den Internationalen Meisterschaften von Deutschland am Hamburger Rothenbaum, nachdem Becker dort bereits in der ersten Runde rausgeflogen war. Bei einem anderen Turnier legte er Journalisten süffisant dar, worin er Boschs Aufgaben noch sah, selbstverständlich streng vertraulich. Der sei für die Bälle zuständig und für die richtige Bespannung der Schläger, ansonsten höchstens noch dafür, dass Becker die entsprechenden Schuhe für den jeweiligen Belag trug. Neben seinen verbalen Attacken riss er dem Noch-Coach nicht nur einmal den Schläger aus der Hand, um das Training selbst zu übernehmen. Wehren konnte sich Bosch dagegen genauso wenig wie gegen die öffentliche Demontage, die sein Chef betrieb und die in dem Satz gipfelte: «Boris braucht keinen Coach fürs Kaffeetrinken und Händchenhalten.»

Als diese Worte gedruckt erschienen, war es ohnehin zu spät für Bosch. Er hatte den Rückzug freiwillig angetreten, wenn man das nach all den Schikanen so ausdrücken kann. «Tennis ist ein Kampf unter Wölfen», ist ein Spruch von ihm gewesen, «die fressen sich gegenseitig auf, auch wenn sie dabei lächeln.» Nun fielen die Raubtiere über ihn her. Wollte er weiteren Demütigungen zuvorkommen, blieb ihm keine andere Wahl. Ziehsohn Boris hatte es im Januar 1987 bei den Australian Open auf die Spitze getrieben, bis es zum Eklat kam. Er ließ sich nichts mehr vorschreiben, mit ihm war nicht mehr vernünftig zu reden. Setzte Bosch das Training für zwölf Uhr mittags an, erschien der Spieler erst am frühen Abend, Händchen haltend mit seiner Freundin. Kritisierte ihn der Coach vor ihr auf dem Trainingsplatz, fiel Becker ihm ins Wort und schrie: «Halt endlich den Mund! Du musst mir nicht ständig Belehrungen erteilen, wie ich was zu machen habe.» Aus Trotz spielte er sogar mit einer falschen Griffhaltung – soll der mal sehen, wer hier das Sagen hat. Diese Mätzchen ertrug der Trainer noch schweigend, zum Bruch kam es erst, als Becker ihn nicht mehr bei jedem Turnier an seiner Seite haben wollte – also dann, wir sehen uns in drei Wochen.

Dazu muss man wissen, dass Boris Becker, seitdem er als Profi spielte, kein einziges Match absolviert hatte, bei dem nicht sein Coach auf der Tribüne saß. Das war nicht nur ein Ritual zwischen ihnen, Boschs Anwesenheit stand außer Frage, sie war ein Gesetz, das sie gemeinsam verabschiedet hatten. Es beinhaltete mehrere Paragraphen, die nicht nur jene Zeichensprache festlegten, darüber hinaus auch die Kleiderordnung, an die sich Bosch zu halten hatte, und anderes. Becker bestand darauf, dass sich sein Coach nicht mit Anzug und Krawatte auf die Tribüne setzte, er verlangte, dass er im Trainingsanzug erschien. Sie seien ein Team, er würde die Arbeit auf dem Platz erledigen, für den Rest sei er zuständig. Das bedeutete, dass Bosch dafür Sorge tragen musste, dass Becker sich auf dem Court gut fühlte. Er hatte sich auf seinen Spieler zu konzentrieren, durfte ihn keine Sekunde aus den Augen verlieren, sich von niemandem ablenken lassen. Sie sollten über Blickkontakt stumm miteinander sprechen können. Anfangs duldete Becker niemanden auf den Plätzen rechts oder links neben Bosch, nicht einmal Tiriac. Und wenn der doch einmal dort saß, hatten sich die beiden tunlichst nicht zu unterhalten. Niemand durfte seinen Betreuer ablenken, er wollte ihn für sich haben. Auch wenn Bosch die eine oder andere Regelung für übertrieben hielt, tat er Becker den Gefallen. Er war sein Coach und hatte für ihn da zu sein, so verstand er seinen Job. Und das machte ja auch Sinn, wie die Erfolge bewiesen.

Und nun das. Becker stieß die bisher gültigen Regelungen um, legte neue fest. Benedicte bekam einen Platz auf der Tribüne zugewiesen, Tiriac hatte die Erlaubnis schon vorher erhalten. Plötzlich hielt der Tennisstar Bosch für verzichtbar. Ein abgekartetes Spiel, dachte der Trainer, Becker und Tiriac wollten ihn abservieren. Die gewohnte Ordnung geriet aus den Fugen und Becker außer Kontrolle. In der vierten Runde des Turniers drehte er auf dem Platz durch, kam gegen den krassen Außenseiter Wally Masur nicht nur in Bedrängnis, mit dem dritten und vierten Satz auch in Rückstand. Er tobte, legte sich mit dem Schiedsrichter an, zertrümmerte einen Schläger, dann noch einen, insgesamt drei. Unterhaltsam vielleicht für die Zuschauer, die sich an McEnroes Ausfälle erinnert fühlten – für Becker ein Debakel, die Niederlage konnte er nicht mehr abwenden.

Bereits im zurückliegenden September war er einmal ausgeflippt, beim Turnier in Hamburg, bei dem er sich sogar mit den Zuschauern anlegte. «Unmöglich, dieses Publikum!», tönte er und verschonte auch ansonsten nichts und niemanden: «Scheißplatz!» – «Scheißwind!» – «Arschlöcher!» – «Halt die Schnauze!» Nicht einmal sich selbst: «Mann, spiel ich scheiße!» Jetzt, in Melbourne, lagen seine Nerven wieder blank.

Für den nächsten Morgen, es war der 22. Januar 1987, plante Tiriac eine Aussprache zwischen Spieler und Coach – so konnte das nicht weitergehen, die Sache musste geklärt werden. Bosch erschien zur vereinbarten Zeit im Frühstücksraum im 35. Stock des Regent-Hotels, Becker ließ auf sich warten – und den Termin verstreichen. Dieses Zeichens hätte es nicht mehr bedurft, der Trainer hatte jegliche Autorität verloren. Erst am Abend, kurz vor zwanzig Uhr, standen sich die beiden Männer gegenüber, mehr im Vorübergehen. Becker war in Eile, er wollte mit Benedicte zum Konzert des Popsängers Lionel Richie. Davon hielt ihn auch nichts zurück. Er nahm Boschs Entschluss, die Brocken hinzuwerfen, zur Kenntnis, aber wohl nicht gleich ernst, entschwand und amüsierte sich. Sein Ex-Coach kämpfte mit den Tränen, noch mehr Erniedrigungen konnte er nicht ertragen. Später wird er sagen, dass es Beckers Unterkühltheit gewesen sei, die ihm besonders an die Nieren ging. Hätten sie sich doch gestritten, wären sie im Krach auseinander gegangen, aber so? «Das war mir zu geschäftsmäßig, zu glatt.» Beckers Spezialität – bloß keine Gefühle zeigen, keine Niederlage eingestehen –, er wird sie bei den folgenden Trennungen beibehalten, im beruflichen wie im privaten Bereich.

Für den offiziellen Abgesang schickte er den Manager vor, der verlas den Presseleuten sein Statement: «Ich respektiere seine Entscheidung zu kündigen und möchte ihm öffentlich danken für alles das, was er in der Vergangenheit für mich getan hat.» Kein Wort darüber, dass er eigentlich stinksauer war, weil Bosch ihn vor vollendete Tatsachen gestellt hatte und mit der Neuigkeit sofort an die Presse gegangen war. Dafür machte sich Tiriac am Tag darauf schon einmal laut über Boschs Nachfolger Gedanken: Ein Exprofi der Spitzenklasse schwebe ihm vor, der selbst schon auf den Centre-Courts von Wimbledon oder Paris gestanden habe. Das hatte Bosch nie, noch eine Ohrfeige für den Abtrünnigen. Und der endgültig letzte Aufzug im Theater des einstigen Erfolgsgespanns. Das Stück lief nicht mehr, einer der drei Hauptdarsteller war abgetreten.

Danach kam es faustdick: Der junge Tennisgott fiel aus allen Wolken. Er hätte nie gedacht, dass seine Fans dem Bosch eine Träne nachweinen. «Es lief furchtbar», gestand Becker, nachdem das Schlimmste überstanden war. «Plötzlich war ich der schlechte Kerl. Man hat mich wie mit Steinen beschmissen. Da wurde auf Ausrutscher, auf Fehler förmlich gewartet. Das war ich nicht gewöhnt, das war völlig neu für mich.» Die Medien heizten ihm ein: Wie konnte er nur den guten Herrn Bosch vertreiben, das war der Launen dann doch zu viel! Hielt er sich für perfekt und unantastbar? Der bescheidene Günther Bosch erntete ihre Sympathie, nicht er, der Undankbare, der – nur weil seine Hormone verrückt spielten – den Mann verstieß, der ihn zu zwei Wimbledon-Siegen geführt hatte. Von wegen er brauche keinen Trainer, er werde auch ohne den die Nummer eins der Tenniswelt …

Bald konnte man sehen, was dabei herauskam: Mit Bosch hatte er 1986 acht Turniere gewonnen und weitere vier Male ein Finale erreicht, im Jahr darauf langte es ohne den Coach gerade mal zu drei Siegen, was sich auch finanziell niederschlug. Das sprach für sich und gegen ihn. Vermutlich werden sich die Tennisinteressierten nur noch an ein Becker-Spiel aus dem Jahr 1987 erinnern, das Daviscup-Match in dem amerikanischen Städtchen Hartford gegen John McEnroe. Das in die Tennisgeschichte einging, weil es einen ganzen Nachmittag und eine halbe Nacht dauerte, sechs Stunden und vierzig Minuten. Das Becker nach jenen fünf Sätzen gewann, von denen der zweite allein zweieinhalb Stunden in Anspruch nahm, weil sich die Kontrahenten bis zu einem fünfzehn zu dreizehn die Seelen aus dem Leib spielten. Das ob seiner nervenzehrenden Dramatik spannendste Unterhaltung bot, aber dennoch als unrühmlich im Gedächtnis blieb, da es von nationalistischer Hysterie des Publikums überschattet wurde, woran die beiden Spieler nicht ganz unbeteiligt waren. Und das für Becker ein unangenehmes Nachspiel vor Gericht hatte: Einer der Zuschauer verklagte ihn, weil er seinen Schläger im Überschwang der Gefühle ins Publikum geworfen und ihn damit verletzt hatte.

Wimbledon jedenfalls ging kräftig daneben in besagtem Jahr. Die zweite Runde brachte das Aus gegen den Australier Peter Doohan, einen Unbekannten, der mit den vier Sätzen gegen den Titelverteidiger seine Sternstunde erlebte. Von Doohan war danach nie wieder etwas Spektakuläres zu hören, als sei er von anderen Mächten nur für diesen einen Auftritt nach London entsandt worden, um Boris Becker eine Abreibung zu erteilen. Der Deutsche konnte sich diese Niederlage auch nicht richtig erklären: «Ich wusst net, was los war. War wie ein Traum. Hab mich schon auf die dritte Runde eingestellt, und dann wurde mir erst klar: Hey, du! Hallo! Es ist vorbei!»

Die englischen Boulevardzeitungen sparten nicht mit Häme. Sie siedelten ihre Geschichten genüsslich unter der Gürtellinie an und waren dankbar, dass Boris mit Benedicte in London erschienen war. «Carry on bonking», schmetterten sie ihm in tiefschwarzen Versalien entgegen, was man frei mit «Bums ruhig weiter!» übersetzen könnte. Dabei meinten sie keineswegs seinen Bum-Bum-Boris-Aufschlag. Außerdem wühlten sie in der Vergangenheit der schönen Monegassin herum, wobei überhaupt nichts Schönes zutage kam: Sie schrieben von freizügigen Techtelmechteln mit Formel-1-Rennfahrern und davon, dass sie mit einem Millionenbetrüger verbandelt gewesen sein sollte.

Im Zweifel kam sie eben als diejenige in Betracht, die schuld an allem war. Ein Sündenbock musste her. Eine Rolle, die ihr gar nicht behagte, die Beziehung war ohnehin schon kompliziert genug. Eine Chance besaß sie nur dann, wenn sie ihr Leben dem seinen unterordnete, für ihn da war, wenn er sie brauchte, ansonsten seine emotionalen Schwankungen ertrug, seine Verzweiflung nach Niederlagen, die sich mitunter in lautstarken Wutausbrüchen entlud. Zwei Jahre nahm sie das in Kauf und ließ es über sich ergehen. Anfang 1988 zog sie aus der gemeinsamen Wohnung in Monte Carlo aus. Was aus ihr geworden ist? Sie heiratete 1994 einen wohlhabenden Filmkaufmann, der dem Adelsgeschlecht der Familie von Thurn und Taxis angehört.

Der Tennisspieler war in eine Krise geraten. Natürlich spielte er immer noch ausreichend Geld ein, da lag das Problem nicht. Auch wenn die Summe der Preisgelder um fast eine Million Dollar unter der des Vorjahres lag, kam noch genügend in die Kasse, nicht zuletzt durch Werbung. Doch die menschliche Seite des Karrieretiefs wog ungleich schwerer. Die Trennung von Bosch zerrte an seinen Nerven, auch wenn es einige Zeit dauern sollte, bis er das zugab. Dann nämlich gestand er, dass ihm weniger der Trainer als der Mensch Bosch gefehlt habe – die Bezugsperson, die sich ihm opferte, vierundzwanzig Stunden für ihn ansprechbar war, die ihn während der gemeinsamen Jahre nie im Stich ließ. Selbst wenn er es immer weniger in Anspruch genommen hatte, verlieh ihm allein das Wissen darum ein beruhigendes Gefühl.

So höflich sprach er nicht mehr oft über seinen einstigen Coach. Musste der auch zur Gegenseite überlaufen, ausgerechnet zu den Medien? Bosch unterschrieb Verträge als Tenniskommentator fürs Fernsehen und für eine Kolumne, die er im Auftrag einer Sonntagszeitung verfasste. Becker nahm ihm übel, dass Bosch sich anmaßte, ihn noch immer beurteilen zu können. «Der bindet den Leuten einen Bären auf. Er war 85 und 86 mein Trainer, aber deswegen kennt er mich jetzt nicht mehr.» Was wisse der Mann schon von ihm, wird er ihn noch Jahre später kritisieren, die gemeinsamen Zeiten seien längst vorbei, er ein ganz anderer. «Er hat mir schon so viel Schlechtes eingebrockt, er hat alles versabbelt.» Als Becker nach seiner Profikarriere selbst ins Kommentatorenfach wechselte, sich unter anderem im Sommer 2002 für die BBC ans Mikrophon setzte, um von Wimbledon zu berichten, war das natürlich etwas ganz anderes. «Es hat mich immer rasend gemacht, von Kommentatoren mit dicken Bäuchen kritisiert zu werden, die noch nie gespielt hatten.» Als Fußballkommentator gab er schon vorher seinen Einstand, auch das war in Ordnung – für ihn.

Noch etwas wurmte Becker: Wie hatte sich Bosch das Recht herausnehmen können,von sich aus einen Schlusspunkt zu setzen? Wie konnte ein Untergebener ihm, dem Baron, wie er sich bald gern von seinen Vertrauten nennen ließ, seinen Dienst versagen! Eine Verhaltensweise, die er bis heute nicht duldet, egal, ob es sich um Trainer handelt, Bodyguards oder andere Angestellte. Man trennt sich nicht von einem Becker. Wer das wagt, fällt in Ungnade, bis zum Jüngsten Tag. Bosch bekam das zu spüren. Es gab Zeiten, da grüßte Becker ihn nicht einmal, wenn sie sich begegneten. Einigen von denen, die ihm im Traineramt folgten, erging es nicht anders – und nicht nur ihnen.

Die schwierigen Monate des Jahres 1987, das Becker später einmal als sein «schwarzes Jahr» bezeichnete, trieben ihn an den Rand der Verzweiflung. Er fühlte sich unglücklich, mehr noch, er verfiel in Depressionen. Wie sehr ihn dieser Zustand mitnahm, schilderte er in der Zeitschrift *Sports*, so dramatisch, als sei es um Leben oder Tod gegangen: «Einmal stand ich am Fenster, und wenn ich noch einen Schritt gemacht hätte, wäre ich runtergestürzt.» Er habe das Fenster aber zugemacht, alles hinter sich gelassen und neu angefangen. Er verließ seinen goldenen Käfig, fuhr nach Leimen und traf sich mit ehemaligen Mitschülern und Freunden, back to the roots. Er sprach wieder mit den normalen Leuten, wie er sie nannte. Anschließend stellte er fest, dass diese Phase des Nachdenkens eine Wandlung in seinem Leben einleitete: «Ich war zwar reich, ich hatte im Grunde alles, materiell gesehen, Geld, Reichtum, Autos, Frauen … Aber … ich war unglücklich. Ich hatte keinen richtigen Erfolg im Tennis mehr, alles war schlecht. Meine Werte waren falsch, mein Tennis war falsch, alles, alles war falsch – ich war in einer Sackgasse.» Und lange Zeit so ratlos wie rastlos.

Als er die schlimmsten Momente überwunden hatte, entschied er zwei Dinge. Er dürfe nicht zu viel Tennis machen, sagte er sich, «sonst werde ich verrückt und doof». Er wollte versuchen, neben dem Sport ein halbwegs normales Leben zu führen, sich mit Freunden zu treffen, auszugehen, zu lesen. Damit war es ihm sicher ernst; dass ihm die Umsetzung gelang, ist dennoch mehr als zweifelhaft. Wer drei Viertel des Jahres um die Welt reist, führt alles andere als ein normales Leben. Seinen zweiten Vorsatz indes setzte er zu hundert Prozent in die Tat um: «Ich habe beschlossen, nur noch das zu machen, was ICH für richtig halte und wovon ICH selber überzeugt bin!»

Manager Tiriac hatte seine liebe Not mit ihm: Diesen Werbevertrag wollte er nicht, und jenen lehnte er auch ab. Auf so manchen Schaukampf hatte er keine Lust, obwohl die immer gut bezahlt wurden. Beckers Eltern erging es kaum anders. Wenn sie etwas von ihm wollten oder ihm Ratschläge erteilten, lehnte er sie ab und nahm eine Gegenposition ein. Er wollte nicht nur sein Leben bestimmen, er suchte für sich auch das Gefühl, dass er es ist, der es bestimmt: Niemals mehr wolle er a puppet on a string sein, eine Marionette, wie er es in den ersten zwei, drei Jahren seiner Profikarriere gewesen sei.

Allerdings veränderten seine Schlussfolgerungen nicht das System, in dem er sich befand, nicht einmal seine Rolle darin, sondern im Grunde nur die eigene Sichtweise darauf. Er lehnte es ja nicht ab, ein Star zu sein. Nur definierte er jetzt, wie er als Star sein wollte. Er wollte es sein nach seiner Fasson – auf die Vorzüge nicht verzichten, den Unannehmlichkeiten, den Belagerungszuständen zugleich aber ausweichen. Er entzog sich auch nicht den millionenschweren Verlockungen der Werbeindustrie, nicht völlig. Obwohl er nicht einmal die Hälfte der Angebote annahm, die ihm offeriert wurden, war sein Konto zweifellos stets ausreichend gefüllt.

Neben den neuen Einsichten, die ihn als Person betrafen, seine menschliche Seite, begriff Boris Becker nach einigen Monaten auch, dass es ohne Coach wohl doch nicht funktionierte. Tiriac konnte die Lücke nicht ausfüllen, selbst wenn er eine Zeit lang das Training mit ihm durchführte. Im Herbst 1987 übernahm der Australier Bob Brett den vakanten Posten. Der einstige Schüler des legendären australischen Daviscup-Coachs Harry

Hopman war erste Wahl, ein Könner seines Fachs. Und neben seinem Job ein schweigsamer Mensch – keiner, der mit Journalisten koalierte, so recht nach Beckers Geschmack.

Er lenkte den Spieler zurück auf die richtige Bahn, die steil nach oben führte: 1988 gewann Becker sieben Turniere, darunter das Masters in New York gegen Ivan Lendl. Mit seinen Daviscup-Teamgefährten Eric Jelen, Patrick Kühnen und Carl-Uwe Steeb schlug er die Mannschaft Schwedens vier zu eins und holte damit zum ersten Mal «die hässlichste Salatschüssel der Welt» nach Deutschland. Im Jahr darauf spielte er weniger Turniere, aber die noch erfolgreicher. Endlich wieder ein Wimbledon-Sieg, der Finaltag ein Freudenfest für Deutschlands Tennisasse, denn auch Steffi Graf eroberte den Thron, auch sie zum wiederholten Mal.

Ohnehin glichen sich die Erfolgskurven der beiden Tennisprofis auf verblüffende Weise – und das eigentlich schon seit ihren Kindertagen. Wie Boris hatte auch Stefanie Maria Graf bereits im Alter von vier, fünf Jahren begonnen, mit einem Schläger Filzbälle übers Netz zu schlagen. Von Anfang an übernahm Vater Peter, von Beruf ursprünglich Versicherungskaufmann und Gebrauchtwagenhändler, das Training der ehrgeizigen Tochter, die bereits als Sechsjährige ein Turnier in München gewann. Sieben Jahre später, da war sie dreizehn, meldete sie der Vater als Tennisprofi an. Kurz darauf verließ sie die Realschule und erhielt Privatunterricht, wenn Zeit blieb. Fortan reisten Vater und Tochter zu Turnieren um die Welt, sie ordneten alles dem Sport unter. 1987, zwei Jahre nach Beckers erstem Wimbledon-Sieg, gewann Steffi Graf mit den French Open in Paris ihren ersten Grand-Slam-Titel. Nach einem neuerlichen Turniererfolg übernahm sie noch im August erstmals Platz eins der Weltrangliste, den sie bis 1991 ohne Unterbrechung verteidigte und am Ende ihrer Karriere insgesamt 377 Wochen lang innehatte. Als die erfolgreichste Tennisspielerin aller Zeiten im August 1999 vom

Profisport zurücktrat, konnte sie über hundert Turniersiege für sich verbuchen. Allein in Wimbledon war sie sieben Mal als Siegerin vom Platz gegangen.

Für das eine Mal teilten sich die beiden Deutschen nun den Ruhm von London. Nie zuvor hatte es das gegeben: Zwei Deutsche gewannen den Titel – und das auch noch am selben Tag. «Das deutsche Traumpaar», jubelte der *Stern* auf dem Cover vor schwarz-rot-goldenem Hintergrund. – «Deutschlands schönster Tag», übertrieb ein anderes Blatt. Nicht genug damit, hoben die Zeilenmacher sie auch noch in den Himmel: «Steffi & Boris – Das war Götter-Tennis». Ging das noch zu steigern?

Für Boris Becker schon. Am 27. Januar 1991 unter den Bäumen des Flinders Parks von Melbourne, um siebzehn Uhr elf Ortszeit. Nachdem er seinen zweiten Matchball zum entscheidenden Siegpunkt verwandelt hatte, riss er die Arme nach oben, sprang in die Luft und schleuderte seinen Schläger ins Publikum. Wieder einmal hatte er Ivan Lendl, Ivan, den Schrecklichen, das Fürchten gelehrt und zum ersten Mal die Meisterschaften von Australien gewonnen. Doch das allein hätte ihn nicht in den Rausch versetzt, den er gerade erlebte, in diesen Taumel der Glückseligkeit. Plötzlich erstarrte er für Sekunden in seinem Jubel, sank in sich, rannte zum Erstaunen der Zuschauer, die ihm stehend applaudierten, im Laufschritt vom Platz. «Ich wollte allein sein», erinnerte er sich später an diese Minuten der Kopflosigkeit, «sodass mich niemand sieht, mich niemand nach irgendetwas fragt …» Er lief geradewegs durch die Katakomben des Stadions, «… ich wollte diesen Moment für mich allein genießen». Er überquerte die Hauptstraße davor und verschwand in dem kleinen Park gegenüber. Immer wieder rief er: «Ich bin die Nummer eins! Ich bin die Nummer eins!» Er war am Ziel seiner Träume angelangt. «Boris I., König von Tennissanien», titelte eine Zeitung am Tag darauf, während die Kriegsberichte aus Bagdad in ihrer Größe schrumpften. 3935 Punkte registrierte der ATP-Computer nach diesem Match für Boris Becker. Mit seinem Sieg hatte er Stefan Edberg von der Spitze der Weltrangliste verdrängt. Endlich, endlich, endlich.

Als er wieder zu sich kam, später in der Pressekonferenz, sagte er: «Ich habe Angst, dass es nicht weitergeht.» Für ihn ging es weiter, für Bob Brett nicht – nicht in diesem Team, er stieg aus. Drei Wochen später gaben sie ihre Trennung bekannt. An jenem Tag in Australien sagte Becker aber auch: «Ich bin nicht der Typ, der fünf Jahre die Nummer eins bleiben will. Ich will noch ein Jahr spielen und dann aufhören. Wenn ich das nicht schaffe, bin ich als Persönlichkeit gescheitert, dann hat mich auch die Droge Tennis erwischt, so wie Connors, Borg und Lendl.» Tatsächlich hielt er seinen Spitzenplatz nicht einmal fünf Wochen, lediglich zwanzig Tage, und später noch einmal für neun Wochen. Er habe sein Potenzial verschenkt, bedauert Günther Bosch: «Er hätte fünf Jahre die Nummer eins sein müssen.» Ion Tiriac sah es genauso und den Grund gleich noch dazu: «Wenn er nur nicht so stur gewesen wäre. Aber was soll's? Irgendwann wollte er selbst denken. Er wollte Sex machen und dies und das. Das ist okay, aber dann hat er auch seine Idee von Arbeit geändert.«

Tatsächlich nahmen Frauen zunehmend mehr Platz in seinem Leben ein. Im Mai 1988 lernte er die vierundzwanzigjährige Hamburgerin Karen Schultz kennen. Auch sie eine Studentin, aber das war neben dem Alter die einzige Gemeinsamkeit, die sie mit ihrer Vorgängerin verband. Sie hatte die Fächer Romanistik und Germanistik für das Lehramt belegt und nahm die Ausbildung sehr ernst. Überhaupt war sie ein bodenständiger Charakter, der sich von der oberflächlichen Glamourwelt des Profitennis eher abgestoßen fühlte. Dabei wären sie sich ohne diese Welt vermutlich niemals begegnet, zu gegensätzlich waren ihre Leben bisher verlaufen. Ausgerechnet bei einem Tennisturnier, dem am Hamburger Rothenbaum, liefen sie sich über den Weg. Die

Studentin jobbte dort als Hostess und war für die Betreuung der Spieler zuständig. Trotzdem: «Sie findet das Ganze affig», erzählte Becker, nachdem sie sich näher kamen. «Das ganze Getue und das künstliche Leben sind überhaupt nicht ihr Fall.» Tatsächlich prallten in dieser neuen Liebe zwei Lebensformen aufeinander, die widersprüchlicher kaum sein konnten. Offenbar fand Becker gerade das reizvoll. Jedenfalls schilderte er es so, wenn man ihn fragte: Es sei wunderbar, dass sie nichts mit Sport am Hut und keine Ahnung von Tennis habe. Ihre Lebenseinstellung würde sich in so ziemlich allem von dem unterscheiden, was ihm die Menschen in seinem Umfeld bisher vorgemacht hätten. Sie sei ein Korrektiv zu der Welt, in der er sich sonst bewegte.

Das klang vielleicht am Anfang gut, aber schon der war nicht einfach. Er kannte den Rummel ja, der mit jeder neuen Frau losbrach, die an seiner Seite auftauchte; sie konnte ihn höchstens erahnen. Was auf sie zukam, lernte sie bald hassen, ihre Prinzipien waren andere. Sie hütete ihre Privatsphäre und erwartete, dass man sie in Ruhe ließ, wenn sie darauf bestand. Interviews lehnte sie ab, die Sache mit Boris hatte gefälligst ihre eigene Angelegenheit zu sein.

Zu alldem kam, dass einige aus ihrem Freundeskreis nicht gerade begeistert reagierten, als sie mit einem Sportler ankam. Und dann auch noch mit dem – warb der nicht für die Deutsche Bank, den Inbegriff für die Macht des Geldes? Sie und ihre Freunde dachten eher links oder grün oder beides. Was die Konservativen unter den Presseorganen bald bewog, sie mit dem Titel «rote Karen» zu bedenken, der nach deren Denkweise ein Schimpfwort darstellte. Und dann unterstellten sie ihr, mit ihrer Weltsicht auch seine Sicht auf die Welt zu verändern. Jetzt sympathisierte Boris Becker also mit den Grünen! Das brachte sogar Vater Karl-Heinz auf die Palme, der ihn gern als CDU-Wähler gesehen hätte.

Die Behauptung, dass sie sein Denken beeinflusste, war gewiss nicht falsch. Becker gab das in dieser Zeit selbst zu: Seine Karen und Manager Tiriac seien die beiden Menschen, die ihn am meisten beeindruckten. Ohnehin besaß er eine Gabe, die ihm nicht nur bei seinem Sport zum Vorteil gereichte. So wie er sich bei guten Spielern bestimmte Schläge abgucken und schnell erlernen konnte, fiel es ihm leicht, die Ansichten anderer zu übernehmen. Auf der Suche nach einer eigenen Identität bediente er sich anfangs bei Bosch, aber mehr noch bei Tiriac. Bewusst oder unbewusst, mitunter trieb er es so weit, dass es manchem Journalisten beim Interview vorkam, als würde nicht er, sondern sein Manager am Tisch sitzen.

Mit den Frauen verhielt sich das ähnlich, jedenfalls bei denen, die er liebte, also auch ernst nahm. Zumindest weitete Karen seinen Horizont und öffnete ihm die Augen für Dinge, von denen er vorher nichts wusste. Sie zeigte ihm die Hamburger Hafenstraße und interessierte ihn für Kunst und Literatur. Er solle kluge Bücher lesen, hatte ihm schon Tiriac geraten. Becker, der lieber fernsah oder Musik hörte, war dieser Aufforderung nur zögerlich gefolgt. Wenn überhaupt, dann las er Biographien, die am liebsten, ansonsten mal ein Sachbuch über Terrorismus, mal eines über den Vatikan. Mit Karen befand sich nun jemand an seiner Seite, für den die Beschäftigung mit Büchern, mit Literatur zum Lebensinhalt gehörte.

Der Hamburgerin hatte er es auch zu verdanken, dass er noch eine wirklich andere Welt kennen lernte, kurz bevor die zusammenbrach. Im September 1989 reiste sie mit ihm in die DDR, um ihre Großeltern mütterlicherseits und einige Onkel und Tanten zu besuchen. Es wurde ein Ausflug in die Vergangenheit. In dem winzigen Ort Liebsdorf, gut eineinhalb Autostunden südlich von Berlin, schien die Welt vor fünfzig Jahren stehen geblieben. Nicht mehr als fünfundvierzig Menschen leben in dem Gassendorf, das aus ein paar Häusern und Bauernhöfen besteht, die sich auf beiden Seiten einer unbefestigten Straße aneinander reihen. So etwas hatte der Tennisstar noch nie gesehen. Karens Großeltern lebten unter einfachsten Verhältnissen, die zu dieser Zeit nicht einmal mehr für die DDR typisch waren. Für gewöhnlich residierte Becker in den teuersten Luxushotels und genoss jeden nur erdenklichen Service, auf seinen Reisen bekam er die komfortabelsten Suiten. Hier existierte nicht einmal ein Telefonanschluss im Haus, ganz zu schweigen von einem Badezimmer mit wasserspülender Toilette. Für die Notdurft benutzten sie ein Plumpsklo hinterm Haus.

In der idyllischen Abgeschiedenheit der Mark Brandenburg, für die einst schon der Dichter Theodor Fontane schwärmte, wollten Karen Schultz und Boris Becker ein paar ruhige Tage verleben. Er hatte kurz zuvor die US Open gegen Ivan Lendl gewonnen, da kam die Zeit zum Ausspannen gerade recht. Nach der Anstrengung und dem Trubel in New York würde ihm die Ruhe gut bekommen. Außerdem hätten sie endlich wieder einmal Zeit füreinander, hier würde sie niemand stören. So hatten sie sich das vorgestellt – doch es kam anders.

Wenn im Arbeiter-und-Bauern-Staat auch nicht allzu viel funktionierte, der Buschfunk tat es. Der Weltstar aus dem Westen in Liebsdorf – diese Nachricht verbreitete sich innerhalb weniger Stunden, wie es schien, im gesamten Land. So kam es, dass der Ort das erste Verkehrschaos seiner 577-jährigen Geschichte erlebte. Praktisch über Nacht stauten sich Wartburgs und Trabants und Ladas auf der einzigen Zufahrtsstraße – alle wollten Becker sehen. Der Tennisspieler trug es mit Anstand und einem Lächeln im Gesicht. Viel wusste er nicht über dieses merkwürdige Land, dessen Herrscher es in den sechziger Jahren mit Stacheldrahtzäunen und Mauern umzingeln und seine Bürger von da an nur noch in Richtung Osten reisen ließen. Bekannt war ihm aber, dass ihn auch hier viele verehrten, dass seine treuesten Anhänger aus dem anderen deutschen Staat im April bis nach Prag gereist waren, um ihn einmal leibhaftig spielen zu sehen.

Es war nur allzu verständlich, dass sie ihn jetzt aus nächster Nähe betrachten und am liebsten anfassen wollten. Berührungsängste kannten sie nicht, auch wenn es sich streng genommen um einen Klassenfeind handelte. Vielleicht auch gerade deshalb nicht. Sogar der Bürgermeister kam mit einem Strauß Chrysanthemen vorbei und bat ihn um ein paar Zeilen für die Ortschronik. Warum nicht? «Es waren 5 sonnige Tage hier», schrieb er kurz vor seiner Abreise. «Viele herzliche Menschen kennengelernt. Das Erstemal für mich in der DDR. Es wird Zeit, dass ich ihnen meine Heimat zeige ...! Danke. Boris Becker.» Die Begegnung musste natürlich auch fotografisch festgehalten werden. Dafür holten sie Peter Zäpernick aus dem Nachbardorf – er war weit und breit der Einzige, der schon mit Farbfilmen fotografierte und sie auch selbst entwickelte.

Die Staatsoberen in Ost-Berlin wussten rechtzeitig über die Ankunft des ungewöhnlichen Gastes Bescheid. Privater Westbesuch musste sechs Wochen im Voraus bei der örtlichen Polizeidienststelle angemeldet werden. Noch hatte das Ministerium für Staatssicherheit einiges unter Kontrolle, wenn auch nicht mehr alles. Willkommen war er ihnen trotzdem nicht. Erst im Sommer hatten sie das Ersuchen seines Managers abgelehnt, bei nächster Gelegenheit einen Schaukampf in der DDR zu absolvieren. Dass Beckers Erscheinen nun einen solchen Auflauf verursachte, fanden sie unpassend. Wie konnten sozialistische Staatsbürger einem Profi aus dem Kapitalismus huldigen! Hatten die denn nichts von dem begriffen, was ihnen jahrzehntelang eingebläut worden war?

Im Sozialismus wurde das Profitum von Staats wegen verteufelt. Obwohl das die Sportbegeisterten ‹drüben› immer schon ein bisschen anders empfanden. Viele interessierten die Ergebnisse der Bundesliga weit mehr als die des ostdeutschen Pendants, der Oberliga. Was Tennis betraf, verhielt es sich nicht anders, wenngleich die Sportart in der DDR eher ein karges Randdasein fristete. Der Magdeburger Thomas Emmrich konnte achtundvierzig Mal die Meisterschaft gewinnen, sein Ruhm fiel dennoch bescheiden aus, gemessen an dem Boris Beckers allemal. Aber der war in der Wahrnehmung der Massen auch mehr als nur ein erstklassiger Tennisspieler, darin unterschieden sich die Sichtweisen in Ost und West wenig. Boris Becker verkörperte hier wie da den märchenhaften Aufstieg vom Provinzjungen zum Weltstar, zum Multimillionär. So viel Geld hätten auch die Menschen im Osten gern gehabt.

Kein Wunder, dass die DDR-Ideologen bereits zwei Jahre zuvor versucht hatten, diesem Denken ihre Sichtweise entgegenzusetzen. Wie wichtig ihnen dieses Anliegen war, verdeutlicht die Tatsache, dass 1987 zum ersten Mal ein Buch über einen bundesdeutschen Sportler erschien. Der Autor, Klaus Ullrich Huhn, Sportchef des SED-Zentralorgans *Neues Deutschland*, ging die Sache gründlich an und ganz im Sinne seiner Partei. Schon der Titel verriet die Marschrichtung: *Der weiße Dschungel – Tennis im Würgegriff der Agenturen*. Auf dem Umschlag waren neben gelben Filzbällen einige D-Mark- und Dollar-Scheine abgebildet, dazu eine symbolisierte Hand, die nach dem Geld griff. Ganz so platt wie die Aufmachung kam der Text nicht daher, an vielen Stellen las er sich wie ein geschickt ausgeklügeltes Staatsbürgerkundebuch. Sogar die Theorien von Karl Marx aus dem *Kapital* mussten herhalten, um dem Leser die verwerflichen Zusammenhänge von Ware und Produktionsmittel, von Profit und Ausbeutung und den Grundwiderspruch des Kapitalismus nahe zu bringen. Die Marx'sche Lehre traf eben auch auf die skrupellosen Geschäfte im Profitennis zu. Und Boris Becker musste herhalten als spektakulärer Paradehengst des Konservatismus.

Vermutlich hätten die sozialistischen Staats- und Ordnungshüter weniger zurückhaltend auf die offenen Sympathiebekundungen in Liebsdorf reagiert, wäre Becker dort ein Jahr zuvor aufgetaucht. Wer sich so ungeniert zu einem Staatsfeind bekannte, geriet früher schnell ins Visier der Staatssicherheit. Jetzt aber, in der unruhigen Vorwendezeit, war das Land aus der angestammten Ordnung geraten. Zehntausende ließen alles zurück und flüchteten über Ungarn oder die ČSSR in den Westen. Der Strom der Flüchtlinge riss nicht ab, niemand schien den Exodus aufhalten zu können. Und niemand wusste, wo diese Entwicklung noch hinführen, wann sie enden würde. Deshalb begnügten sich die Schnüffler der Mielke-Behörde damit, den Rummel um Becker lediglich zu beobachten. Bei der Gelegenheit observierten sie auch die Verwandten seiner Freundin, die sich allerdings zu helfen wussten – so etwas geschah ja nicht zum ersten Mal.

Über verschlüsselt formulierte Telegramme hatte Karen auch der Cousine in Schwarzheide ihren Besuch angekündigt. Als sie in Beckers schwarzem Ford-Cabrio vorfuhren, war für den geheimen Empfang alles vorbereitet. In Sekundenschnelle wurde das Fahrzeug auf dem Hof versteckt, sodass es niemand von der Straße aus sehen konnte. Zum Abendbrot bewirtete die Familie ihre Gäste im Garten hinterm Haus. Während sie am Grill saßen, gesellten sich ein paar Freunde aus der Nachbarschaft hinzu. «Wir führten interessante Gespräche», berichtet einer aus der Runde. Boris sei ihnen gar nicht wie ein Star vorgekommen, weder distanziert noch überheblich, fast schon wie einer von ihnen. Ihre Sorgen schien er allerdings nicht auf Anhieb zu verstehen. «Wo ist das Problem?», fragte er, als sie ihm erzählten, an wie vielen Dingen in ihrem Lande Mangel bestand. «Dann geht man eben in den Laden und kauft sich das.» Spätestens als er gegen ein Uhr nachts mit Karen zur Rückfahrt aufbrach, war ihm aufgegangen, dass es auch in Europa noch Länder gab, in denen man nicht alles mit Geld regeln konnte.

Eine gewisse Observation ließ die Stasi ihm dann doch noch zukommen. Bereits zwei Tage vor seiner Ankunft hatte einer der für Pressekontakte zuständigen Führungsoffiziere mit dem Tarnnamen Felix den Chefredakteur der *Jungen Welt* über den bevorstehenden Besuch informiert und den Namen und die Adresse der Familie in Liebsdorf durchgegeben. Kümmert euch mal drum! Die Zeitung der Jugendorganisation FDJ war damals das auflagenstärkste Blatt in der DDR. Am 21. September bestiegen die Redakteure Peter Bethge und Manfred Hönel, der später als Inoffizieller Mitarbeiter der Stasi enttarnt wurde, mit dem Fotografen Peter Kroh einen Dienst-Wartburg und fuhren in das Dorf, um als erste DDR-Journalisten ein Interview mit dem zweifachen Wimbledon-Sieger zu führen. Die Kontaktaufnahme verlief unkomplizierter, als sie zu hoffen gewagt hatten. Zuerst trafen sie Karen an, die sie freundlich ins Haus bat. Wenige Minuten später begrüßte sie der Star in Trainingshose und weißem T-Shirt, ohne Allüren, dafür mit einem festen Händedruck. Über das Aufnahmegerät, das sie auf den Tisch stellten, schmunzelte er nur. Es besaß die Größe eines besseren Transistorradios, aber das passte zu dem Bild, das er sich von diesem Land gemacht hatte. Hier sahen die meisten Dinge anders aus.

Aber nicht mehr lange – die Tage der Deutschen Demokratischen Republik waren gezählt. Beckers Stippvisite bot schon einmal eine gute Gelegenheit, sich mit den Gesetzen der Marktwirtschaft vertraut zu machen. Das muss sich auch ein Fotograf in der nahe gelegenen Stadt Luckau gedacht haben. Nachdem er den Tennisstar auf dem Marktplatz vor sein Teleobjektiv bekommen hatte, gab er den Film an jenen Kollegen weiter, der sich mit Farbentwicklung auskannte. Der sollte ihm über Nacht mindestens hundert Abzüge im Postkartenformat liefern, pro Foto zahlte er ihm eine Ostmark. Von der bescheidenen Investition versprach er sich einen üppigen Gewinn. Sein Plan sah vor, jede der Aufnahmen von Becker signieren zu lassen, um sie anschließend für siebzehn Mark oder mehr das Stück an dessen Fans weiterzuverkaufen. Als Zäpernick das spitzkriegte, fühlte er sich betrogen und berichtete Becker davon. Der zeigte Verständnis und vermasselte das geplante Geschäft, indem er seine Unterschrift verweigerte.

Wenn sich Karen und Boris in Hamburg trafen, wohnten sie in Karens Wohnung in der Lenhartzstraße im Stadtteil Eppendorf. Auf Dauer schien ihnen die allerdings zu klein. Anfang 1990 suchten sie sich eine geräumigere Bleibe, eine Penthousewohnung am Hofweg mit Blick auf die Alster, 165 Quadratmeter Fläche, mit einem Kamin im Wohnzimmer und eigener Sauna im Bad, dazu einer großen Dachterrasse. Sie planten für die Zukunft. Boris übernahm die Kosten, rund eine Million Mark, Karen die Verantwortung. Da er aus steuerlichen Gründen offiziell weiterhin in Monte Carlo gemeldet war und es aus diesem Grund nicht ratsam erschien, in Deutschland Grundbesitz zu erwerben, wurde der Name seiner Freundin in das Grundbuch eingetragen.

Sosehr das für gegenseitiges Vertrauen sprach, gestaltete sich die Beziehung doch zunehmend schwieriger. Die junge Frau dachte nicht daran, Boris Becker auf Dauer nur als hübsches Anhängsel zu begleiten. Er mochte es nun einmal, wenn sich die Frau, die er liebte, in seiner Nähe aufhielt. Wenn sie sich schon nicht die Spiele ansah, sollte sie auf der Anlage oder im Hotelzimmer auf ihn warten. Er konnte aus der Haut fahren, wenn er zurückkam und sie nicht da war. Die Freundin dagegen sah ihre Rolle anders. Sie wollte das Studium beenden, einen Beruf ausüben und ihr eigenes Geld verdienen.

Dass nicht nur deshalb die Diskrepanzen zwischen ihnen zunahmen, merkte man Becker auch auf dem Tennisplatz an. Es gelang ihm nur noch selten, privaten Ärger vor einem Match abzuschütteln. «Meine Gedanken waren nicht auf dem Platz. Ich dachte an private Sachen», räumte er zum Beispiel im März 1990 ein, als er beim Turnier in Key Biscayne in der dritten Runde gegen einen unbekannten Franzosen sang- und klanglos unterging. Karen war mitgereist, aber nicht auf der Zuschauertribüne erschienen. Als sie sich anschließend vor der Umkleidekabine trafen, maulte er ihr entgegen: «Was sollte denn das wieder? Hast du es endlich geschafft!»

Es war genau das eingetreten, was Tiriac verhindern wollte, aber nicht mehr konnte: dass Frauen Beckers Wohlbefinden negativ beeinflussten, sodass er nicht mehr zu Höchstleistungen fähig war. Da half dann selbst ein guter Trainer nicht mehr. Nach Bretts Weggang sprang erst einmal Niki Pilic ein, der Daviscup-Kapitän und -Teamchef. Ein Freundschaftsdienst, wie er sagte. Er bot Becker sein Haus in München als Quartier an. Wenn Boris im Lande war, wohnten sie dort manchmal zusammen. Doch diese Hilfsbereitschaft konnte die Diskrepanzen nicht überdecken, die bald aufkamen. Becker zeigte sich nicht dankbar, gab sich stattdessen störrisch. «Einen Becker kann man zu nichts zwingen», stellte der Trainer fest. Becker gewann kein Turnier mehr, auch das frustrierte ihn. Im Gegenzug warf er dem Coach nicht nur einmal vor, zu viel für Michael Stich zu tun – zu dem herrsche eine Nähe, die gänzlich unangebracht sei. Ausgerechnet zu seinem Erzrivalen im eigenen Land, dem Peiniger, der ihm 1991 in Wimbledon die größte Schmach seiner Karriere zufügte, als er ihn im Finale ziemlich klar in drei Sätzen bezwang.

Dieses Zusammentreffen hatte den Auftakt für eine Reihe von Streitigkeiten zwischen den beiden Spielern gebildet. Becker konnte es schwer verkraften, dass er plötzlich im Land Konkurrenz bekam und seinen Platz mit jemandem teilen sollte. Dabei lagen die Sympathien des Publikums zumeist auf Beckers Seite, selbst wenn er gegen Stich verlor. Der Elmshorner wirkte zu spröde, auch ein bisschen zu intellektuell, ihm fehlte Charisma. Da half es auch nichts, dass er das elegantere Tennis spielte. Eine Freundschaft konnte aus dieser Konstellation kaum erwachsen.

Nur ein einziges Mal überwanden sie ihre Animositäten und rauften sich zusammen wie Profis, denen der Erfolg wichtiger ist als persönliche Befindlichkeiten. Nachdem beide bei den Olympischen Spielen 1992 in Barcelona frühzeitig in der Einzelkonkurrenz ausgeschieden waren, traten sie gemeinsam im Doppel an. So besaßen sie die größte Chance auf eine Medaille, das leuchtete ihnen ein, auch wenn das einiger Überredungskünste bedurfte. Obwohl es am Ende die goldene war und sie sich nach dem Match lachend umarmten – das war nur Show –, legten sie die Antipathie nicht ab, die auf Gegenseitigkeit beruhte. Während der ganzen Zeit in Spanien wechselten sie kein privates Wort, verbrachten keine Minute ihrer Freizeit zusammen.

Das war nicht weiter verwunderlich, verbarg sich hinter dem kurzfristigen Schulterschluss letztendlich doch nur geschäftliches Kalkül: Becker war scharf auf den Olympiasieg, der fehlte ihm in seiner Triumph-Sammlung nach Wimbledon- und Daviscup-Erfolgen noch. Stich lag auch da im Rückstand, ihm fehlte ein Daviscup-Sieg. Gleichzeitig wusste er, dass dieser ersehnte Pokal nur mit Becker zu holen war. Also versicherten sie sich in Barcelona gegenseitig ihre Hilfe, hier Olympia, dort Daviscup, gemeinsam sind wir stark. Als es dann so weit war, brach Becker jedoch die Abmachung: «Übrigens, den Daviscup spiele ich nicht mit.» Wieder einmal stand Stich als der Schwächere da. Immer sei er Boris gegenüber fair gewesen, aber jetzt sei Schluss. Auseinandersetzungen von diesem Format, die nicht selten gekränkten Eitelkeiten entsprangen, setzten sich in der Zukunft fort.

Noch vor diesen denkwürdigen Ereignissen, genau nach 82 Tagen, trat Pilic den Rückzug an: Er beendete seine Tätigkeit als Trainer Boris Beckers. Man trenne sich in beiderseitigem Einvernehmen, hieß es offiziell, er könne keine halben Sachen machen, mit dem Daviscup sei er ausgelastet. Becker sollte das nicht vergessen und es ihm vergelten, Jahre danach – Ende der Neunziger, als er selbst auf Pilics Posten scharf war und die Funktionäre beim Deutschen Tennis Bund ihm willig die Steigbügel hielten.

Michael Stich hegte ebenfalls Ambitionen, Pilics Aufgabe zu übernehmen, doch die Verantwortlichen beim Verband entschieden sich für Becker. Den Wechsel hätten sie despektierlicher nicht vollziehen können. Der Tennisstar rief, die Herren verneigten sich und kuschten. Seinem Vorschlag gehorchend, beorderten Präsident Claus Stauder und Adlatus Günter Sanders, seines Zeichens Generalsekretär, Niki Pilic am 3. Oktober 1997 in Beckers Villa im Münchner Nobelviertel Bogenhausen. Der einst stolze Teamchef, der nur ein paar Straßen weiter wohnte, trat gedemütigt den Gang nach Canossa an. Im fremden Wohnzimmer des Nachfolgers setzten sie ihn von der Entscheidung in Kenntnis: Es ist vorbei. Sie können Ihre Sachen packen, noch vor dem regulären Ende des Vertrages. Der Hausherr ersparte sich den unangenehmen Teil, er stieß erst eine Stunde später zu der Runde. Und befahl seinem Hauskoch, die Gäste zu bewirten, schließlich gebe es etwas zu feiern.

Anschließend sickerte durch, warum sich die Herren vom Tennisbund vermutlich so unterwürfig verhielten. Natürlich war ihnen daran gelegen, Becker für den Posten zu engagieren, einen Prominenteren gab es nun einmal nicht. Es spielte auch keine Rolle, dass Becker seinen Freund Carl-Uwe Steeb als Kapitän einsetzte und mit der eigentlichen Arbeit betraute, sich selbst mehr aufs Repräsentieren verlegte. Nicht unerheblich bei der Entscheidung war aber die Tatsache, dass Becker sich den Posten angeblich auch einiges kosten ließ. Da Pilics Vertrag noch lief, stand ihm eine Entschädigung zu. Als Becker seine Bereitschaft signalisierte, fünfzig Prozent der Summe zu übernehmen, bereiteten die Verantwortlichen des Tennisbundes ihm das Feld, so, wie es seinen Wünschen entsprach. Dass Becker es mit der Funktion so ernst nicht meinte, merkten sie erst später. Ziemlich schnell verlor er die Lust an seiner Aufgabe. Im Nachhinein scheint es fast so, als sei er gar nicht auf die Tätigkeit scharf gewesen, sondern darauf, den Mitbewerber Michael Stich eins auszuwischen, um ihm und allen anderen seine Macht zu demonstrieren.

Jedenfalls musste ihn die Summe, die er bei diesem Spiel

24 Endlich am Ziel: Nummer 1 der Tennis-Weltrangliste.
Melbourne, 27. Januar 1991

25 Höhepunkte einer Sportlerkarriere: … der zweite Wimbledon-Sieg 1986, gegen den Erzrivalen Ivan Lendl

26 … mit dem deutschen Daviscup-Team gegen die USA in Hartford, 1987.
Boris Becker spielte hier gegen John McEnroe eines der dramatischsten Matches der Tennisgeschichte – und trug mit seinem Triumph maßgeblich zum Sieg der deutschen Mannschaft bei.

27 … Wimbledon-Sieg 1989, zusammen mit Steffi Graf, die den Damentitel gewann – zwei Deutsche auf dem Tennisthron

28 … Olympiasieger im Doppel zusammen mit Michael Stich, Barcelona 1992

OPEN

29 Boris in Perfektion: Mit seiner spektakulären Spielweise führte er die Vokabel «Becker-Hecht» in die Tenniswelt ein.

30 Ein wirkliches Privatleben gibt es für Boris Becker nach seinem Wimbledon-Triumph 1985 nicht mehr. Seit Ende 1984 wohnte er in Monte Carlo.

31 Mit seiner damaligen Freundin Benedicte Courtain bei Papst Johannes Paul II., Dezember 1986

32 Besuch in einer untergehenden Welt: Mit Karen Schultz bei deren Verwandten in Liebsdorf, DDR, im September 1989 – wenige Wochen vor dem Fall der Mauer

33 Boris mit ostdeutschen Fans

34 Sein Eintrag in das Gästebuch des Ortes

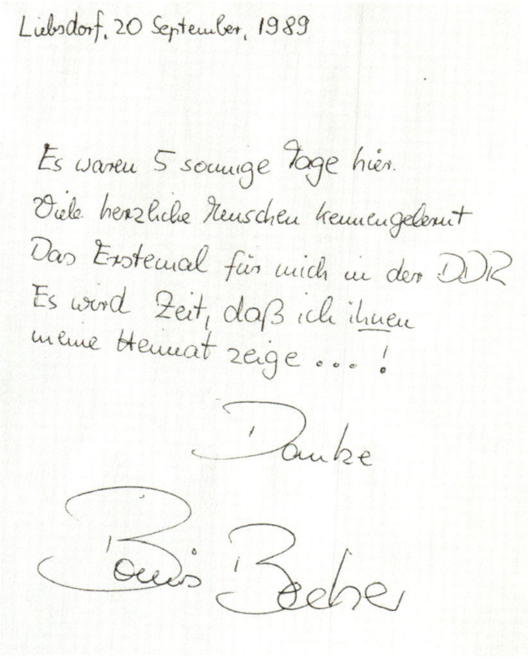

Liebsdorf, 20 September, 1989

Es waren 5 sonnige Tage hier.
Viele herzliche Menschen kennengelernt
Das Erstemal für mich in der DDR
Es wird Zeit, daß ich ihnen
meine Heimat zeige ...!

Danke

Boris Becker

35 Barbara Feltus als Sängerin auf der Bühne.
Ein Foto aus der Zeit vor Boris

36 Das Traumpaar

37 Nach der Trennung: Babs mit den Kindern Noah Gabriel und Elias Balthasar

38 Angela Ermakowa mit ihrer und Boris Beckers Tochter Anna

39 Anzeigenkampagne der Bundesregierung, 1999

40 Besuch in Südafrika 1999, mit Staatspräsident Nelson Mandela
und dessen Lebensgefährtin Graça Machel

41 Arbeit für eine Werbekampagne von Mercedes,
mit Formel-1-Weltmeister Mika Häkkinen

42 Quo vadis, Boris Becker?

außerhalb des Tennisplatzes einsetzte, nicht weiter schmerzen. Denn es handelte sich lediglich um einen minimalen Bruchteil dessen, was ihm der Tennisbund zuvor in den Rachen geworfen hatte. Anders kann man es kaum ausdrücken, wenn man sich den Vertrag ansieht, der am 28. Februar 1995 «zwischen der Deutschen Tennis Bund Holding GmbH, Hallerstraße 89, 20149 Hamburg und Boris Becker, Lamontstraße 26, 81679 München» geschlossen wurde. Die Vereinbarung garantierte dem Tennisspieler für die kommenden drei Jahre eine jährliche Vergütung von 1,6 Millionen Mark. Unter Paragraph sechs vereinbarten beide Seiten Vertraulichkeit, der Kontrakt unterlag strengster Geheimhaltung. Das wird niemanden verwundern, wenn er sich die Details ansieht. Die dokumentieren nämlich vor allem eine hanebüchene Unterwürfigkeit dem Star gegenüber.

Angesichts der damals eher desolaten Finanzlage beim Tennisbund war es schon erstaunlich, wie bescheiden Beckers Gegenleistungen für das fürstliche Honorar aussehen sollten. Es galt, den Vertragspartner darüber zu beraten, wie Jugendliche für Tennis interessiert werden können, wie sie zu trainieren und an die Weltspitze heranzuführen sind. Wie das in der konkreten Umsetzung auszusehen hatte, wurde so wenig festgeschrieben wie der zeitliche Aufwand, der notwendig gewesen wäre. Punkt zwei sah vor, dass Becker pro Jahr einen Lehrgang für den Nachwuchskader leitete, nicht mehr als vier bis sechs Stunden, selbst zu spielen brauchte er nicht. Zudem wurden Werbekampagnen in Zeitungen und im Fernsehen in Betracht gezogen, die der Akquisition von neuen Tennisbund-Mitgliedern dienen sollten. Allerdings mussten jede einzelne Maßnahme und die Verwendung seines Bildes oder Namens von ihm schriftlich genehmigt werden. Für diesbezügliche Fototermine wurde pro Vertragsjahr «maximal ein Tag mit bis zu vier Stunden» eingeplant.

Selbstverständlich wurden darüber hinaus sämtliche Reise- und Übernachtungskosten für ihn übernommen – erster Klasse, versteht sich. Vor allem diesen Passus sollten die Funktionäre noch bereuen. Einmal soll Becker innerhalb Deutschlands mit einem Learjet gereist sein, so, wie er es gewohnt war. Da er mit dem gleichen Flugzeug zurückfliegen wollte, ließ er Maschine und Besatzung zwei oder drei Tage warten, sodass sich die Kosten am Ende angeblich auf rund 400000 Mark beliefen. Als diese Geschichte an die Öffentlichkeit gelangte, bestritt Becker ihren Wahrheitsgehalt. Sie sei von einigen Leuten beim Tennisbund gezielt in die Welt gesetzt worden, um seinem guten Ruf zu schaden.

Das Trainerkarussell im Unternehmen Becker/Tiriac drehte sich weiter: Pilic folgten andere, aber niemand für lange. Erst der Tschechoslowake Tomas Smid, der selbst nebenbei noch Doppel spielte, Training benötigte und auch sonst kein besonderes Ansehen als Coach genoss. Nach dreizehn Monaten sah das Becker wohl auch so und feuerte ihn. Der Österreicher Günter Bresnik durfte acht Monate sein Glück versuchen – und scheiterte kläglich. «Ich muss das falsche Training jetzt ausbaden», maulte Becker. – «Er duldet keine Autoritätsperson neben sich», erkannte der Geschasste. Das bekam auch Eric Jelen zu spüren, einst Gefährte im Daviscup-Team, der sich für einen Freund von Becker hielt. Großspurig engagierte der Superstar ihn im Sommer 1993 als «Trainer mit Langzeitperspektive», um ihn nach fünfzehn Wochen in Unehren zu entlassen. Jelens Resümee fiel ähnlich aus wie das seines Vorgängers: «Der will sich von niemandem mehr etwas sagen lassen, der will bloß sein eigener Herr sein.»

Das stimmte nur zum Teil. Ratschläge duldete er schon, selbst wenn diese unsinnig waren – es zählte einzig und allein, dass sie von den richtigen Personen kamen, von Menschen, die er für kompetent hielt und denen er Vertrauen entgegenbrachte. Von Ion Tiriac zum Beispiel nähme er schon Ratschläge an, sagte er, um im nächsten Atemzug einzuschränken: «Aber nicht jede Woche.» Mit der Zeit hatte sich seine Hörigkeit dem Manager gegenüber aufgebraucht, zusehends gingen ihre Auffassungen auseinander. Tiriac denke, er würde sich nicht mehr genug auf Tennis konzentrieren, sagte Becker, und Niederlagen zu leicht nehmen. Aber so sei er eben. Denn er habe inzwischen begriffen, dass er im privaten Bereich eine gewisse Balance brauche, um auf dem Spielfeld gegen die Topstars bestehen zu können.

Der Manager sah es rigider und dachte vor allem an die Pflichten, die selbst ein Boris Becker trotz all seiner Erfolge habe. Er könne jetzt nicht nur das Angenehme im Leben genießen, sondern müsse als Tennisspieler weiter sein Bestes geben, das sei er auch den Fans schuldig. Tiriac wollte auf Trainingsfleiß und Disziplin beharren, wusste zugleich aber, dass Becker inzwischen selbst entschied, was gut für ihn war. Er hatte sich von seinem Ziehvater abgenabelt wie von seinem leiblichen. Nur noch eine Erinnerung war die Zeit, als Tiriac ihm beibrachte, wie man eine Krawatte bindet und sich für einen festlichen Empfang kleidet, wie man einen Staatsmann bei einem Festbankett begrüßt und welche Gabel man bei einem Fünf-Gänge-Menü für welche Speise benutzt. Sein Manager sei immer für ihn da gewesen, sagte Becker selbst einmal. Er konnte von irgendwo auf der Welt anrufen – wenn er ihn brauchte, kam er mit dem nächsten Flugzeug zu ihm. Doch jetzt verlangte er nicht mehr nach ihm.

Becker war inzwischen mindestens so dickschädelig wie Tiriac, allerdings in seinem Charakter leicht zu durchschauen. Ein Grundzug bestand darin, dass er das Gefühl haben wollte, sein Schicksal selbst in den Händen zu halten und es entsprechend steuern zu können. Das äußerte sich zum Beispiel darin, dass er prinzipiell erst einmal das Gegenteil von dem behauptete, was sein Manager sagte. Besonders wenn sie über neue Werbeverträge verhandelten, bekam der Ältere das zu spüren. In diesem Zusammenhang kokettierte der Tennisspieler gern mit der Feststellung, dass Tiriac der beste Manager mit dem schlechtesten Klienten sei. «Ion hat eine undankbare Aufgabe. Er wird dafür bezahlt, dass er Angebote ranholt. Aber er darf nicht jedes akzeptieren.» Tiriac dagegen bezeichnete ihn als den exklusivsten Tennisspieler der Welt: Er habe im Vergleich zu den anderen Stars die wenigsten Werbeverträge, verdiene jedoch das meiste.

So hatten sich die Rollen im Laufe der Jahre verschoben. War es einst Tiriac, der Becker unter seine Fittiche nahm und ihn mit Günther Boschs Hilfe im Profitennis etablierte, avancierte der Spieler nun immer mehr zum Boss des Unternehmens. Zumindest sah er das so und gebärdete sich entsprechend, obwohl er die wirtschaftliche Dimension des Ganzen nicht annähernd überblickte. Er duldete weder Belehrungen noch Kritik, im sportlichen Bereich nicht und schon gar nicht im privaten. Dafür zog er schon mal öffentlich über seinen Manager her und über das, was der tat. So schimpfte er über das Drumherum bei Daviscup-Heimspielen, die Tiriac im Auftrag des Deutschen Tennis Bundes organisierte. Das seien ordinäre «Hummer-und-Kaviar-Feten», auf denen sich ein paar Neureiche die Bäuche voll schlügen, um den Sport gehe es denen doch gar nicht. Manchmal verteidigte sich der Gescholtene, Boris rede heute so und morgen schon wieder anders, das kenne man ja, darauf gebe er nichts. Ansonsten schien er gut beraten, bei der Planung seiner Zukunft nicht allein auf das Zugpferd Becker zu bauen.

Die Lebensphilosophie eines anderen Mannes kam dem Tennisprofi inzwischen wesentlich mehr entgegen. «Ich will nicht nur aus Büchern wissen, wie es ist, mal einen im Kahn zu haben», verkündete er Anfang der neunziger Jahre etwas spätpubertär. «Ich will selbst mal nach Hause wanken und am nächsten Morgen selber einen in der Birne haben.» Die meisten Leute würden denken, er kurve in der Welt herum und verbringe beneidenswert tolle Tage. Leider sei es nur nicht an dem. Die große weite Welt sei für ihn oft deprimierend klein, weil er in seinem abgeschotteten Käfig sitze und ihm die einfachsten Erfahrungen verborgen blieben, die jeder normale Mensch machen könne. Er sei süchtig nach dem Leben und wolle so vieles ausprobieren.

Derjenige, der vorlebte, was ihm vorschwebte, hieß Carlo Thränhardt – der Hochspringer, der ihm zehn Jahre Lebenserfahrung voraus hatte. Bei oberflächlicher Betrachtung ähnelten sich die Erfolgskurven der beiden Sportler sogar, wenn der Leichtathlet auch eher ein Spätzünder war. Thränhardt, im Juli 1957 im ostdeutschen Bad Lauchstädt geboren, war mit seinen Eltern noch vor dem Mauerbau in die Bundesrepublik gezogen. Mit achtzehn Jahren absolvierte der schlanke 1,98-Meter-Hüne in Aachen seinen ersten Hochsprung-Wettkampf und übersprang auf Anhieb die Kreisrekordmarke. Wie Becker schloss er danach innerhalb kürzester Zeit zur Weltelite auf, 1983 sprang er zum ersten Mal Weltrekord. Sosehr er Spitzenleistungen anstrebte, so wenig wollte er auf den Spaß verzichten. Dazu gehörten nicht nur Zigaretten, täglich eine Schachtel, er zog nachts gern durch Kölns Kneipen, und auch Frauen gegenüber zeigte er sich nicht abgeneigt.

Becker und Thränhardt begegneten sich am Rande der Daviscup-Spiele in Karlsruhe im Februar 1989 zum ersten Mal. Auf der anschließenden Players Party machte sie Markus Günthardt, der Bruder von Steffi Grafs damaligem Trainer Heinz Günthardt, miteinander bekannt. Sie saßen mit Eric Jelen und Charly Steeb an einem Tisch, kamen ins Gespräch und entdeckten Sympathie füreinander. «Danach blieben wir in Kontakt, telefonierten und trafen uns öfters», erzählt der ehemalige Hochspringer, der später wie Becker nach München zog und noch immer dort lebt. «Es machte einfach Spaß, mit ihm zusammen zu sein.» Zwischen beiden entwickelte sich eine Freundschaft, die von Außenstehenden allerdings kritisch beäugt wurde. Der Lebemann Carlo, meinten einige, würde Boris von seinem Weg abbringen. Erst einmal schlugen sie gemeinsam Wege ein, die manchmal, aber nicht immer auf den Sportplatz führten. Nachdem Becker mit Karen sein Herz für Hamburg entdeckt hatte, gefiel es ihm plötzlich auch in Köln. Hier gehörte Thränhardt zur lokalen Prominenz, verkehrte als Stammgast in den angesagten Lokalen und erhielt sogar freien Eintritt zu den besten Discotheken.

Mit dem blonden Carlo, den er auch Carlito nannte, trat zum ersten Mal, seit er als Profi spielte, eine männliche Bezugsperson in sein Leben, die nicht unmittelbar mit dem Tennis zu tun hatte. Mit Bosch und Tiriac war er eine Geschäftsverbindung eingegangen. Hatten die beiden zeitweise die Rolle väterlicher Freunde übernommen und standen sie ihm mitunter näher als die eigenen Eltern, existierte zwischen ihnen doch nur ein Pakt, der einzig darauf ausgerichtet war, gemeinsam Erfolge zu erzielen, nicht als Selbstzweck, sondern um Geld zu verdienen. Wenn Bosch ihm aus seinem Leben erzählte und die Welt erklärte, aus seiner Sicht, dann tat er das nicht, weil sie es so vereinbart hatten und es zu seinen Pflichten gehörte, sondern reinweg aus Zuneigung und Verantwortungsgefühl. Und wenn Tiriac sich manche Nacht Zeit nahm, um mit ihm über Autos, Frauen, Träume und all das zu diskutieren, was ihn interessierte, stellte auch das eine Art freiwillige Zugabe dar. Dies täuschte mitunter über die eigentliche Basis ihrer Beziehung hinweg – bei allem Persönlichen bildeten sie doch vor allem eine Zweck- und irgendwie auch eine Zwangsgemeinschaft. Mit Thränhardt verhielt es sich anders. Er war auf Boris zugegangen, und Becker hatte ihn als Freund angenommen – aus freien Stücken, ohne Abhängigkeiten und Hintergedanken. Es war seine Wahl und seine freie Entscheidung, ein Stück Selbständigkeit, auf die er so viel Wert legte.

Abgesehen davon kam ihm ein lebenshungriger Typ wie Thränhardt gerade recht. Das wird Beckers Entschluss, ihn zum Freund zu nehmen, zumindest unterschwellig beeinflusst haben. Carlitos Erscheinen passte vortrefflich in die Entwicklungsphase, die er gerade durchmachte und die er einmal mit der Sucht nach Leben beschrieb – womit er den Teil des Lebens meinte, der sich außerhalb jener Rollenklischees abspielte, in die ihn Medien und Werbung seit dem ersten Wimbledon-Sieg gedrängt hatten. «Natürlich», räumte Becker in diesem Zusammenhang einmal ein, «ich verdanke meiner Lebensweise, meinen Disconächten und meiner Freundschaft mit Carlo Thränhardt tatsächlich die eine oder andere Niederlage.» Aber das sei ihm die Sache absolut wert gewesen, schließlich habe er von dessen sportlichen und psychologischen Ratschlägen auch profitiert. Nur folgerichtig, dass er Thränhardt in seine Entourage aufnahm und ihm eine Doppelfunktion zuwies. Er fungierte als eine Art Lebensberater, gleichzeitig trainierte er Kondition mit ihm. Während die Trainingsstunden zeitlich limitiert waren, übte er die Beraterfunktion sozusagen in jeder Lebenslage aus.

Nutzen aus dieser Beziehung zog auch Thränhardt, der sich nach Beendigung seiner Sportlerlaufbahn als Journalist versuchte. Seinen größten Coup, rein finanziell betrachtet, landete er 1991 mit einem einundachtzigminütigen Porträtfilm über Becker, den er mehreren Fernsehsendern anbot. Für den Streifen *Advantage Emotion* hatten er und sein Bruder Bernd den Tennisstar fünfzig Tage auf Reisen begleitet und gefilmt. Obwohl Kameraführung und Tonqualität eher dem Niveau der Beiträge im Offenen Kanal entsprachen und der Protagonist im Grunde nichts sagte, was er in anderen Interviews nicht auch schon von sich gegeben hatte, gelang es ihnen, mit dem Pay-TV-Kanal Premiere und dem Westdeutschen Rundfunk zwei zahlungswillige Sender zu finden, die angeblich insgesamt eine halbe Million Mark für die Ausstrahlungsrechte überwiesen.

Vor der Erstausstrahlung fielen dann überraschend noch Rechtsanwaltskosten an. Karen Schultz, von der sich Becker im Frühjahr getrennt hatte, kam den Filmemachern mit einer einstweiligen Verfügung. Unterstützt vom im Medienrecht erfahrenen Rechtsanwalt Matthias Prinz, verlangte sie, dass die drei kurzen Szenen, in denen sie zu sehen ist, herausgeschnitten würden. Die beanstandeten Stellen zeigten sie keineswegs in einem schlechten Licht, sie waren völlig harmlos – ihr ging es ums Prinzip, schließlich hatte sie mit Becker nichts mehr zu tun. Nachdem der Film im verschlüsselten Programm trotzdem ungekürzt gezeigt worden war, trafen sich die streitenden Parteien vor Gericht. Das entschied zugunsten der jungen Hamburgerin. Was sie nicht weiß: Wer sich den Film in der ursprünglichen Fassung ansehen möchte, braucht ihn nur als Videokassette beim Fernsehsender bestellen; allerdings kostet der Kundenservice rund fünfzig Euro, inklusive Versand.

Eine Zeit lang waren Becker und Thränhardt Brüder im Geiste und hielten zusammen wie Pech und Schwefel, selbst in brenzligen Situationen wie im November 1990, als sie in Köln in einen Unfall verwickelt wurden. Becker stand seinem Freund bei, der den Wagen steuerte und anfangs als Unfallverursacher beschuldigt wurde. Die siebenundvierzigjährige Radfahrerin, die sie an einer Kreuzung anfuhren, wunderte sich allerdings über Beckers Tatenlosigkeit: Während Thränhardt aus dem Wagen stieg und der Verletzten einen Pullover unter den blutenden Kopf legte, blieb Becker im Auto sitzen. Auch als er Wochen darauf als Zeuge geladen wurde, hielt er sich zurück. Stattdessen teilten sein Vater und ein Rechtsanwalt der Polizei abwechselnd mit, dass er aus Termingründen nicht erscheinen könne. Dabei wäre seine Aussage nicht unwichtig gewesen, da beide Unfallbeteiligte angaben, die Ampel hätte ihnen jeweils Grün angezeigt. So wurde die Schuldfrage nie richtig geklärt. Thränhardts Versicherung zahlte den Schaden.

Zwei Jahre später tat Becker seinem Freund noch einmal einen Gefallen. Diesmal plauderte er aus dem Nähkästchen. Für ein Buch über deutsche Olympiasieger deklamierte er die einzelnen Etappen seiner Karriere, sprach über den Mut, sich die Haare kurz zu schneiden, über einen Sonnenstich, den er sich an seinem siebzehnten Geburtstag bei einem Spiel in Südafrika zuzog, und über seine Lieblingssünde, was das Essen angeht: Cheeseburger mit Pommes frites und Ketchup. Er verriet seine heimliche Leidenschaft, das Nasebohren, und auch eine seiner Schwächen, die cholerischen Anfälle, die ihn hin und wieder heimsuchen und verleiten, Worte zu gebrauchen, die er besser nicht sagen sollte. Besonders amüsant liest sich, wie er einem Blinden sein Äußeres beschreiben würde: «Stell dir einen großen bayrischen Wandschrank vor. Oder einen Grizzlybären, der auf den ersten Blick ziemlich tapsig wirkt. Oder einen Eisbären. Es gibt aber auch Tage, da wirke ich ganz anders, oder besser noch, da wirke ich überhaupt nicht ... An anderen Tagen wieder setze ich meine psychologische Maske auf und bin, ohne auch nur ein Wort zu sagen, die Erscheinung im Raum. ‹Boh, was für 'n Kerl!› Bei anderen Gelegenheiten merkt wiederum kein Mensch, dass ich überhaupt reinkomme. Am wohlsten fühle ich mich tatsächlich, wenn ich nicht so sehr im Mittelpunkt stehe ...» Das zu glauben blieb jedem selbst überlassen.

Inzwischen zählt der einstige Freund zu den Gestalten aus Beckers Vergangenheit. Thränhardt weiß gar nicht so richtig, woran das innige Verhältnis auf einmal krankte, den großen Krach gab es angeblich nicht. «Irgendwann rief er einfach nicht mehr an.» Da spielte es dann auch keine Rolle mehr, dass Becker ihn einst als Trauzeugen bestellte. Vergessen auch Thränhardts Becker-Hymnen, in denen er ihn als einen wirklichen Freund pries, auf den man sich in jeder Beziehung und immer verlassen könne. Der die Probleme anderer genau spüre und immer bereit sei zu helfen. Das hatte er schön formuliert und auch in seinem Buch niedergeschrieben, genützt hat es ihm am Ende nicht viel. Denn da gab es noch die andere Seite des Exfreundes: Wenn Becker nämlich beschloss, dass eine Phase seines Lebens zu Ende war, entledigte er sich schon einmal des einen oder anderen seiner Begleiter. So etwas nannte er dann Häutung. Nicht nur er veränderte sich dann, den Schnitt vollzog er auch mit seinem Umfeld. Nur wenige durften bleiben, während andere auf der Strecke blieben. Das sollte sich auch in Zukunft nicht ändern.

SIEBTES KAPITEL

Glücksmomente

Der Königingarten war damals einer der verrücktesten Läden, in die man in München gehen konnte. Besitzer Michel Blanchard, ein Franzose, verstand es, die schönsten Mädchen der Stadt in sein Lokal zu bekommen. Ein paar Freunde von ihm betätigten sich als Lockvögel. Sie baggerten tagsüber die Frauen an, von denen einige dann ab elf Uhr nachts auf den Tischen tanzten. Sie bekamen die Getränke umsonst, die Speisen wurden ihnen nur mit dem halben Preis berechnet. Aber das war kein Verlustgeschäft, am Ende rechnete es sich. Denn es sprach sich natürlich herum, wie hier die Post abging. Irgendwann verselbständigte sich dieses Prinzip, es bedurfte keiner Werbung mehr, das Etablissement war stets proppevoll. Und die Abende und Nächte liefen ein bisschen so ab wie in jenem legendären Studio 54 in New York: Schwülheiße Luft, auf der Tanzfläche verrenkten sich Mädchen ziemlich spektakulär und betont verführerisch in knappen Outfits, während sie von älteren Männern begafft wurden, denen man ansah, worauf sie es absahen. Zwischendurch wurden auf den Toiletten die Linien gezogen oder Joints geraucht, je nachdem, was man dabei hatte oder was gerade aufzutreiben war.

Wo sich die Schönen einfanden, blieben auch die Reichen nicht aus – und die Berühmten. Tina Turner kam gelegentlich vorbei, Joe Cocker, Bono von der Gruppe U2, die Eurythmics Annie Lennox und Dave Stewart, Gloria von Thurn und Taxis, Fußballer des FC Bayern, Tennisprofis, Schauspieler, Regisseure, Zeitungsleute und welche vom Fernsehen. Hinzu gesellten sich diejenigen, die sich von Kontakten mit den Promis etwas versprachen. Bussi hier und Bussi da, wenn nur etwas dabei heraussprang. Zu guter Letzt kamen noch welche, die sich nur zum Gaffen einfanden, verzückt von der allabendlichen Soap des seichten Lebens.

Boris Becker verkehrte nicht regelmäßig im Königingarten, aber er ließ sich öfters blicken, wenn er in der Stadt weilte, und das kam zunehmend häufiger vor. Offiziell befand sich sein Lebensmittelpunkt Ende der achtziger, Anfang der neunziger Jahre zwar nach wie vor in Monte Carlo. Schon aus steuerrechtlichen Gründen behielt er seinen Hauptwohnsitz, fünf Zimmer auf hundertzwanzig Quadratmetern im siebzehnten Stock eines Hochhauses an der Avenue Princess Grace, für den er monatlich einige tausend Mark Miete zahlte. Inoffiziell nahm er das nicht mehr so genau, was ihm den Misskredit der monegassischen Behörden einbrachte. Die hatten bereits 1989 argwöhnisch registriert, dass er lediglich 47 Tage im Fürstentum weilte. Wenn er den Luxus der Steuerfreiheit in Anspruch nehmen wollte, musste er mindestens die Hälfte des Jahres dort verbringen. So pingelig sahen sie es im Endeffekt dann aber doch nicht, einen so prominenten Einwohner wie ihn wollten sie nicht verlieren. Anderswo registrierte man die Fakten nicht so kulant. Eines Tages sollte der Tennisstar deswegen auch in Deutschland Schwierigkeiten bekommen.

Es war eine Nacht Anfang Oktober 1991, als es funkte. Boris saß mit seinem damaligen Trainer Tomas Smid im Königingarten, an jenem Tisch, der dem Inhaber und einigen ausgesuchten Gästen vorbehalten blieb – auch hier wurde er bevorzugt behandelt. Ihm schräg gegenüber hockte eine junge Frau auf ihrem Stuhl, in der stillen Hoffnung, endlich auserwählt zu werden. Es war ein günstiger Moment, wann kam sie dem Tennisstar schon mal so nahe? Doch zunächst flirtete der mit einem blonden Model, das ebenfalls mit am Tisch saß. Das sah sie nicht gern, ertrug es aber, lächelnd, um bloß keinen schlechten Eindruck zu hinterlassen. Lange musste sie sich aber nicht mehr gedulden. Sie war ihm von Anfang an aufgefallen, wird er ihr später sagen. Jetzt hielt er sich mit dem Reden erst einmal zurück. Den Kontakt knüpfte er auf seine höchst eigenwillige Weise: Ohne zu fragen, bediente er sich einfach auf ihrem Teller und trank aus ihrem Glas. Sie hatte sich Lachs bestellt und ein Bier. Als sie zögernd Einspruch erhob – «vielleicht sollten wir auch mal reden ...» –, nicht, weil es sie störte, sondern weil sie eine günstige Gelegenheit sah, mit ihm ins Gespräch zu kommen, sprach er den Satz, der für sie alles entschied, wenn es da noch etwas zu entscheiden gab. «Du», sagte er, «eigentlich brauchen wir jetzt gar nicht mehr zu reden.» Diesen Moment wird sie nie vergessen. Sie mag Männer, die klar formulieren, ohne Umschweife das ausdrücken, was sie denken.

So zufällig wie diese Begegnung auf den ersten Blick aussah, kam sie nicht zustande. Sie entsprang einem Plan, den die junge Frau, bei der es sich um Barbara Feltus handelte, Gelegenheitsschauspielerin und Dessousmodel, seit einiger Zeit hegte. Sie war an diesem Abend zielgerichtet in den Königingarten gegangen, nachdem sie von ihrer Freundin Sophie erfahren hatte, dass Boris Becker auch da sein würde. Für gewöhnlich ließ der sein Erscheinen bei Michel Blanchard oder dessen Kompagnon vorher anmelden. Schon Jahre zuvor hatte Barbara den anderen in ihrer Clique von ihm vorgeschwärmt. «Den heirate ich irgendwann», hatte sie ihnen gesagt und einige verständnislose Lacher in der Runde geerntet. Das mag sie für den Moment gekränkt haben, ihr Ziel aber verlor sie nicht aus den Augen, ihr Schwarm blieb im Kopf präsent. Und manchmal erfasste sie der Vorsatz, ihn zu erobern, beinahe wie eine fixe Idee.

So war es schon zwei Jahre zuvor einmal geschehen, als sie ihn in der Münchner Discothek P1 sah. Damals befand sich Becker in Begleitung seines Freundes Carlo Thränhardt, mit dem er nicht nur durch das Nachtleben von Köln zog. Barbara unternahm einiges, um seine Aufmerksamkeit auf sich zu lenken. Das fiel ihr nicht schwer, da sie sich ohnehin gern aufreizend kleidete, mit superkurzen Miniröcken, dazu hautengen Tops, bauchfrei meistens, den edelsten Stoffen, die es in den Schwabinger Boutiquen zu kaufen gab. Wie kaum eine andere im Saal verstand sie es, ihren schlanken Körper verführerisch im Rhythmus der Musik zu schwingen. Das lag ihr im Blut, dafür war sie geboren. Wenn sich ihre Gestalt auf der Tanzfläche in atemberaubende Figuren verwandelte, benötigte sie keinen Partner, dann war sie eine perfekte Solistin. Sie schwebte in einer Sphäre, die ihre ganz eigene war, für Momente, entrückt dem Universum, das sie umgab. Dabei stets der Wirkung gewiss, die sie auf Männer ausübte. Erst das verlieh ihr die Leichtigkeit, sich ihren Gefühlen hinzugeben. Man muss sich da nichts vormachen, Tanzen war von jeher ein Balzritual.

Bereits als Teenager hatte sie mit ihren Tanzkünsten Männer um den Verstand gebracht, damals, im Rick's, in Karlsruhe. Es war ungefähr in der Zeit, in der Boris Becker zum ersten Mal den Thron von Wimbledon bestieg, als sie in der Musikkneipe, die einem Argentinier gehörte, Einzug hielt – als Königin der Nacht. «Wenn sie auftauchte, sprangen gleich fünf, sechs Männer um sie herum, manchmal noch mehr», erinnert sich René Wilhelm. «Und sie genoss es, dass sie angestarrt und bewundert wurde.» Der Musiker war eine Zeit lang mit ihr liiert. Obwohl das eine so feste Beziehung nicht gewesen sein kann. Sie wohnten zwar einige Zeit zusammen, aber sie war zu spontan, zu unberechenbar, zu quirlig in ihrer Art, um ihm das Gefühl einer zuverlässigen Partnerschaft zu geben. Wenn sie gemeinsam ausgingen, kam es vor, dass sie plötzlich für eine Dreiviertelstunde verschwand. Und manchmal blieb sie tagelang weg, schlief bei einer Freundin, sagte das zumindest. Wilhelm nahm sie mit zu seiner Band, die den Namen Secret Combination trug und Funk & Soul spielte. Schwarze Musik, das war ihre Richtung, die entsprach ihrem Gefühl, die liebte sie. Sie stieg als Backgroundsängerin ein, für eine Soloposition war ihre Stimme zu wenig ausgebildet. Das tänzerische Potenzial überwog eindeutig.

Sie kam ungefähr jeden zweiten Abend in den Keller im Stadtzentrum, in dem sich das Rick's befand. Dort traf sie meistens als Letzte ihrer Clique ein. Die anderen glaubten, dass sie es mochte, wenn alle auf sie warteten wie auf den Stargast des Abends. Dabei verspätete sie sich nicht immer absichtlich, oft lag es einfach daran, dass sie zwei Stunden oder noch länger benötigte, um sich zurechtzumachen. Sie verließ die Wohnung nämlich erst, wenn sie überzeugt war, perfekt gestylt zu sein. Das war für sie nicht nur eine ästhetische Frage, die Beweggründe lagen bei ihr tiefer. Kleidung und Schminke mussten wie die auf Bewunderung bedachten extrovertierten Tanzbewegungen herhalten, ihrem Selbstwertgefühl auf die Sprünge zu helfen.

Dann war da noch ihre Hautfarbe, die machte es ihr nicht einfacher auf dem Weg der Selbstfindung. War sie nun schwarz oder weiß? Das beschäftigte sie. Sie war wohl nichts von beidem so richtig, befand sich irgendwo dazwischen, im Niemandsland; so empfand sie das. Und ihre Herkunft erst. Die zerrütteten Familienverhältnisse trugen nicht dazu bei, ein gesundes Selbstbewusstsein zu entwickeln. Der Vater, Harlan Ross Feltus, ein dunkelhäutiger Amerikaner, war als GI nach Deutschland gekommen, diente als Sanitätsoffizier in der U.S. Army und hatte ihre Mutter beizeiten mit zwei Töchtern sitzen lassen. Barbara war die Jüngere von beiden. Als sie am 1. November 1966 in Heidelberg geboren wurde, wohnten die Eltern schon nicht mehr zusammen. Ihren Vater lernte sie erst viel später kennen. Jahrelang litt sie unter dieser Konstellation. «Ich habe mich immer weniger wert gefühlt als andere», beschrieb sie diesen Konflikt. «In meiner Klasse hatten alle einen Vater. Und wenn deiner weg ist, hast du das Gefühl: Er hat was Besseres zu tun, du bist es nicht wert, dass er bleibt.»

Sie sei sehr einsam gewesen, ein verlassener, haltloser Mensch, der nie wirklich zur Ruhe kam, glaubt eine Frau, die während Barbaras Jugendzeit in Karlsruhe sehr eng mit ihr befreundet war. «Sie war damals irre anstrengend. Immer wollte sie im Mittelpunkt stehen. Wenn andere redeten, hörte sie gar nicht zu. Es sollte sich alles um ihre Person drehen. Sie suchte krampfhaft nach Anerkennung.» Sie konnte fünf Stunden ekstatisch tanzen, dabei wähnte sie sich ihrer Bewunderer sicher. Zwischendurch trank sie ein paar Gläser Sekt oder Bier, je nachdem, wie sie gerade aufgelegt war. Sekt mochte sie lieber, oder Champagner, den besonders, aber der war zu teuer. Manchmal hatte sie morgens um zwei Uhr noch nicht genug und zog mit den anderen ins topsy-turvy um die Ecke, einen schummrigen Tanzschuppen mit schrillem Interieur aus den sechziger Jahren. Sie tanzte, trank und rauchte, als könnte jede Nacht die letzte sein. Vor allem das Rauchen hätte sie besser bleiben lassen, da sie an Asthma litt. Neben einer Schachtel Marlboro trug sie stets ein Dosieraerosol bei sich, mit einem Medikament für den Notfall. Sie achtete penibel darauf, dass es sich griffbereit in ihrer Nähe befand. Wenn sie es einer Freundin anvertraute, weil die eigene Tasche beim Tanzen störte, fragte sie ständig nach, ob sie es auch nicht verloren habe. Fand sie es einmal nicht auf Anhieb, geriet sie sofort in Panik. Eines Nachts erlitt sie einen so heftigen Anfall, dass sie ins Krankenhaus gebracht werden musste. Der Zwischenfall hinderte sie allerdings nicht daran, am nächsten oder übernächsten Abend in gewohnter Manier weiterzumachen – ihr Tanz auf dem Vulkan.

Ihre Ausbildung indessen, sie besuchte eine Waldorfschule, nahm sie nicht besonders ernst. Sie ging nur selten hin, noch seltener erschien sie frühmorgens zur ersten Unterrichtsstunde. Zum Kummer ihrer Mutter, die dort als Lehrerin arbeitete und die Klasse der Tochter in Englisch unterrichtete. Meistens schlief Barbara nach einer langen Nacht erst einmal bei ihrer Freundin Claudia aus. Die war etwas älter als sie, studierte Sport und besaß eine eigene Wohnung. Als hätte ihre Mutter nicht schon Sorgen genug gehabt in all den Jahren, in denen sie die Töchter allein aufzog. Die erste Zeit in Heidelberg, da studierte sie noch, anschließend in Pforzheim, wo sie eine Stelle an einer Sprachenschule erhielt. Später wechselten sie noch einmal den Wohnort, zogen nach Karlsruhe. Barbara war damals dreizehn und ziemlich vergrätzt, weil sie aus ihrer gewohnten Umgebung gerissen wurde und ihre Freundinnen zurücklassen musste.

Als Teenager sei sie dann grausam rebellisch gewesen. Irgendwann entzog sie sich der Kontrolle ihrer Mutter, ließ sich nichts mehr vorschreiben. Dass die Tochter kurz vor dem Abitur die Schule ganz schmiss, grämte die Mutter gewaltig. Was soll aus dem Mädel bloß werden? «Meine Mutter ist durchgedreht», erzählte Barbara später. Dabei waren die Sorgen nicht unbegründet. Zwar besaß die Tochter musische Talente, nur nutzte sie die nicht. Sie nahm Gesangsunterricht, aber nicht kontinuierlich über einen längeren Zeitraum, sodass er wirklich etwas gebracht hätte. Außerdem spielte sie Geige, aber nur, weil die Mutter sie dazu anhielt und in der Schule verlangt wurde, dass jeder Schüler ein Instrument beherrschte. Später ließ sie sich in München in Tanz und Schauspiel unterrichten, ohne es zu einem Abschluss zu bringen. Sie wollte zwar ein Star werden, stand sich dabei aber letztlich selbst im Weg. Nichts verfolgte sie mit der Leidenschaft und Ausdauer, die nötig gewesen wären, um ihre Begabung zu einer Befähigung zu formen. Dafür war sie zu sprunghaft in ihrem Wesen, zu ruhelos.

Gleichzeitig lebte sie eine ausgeprägte Affinität zur Glamourwelt der Prominenten. In ihrem Appartement an der Münchner Adalbertstraße stapelten sich Zeitschriften, in denen das Leben der Schönen und Reichen beschrieben wurde, nicht unbedingt, wie es sich tatsächlich abspielte, sondern wie es sich die Leser gern vorstellen. Berichte aus einer geschönten Welt, traumgerecht in Szene gesetzt und mit prallbunten Hochglanzfotos garniert.

Wo auch sonst wäre ihr Platz gewesen? An eine bürgerliche Existenz verschwendete sie keinen Gedanken. Wenn die anderen aus ihrer Klasse das Abitur ablegten, danach einen Beruf erlernten oder studierten, später eine Familie gründeten und Kinder bekamen – sollten sie doch. Für sie kam ein solcher Lebensentwurf nicht in Betracht. Der hatte nichts mit dem zu tun, was ihr vorschwebte. Eine intakte Familie hatte sie nie erlebt, wie konnte sie daran glauben, selbst wenn sie sich nach Geborgenheit sehnte? Da dachte sie eher pragmatisch, und zwar, dass sie ein besonderer Mensch sei, für den es einen besonderen Weg geben müsse. Nicht zufällig umgab sie sich mit Freunden, die ähnlich dachten, die ein kreatives Reservoir in sich verspürten wie einen Schatz, den es zu entdecken galt. Nur gingen die zielstrebiger zu Werke, einige machten Musik, andere zog es zum Fernsehen oder zum Film, einer studierte Theaterwissenschaft.

Barbara tingelte. Sie verließ sich auf ihr Kapital, auf ihre Tanzbegabung, ihr exotisches Aussehen, ihren makellosen Körper, Konfektionsgröße vierunddreißig, auf ihre Schönheit. Nachdem sie nach München gezogen war, einem Freund folgend, von dem sie sich bald trennte, stellte sie sich bei einer Casting-Agentur vor. Die vermittelte ihr einige Jobs, keine spektakulären Auftritte, für eine Karriere auf den Laufstegen der Haute Couture war sie zu klein. Sie trat in Modenschauen auf – bei Betriebsfeiern, für eine Stadtzeitung, auf dem Land –, deren Höhepunkte zumeist darin bestanden, dass Mädchen wie sie Dessous und Strapse vorführten. In dem ZDF-Film *Wie du mir* spielte sie 1989 ihre erste kleine Fernsehrolle. Ein Gastauftritt in der Kriminserie *Der Alte* folgte, anschließend wirkte sie noch in drei anderen Fernsehproduktionen mit, doch keine der Rollen verhalf ihr zum Durchbruch. Zwischendurch trat sie als Schauspielerin eines Tourneetheaters in Erscheinung. Sie spielte die Prostituierte Anita in Hemingways Stück *Die fünfte Kolonne*, sang dabei Lieder von Billie Holiday, so eindrucksvoll, dass sie für ihre Darbietung mitunter Szenenapplaus bekam. Dermaßen angespornt, nahm sie eine Platte auf, *Don't worry, my baby,* aber die verkaufte sich nicht. Später wird sie das noch einmal versuchen und erneut scheitern. Gelegentlich moderierte sie eine nächtliche Talkshow beim Privatsender Tele 5, den es längst nicht mehr gibt, weil er nicht genug Zuschauer fand. Hin und wieder half sie in einer Boutique an der Hohenzollernstraße aus, in der eine ihrer Freundinnen arbeitete.

Irgendwie gehörte sie schon dazu, aber noch nicht so richtig, nicht als Star. Wenigstens verliebte sie sich in die passenden Männer, in die nämlich, die ihrem beruflichen Fortkommen behilflich sein konnten. Fred Kogel war einer von ihnen, einst Radiomoderator, der steil Karriere machte und inzwischen in der Geschäftsführung von Kirch Media thront. Auf dem Weg dorthin legte er Stationen beim ZDF als Unterhaltungschef und bei SAT.1 als Programm-Geschäftsführer ein. Zwei Jahre hielt diese Beziehung, dann lernte sie einen Mann kennen, der etwas vom Film versteht, auch das passte zu ihren Plänen. Regisseur Uwe Janson besetzte im Sommer 1990 eine Rolle in *Herz in der Hand* mit ihr. Nach den Dreharbeiten kamen sie sich näher. Ein Jahr lang waren sie ein Paar. Doch bei aller gegenseitigen Zuneigung – ein Mann stand die ganze Zeit zwischen ihnen, zumindest in Barbaras Phantasie. Doch das erfuhr Janson erst, als es zu spät war, als er sich von seiner Frau getrennt und sein Leben schon für die Neue umgekrempelt hatte.

Die beiden Männer haben sie geliebt, und sie waren nicht die Einzigen, die sich von ihrem extravaganten wie unberechenbaren Wesen angezogen fühlten. Nur besaß keiner von ihnen wirklich eine Chance. Im Grunde ihres Herzens war sie auf Boris Becker, den rotblonden Tennishelden, fixiert. Ein Fingerzeig von ihm, und sie hätte jeden anderen Bewerber kurzerhand abserviert. So wäre es vermutlich schon im P1 geschehen, wenn sie an jenem Abend an ihr Ziel gelangt wäre. In der Discothek kam

Barbara Feltus jedoch noch nicht zum Zug, obwohl ihr Anblick ihm nicht entgangen war. Als sie den Saal verließ, winkte er ihr zu. Wenigstens ein Zeichen, so sah sie das, und ein Grund, die Jagd nicht aufzugeben. Noch in derselben Nacht klapperte sie mit ihrer Freundin sämtliche Hotels ab, in denen sie ihn vermuteten, allerdings erfolglos. Später erzählte der Umworbene, er habe noch eine geschlagene Stunde vor der Discothek auf sie gewartet.

Nun aber, an jenem Abend im Oktober 1991 im Königingarten, war es so weit: Der Baron fand seine Baroness, und die hieß Barbara. Irgendwann verabschiedeten sich die beiden von den anderen am Tisch. Nach Hause wollten sie noch nicht. Sie zogen allein weiter, zur Maximilianstraße, Ecke Karl-Scharnagl-Ring, ins Schumann's, eine Bar, die es dank einer bunten Mischung illustrer Gäste wie Oskar Lafontaine, Robert De Niro und eben Boris Becker bundesweit zu Berühmtheit brachte. Ehe sie sich am frühen Morgen trennten, er musste am selben Tag zu einem Turnier nach Tokio fliegen, auf sie wartete ein Modeljob in Salzburg, bat er sie um ihre Telefonnummer. Stunden später, im Flugzeug nach Japan, schwärmte er immer noch von ihr. «Waldi, weißt du was?», fragte er seinen Masseur Waldemar Kliesing, der ihn seit Jahren begleitete. «Ich habe gestern Nacht meine Traumfrau getroffen.»

Regisseur Janson machte sich in den folgenden Wochen von seiner Freundin ein anderes Bild. Er war sensibel genug, um die Veränderung zu spüren, die in ihr vorging. Ein halbes Jahr lang hatte sie kaum unter Asthma gelitten, jetzt brach es verstärkt hervor. Sie rauchte wieder mehr, bis zu zwei Päckchen am Tag. Dass sie depressive Phasen durchlitt und Tabletten schluckte, war ihm vorher schon aufgefallen, das bekam sie in der Regel nach ein paar Tagen in den Griff. Jetzt entzog sie sich ihm, lehnte seine Hilfe ab. Er vermutete, dass es um einen anderen Mann gehen könnte, und fragte sie danach, mehrfach – sie bestritt es jedes Mal. Selbst nach dem Zwischenfall noch, der sich in einer Nacht im November ereignete, als Boris Becker plötzlich in Harry's New York Bar erschien, in der sie gerade saßen. Auf einmal verließ Barbara den Raum, angeblich, um auf die Toilette zu gehen. Als Janson sich umdrehte, war auch der Tennisspieler verschwunden. Vor der Tür stellte er seine Freundin erneut zur Rede, doch die besaß nicht den Mut, ihm die Wahrheit zu sagen. Das erledigte ein guter Freund für sie, der sich erbarmte und dem Gehörnten reinen Wein einschenkte.

Der Baron indes brauchte bloß mit den Fingern zu schnippen, wenn ihm der Sinn nach seiner Baroness stand. Sie setzte dann alles in Bewegung, um seinem Wunsch zu entsprechen. Einmal rief er aus Frankfurt an – dort spielte er im November 1991 um den ATP-Weltmeistertitel, verlor aber, ausgerechnet gegen Michael Stich –, sie möge doch bitte in sein Hotel kommen. So schnell sie konnte, fuhr sie mit Sophie Ayad, einer Freundin, die Kommunikationswissenschaft studierte, zum Flughafen. Tickets hätten sie noch bekommen, aber an diesem Abend keinen Flug mehr. Ein Mietwagen kam auch nicht infrage, weil Barbara keinen Führerschein besaß und die Freundin noch zu jung war, um ein Auto leihen zu dürfen. Blieb Sophies Ente, nur würde es eine Ewigkeit dauern, bis sie mit der an ihrem Ziel ankämen. Dabei hatten sie es doch eilig. Schließlich fanden sie einen türkischen Taxifahrer, der sie nach Frankfurt chauffierte, für sechshundert Mark – und ein Autogramm von Boris Becker. Das hatten sie ihm versprochen, sonst hätte er die Fahrt vermutlich gar nicht angenommen. Auf die Unterschrift war er besonders erpicht, musste allerdings ein Weilchen warten, bis Barbara den Star, der auch die Fahrtkosten übernahm, in seinem Hotelzimmer fand. Nachdem das erledigt war, blieb sie gleich bei ihm. Beckers Schlägerbespanner Ulrich Kühnel, auch er seit langem ein Begleiter, räumte sein Zimmer für ihre Freundin und zog zu Masseur Kliesing nach nebenan.

Der abenteuerliche Ausflug in die Stadt am Main sollte übrigens auch für Sophie Ayad nicht ohne Folgen bleiben. Am nächsten Morgen setzte sich Ion Tiriac mit an den Frühstückstisch, in ziemlich mürrischer Laune. Dass er dennoch äußerst charmant sein konnte, bewies er erst, nachdem Becker die Runde verlassen hatte und zum Training aufgebrochen war. Auf einmal flirtete er mit den Frauen, die er zuvor nur abfällig angeranzt hatte. Vornehmlich mit Sophie, die seiner ehemaligen Lebensgefährtin Heather McLachlan in verblüffender Weise ähnlich sah. Es sollte nicht die einzige Begegnung der beiden bleiben. Raubein Tiriac gab sich in den folgenden Monaten alle Mühe, ihr Herz zu erobern. Wenn er sie zum Essen einlud, begrüßte er sie mit Handkuss, hielt ihr die Tür auf und half ihr aus dem Mantel, ganz Kavalier der alten Schule. Er schickte ihr Rosen, manchmal auch Flugtickets. Nicht alle Geschenke nahm sie an, doch mit der Zeit wurde sie schwach, verfiel seinem Werben und seinem Charme. Sie zogen zusammen und reisten gemeinsam. Später bekam sie zwei Kinder von ihm. Fast zehn Jahre blieben sie ein Paar, ehe sie sich im Jahr 2001 trennten.

Barbara Feltus war an ihrem Ziel angelangt. Nun bekam sie ihren großen Auftritt, und sie absolvierte ihn mit Bravour. Das fiel ihr bestimmt nicht leicht, bei alldem, was auf sie einstürzte. Die ersten Wochen hielten sie ihre Beziehung noch geheim, so gut das in der klatschfreudigen Münchner Szene möglich war. Nur ihre vertrautesten Freunde weihten sie ein. «Da ergab sich eine witzige Situation», erzählte eine von Barbaras Freundinnen. «Wir saßen mit ein paar Leuten am Küchentisch zusammen. Da sagte sie, dass sie jetzt mit einem berühmten Deutschen zusammen sei. Sie tat ganz geheimnisvoll. Einer von uns scherzte noch: ‹Doch nicht etwa mit Helmut Kohl?›»

Die erste große Reise, die sie gemeinsam antraten, führte nach Australien. Beim Hopman Cup in Perth spielte Becker zum ersten Mal im Mixed mit Steffi Graf. Eine Sensation für die Tenniswelt, das gemischte Doppel der einstigen Wunderkinder wurde seit Jahren herbeigesehnt. Es geriet dann aber zum Flop. Die Brühlerin litt an einer starken Erkältung, sie war zu spät angereist, ihr machten Zeitumstellung und Klimawechsel zu schaffen. Auf dem Platz schwächelte sie, das konnte auch ihr Partner nicht ausgleichen. Am Ende unterlagen sie den Tschechoslowaken Karel Novacek und Helena Sukova recht deutlich. Für die meisten Zuschauer enttäuschend, für die Spieler aber keine Tragödie, handelte es sich doch lediglich um ein besseres Schauturnier – und um eine günstige Gelegenheit, sich für die bevorstehenden Australian Open in Melbourne einzuschlagen.

Boris Becker trug sich daneben noch mit einem anderen Gedanken, der mit seinem Sport nichts zu tun hatte: Am Silvesterabend in Perth, auf einem Galaball, sah er die Zeit gekommen und den Anlass angemessen, der Weltöffentlichkeit die neue Frau an seiner Seite zu präsentieren. «Wenn du jetzt mitkommst», hatte er ihr vor der Abreise gesagt, «dann wird sich dein Leben um hundertachtzig Grad verändern. Es wird nie wieder sein, wie es bis jetzt war.» Sie sei nun mit einem berühmten Menschen zusammen und würde über Nacht selbst zu einer bekannten Person werden. Solch staatstragende Worte gingen ihm leicht über die Lippen, er kannte das Prozedere ja, das sie erwartete. Zwei, drei Monate würde das dauern, meinte er, so lange würden sich die Journalisten um sie reißen. Das sei bisher immer so gewesen, danach würde wieder Ruhe einkehren, einigermaßen jedenfalls. Wenn es sich in der Vergangenheit so abgespielt hatte – dieses Mal irrte er.

Um ihr die Wucht des ersten Medienansturms zu ersparen, hatte er bewusst diesen Ort gewählt, Tausende Kilometer entfernt von Deutschland. Nur konnte die Distanz in diesen Tagen auf der Erde nicht groß genug sein, zumal in der nachrichtenarmen Zeit um den Jahreswechsel. Die Neuigkeit aus Australien war allemal eine Schlagzeile wert. Als fünf Tage darauf die erste Ausgabe des neuen Jahres der *Bild am Sonntag* erschien, nahm das Thema fast die komplette Titelseite ein: «Vorsicht, Boris!

Liebesfalle?» Das war die Frage, um die sich alles drehte, auch in den meisten anderen Blättern, die Beckers neue Liebe sezierten. Barbara Feltus kam dabei nicht gut weg. So ein unstetes Luder sei doch nur auf sein Geld und seinen Ruhm aus. Was soll man schon von einer Frau halten, die ständig ihre Freunde wechselt und sich halb nackt fotografieren lässt? Das anstößige Foto, an dem sich die Gemüter erhitzten und das ihr die verächtliche Titulierung als Straps-Babs einbrachte, stammte von ihrer Setcard, die sie als Model benötigte. Darauf war sie in knappen Dessous, eben mit Strapsen, zu sehen. Ein anderes war während der Dreharbeiten zu einem Film entstanden. Es zeigt, wie sie sich ähnlich freizügig auf einer plüschigen Couch räkelt.

«Ich war auf einmal so eine Halbe», beklagte sie ihr öffentliches Bild rückblickend in ihrem ersten Interview zwei Jahre danach, da schon als Beckers Verlobte. Sie meinte damit eine aus der Halbwelt des schönen Scheins, die in Discotheken rumhänge, wahrscheinlich Drogen genommen habe, sich leicht mit Männern einlasse und dabei reiche Typen bevorzuge. So etwas mochte sie nicht gern über sich gelesen haben – wer täte das schon. Die Behauptung mit den Drogen hing ihr von allen am längsten nach. Eine Narbe auf ihrem linken Nasenrücken passte da vortrefflich ins Bild. Die habe sie sich bei einer Schlacht um ein paar Gramm Kokain zugezogen, wurde behauptet. Einige Male unternahm sie den Versuch, die ehrenrührige Darstellung zu widerlegen. In ihrer Version berief sie sich auf einen Unfall, den sie im Alter von neun Monaten erlitten haben. Demnach hatte sie eine Flasche Mineralwasser, die in der Sonne stand, so lange geschüttelt, bis sie explodiert war. Nur glaubte ihr das niemand so richtig. Selbst eine enge Freundin aus gemeinsamen Tagen in Karlsruhe ist davon nicht zu überzeugen. Sie erinnert sich an eine ausgelassene Nacht im Rick's: «Wir saßen mit anderen an einem Tisch. Es ging ziemlich turbulent zu. Barbara hatte wie wir alle reichlich getrunken, sie tanzte noch im Sitzen, zappelte rum. Auf einmal schlug sie mit dem Gesicht auf ein Glas, das vor ihr stand, es zersplitterte.» Die Glasteile seien ihr in einer Klinik entfernt worden. Danach musste sie eine Weile mit einem Pflaster im Gesicht herumlaufen.

Das neue Leben entpuppte sich für sie nicht als der Himmel auf Erden, den sie sich früher in kühnen Träumen ersehnte. Zwar brachte man ihr an Beckers Seite die erwünschte Aufmerksamkeit entgegen, was ihr grundsätzlich zusagte. Zwar verlieh dies ihr das Gefühl, sich endlich über die Masse zu erheben. Nur war es eben auch so, dass all das Ausmaße annahm, die ihre Vorstellungen in jeder Hinsicht übertrafen. Wie einst Aschenputtel bekam sie flugs goldene Schuhe und feinste Kleider übergestreift, ohne die Welt ihres Königs in gleichem Tempo erfassen zu können. Das musste sie überfordern, sie litt. Und wie sie litt. «Alle starrten mich an … vielleicht gucken die wegen meinem fetten Arsch», dachte sie. «Ich bekam Angst und Minderwertigkeitskomplexe – guck mal, schon wieder so ein Foto, wo du so superschlecht aussiehst und guckst wie eine Kuh.» Sie empfand es wie einen Strudel, in den sie geriet, ohne sich irgendwo festhalten zu können. «Es war, als hätte ich ständig jemanden bei mir, der mich kritisiert.» In dieser Phase rief sie einen Freund an und klagte ihr Leid. Wenn das alles so furchtbar sei, riet der ihr, dann solle sie einfach zurückkommen.

Tatsächlich stand sie, mit Geschenken in der Hand, kurze Zeit später bei Uwe Janson vor der Wohnungstür, ungefähr ein halbes Jahr nachdem sie sich getrennt hatten. Er fiel ihr nicht um den Hals, das erschreckte und enttäuschte sie. Überhaupt hielt er sich bedeckt, noch hatte er ihr nicht verziehen. Sie wollte wohl auch nicht zu ihm zurückkehren, sie wusste nur nicht, wohin, nicht mit sich und nicht mit ihren unbeantworteten Fragen und alldem, was sie sonst noch bedrückte. So habe sie sich das nicht vorgestellt, klagte sie ihm. Die ganzen Menschen, die sie ständig begaffen. Und Boris, der ihr die Substanz raube, der keine Anstalten unternehme, ihr im Beruf behilflich zu sein, stattdessen verlange, dass sie sich seinem Regime bedingungslos füge. Ihr sei klar geworden, dass er sie auf Dauer nur dulden würde, wenn sie innerhalb seines Teams funktionierte.

«Er weiß, was man als Zutaten braucht, um ein guter Tennisspieler zu sein», sagte sie später. Becker hatte sich für die Reisen eine Art Ersatzfamilie zugelegt, die sich um all seine Belange kümmerte. Zur Entourage gehörten Tomas Smid, der Trainer, der bald ausgewechselt wurde, gelegentlich Carlo Thränhardt, den er für eine bessere Fitness und für die Amüsements am Abend beschäftigte. Außerdem begleiteten ihn Uli Kühnel, der Mann für die Schläger, der auf jeder Reise eine siebzig Kilogramm schwere Aluminiumkiste mit Besaitungsmaschine, Balancewaage und anderem Handwerkszeug mitschleppte, und Waldemar Kliesing. Beide waren ihrem Herrn beinahe bis zur Selbstverleugnung treu ergeben, dafür zahlte er ihnen, und er zahlte reichlich. Kühnel und Kliesing gaben sich demütig genug, um über Jahre die einzige Konstante in Beckers Umgebung zu sein. Sie sollten länger bleiben als alle anderen, bis zum Schluss seiner Spielerkarriere.

Manchmal jammerte Barbara – aber nicht Boris gegenüber, ihm ordnete sie sich unter. «Mein Part war, nicht zu stören.» Eine Rolle, die ihr Schwierigkeiten bereitete, weil sie das auf die Frau an seiner Seite reduzierte, ohne Eigenleben, als schmückendes Beiwerk, wie eine schöne Krawatte, nicht viel mehr. Trotzdem fügte sie sich, weil sie begriff, dass sie nur so eine Chance besaß. «Wenn ich mit ihm leben will», resignierte sie, «und das will ich, muss ich damit klarkommen.» Dafür nahm sie sich zurück und steckte ein, ihre Leidensfähigkeit schien unbegrenzt zu sein. Vor allem während der Zeit, in der er wichtige Turniere spielte. Sie musste an seiner Seite funktionieren wie ein Computer, sagte er einmal: «Grippe? Passte nicht ins Konzept. Kopfschmerzen? Ging nicht. Alles konzentrierte sich auf mich. Salopp gesagt, war ihre Regel das Einzige, was ich Barbara gestattete.» Und dass sie in Miami mitten in der Nacht zum nächsten Waschsalon lief, um ihm seine Trikots zu waschen. Weil er das Match am nächsten Tag unbedingt in dem beginnen wollte, mit dem er das letzte gewonnen hatte. Das war kein Spleen von ihm, sondern purer Aberglaube. So hielt er es Jahre schon und noch jahrelang. Es gehörte zu einem Ritual, wie er es nannte. Wenn er bei einem Turnier die erste Runde überstanden hatte, mussten die folgenden Tage nach exakt dem gleichen Schema ablaufen: «Ich esse das Gleiche, wir sitzen gleich am Tisch, wir bestellen gleich, ich packe gleich, sie macht gleiche Sachen wie am Vortag. Dann küssen wir uns auf die gleiche Stelle.» Barbara ließ sich davon anstecken. Bald trug sie, wenn sie auf der Tribüne saß und seinem Spiel zusah, stets die gleichen Schuhe, über Jahre hinweg. Da kümmerte es sie nicht, ob die noch Mode waren – sie glaubte an magische Kräfte oder wenigstens das gute Omen.

Je weiter er kam, desto schwieriger war er für sie zu ertragen. «Sie weiß, auf gut deutsch, dass sie die nächsten drei Tage die Schnauze halten muss. Ich bin nervös, hektisch, kann nachts nicht schlafen. Wenn man mich stört, fahre ich aus der Haut. Es kann auch sein, dass ich vierundzwanzig Stunden lang fast nichts rede.» Nach Niederlagen sah es nicht viel anders aus. Entweder er schmollte und schwieg, ein, zwei Tage konnte das dauern, oder er ließ die Wut heraus und schrie seine Mitmenschen an. Meistens traf es sie, sie war ihm am nächsten.

Und es traf sie auch, wenn sie irgendwo neben ihm stand und von allen anderen ignoriert wurde – gesehen, aber nicht beachtet. Auf jeden Fall von den Frauen, die auf ihn zustürmten, als gäbe es sie gar nicht, die ihn, aber nicht sie freundlich begrüßten. Die ihm ihr Dekolleté wie eine Pralinenschachtel darboten oder einen kleinen Zettel mit ihrer Telefonnummer zusteckten – ruf an, Schätzchen, wann immer du willst. Sogar einige von denen, die sich als ihre Freundinnen ausgaben, streckten ihre Fühler aus, um ihm näher zu kommen, als ihr recht sein konnte. Das änderte sich auch später nicht, als sie einen Ring von ihm trug und er einen von ihr, nicht einmal, nachdem sie geheiratet und eine Familie gegründet hatten.

Anfangs grämte es Barbara, wenn sie nicht als Frau Becker erkannt und entsprechend hofiert wurde. Doch bald fand sie ihre eigene Sprache, um auf sich aufmerksam zu machen. Wenn sie neben Boris stand und von jemandem nicht wie er gegrüßt wurde, begegnete sie ihm mit einem besonders lauten «Guten Tag». Als sie einmal auf der Königsallee in Düsseldorf mit Noah einen Frisiersalon betrat, deren Angestellte das Geschäft gerade schließen wollten und die prominente Kundin nicht erkannten, zeigte sie ihrem Sohn das Titelblatt einer Illustrierten und fragte ihn: «Wer ist das da?» Noahs deutliche Antwort verfehlte ihre Wirkung nicht: Sofort bemühte sich eine Friseurin um sie, äußerst zuvorkommend.

Schnell wurde Barbara klar, was Boris von ihr erwartete. «Er ist ein Patriarch.» Und sie gehorchte dem Zuchtmeister. Sie wartete stundenlang im Hotel auf ihn, weil er es hasste, wenn er «nach Hause» kam und sie nicht da war. Bekam sie in der Zwischenzeit Besuch, hatte der zu verschwinden, bevor er eintraf. Es ging so weit, dass sie anfangs nicht zu telefonieren wagte, das hätte ihn ja stören können. Mitunter hörten Freunde und Verwandte und ihre Mutter wochenlang nicht von ihr. Riefen sie im Hotel an, wurden sie häufig nicht durchgestellt. Möglich, dass Barbara aus dieser Zeit ein Trauma davontrug. Seit es Handys gibt, schleppt sie meistens zwei bis drei mit sich herum.

Der Traummann, den sie in Boris so lange gesehen hatte, erwies sich schnell als ein äußerst schwieriger Zeitgenosse. Hatte sie das verdient? Für jemanden, den sie in ihr Herz schloss, tat sie so ziemlich alles. «Sie kann die beste Freundin sein, die man sich vorstellen kann», sagt Sophie Ayad. «Sie hat ein großes Herz. Wenn es jemandem schlecht geht, möchte sie helfen.» Nun benötigte sie selbst Hilfe. Aber eigentlich blieb ihr nur die Hoffnung, dass es eines Tages anders werden würde, spätestens dann, wenn er seinen Tennisschläger aus der Hand legte. Die Aussicht auf solch bessere Zeiten nährte er. Die würden bald kommen, fünf, sechs Jahre noch, was sei das schon, dann könne sie in den Vordergrund treten und sich ernsthaft mit der Schauspielerei und dem Singen befassen. Er versprach ihr auch, sich bei Bedarf um die Kinder zu kümmern, die sie einmal haben würden.

Das hörte sich gut an und zeugte davon, dass auch er für sie Liebe empfand und die Beziehung ernst nahm. Vermutlich meinte er sogar, was er sagte, damals. Mit der Zeit jedoch änderte er seine Sichtweise. Eines Tages war er von ihrem musikalischen Können jedenfalls nicht mehr überzeugt. Sie saßen mit Freunden in einer Münchner Bar. Barbara hatte heimlich eine Band bestellt. Sie wollte als Überraschung des Abends ein paar Lieder ins Mikrophon hauchen, soulig, funkig, so fand sie es gut – das unfreiwillige Publikum nicht so sehr, ihr Boris schon gar nicht. Dem war die Situation eher peinlich, vor allem, weil sie kein Ende fand. Den ganzen Abend ließ er sich nicht versauen, nach einigen Songs beendete er ihren Auftritt.

Dieser Vorfall ereignete sich erst einige Jahre später, da waren sie schon verheiratet. Anfangs hielt er noch große Stücke auf sie und verwöhnte sie, zum Beispiel mit 25000 Mark im Monat, wie sie Freunden verriet. Dafür hatte sie sich zu fügen und ansonsten den Mund zu halten, kein Wort zu Journalisten, das geht nur uns etwas an. Und er legte sich mit allen an, die ihm und seinem Gefühl für sie widersprachen. Seine Eltern gehörten zu den Ersten, die ihre Bedenken nicht verschwiegen. Eine Frau ohne Beruf und aus zerrütteten Verhältnissen, ausgerechnet eine Partymaus! Die Karen mochten sie lieber. Junge, muss es denn so eine sein?, fragte der Vater, natürlich leise, hinter vorgehaltener Hand.

Dafür entdeckte Ross Feltus seine Liebe für das Töchterchen, um das er sich in den vergangenen Jahren kaum gekümmert hatte. Er arbeitete inzwischen als Fotograf, die Kenntnisse hatte er sich autodidaktisch angeeignet, knipste vornehmlich Kinder für Kaufhauskataloge oder Kalender. Boris Becker als Schwiegersohn käme ihm – und seiner Karriere – nur gelegen. Noch war es ja nicht so weit, aber es konnte bald so weit sein. Da wollte er natürlich nicht zu spät kommen. Als es um die ersten großen Aufträge ging, war er rechtzeitig zur Stelle. Zunächst einmal die Fotos vom frisch verlobten Paar, neckische Motive, auch im Bett und halb nackt, als Nächstes die von der Hochzeit. Auf dem Standesamt durfte nur er fotografieren, das war schließlich eine Privatangelegenheit. Und dann noch eine heimelige Serie, ein paar Tage nach der Geburt des ersten Sohnes, mit Mutter Barbara und Vater Boris. Die Aufnahmen entstanden natürlich nicht allein für das Familienalbum, die Nation musste informiert werden, ja eigentlich die ganze Welt.

Als Nächstes geriet der Tennisspieler mit seinem Manager aneinander. Ihre Kräche wiederholten sich, obgleich es im Grunde stets um dasselbe ging, um Beckers Arbeitsmoral. Seine Prioritäten hätten in dieser Zeit nicht unbedingt beim Tennis gelegen, gestand er, allerdings erst viel später. Ruhm und Geld wären ihm wichtiger gewesen, Dolce Vita, was kostet die Welt! So lange hatte er sich geschunden, jetzt wollte er auch einmal genießen: «Ich hatte fast sieben Jahre alles gewonnen, und das war irgendwann auch für mich langweilig. Ich musste mich mit anderen Dingen ablenken.» Die neuerliche Verliebtheit trug anfangs nicht gerade dazu bei, seine Einstellung zu ändern. Eher traf das Gegenteil zu: Er sagte häufiger Spiele ab, um mit Barbara etwas zu unternehmen oder einfach nur zusammenzusein. Weniger die Grand-Slam-Turniere, die nahm er schon noch ernst, eher diejenigen, die zwischendurch stattfanden, die nicht so wichtigen.

Da unbegründete Absagen mit Geldstrafen geahndet worden wären, besorgte er sich reguläre Krankmeldungen. Dass das kein

Problem darstellte, räumte er selbst ein. Jeder Arzt, der sein Knie untersuche, meinte er, würde ihm ein Attest ausstellen. Eine vorgeschobene Magen-Darm-Verstimmung oder plötzliche Fieberanfälle eigneten sich dafür genauso gut. Nick Bollettieri, der demnächst Beckers Training übernehmen sollte, formulierte es in seinem Buch *Meine Asse, meine Fehler* diplomatisch: «Das merkwürdige an Boris' Verletzungen ist, dass das Schmerzsignal von seinen Gehirnzellen zu kommen scheint, nicht von seinen Knochen ... Wie alle Leistungssportler ziehen sich auch Tennisspieler immer dann Verletzungen zu, wenn sie aus dem einen oder anderen Grund eine freie Woche brauchen.» Wenn man eben nicht spielen wolle, sagte Becker einmal, gebe es immer eine Möglichkeit, keine Frage. Für ihn – für Ion Tiriac war das dagegen eine Frage der Ehre.

Noch ein Streitpunkt kristallisierte sich heraus. Der resultierte aus Beckers erwachter Liebe für die Stadt München, die ebenfalls mit seiner Freundin zusammenhing, aber nicht ausschließlich. Tiriac befürchtete Ärger mit der Steuerbehörde, nicht zu Unrecht, wie sich herausstellen sollte. Wenn die Fahnder vom Finanzamt mitbekämen, wie oft und wie lange sich der Tennisstar an der Isar aufhalte anstatt in Monte Carlo, mahnte er, würden sie ihm schnell Probleme bereiten. Schließlich handelte es sich um Millionen, die dem Freistaat entgingen, wenn er hier wohnte, aber keine müde Mark Steuern bezahlte. Ob Becker diese Warnung nicht ernst nahm oder sich allein deshalb sicher fühlte, weil er dachte, dass man einem wie ihm nichts anhaben konnte, bleibt Spekulation. Dass er sich der Gefahr bewusst aussetzte und einiges unternahm, um die wahren Tatsachen zu verschleiern, wie es andere behaupten, muss als Unterstellung abgetan werden – jedenfalls so lange, bis ihm das Gegenteil nachgewiesen wird.

Am besten, man hält sich an die Fakten: Zu besagter Zeit lebte Beckers Schwester Sabine in einer Maisonettewohnung,

114 Quadratmeter im zweiten Stock, 89 im Dachgeschoss, in der Gaußstraße 4 am Denninger Anger im vornehmen Stadtteil Bogenhausen, am Rande einer Kleingartensiedlung, mehrere Tennisplätze in unmittelbarer Nähe. Und auch nicht weit entfernt von der Lamontstraße, in der jene Villa steht, die ihr Bruder dereinst mit seiner Familie beziehen sollte. Hielt Boris sich in München auf, überließ sie ihm das Dachgeschoss zum Übernachten. Angeblich befand sich darin nicht viel mehr als eine schlichte Matratze, die auf dem Boden lag und als Schlafgelegenheit diente. Als Sabine Becker, die in Karlsruhe Architektur studiert hatte und im Büro ihres Vaters mitarbeitete, auszog, stand dem Tennisprofi die Unterkunft allein zur Verfügung. Die monatlichen Mietzahlungen überwiesen weiterhin die Eltern in Leimen. Ungeachtet dessen will der Sohn die Wohnung auch in Folge nur sporadisch genutzt haben. Etwas anderes sei auch gar nicht in Betracht gekommen, an längerfristiges Wohnen jedenfalls nicht zu denken gewesen, da es an so ziemlich allem fehlte, nicht einmal Möbel hätten in den Räumen gestanden. So weit seine Darstellung.

Diese deckt sich allerdings nicht mit den Versionen, die andere vorbrachten. Am überzeugendsten dürften die Beweise sein, die eine ehemalige Haushälterin besitzt, die – aus welchen Gründen auch immer – die Ausstattung der Wohnung auf Fotos festhielt. Darauf sind komplett eingerichtete Zimmer zu sehen. Ein Handwerker, der im August 1991 in dem Dachgeschoss Leitungen verlegte, bestätigte das Vorhandensein des Mobiliars. Einen Irrtum hielt er für ausgeschlossen, er habe die Beweismittel während seiner Arbeit lange genug in Augenschein nehmen können. Möglicherweise sprechen auch die Telefonrechnungen von damals gegen Beckers Behauptung. Barbara, im Freundeskreis als Quasselstrippe bekannt, mit starkem Hang zu Telefonitis, soll sich in dem umstrittenen Quartier längerfristig aufgehalten haben, die meiste Zeit im Beisein ihres Tennishelden. Außerdem tauchten inzwischen verschiedene Schreiben auf, die Beckers Darstellung infrage stellen. Darunter Briefe seines Vaters und Aufzeichnungen seines späteren Beraters Axel Meyer-Wölden, in denen die Gaußstraße 4 als sein Wohnsitz tituliert wurde. Und in einem Faxschreiben vom 8. August 1993 gab der Tennisstar selbst diese Adresse als seine Anschrift an. All diese Umstände entsprechend zu werten muss anderen vorbehalten bleiben – Steuerfahndern, Polizisten und Staatsanwälten, aber so weit war es Anfang der neunziger Jahre noch nicht.

Je mehr Kritik ihm wegen seiner Beziehung zu Barbara Feltus anfänglich entgegenschlug, von Tiriac, seinen Eltern, den Medien, je öfter seine Freundin von fragwürdigen Becker-Fans angepöbelt wurde, auch wegen ihrer Hautfarbe, umso klarer bekannte er sich zu ihr. «Ich war immer schon ein unabhängiger Kopf», philosophierte er gern über sich. «Je mehr man mir reingeredet hat, desto mehr habe ich das Gegenteil gemacht.» Das hieß in diesem Fall: endlich wieder kämpfen, endlich ein neues Spiel. Auf dem Tennisplatz steckte er in der Krise, rutschte zwischenzeitlich bis auf Platz vierzehn der Weltrangliste ab. Höchste Zeit, dass ihm wieder ein Sieg gelang, wenn schon nicht mit dem Schläger, dann wenigstens mit dem Herzen. Das gehörte seiner Königin, so nannte er sie, manchmal auch Göttin, meine Göttin. Sie sagte Bose zu ihm.

Barbara habe ihn aus dem Sumpf geholt, verkündete er, so war das nämlich – in seiner Wirklichkeit. Er sei total in sie verschossen gewesen. Nach drei Monaten, es können auch vier oder fünf gewesen sein, machte er ihr einen Heiratsantrag – bei Cheeseburger und Cola, die sie bei McDonald's verdrückten. Aber da war sie noch nicht so weit, haderte mit sich und ihrem Schicksal. Der nächste Antrag fiel eleganter aus, und diesmal war er – nach einigen Irritationen – von Erfolg gekrönt.

Wie man sich so etwas bei einem Superstar vorstellen muss, den alle Welt anhimmelt? Auch nicht anders als bei anderen, jedenfalls nicht sonderlich originell: Obwohl Barbara müde war und noch für den nächsten Tag packen musste, sie wollten nach Florida fliegen, überredete er sie am Abend des 5. März 1993, mit ihm im Bogenhausener Hof zu Abend zu essen. Nach der Mahlzeit schickte er sie zur Toilette. Sie dachte sich nichts weiter dabei, das kam schon mal vor, wenn er sie mit Rosen überraschen wollte. Er bat den Mann am Klavier, ihr Lieblingslied zu spielen, *Summertime*, und den an der Bar, einen Brillantring in dem Drink zu verstecken, den sie als Nächstes bestellte. So hatte sie das mal in einem Film gesehen und ihm erzählt. Und er hatte sich das gemerkt. Sie offenbar nicht. Ihr fiel weder das Lied auf noch der Ring. Dass sie in dem Lokal ihr erstes Abendessen zu zweit verbracht hatten, war ihr in diesem Moment auch nicht bewusst. Die Romantik war futsch. Sein Ehebegehren nahm sie dann trotzdem an, noch einmal widersprach sie nicht. Bevor sie allerdings zur Hochzeit schritten, war die Zeit wieder einmal reif für eine von Boris Beckers Häutungen.

Ein paar knappe Zeilen auf einem Telefax, mehr waren ihm die neun gemeinsamen Jahre am Ende nicht wert. Mit seinem nüchternen Schreiben, das er am 21. Juli 1993 verschickte, kündigte er Ion Tiriac sämtliche Verträge – und die Freundschaft. «Im März hatte ich beschlossen, mich nach Wimbledon von ihm zu trennen», erzählte Becker daraufhin der *Frankfurter Allgemeinen Zeitung*. Eine Generalabrechnung fügte er gleich noch hinzu: «Seit vielen Jahren wartete ich auf den richtigen Moment, diese Entscheidung zu treffen, denn ich vertraute ihm schon seit Jahren nicht mehr.» Wenn dem so war, hat er all die Zeit nicht nur ein Geheimnis daraus gemacht, sondern mehrfach das Gegenteil behauptet. «Er ist mein Tennis-Guru: Manager, Berater, Freund, Onkel, Impresario», verkündete er zum Beispiel 1991 noch, also zwei Jahre zuvor. Wenn in der Vergangenheit das Gerücht auftauchte, er wolle sich von seinem Manager trennen, konterte er mit Sätzen wie: «Das ist absoluter

Quatsch. Nie im Leben werde ich Ion verlassen. Ich bleibe immer bei ihm.»

Den Verstoßenen traf nicht so sehr die Kündigung als solche, sondern vielmehr die Art und Weise, wie der einstige Ziehsohn sie vollzog. Keine Spur von Dankbarkeit. Außerdem fühlte er sich hintergangen. Während er noch den Millionenkontrakt über drei Autohäuser in Mecklenburg-Vorpommern einfädeln und zwei lukrative Werbeverträge mit einem italienischen Sportartikelhersteller und einem deutschen Lottoveranstalter abschließen durfte, hatte sich Becker offenbar bereits nach einem Nachfolger für ihn umgesehen.

Es stand seit geraumer Zeit nicht mehr zum Besten mit ihnen, das war auch Tiriac nicht entgangen. Beckers Lustlosigkeit und die öffentliche Kritik des Managers an seiner schlechten körperlichen Verfassung hatten die Fronten verhärtet. Zuletzt sprachen sie kaum noch miteinander. Nur hatte Tiriac ihr Verhältnis ohnehin eher geschäftlich betrachtet. Er war es, der den Tennisspieler korrigierte, wenn der in einem Interview sagte, sie beide seien Freunde: «Boris, ich bin nicht dein Freund ... Ich bin dein Partner, nicht mehr und nicht weniger.» Und nach seinem Verständnis warf man eine solche Partnerschaft nicht wegen ein paar Unstimmigkeiten über den Haufen – es ging schließlich um mehr als gegenseitige Sympathien, es ging um Abermillionen. Nicht zu vergessen, dass noch Verträge existierten, die sie für Jahre miteinander verbanden.

Tiriac prägte einst die Bezeichnung vom Produkt Becker, das er erfunden habe. Das war sicherlich nicht falsch, denn mit seinem berühmtesten Schützling begann weltweit eine neue Ära im Sponsorengeschäft, allein was die Höhe seiner Einnahmen betraf. Zusätzlich lieferte der clevere Manager damit eine einfache Beschreibung für weitaus kompliziertere Geschäftsverflechtungen, die er zwischen dem Tennisspieler und seinen Firmen TIVI Tournament B.V. und TVI N.V. gesponnen hatte. Deren Hauptsitze befanden sich in Amsterdam, am Museumplein 11, zeitweilig auch in der Johannes Vermeerstraat 18, auf jeden Fall in Holland, und das nicht ohne Grund. Einfach ausgedrückt, ging es darum, Steuern zu sparen. Als Spitzenverdiener hätte Becker in Deutschland dreiundfünfzig Prozent seiner Einnahmen ans Finanzamt abführen müssen. Wäre doch schade um das viele Geld – Tiriac kam eine bessere Idee.

Mit seinen Finanzexperten entwickelte er ein Sparmodell, das half, die Abgaben auf ein Minimum zu reduzieren. Mit zwei im Januar 1985 unterzeichneten Verträgen übertrug Becker sämtliche Vermarktungs- und Verwertungsrechte an Tiriacs Unternehmen. Dazu flossen alle Preisgelder, Prämien und wertgegenständlichen Leistungen, die er einholte, in die Firmentöpfe. Im Gegenzug wurden ihm jährliche Entgelte garantiert, in den ersten drei Jahren 36000 Dollar, danach 480000, später wohl noch mehr. Damit nicht genug der Verschleierungstaktik, die durchaus legal war, solange Becker nicht in Deutschland wohnte. TIVI und TVI unterhielten verschiedene Unterlizenzverträge, unter anderem mit einer Gesellschaft auf den Niederländischen Antillen, einem Steuerparadies, in dem nur siebeneinhalb Prozent fällig sind. Zwischen dem Inselstaat und Holland existiert ein so genanntes Doppelbesteuerungsabkommen, welches verhindern soll, dass Einnahmen in beiden Ländern, also doppelt versteuert werden müssen. Durch diese Konstruktion blieb Becker lange Zeit vom Zugriff deutscher Finanzbehörden verschont, weil er offiziell hierzulande kein Einkommen erzielte. Mittlerweile sehen das die staatlichen Steuerexperten etwas anders. Da ist von Scheinverträgen die Rede und davon, dass Becker im Hause seiner Eltern in Leimen, also in Deutschland, sehr wohl eine Betriebsstätte betrieb und somit auch Einnahmen verzeichnete.

Eines dem Tiriac'schen sehr ähnlichen Modells bediente sich übrigens auch Peter Graf für seine Tochter Stefanie, allerdings nur halbherzig. So verzichtete er darauf, ihr einen Wohnsitz im Ausland einzurichten. Wie das ausging, ist allgemein bekannt.

Aus den Firmenkassen wurden sämtliche Kosten des Unternehmens Tiriac/Becker bestritten. Bis zur Trennung der beiden sollen die Ausgaben für Flüge und Hotels, Versicherungen und Arztkosten, für Trainer und anderes Personal rund sechzehn Millionen Mark betragen haben. Eine unvorstellbar hohe Summe; dennoch vergleichsweise unbedeutend gegen das, was Tiriac an Sponsorengeldern für Becker einheimste – und natürlich auch für sich. Er kassierte mit, bis zu dreißig Prozent von jedem Werbevertrag und zehn Prozent von den Preisgeldern. Unter dem Strich dürfte das bis dahin weltweit erfolgreichste Manager-Sportler-Duo an die hundertfünfzig Millionen Mark eingestrichen haben. Den Löwenanteil machten die Werbeeinnahmen aus, mehr als hundertdreißig Millionen. So lauten jedenfalls halbwegs seriöse Schätzungen.

Konnte Ion Tiriac nicht wenigstens dafür Dankbarkeit erwarten? «Ich finde», sagte er, «dass ich den größten Teil von dem produziert habe, was schließlich aus den sportlichen Erfolgen herausgekommen ist.» Becker vertrat einen anderen Standpunkt. Ohne seine Erfolge hätte es keine Werbeverträge gegeben. Das stimmte natürlich, aber ohne den arbeitsamen Rumänen womöglich auch nicht Beckers Erfolge, und ganz sicher nicht Verträge in solch astronomischen Dimensionen. Doch das betrachtete Becker aus einer anderen Perspektive. Kein Wunder, wird Tiriac feststellen: Spieler wie er machten so viel Geld, dass sie den Wert des Geldes nicht mehr schätzten. «Wenn das der Fall ist, sind sie weg von der Realität.» Diesen Schuh zog sich der Star nicht an, er schlug zurück, mit Worten. Der Manager sei alles andere als ein guter Mensch. Er habe sich weder moralisch noch ehrenhaft verhalten, vor allem seinen Eltern gegenüber. Mutter Becker habe ihm die Unterwäsche und die Socken gewaschen, er sich aber nicht als Gentleman erwiesen.

Sie hatten sich an jenem Tag im Juli zu einem Gespräch getroffen, übrigens in der Wohnung in der Gaußstraße. Tiriac wollte mit ihm über die Zukunft reden, nur sah Becker keine gemeinsame mehr. Er betrachtete die Zusammenkunft als ihre letzte, zumindest als Geschäftspartner. So sagte er es ihm auch, das Vertrauen sei zerbrochen, er wolle, dass ein anderer ab sofort seine Geschäfte führe. Tiriac bettelte nicht, bat ihn aber, seinen Entschluss zu überdenken. Man könne ja noch einmal darüber reden. Dann verließ er das Haus und stieg in ein Taxi. Im Autoradio liefen gerade die Nachrichten. Der Sprecher verlas eine kurze Erklärung, die mit den Worten endete: «… er wünsche Ion Tiriac viel Glück für seine weiteren Unternehmungen.» In diesem Moment begriff der Rumäne, dass Becker seine Entscheidung längst getroffen hatte. Obwohl sie sich Jahre später, nach Zeiten gegenseitiger Beschuldigungen und Beschimpfungen und juristischer Auseinandersetzungen (Tiriacs Firmen erhoben Klagen im Streitwert von insgesamt rund siebzehn Millionen Dollar gegen ihn) wieder näher kommen sollten, das erste Mal auf dem dreißigsten Geburtstag von Tiriacs Lebensgefährtin Sophie in Kitzbühel, wird er ihm diese Kränkung niemals verzeihen.

Boris Becker hatte sich damit auch noch des letzten Kritikers in seinem Umfeld entledigt – nicht besonders elegant, dafür in gewohnt konsequenter Manier. Übrig blieb die Fraktion der Jasager.

Der neue Mann hinter ihm stand bereits in den Startlöchern: Axel Meyer-Wölden, ein Münchner Rechtsanwalt, ein Multiplayer. Der Jurist, auf Persönlichkeits- und Urheberrecht spezialisiert, verdiente als Musikproduzent und Berater von hochrangigen Künstlern ein Vermögen, ehe er seine Geschäfte auf den Sportbereich ausdehnte. Zu seinen Klienten zählten Placido Domingo, Rondo Veneziano, Sergiu Celibidache, Michael Jackson, die Münchner Philharmoniker und die Musiker des Leipziger Gewandhausorchesters. Im Sportgeschäft galt er als Seiteneinsteiger, was ihn nicht davon abhielt, ebenso erfolgreich zu sein. Er stieg zu einem der einflussreichsten Denker und Lenker bei der Vermarktung des deutschen Profisports auf. Den bis dahin spektakulärsten Deal brachte er als Geschäftsverwalter der Sportrechteverwertungsgesellschaft ISPR über die Bühne. Er sicherte sich die Fernsehübertragungsrechte der Fußballbundesliga beim Deutschen Fußball-Bund, zunächst für fünf Jahre, und verkaufte sie für sagenhafte siebenhundert Millionen Mark an den Privatsender SAT.1. Da ihm nicht nur an höchstmöglichem Profit gelegen war, sondern auch an einer höchst professionellen Darbietung des Sports für die Zuschauer, holte er parallel dazu den Moderator Reinhold Beckmann vom Pay-TV-Kanal Premiere nach München und installierte ihn als allmächtigen Sportchef. Die Sendung *ran* entstand, die Ära der angestaubten öffentlich-rechtlichen Fußballberichterstattung gehörte der Vergangenheit an.

Der Tennisboom war Meyer-Wölden, der sich mit Vorliebe als Macher bezeichnete, ebenfalls nicht verborgen geblieben, auch hier witterte er das große Geschäft. Mit einem ungeheuren Kraftakt und beträchtlichen Finanzen hob er 1990 in seiner Heimatstadt den Compaq Grand Slam Cup aus der Taufe. Nicht kleckern, sondern klotzen hieß seine Maxime. Um dem Event von vornherein zu besonderer Attraktivität zu verhelfen und es auf Dauer zu etablieren, stattete er es mit dem höchsten Preisgeld aus, das weltweit bei einem Turnier zur Verfügung stand: sechs Millionen Dollar. Allein die Prämie für den Sieger betrug eineinhalb Millionen. Ausgerechnet sein neuer Klient gehörte anfangs zu den eifrigsten Kritikern. «Das ist ganz schlecht fürs Tennis», hatte Boris einst gewettert. «Ich fände es eine Schande, wenn Spieler wie Becker, Lendl oder McEnroe da antreten würden, weil die sowieso schon unmenschlich viel Geld verdient haben und dieses Turnier mit diesem Preisgeld schädlich ist für unseren Beruf.» Wenn, dann tauge es höchstens als Geldbeschaffungsanlage für nicht so gut verdienende Spieler, die sich in einer Woche den Lebensunterhalt für die Zukunft sichern könnten. So war das vom Veranstalter natürlich nicht gedacht, der wusste schließlich, dass nur die erste Garde ausreichend Zuschauer anlockt. Weshalb Meyer-Wölden beim Weltverband ITF eindringlich gegen Beckers Boykottaufruf intervenierte.

Doch was kümmerten Becker seine Äußerungen von gestern heute noch? Der Advokat mit dem «ölig-mephistophelischen Charme», wie ein *Spiegel*-Reporter einmal Meyer-Wölden beschrieb, rechnete sich gute Chancen aus, den Tennisspieler umzustimmen, was dessen Meinung zum Compaq Cup betraf. Immerhin hatte er ihm schon einmal aus der Patsche geholfen, im Jahr 1987, mit juristischem Rat, als sich Trainer Bosch von ihm trennte.

Umso erfreulicher, dass Meyer-Wölden ihm im Sommer 1993, nach dem Wimbledon-Turnier, auf dem Rückflug von London nach München persönlich begegnete. Becker befand sich auf der Suche nach jemandem, der ihm bei der Trennung von seinem Manager behilflich sein konnte. Da trat der Anwalt gerade im rechten Augenblick in Erscheinung. Den verschwiegenen Juristen hielt Becker für den geeigneten Mann, ihn aus den verworrenen Vertragswerken mit Tiriacs Firmen herauszuboxen. Im Gegenzug würde er bei dessen Grand Slam Cup antreten, versteht sich, das musste nicht extra ausgesprochen werden – schon waren sie Brüder im Geiste. Und das nicht nur im geschäftlichen Bereich. Becker fühlte sich ihm auch deshalb verbunden, weil er mit einer Frau zusammenlebte, die viele wie seine Barbara als Exotin betrachteten. Die schöne Anwaltsgattin Antonella, dunkles Haar und braune Haut, stammte aus Italien. Dort zog sie früher als Schlagersängerin durchs Land, trällerte als Duo Le Angeli im Duett mit ihrer Zwillingsschwester. Ähnliche Parallelen existierten auch zu einem anderen Paar, mit dem Barbara und Boris befreundet waren – zu Rockstar Marius

Müller-Westernhagen und seiner zweiten Ehefrau Romney, einem ehemaligen Model.

Und noch etwas machte Becker den neuen Berater sympathisch: Weil er von Vermarktung viel, vom Tennis als Sport aber weniger verstand und im Übrigen clever genug war, hielt er sich mit Kritik zurück. Stattdessen arbeitete er, in diesem Fall sehr wohl auf Öffentlichkeit bedacht, an einem neuen Image für seinen eigensinnigen Mandanten. Becker sei mehr als ein genialer Sportler, ließ Meyer-Wölden, auch ungefragt, gerne wissen, hochintelligent, hochsensibel und mit einem phänomenalen Gedächtnis ausgestattet. «Wir haben manchmal bis zu zwölf Stunden über kompliziertesten Vertragstexten gesessen, und er hat nicht nur alles verstanden, sondern auch alles behalten.» Wie es um Beckers Fähigkeiten als Geschäftsmann wirklich bestellt war, erlebten andere ganz anders, allerdings später.

Gemeinsam entwarfen sie einen Dreistufenplan. Zunächst galt es, das Problem Tiriac abzuwickeln. Die Formalitäten, rein juristischer Natur, erledigten Axel Meyer-Wölden und die Mitarbeiter in seiner Kanzlei. Sie müssen mit harten Bandagen gekämpft haben. Ion Tiriac, dem inzwischen in seiner Heimat eine Privatbank, ein Fernseh- und ein Radiosender und zahlreiche Immobilien gehörten und der dort die Generalvertretung für Mercedes übernommen hatte, bestand zunächst auf Einhaltung der einst geschlossenen Verträge. «Ich bin der ausschließliche weltweite Repräsentant für Management, Dienstleistungen und Öffentlichkeitsarbeit für Boris Becker», unterstrich er, nachdem ihn das Kündigungsschreiben erreicht hatte. Es existierte ein ganzes Konglomerat an Vereinbarungen, die längsten galten bis 1998, ein kompliziert verstricktes Geflecht von Verträgen, Nebenverträgen, Unterverträgen … Es folgten zähe Verhandlungen und hitzige Debatten zwischen den Rechtsbeiständen beider Seiten, die sich mitunter dermaßen zuspitzten, dass ein Dritter vermitteln musste. Die Aufgabe des Schlichters übernahm Joachim Theye, der ehemalige Kanzleisozius von Hans-Dietrich Genscher, der zu dieser Zeit im Aufsichtsrat des Springer-Verlages saß. Am Ende kostete es Becker ein paar Millionen, aber das war ihm die Sache wert. «Ich habe mit den ersten zehn Jahren meiner Karriere abgeschlossen», sagte er – dies sei der endgültige Wendepunkt.

Punkt zwei betraf Beckers Karriere, Punkt drei das Leben danach. Aber wie sollte es jetzt erst einmal weitergehen? Mit der nachlässigen Haltung, die inzwischen eingerissen war, jedenfalls nicht, wenn er noch einmal einen Angriff auf die Weltspitze starten wollte. Im Januar hatte er das Turnier bei den Scheichs in Doha gewonnen, im Februar das in Mailand, danach keins mehr. Seitdem er sich zu seinem 25. Geburtstag im November 1992 selbst beschenkt hatte, indem er den ATP-Weltmeistertitel erspielte, verlief seine Erfolgskurve vor allem in eine Richtung – steil nach unten. Auch beim Publikum sanken seine Sympathiewerte auf einen Tiefpunkt, nicht nur hierzulande. Obwohl er es in Wimbledon bis ins Semifinale schaffte, hielten englische Reporter die Beschreibung seiner Brustbehaarung für notierenswerter: Die erinnere an Schimmelpilz auf Joghurt. Michael Stich dagegen holte kräftig auf. Aber der Elmshorner spielte auch erfolgreicher, kämpfte sich innerhalb eines Jahres von Platz fünfzehn auf Rang zwei der Weltrangliste vor. Eine Umfrage ergab, dass knapp achtzig Prozent der Befragten Becker eine ähnliche Entwicklung nicht mehr zutrauten, jedenfalls nicht bis auf Platz eins. Eine andere ermittelte, dass sich über die Hälfte der Deutschen nicht mehr für ihn interessierte. Die Quittung erhielt er bei der Wahl zum Sportler des Jahres, dort stürzte der viermalige Sieger auf Platz dreiundzwanzig ab, noch hinter Springreiter und Wasserspringer.

Aus sportlicher Sicht sei es das schlechteste Jahr seiner Karriere gewesen, resümierte er am Jahresende. Eric Jelen, der loyale Kumpel aus gemeinsamen Daviscup-Tagen, taugte vielleicht als Trainingspartner, aber nicht wirklich als Coach. Das lag weniger an ihm, er nahm seinen Auftrag ernst. Doch niemals hätte Becker sich ihm untergeordnet, das tat er schon bei anderen, gewichtigeren Trainern nicht. Wer von beiden war denn der bessere Spieler, was sollte ihm Jelen also noch erklären oder gar beibringen? Seine Aufgabe bestand mehr darin, den Baron bei Laune zu halten. Nur gab es dafür auch andere in seinem Team – also weg mit dir, lass uns aber Freunde bleiben. Meyer-Wölden fädelte einen spektakulären Coup ein, engagierte kurz vor Ende des Jahres Nick Bollettieri, den als gnadenlosen Schleifer berühmt-berüchtigten Tennistrainer aus Bradenton in Florida.

Die Tennis Academy des einstigen Fallschirmjägers, der der Eliteeinheit Green Berets angehört hatte, war die größte Talentschmiede der Welt, und sie galt als die erfolgreichste. Demzufolge hielt sich Bollettieri für den besten Tennistrainer überhaupt. Bei ihm wurden Jim Courier und Petr Korda zu Spitzenspielern gedrillt, Jimmy Arias und André Agassi, der erst im Sommer ausgestiegen war. Mary Pierce und Monica Seles gingen bei Bollettieri zur Schule und Anna Kournikowa, die russische Tennisprinzessin, die mehr für ihre Schönheit als für eine perfekte Vorhand bewundert wird. Nicht zu vergessen das legendäre Wunderkind Tracy Austin, das als Sechzehnjährige mit Zöpfchen und Zahnspange 1979 die US Open gewann und im Jahr darauf zweiundzwanzig Wochen lang die Weltrangliste anführte. Trotz aller Erfolge ging die Tennisfabrik Anfang der neunziger Jahre Pleite, angeblich aus unerklärlichen Gründen. Woraufhin der finanzkräftige Sport-Tycoon Mark McCormack, der einst Beckers Management übernehmen wollte, die Geschäfte an sich riss. Seitdem fungierte Bollettieri in seiner einstigen Firma nur noch als leitender Angestellter.

Bei einem Abendessen in München besiegelten Becker, Meyer-Wölden und Bollettieri die neue Partnerschaft. Der Coach erhielt einen Vertrag, der ihm ein monatliches Gehalt von 15000 Dollar garantierte, also 180000 im Jahr. Zusätzlich billigten sie ihm zehn

Prozent der Preisgelder zu, die Becker einspielte, sodass er unter dem Strich jährlich auf rund 300000 Dollar kam; wenn es gut lief, noch mehr. Darüber hinaus wurde vereinbart, dass Becker sämtliche Unkosten übernahm, die durch Flugreisen, Hotelübernachtungen und Verpflegung entstanden. Dazu die Aufwendungen für den Reisecoach Red Ayme und die Trainingspartner. Fürs Erste sollten ihm der Rumäne Gabriel Trifu und Thomas Haas auf dem Trainingsplatz gegenüberstehen, später noch der Amerikaner Greg Hill.

Der gebürtige Hamburger Haas, der sich lieber Tommy nennt und inzwischen mit Meyer-Wöldens Tochter Alessandra zusammen ist, war noch keine vierzehn, als ihn sein vom Ehrgeiz besessener Vater in das berühmte Tenniscamp verfrachtete. Zurzeit soll er Deutschlands bester Tennisspieler sein, obwohl er sich hier höchstens mal zu einem Turnier aufhält und es in letzter Zeit sogar ablehnte, für die Nationalmannschaft, also im Daviscup-Team zu spielen. Die Medien machten ein Riesentheater darum. Dabei hat sich im Grunde nicht viel verändert, Querelen gab es, so oder ähnlich, zu Beckers Zeiten schon. Der tönte einst, er würde immer für Deutschland antreten, Geld spiele keine Rolle, das sei eine Frage der Einstellung. Ein paar Jahre hielt er dieses Versprechen, dann wollte er nur noch in den Finalrunden antreten, die Sahnehäubchen abschöpfen, irgendwann auch das nicht mehr. Da spielte Geld schon längst eine erhebliche Rolle, und zwar in Millionenhöhe.

Man kann es so sagen: Gegen Ende des Jahres 1993 setzten sich zahlreiche Sportjournalisten, auch die ernst zu nehmenden, an ihre Computer, um einen sportlichen Nachruf auf Boris Becker zu verfassen: Der Held stürzt! Bye-bye, Boris; adieu, du Held der Tenniswelt! Sie schrieben ihn ab, mit sechsundzwanzig. Bis auf wenige, aber die gehörten zum erweiterten Becker-Clan und veröffentlichten nur, was er diktierte. Die anderen betrachteten die Ereignisse kritischer. Der Herbst war spielerisch ein Desaster für ihn gewesen. Er verlor gegen so ziemlich jeden, den er früher mühelos geschlagen hätte. Und jetzt kam er auch noch und kündigte eine Pause an, keine Turnierpause, um zu trainieren, das hätte ihnen eingeleuchtet. Nein, um eine Babypause handelte es sich, das setzte dem Ganzen doch die Krone auf.

Für den Sport galt er als verloren. Die Klatschberichterstatter dagegen erklärten Boris und Babs zum neuen deutschen Traumpaar. Umso besser, dass ein Gerücht ausnahmsweise mal stimmte: Boris wird nach Deutschland zurückkehren, ganz offiziell. Und es war auch richtig, dass sie eine Villa an der Lamontstraße in Bogenhausen gekauft hatten. Jugendstil, dreihundert Quadratmeter Wohnfläche, im parkähnlichen Garten uralte Buchen und Linden – das Ganze für sieben oder acht Millionen Mark, so wurde gemunkelt. Gleich um die Ecke Feinkost Käfer, hier versorgten sie sich schon länger mit allen Lebensmitteln, die ihre Herzen begehrten. Wenn sie für einige Wochen nach Monte Carlo fuhren, nahmen sie die Leckerbissen gleich containerweise mit. Auch das ehrwürdige Prinzregententheater und die Discothek P1 befinden sich in unmittelbarer Nähe – ein idealer Wohnplatz. Gekauft haben ihn die Eltern Becker, bezahlt hat der Sohn. Mit dem Einzug dauerte es noch ein Weilchen, erst mussten der Prachtbau renoviert und der Keller umgebaut werden. Da kamen ein Fitnessstudio und ein Massageraum rein, nebenan befand sich ein Zimmer, in dem die Sportsachen deponiert wurden. An Geld mangelte es nicht, dafür haperte es am Geschmack. Barbara bekam sich mit ihrem künftigen Schwiegervater in die Wolle. Den hatten sie mit der Innenausstattung betraut, leider, wie sie Freunden klagte. Wollte Karl-Heinz doch tatsächlich das gemütliche Parkett durch kühle Fliesen ersetzen.

Die Sache mit dem Haus war nur ein Nebenaspekt. Eine Nachricht verdrängte alle anderen, die mit Boris und Babs oder beiden zu tun hatten: «Alles spricht dafür: Barbara Feltus ist schwanger», berichtete die *Welt am Sonntag* am 1. August 1993, nachdem sie bereits am Wochenende zuvor eine erste Mutmaßung, die erste überhaupt, angestellt hatte – als wäre sie bei der gynäkologischen Untersuchung zugegen gewesen. Das war der Schreiber natürlich nicht, aber seine Meldung ein willkommener Grund für weitere Spekulationen, in anderen Blättern: Bekommt Boris einen Sohn oder eine Tochter? Wird es ein «milchschokoladenes Wunderkind mit Blondschopf»? Ein «stupsnasiges Krausköpfchen»? Oder doch ein rothaariges Bleichgesicht? Auch die *Bild*-Zeitung war früh informiert, nur nicht immer richtig – noch im Dezember vermeldete sie die bevorstehende Ankunft einer Tochter. Da stand längst fest, dass es ein Junge wird. Rolf Schmidt-Holz, damals Chefredakteur des *Sterns*, hielt sich mit Mutmaßungen nicht auf. Er schrieb einen Brief an den werdenden Vater, um seinem Magazin die Veröffentlichungsrechte für die ersten Fotos vom Baby zu sichern. Die Briefmarke sparte er sich, dafür zahlte der Verlag einem seiner Redakteure ein Flugticket nach Australien, um das Schreiben persönlich zu überbringen. Becker spielte in Sydney gerade ein Turnier, nicht lange, eine Runde, dann flog er raus.

Da es noch kein Foto geben konnte, wurde eines gezeichnet und noch eins und in der *Bunten* gleich die ganze Familie: Babs mit Schürze und Fläschchen, Hausherr Boris im Sessel mit Kind, davor ein Hund, der das häusliche Glück bewacht – heile deutsche Welt. Die ganz Schlauen kramten ein x-beliebiges Babyfoto hervor und bastelten eine Montage für die Titelseite: Boris, Babs und Bobs. Oder Bobsi oder Baby Bum, Hauptsache, es klang schön verrückt. Es ging gar nicht verrückt genug, als gäbe es einen Preis für die sonderbarste Idee. Eines der Klatschblätter dokumentierte übersinnliche Kräfte und druckte ein Gespräch mit dem ungeborenen Kind: «Manchmal schlage ich vor Übermut Purzelbäume, und Mama hält erschrocken schützend ihre Arme über mich. Papa klopft dann sanft auf Mamas Bauch, um mich zu beruhigen ...» Der Phantasie waren keine Grenzen gesetzt, weil Papier geduldig ist und niemand den gepflegten Schwachsinn unterband.

Dabei hatte das verlobte Paar die Neuigkeit nicht einmal bestätigt. Das tat es erst einige Wochen später, im September, ganz offiziell und feierlich. Mit Champagner zum verspäteten Frühstück vor einer Hand voll auserlesener Journalisten, die Boris und Barbara, Frau Becker in spe, am Rande der US Open ins New Yorker Peninsula-Hotel luden. Ein glamouröser Auftritt, aber ein später. Es hatte den beiden gar nicht gepasst, dass die Schwangerschaft schon vorher ohne ihr Zutun bekannt geworden war. Einer ihrer engsten Freunde musste das Geheimnis verraten haben, aber wer? «Auf einmal misstraut man allen, die man kennt», ärgerte sich Barbara, «und überlegt, wer da wohl wem was gesagt haben könnte.» Boris hatte als Erstem Markus Zoecke, einem seiner Doppelpartner, davon erzählt, beim Seitenwechsel während eines Matches in Indianapolis. Das war im Juli. Aber der kam genauso gut oder so wenig als undichte Stelle infrage wie einige Freundinnen von Barbara, der Arzt, der die Schwangerschaft diagnostizierte, und die Schwestern in der Praxis.

Was in der folgenden Zeit in den Medien geschah, war der pure Wahnsinn. Nie zuvor hatte sich aus einer privaten und für die Öffentlichkeit doch im Grunde nebensächlichen Botschaft ein solcher Medienorkan entwickelt, wie er in den folgenden Wochen und Monaten übers Land stürmte. Was für jeden Menschen eine Normalität darstellte, wurde bei Babs und Boris jetzt als Sensation ausgelegt. Erst die Nachricht von der Schwangerschaft, dann der Hochzeitstermin. Alles sollte schließlich seine Ordnung haben, das Kind nicht unehelich zur Welt kommen. Das hätte Beckers Eltern womöglich um den Verstand gebracht, wenn die Kinder sich schon nicht kirchlich trauen ließen. Also war Boris auch darin ein Vorbild. Und das kompatible Abbild einer heilen Welt. Was passte da nicht alles rein: die Liebe zwischen Mann und Frau, zwischen Weiß und Schwarz, irgendwie auch zwischen Arm und Reich. Und die Sehnsucht nach einem Kind, der Zukunft also. Nicht der Traum zweier Liebender erfüllte sich, es ging der einer ganzen Generation in Erfüllung – der gemeinschaftliche Traum vom Glück. Boris und Barbara, der Baron und seine Baroness, sie eigneten sich perfekt als Projektionsfläche. Das jedoch nur, weil sie zwar viel, aber längst nicht alles und eben nicht immer die Wahrheit verrieten.

ACHTES KAPITEL

Die Ehe, der Tod und die Angst

Die Worte, die der Mann am Telefon von sich gab, machten keinen Sinn. Ein Kauderwelsch, ein Durcheinander, was wollte er? Für den Anruf eines Betrunkenen war es noch zu früh. Die Uhr zeigte neun Uhr fünfundvierzig an. Und er lallte ja auch nicht. Er sprach nur so, als wolle er die eigene Stimme verleugnen. Sie sollte wohl nach der eines Ausländers klingen, nach einem Osteuropäer, Hauptsache, bedrohlich. Von denen weiß man ja, dass man sich vor ihnen in Acht nehmen muss. Liest man doch allenthalben, wozu die von der Russenmafia fähig sind oder die kriminellen Kosovoalbaner oder die alten Securitate-Leute aus Rumänien. Die sollen vor nichts zurückschrecken. Aber was redete der da! «Ich zusammenarbeiten mit RAF ...» Der Sekretärin in der Kanzlei von Axel Meyer-Wölden war die Sache nicht geheuer. Also verband sie den Verrückten doch lieber mit dem Chef, man weiß ja nie. Schließlich erwähnte der Anrufer auch den Namen Boris Becker, wenn sie ihn richtig verstanden hatte. «Boris Becker und Familie in Gefahr ...» Alles, was mit dem Tennisspieler zu tun hatte, genoss höchste Priorität. Meyer-Wölden hob den Hörer ab und hörte das Gestammel noch einmal: RAF ... Boris Becker ... Die Forderungen nächste Woche ... Bei Nichterfüllung Becker sein bald unter der Erde!

Dieser erste Anruf ging am 10. März 1994 ein. Sechs Tage darauf meldete sich der Erpresser erneut, exakt drei Minuten nach neun Uhr morgens. Diesmal gab er sich als André Dubowski aus, aber das war natürlich nicht sein richtiger Name, wieder verstellte er die Stimme. Sein Alter ließ sich schwer schätzen, dreißig Jahre vielleicht oder etwas jünger. Klar schien indes, dass es sich in Wirklichkeit um einen Deutschen handelte, seine Sprachverstellungskünste ließen zu wünschen übrig. Die psychischen Probleme hingegen, die ihn seit frühester Jugend belasteten, konnte er verbergen. Die kamen erst später zur Sprache, als er von der Polizei gefasst und wegen versuchter räuberischer Erpressung vor Gericht gestellt wurde. Zunächst hing er noch dem Glauben nach, er könne seinen abstrusen Plan in die Tat umsetzen, mit dem er sich seit Ende vergangenen Jahres gedanklich befasste.

In letzter Zeit war in seinem Leben so ziemlich alles schief gegangen – Job weg, Geld weg, Freundin weg –, das musste sich endlich einmal ändern. Boris Becker, den er für seine psychische Stärke bewunderte und den er für eine Lichtgestalt schlechthin hielt, sollte ihn, den ewigen Verlierer, dabei unterstützen. So hatte er sich das gedacht. Wie ihm der Tennisspieler zu neuem Optimismus verhelfen könnte, verriet er bei dem zweiten Telefonat. Als handele es sich um einen Geheimcode, gab er sechs Zahlen durch – drei, achtzehn, vierundzwanzig, achtunddreißig, siebenundvierzig und achtundvierzig – und verlangte, dass ihm diese bei der elften Ziehung des Samstagslottos zu einem beträchtlichen Gewinn verhelfen sollten. Allen Ernstes – er glaubte wirklich, dass Beckers Einfluss so weit reichte. Ihm schwebten 100000 Mark vor, so in etwa. Auf keinen Fall durfte es der Hauptgewinn sein, der betrug zwar manchmal Millionen, aber den ziehen so wenige, das hätte ihn sofort verraten. Sollten sie seine Forderung nicht erfüllen, drohte er, würde er in der Presse eine Schmutzkampagne gegen den Anwalt inszenieren und Becker, «das deutsche Schwein», seine Frau und das Kind müssten sterben. An dieser Stelle brach der Fremde das Gespräch ab.

Knapp fünf Stunden später bekräftigte er seine Drohung noch einmal. Nacheinander hinterließ er in Meyer-Wöldens Sekretariat und in der Sportredaktion der Münchner *Abendzeitung* die Mitteilung, er wüsste, dass sich die Familie Becker in Key Biscayne aufhalte. Das herauszubekommen war nicht schwierig, es stand in vielen Zeitungen. Dort habe er ein paar skrupellose Kerle, die vor nichts zurückschrecken würden, auf sie angesetzt. Es würde ein Massaker geben, kündigte er an, falls die bevorstehende Lottoziehung nicht nach seinen Wünschen verliefe.

Die Beckers erfuhren erst nach dem Turnier in Florida von dem ominösen Anruf und seinen seltsamen Drohgebärden. Ungeachtet dessen reisten sie nach Osaka und Tokio weiter, dort hatte der Tennisspieler seine Teilnahme schon zugesagt. Außerdem geschah es nicht zum ersten Mal, dass ihn eine solche Nachricht erreichte. Kaum ein Monat verging, in dem er nicht mit Drohungen konfrontiert wurde. Anrufe, Briefe, Beschimpfungen – die Kehrseite des Ruhms. Daran änderte sich auch in Zukunft nichts. Bereits 1988 hatte ein Elektriker, der offensichtlich unter einem gewissen Realitätsverlust litt, Morddrohungen gegen ihn ausgesprochen und Brandsätze in Münchner Kirchen gezündet, um zehn Millionen Mark zu erpressen. Mit dem Geld wollte er ein Waisenhaus errichten. Dem gebürtigen Ungar gleich, bewiesen auch die meisten anderen Täter, die ihm nachfolgten, nicht sonderlich viel Intelligenz. Einige bekam die Polizei zu fassen, die meisten gaben ihr Vorhaben von selbst wieder auf und meldeten sich nicht mehr.

Auch der junge Mann mit dem Lottotick erweckte nicht den Eindruck, als ginge von ihm eine reale Gefahr aus. Doch wenn man so dachte – zu Recht zwar, wie sich herausstellen sollte –, handelte es sich nur um eine subjektive Einschätzung, auf die man sich nicht verlassen konnte. So eine Drohung schüttelte man nicht einfach ab. Seitdem jeder wusste, wie gewinnbringend Boris Becker seinen sportlichen Erfolg in Bares ummünzte, zählte er zu den gefährdeten Personen, wo auch immer er sich gerade aufhielt. Solange er allein lebte, hielt sich die Angst in

Grenzen, konnte er sie meist erfolgreich verdrängen. Als Entführungsopfer kam er selbst wohl kaum infrage. Dennoch wurden Erpresserschreiben und Drohanrufe wie die im Frühjahr 1994 keinesfalls lax behandelt. Noch vor dem dritten Anruf installierte die Polizei im Büro des Rechtsanwalts eine Fangschaltung und zeichnete jedes Telefonat auf Band auf. Als der Erpresser an besagtem Wochenende merkte, dass er sein Ziel nicht erreichte, gab er einige Monate Ruhe. Danach versuchte er es noch ein paar Mal, nicht weniger dilettantisch, zuletzt mit einer Bombendrohung beim Daviscup-Spiel in der Karlsruher Europahalle, bis ihn die Polizei festnahm.

Für den Moment beruhigte das die Gemüter. Das bedrückende Gefühl, dass sich derartige Bedrohungen jederzeit wiederholen könnten, blieb jedoch. Niemand konnte den Beckers die Gewissheit geben, dass jedes Mal solch ein Stümper oder Bluffer am Werk sein würde. Außerdem, und das war der entscheidende Punkt, hatten sich die Verhältnisse im Hause Becker grundlegend verändert. Er war nicht mehr nur für sich allein verantwortlich, nun lebte eine Frau mit ihm unter einem Dach – und ein Kind, das vor allem galt es zu schützen. In Gedanken hatte er sich mit der Problematik einige Male auseinander gesetzt, schon in der Vergangenheit, vor dem jüngsten Alarmsignal, das missliche Thema auch mit seinem Berater, dem Anwalt, besprochen. Sicherheitshalber entschieden sie sich, entsprechende Vorkehrungen zu treffen. Wenn die Familie konkret bedroht wurde, wie von dem letzten Telefonerpresser, stellte die Polizei Sicherheitsbeamte. Manchmal wurde darüber hinaus sogar das Haus der Eltern in Leimen bewacht, auch die schwebten in Gefahr. Was aber, wenn ein Täter ohne Vorwarnung zuschlagen wollte? Für kein Geld der Welt könnten sie sich absolute Sicherheit kaufen, die gab es nicht, das leuchtete ihnen ein. Wenigstens wollten sie tun, was in ihrer Macht stand, für den Fall, dass etwas passierte. Auch wenn das einiges kosten würde und die Vorstellung beileibe nicht angenehm war, die Privatsphäre mit Fremden zu teilen – es mussten Bodyguards her. Darum kamen sie nicht herum.

Es passte nur ins Bild, dass schon ihre Hochzeit, die am 17. Dezember 1993 stattfand, unter verschärften Sicherheitsmaßnahmen über die Bühne gegangen war. Die Brautleute befürchteten einen Ansturm von Schaulustigen. In der Meute könnte sich ein potenzieller Attentäter leicht verstecken. Außerdem rechneten sie damit, dass die Verlage und Sendeanstalten und Nachrichtenagenturen aus ganz Europa mit einem Großaufgebot an Reportern, Fotografen und Kameraleuten anrücken würden. Die waren auch zu einigem fähig, auf alle Fälle scharf auf Bilder. Seitdem die Schwangerschaft Barbaras bekannt geworden war, handelten die Medien das Ereignis als *die* Hochzeit des Jahres. Dabei wollten die zukünftigen Eheleute den Tag nur in Ruhe begehen, ohne Presserummel, wie sich das jeder wünscht. Sämtliche Anfragen für Fotogenehmigungen während der Trauung oder der anschließenden Feier wurden kategorisch abgelehnt. Dadurch entstand das Gerücht, sie hätten Exklusivrechte verkauft, angeblich für eine Million Mark. Was aber nicht zutraf, obwohl ihnen Angebote in dieser Größenordnung zugetragen worden waren. Mit Schwiegervater Ross Feltus befand sich ein Fotograf in der Familie, wozu noch einen anderen hereinlassen? Ihre Hochzeit war eine Privatangelegenheit. Sie hatten nicht vor, auch nur ein Foto von diesem Tag zu veröffentlichen. Der sollte allein ihnen gehören, ihren nächsten Verwandten und engsten Freunden.

Um dem ganzen Trubel von vornherein zu entgehen, schmiedeten sie Pläne, wie sie die Journalistenschar fern halten könnten. Sie gaben weder den Ort noch den Zeitpunkt ihrer Hochzeit bekannt. Diesmal kam es ihnen sogar entgegen, dass verschiedene Gerüchte kursierten. Angeblich sorgten sie über Bekannte selbst dafür, dass falsche Informationen in Umlauf gerieten, ein klassisches Ablenkungsmanöver. Diejenigen, die eingeweiht werden mussten, wurden zum Stillschweigen verpflichtet. Einige der Mitarbeiter im Rathaus von Leimen zum Beispiel und die in einer Bäckerei, die eine vierstöckige Hochzeitstorte zauberten. Es wurde kolportiert, dass Boris und Barbara im verschneiten Kitzbühel vor den Traualtar träten. Als Beckers Trainer Nick Bollettieri zum Skilaufen im noblen Urlaubsort anreiste, galt sein Erscheinen als sichere Bestätigung. Spätestens da setzte sich der Tross der Journalisten in Bewegung. Um sicher zu gehen, klapperten andere die Standesämter in München ab. Die wenigsten fanden sich in Leimen ein, aber nur die bewiesen das richtige Gespür.

Es regnete in Strömen, als die Hochzeitsgesellschaft das Haus von Karl-Heinz und Elvira Becker gegen siebzehn Uhr dreißig verließ. Nur einer der Geladenen fehlte noch, Hans-Wilhelm Müller-Wohlfahrt, der Münchner Arzt, der die Fußballer der Nationalmannschaft betreut und die des FC Bayern, Boris Becker und so ziemlich jeden prominenten Sportler des Landes. Auf dem Weg nach Leimen war er in einen Stau geraten, nun spät dran und deshalb direkt zum Rathaus gefahren. Er durfte nicht fehlen, da ihn das Brautpaar gebeten hatte, neben Carlo Thränhardt als Trauzeuge aufzutreten. Trotz des miserablen Wetters harrten ungefähr dreihundert Menschen vor dem Rathaus aus. Im letzten Moment hatte sich im Ort die Nachricht doch noch herumgesprochen. Sie wollten sich das Spektakel nicht entgehen lassen. Wann heiratete schon ein Superstar in Leimen? Der sollte sich allerdings drei Jahre später, im Dezember 1996, an gleicher Stelle wieder blicken lassen und ähnlichen Aufruhr verursachen, dann, um der Hochzeit seiner Schwester beizuwohnen. Sabine Becker ehelichte den Apotheker Matthias Schorp, mit dem sie inzwischen zwei Kinder hat. Zu dem Großaufgebot an Polizei kam es in diesem Fall nur, weil wieder einmal ein anonymer Anrufer gedroht hatte, dem Tennisspieler Frau und Kind zu entführen.

Kurz nach achtzehn Uhr nahm Herbert Ehrbar, der immer noch die Verwaltung der Stadt leitete, inzwischen als Oberbürgermeister, die Trauung vor. Das wollte er sich nicht nehmen lassen, obwohl es auch einen regulären Standesbeamten gab; die großen Auftritte behielt er sich vor. Wie hatte es Boris Becker nach ihrer Verlobung ausgedrückt? «Ich trete in Barbaras Familie ein, sie tritt in meine Familie ein. Das ist was Heiliges.» Die Zeremonie fand im Spiegelsaal statt. Für den Bräutigam fast ein historischer Ort, hier wurde er nach seinen ersten beiden Wimbledon-Siegen feierlich empfangen, hier erhielt er 1986 die Ehrenbürgerschaft. Für das berühmte Paar hatte Ehrbar eine dreiseitige Ansprache vorbereitet, die ihm offenbar selbst so gut gefiel, dass er sie in der nächsten Ausgabe der *Rathaus-Rundschau* abdrucken ließ: Schön, dass sie nicht irgendwo draußen in der Welt den Bund fürs Leben schlossen, sondern hier, in Boris' liebenswürdigen Heimatstadt.

Der Sohn der Stadt war wieder heimgekehrt – für ein paar Stunden wenigstens. Dabei blieb die Hochzeitsgesellschaft nicht einmal über Nacht, wo hätte sie auch standesgemäß feiern sollen? Unmittelbar nach der Trauung fuhren die Beckers mit ihren Gästen Richtung Schwarzwald. Im Restaurant Imperial des herrschaftlichen Fünf-Sterne-Schlosshotels Bühler Höhe war die Festtafel für ein Sechs-Gänge-Menü bereits eingedeckt. Und die Präsidentensuite für das junge Ehepaar hergerichtet. Die Luxusherberge wurde bewacht wie bei einem Staatsempfang. Hier kam nur rein, wer reingehörte. Das Wachpersonal kontrollierte selbst die geladenen Gäste. Keine Chance für Verbrecher, aber auch nicht für Fotografen, von denen sich einige heimlich einschleichen wollten. Das offizielle Hochzeitsfoto durften sie erst am nächsten Tag aufnehmen. Für ein paar Minuten gewährten ihnen Boris und Barbara, die nun Becker hieß, Audienz. Unter der weißen Bluse von Babs wölbte sich der Babybauch, mittlerweile war sie im neunten Monat.

Obwohl sich Boris Becker öffentlich für eine Babypause vom Turniertennis abgemeldet hatte und alles danach aussah, als würde er sich in erster Linie um seine Familie kümmern, ließ er das Training nicht schleifen. Im Gegenteil, nachdem man ihn abgeschrieben hatte, nicht zum ersten Mal, aber zum ersten Mal so, als wäre es endgültig, war sein Kampfgeist erwacht, seine Spielermentalität – wie eine Trotzreaktion: Denen werde ich es zeigen! Damit konnte man ihn am ehesten kriegen, wenn kein Mensch mehr einen Heller auf ihn gab. Als Nick Bollettieri Anfang 1994 zum ersten gemeinsamen Training nach München einflog, erlebte er Becker hochmotiviert und diszipliniert, in einem Maße, das ihn erstaunte: «Er arbeitete bis zum Umfallen. Unsere Tage begannen um neun Uhr dreißig morgens und endeten um zwanzig Uhr dreißig abends … Er machte Stretchübungen, trainierte, aß zu Mittag, hielt auf dem Fußboden einen Mittagsschlaf, machte Stretchübungen, machte Fitnessübungen, trainierte, trainierte, trainierte.» Nur für die Geburt seines Sohnes nahm er sich einen halben Tag frei, registrierte der Coach, der offenbar einen tennismüden Star erwartet hatte.

In diesen Januartagen kämpfte Boris Becker an zwei Fronten. Zunächst in der Trainingshalle, wo er sich körperlich verausgabte, sich schindete wie nie zuvor. Den Rest des Tages und die Nächte war er zu Hause gefordert, und der Einsatz hier ging besonders an die Nerven. Das lag nicht an Barbaras Schwangerschaft, die verlief die ganze Zeit ohne ernste Komplikationen. Es waren, einmal mehr, die Journalisten, die ihm aufs Gemüt schlugen. Dreißig, vierzig Fotografen, Kameraleute und Fernsehreporter – je näher der Geburtstermin rückte, desto mehr fanden sich ein –, die vor der Villa in Bogenhausen Quartier bezogen, trotz Kälte Tag und Nacht ausharrten, um bloß den entscheidenden Augenblick nicht zu verpassen. Einige von ihnen richteten sich in Wohnmobilen ein. Sobald die werdenden Eltern das Haus verließen, meistens abgeschottet von Bodyguards, brachten sie ihre Kameras in Position und drückten auf die Auslöser. Andere hielten sich bereit, um sie mit dem Auto oder einem Motorrad zu verfolgen. Keinen Schritt konnten sie in diesen Tagen unbeobachtet gehen oder fahren. Das ging an die Substanz und zerrte an ihren Nerven. Einmal rief die Schwangere der wartenden Meute zu: «Kinder, ihr könnt heimgehen, an meinem Baby ist in Deutschland kein Arsch interessiert.»

Das sahen die Paparazzi jedoch anders – mit dem ersten Foto vom Kind des deutschen Tennishelden wäre weltweit gutes Geld zu verdienen gewesen. Die letzte Aufnahme vor der Entbindung schoss einer von ihnen am 18. Januar, mitten in der Nacht, gegen zwei Uhr dreißig. Sie zeigte die Eheleute, wie sie Hand in Hand auf die Klinik von Doktor Peter Boruth zu liefen, die sich im gleichen Stadtteil befindet und in der die Geburt vonstatten gehen sollte. Ihren Gesichtern war die Anspannung anzusehen. Kurz vorher hatten bei Barbara die Wehen eingesetzt, drei Tage später als erwartet. Nicht einmal in diesem Moment blieben sie von den Fotojägern verschont.

Die Journalisten warteten auch noch, als Ehemann Boris Stunden später vor dem Klinikgebäude die Niederkunft bekannt gab: «Ich kann Ihnen verkünden, dass ich glücklicher Vater bin.» Das zweiundfünfzig Zentimeter große Baby wiege sieben Pfund und sei um acht Uhr vierzehn gesund zur Welt gekommen. Er sei bei der Geburt im Kreißsaal dabei gewesen. Nein, mit einem Wimbledon-Sieg könne man das Erlebnis nicht vergleichen, sagte er später, es sei das Emotionalste, was er jemals erlebt habe. Wimbledon sei zweitrangig dagegen, so eine Geburt etwas wirklich Existenzielles. Da fühle man auf einmal, dass etwas von einem selbst geboren werde. Es handele sich um einen Jungen, das verriet er noch, aber das war ja längst bekannt. Den Namen des Buben verschwieg er hingegen, obwohl er und seine Frau sich längst auf einen geeinigt hatten. Möglicherweise hing seine Zurückhaltung auch mit einem Exklusivinterview zusammen, das sie für das kommende Wochenende mit jenem Hamburger Magazin vereinbart hatten. Die Australienreise des *Stern*-Redakteurs hatte sich gelohnt, sie war erfolgreich verlaufen.

Bis das Gespräch in der Woche darauf erschien, war die Nation bereits aufgeklärt und wunderte sich. Warum ausgerechnet Noah Gabriel, was für ein seltsamer Name? Der war hierzulande eher ungebräuchlich. Handelte es sich etwa um eine Reminiszenz an den französischen Tenniskollegen Yannick Noah, mit dem Becker befreundet war, und Popstar Peter Gabriel, dessen Musik beide mochten? Keinesfalls, beteuerten die Eltern, so platt dächten sie nicht. Sie hätten sich weitaus intensiver mit der Namensgebung beschäftigt. Ihnen sei es nicht allein um einen gut klingenden oder trendigen Namen gegangen, er sollte auch eine tiefere Bedeutung in sich bergen. Noah stammt aus dem Hebräischen und heißt ins Deutsche übertragen der Ruhe Bringende. Gabriel ist der Name eines Erzengels, der so viel bedeutet wie Held Gottes. Nicht weniger sorgsam suchten sie fünfeinhalb Jahre darauf noch einmal einen Namen aus, ehe am 4. September 1999 ihr zweiter Sohn in der Münchner Universitätsklinik rechts der Isar geboren wurde, vormittags, sechs Minuten nach zehn Uhr. Bei ihm entschieden sie sich für Elias Balthasar, auch nicht unbedingt geläufig. Elias, ebenfalls hebräisch, wurde einst aus der Bibel übernommen, darin trägt ein großer Prophet diesen Namen. Balthasar ist die griechische Form eines akkadischen Namens, so hieß einer der Heiligen Drei Könige, man kann ihn mit «Gott erhalte den König» übersetzen.

Nach Beckers kurzer Ansprache für die Medien kehrte die erhoffte Ruhe nicht ein. Der Auftrag lautete: abwarten. Irgendwann mussten auch Mutter und Kind das Gebäude wieder verlassen. Noch hofften einige, das Objekt der Begierde, den neuen Erdenbürger, als Erster vor die Linse zu bekommen. So ein Foto würde eine Viertelmillion Mark wert sein oder sogar das Doppelte. Offenbar Grund genug, um seine gute Kinderstube zu vergessen. Wenn zutraf, was Axel Meyer-Wölden behauptete, schlich sich mindestens einer der Fotografen im weißen Kittel in die Klinik ein und «schoss» das Becker-Baby ab, wie es im makabren Fachjargon der Bildpiraten heißt, wenn sie Fotos von Personen ohne deren Einverständnis aufnehmen. Kaum war ihm diese Ungeheuerlichkeit zu Ohren gekommen, drohte er per Faxschreiben den Redaktionen mit zivilrechtlichen Konsequenzen, sollten sie die geraubten Fotos drucken. Obwohl niemals eines davon auftauchte, war seine Reaktion nachvollziehbar, hatte er doch den lukrativen Exklusivvertrag für die ersten Fotos von Noah Gabriel und ein Interview mit dessen Eltern ausgehandelt. Somit stand nicht nur der Persönlichkeitsschutz auf dem Spiel, sondern möglicherweise auch eine Menge Geld.

Also sorgte er dafür, dass das Neugeborene so geschickt aus der Klinik geschmuggelt wurde, noch am Abend seines Geburtstages, dass es niemand zu Gesicht bekam. Während die wartenden Reporter vermuteten, dass es einer der Bodyguards in einer großen Sporttasche davontrug – schon klickten die Auslöser –, versteckte Meyer-Wöldens Frau Antonella Klein Noah unter ihrem weiten Mantel und entschwand unerkannt, inmitten anderer Frauen, die das Gebäude nach einem Schwangerschaftskurs verließen.

Zwischen den Beckers und den Meyer-Wöldens hatte sich rasch mehr als eine erquickliche Geschäftsbeziehung entwickelt. Sie pflegten auch privat Kontakt, besuchten sich gegenseitig und gingen gemeinsam aus. Hin und wieder lud das Ehepaar Meyer-Wölden nach Kitzbühel in sein Ferienhaus ein, auch Reisen nach Amerika unternahmen sie miteinander. Der Rechtsanwalt gehörte zu den ausgesucht wenigen Menschen, denen der Tennisstar wirklich vertraute. Er war die wichtigste Bezugsperson für ihn, neben Barbara natürlich. Meyer-Wölden verkörperte für ihn den Weg in die berufliche Zukunft, einen Halt für die Zeit nach seiner Tenniskarriere. Vor allem was den Medienbereich betraf, betätigte der Anwalt sich gern als Visionär, liebäugelte mit Gewinnen, die Pay-TV-Sender und Pay-per-View-Programme nach amerikanischem Vorbild bringen könnten. Becker sah er perspektivisch als Macher auf diesem Gebiet. Der könne sich als Produzent profilieren oder Programme präsentieren, jedenfalls ganz oben mitmischen. Der Hofierte sah sich wohl selbst gern so. Die Zeiten, in denen er davon schwärmte, als Taxifahrer durch New York zu kurven, Schriftsteller zu werden oder Schauspieler oder Moderator oder einsamer Bauer oder was ihm sonst noch in Interviews in den Sinn kam, gehörten der Vergangenheit an. Und ihre gemeinsamen Pläne noch der Zukunft.

Denn noch fühlte sich der Spieler Becker fit genug, im Tenniszirkus mitzumischen. Nach den anstrengenden Trainingseinheiten der letzten Wochen galt es, die Rechnung mit denen zu begleichen, die ihn abgeschrieben hatten. Er beendete die angekündigte Babypause früher, als die meisten erwarteten, und reiste bereits Anfang Februar nach Marseille. Sein Comeback dort lief nicht gerade viel versprechend, in der zweiten Runde schied er gegen Henri Leconte aus; wenigstens war das ein großer Name. Nun besaß er allen Grund, beim folgenden Turnier noch mehr aus sich herauszuholen, ahnte er doch, dass viele nur auf seine nächste Pleite lauerten. In Mailand enttäuschte er seine Kritiker und begeisterte die Fans. Im Finale schlug er Petr Korda, einen der einstigen Schützlinge seines neuen Coachs. So weit kam er die Woche darauf in Stuttgart nicht, im Semifinale gegen Goran Ivanisevic war Schluss. Das wurmte ihn ein bisschen, aber viel mehr freute er sich, im Match davor Michael Stich in zwei Sätzen geschlagen zu haben. Der hatte ihn in der Zwischenzeit auf der Weltrangliste weit überholt. Aber was hieß das schon – wollen doch mal sehen, wer die Nummer eins in Deutschland ist!

Rotterdam, Key Biscayne und Osaka waren die nächsten Stationen, anschließend folgten Tokio, Hamburg, Rom und London. Sieben Städte und sieben Turniere in nicht einmal vier Monaten, Becker lebte wieder im alten Trott – und doch ganz anders. «Ohne Familie würde es den Tennisprofi Boris Becker nicht mehr geben», gestand er im Sommer 1994. «Das Reisen, das Wohnen in Hotels, die Warterei bei den Turnieren – das alles geht mir inzwischen furchtbar auf die Nerven. Ohne Familie wäre ich längst Golfspieler oder hätte irgendwo in Argentinien eine Pferdefarm.» Nur mit Ehefrau und Kind in seiner Nähe sei das noch halbwegs zu ertragen. Nicht nur deshalb reisten sie mit, es war die einzige Möglichkeit, wenigstens ein bisschen Familienleben zu führen. Aus Koffern zwar, aber das war immer noch besser, als sich wochen- oder monatelang überhaupt nicht zu sehen.

Barbara hielt sich im Hintergrund und war ansonsten damit beschäftigt, die jeweiligen Hotelzimmer ein klein wenig heimelig zu gestalten, wie sie es nannte. Dafür nahm sie den halben Hausrat aus München mit. Knapp dreißig Koffer und Taschen umfasste in der Regel das Gepäck der Familie. Es konnten aber auch mehr sein oder unterwegs welche dazukommen, je nachdem, wie ausgiebig sie ihrer Leidenschaft, dem Shoppen, frönte. Die war damals schon zu erkennen, aber noch nicht voll ausgeprägt. Ein Begleiter erlebte, wie sie in Hamburg gerade dreißig Minuten benötigte, um in einer gewöhnlichen Parfümerie an die tausend Mark auszugeben. Das war freilich nur eine verschwindend geringe Ausgabe im Vergleich zu ihren Kaufattacken, die zwei, drei Jahre später folgten und danach noch häufiger.

Dass sie nun in Familie reisten, lag auch in Barbaras ureigenstem Interesse. «So einen Mann kann man nicht alleine lassen», erklärte sie Freundinnen, die Versuchungen seien zu groß für einen wie ihn, irgendwann würde er schwach werden. Wenngleich sie in den Jahren bis zu ihrer nächsten Schwangerschaft nur selten von seiner Seite wich, konnte sie das letztlich nicht verhindern.

Für Frau und Kind vergrößerte Boris Becker auch seinen Hofstaat. Neben dem Reisecoach Red Ayme, der in Bälde von Mike

DePalmer abgelöst wurde, gehörten weiterhin Ulrich Kühnel dazu, der Zweizentnermann, und Waldemar Kliesing, der an die hundertvierzig Kilogramm Arbeitsgerät mitschleppte, einschließlich der passgenauen Massagebank. Die beiden auszuwechseln, gab es keinen Grund, sie waren ihrem Baron treu ergeben und vierundzwanzig Stunden am Tag für ihn im Einsatz, wenn er es wünschte. Sie duzten einander, und die beiden sprangen, wenn er rief, und spielten mit ihm Karten, wenn ihm danach war. Kühnel fungierte nebenbei als Seelendoktor, Kliesing mimte den Spaßvogel, war ansonsten auch für das Reisemanagement zuständig. Ein wenig Aberglaube spielte wohl auch eine Rolle. So lange, wie sie ihn schon begleiteten, und so erfolgreich, wie er in all den Jahren mit ihnen gewesen ist! Dabei wäre zumindest der Schlägerbespanner häufig nicht mehr erforderlich gewesen, da bei den meisten Turnieren ein entsprechender Service angeboten wurde. Aber das war natürlich nicht dasselbe und Becker zweifellos ein Perfektionist, der sich in diesem Fall gern auf Bewährtes verließ. Dabei schielte er nicht auf die Mark, wenn es seinem Wohlbefinden, dem guten Gefühl, zuträglich war. Kühnel soll er damals etwa achttausend Mark im Monat gezahlt haben, dem Physiotherapeuten Kliesing zweitausend mehr. Zusätzlich übernahm er für alle Angestellten die anfallenden Spesen, versteht sich.

Auch für Sohn Noah nahm er zusätzliche Kosten in Kauf. Mutter Barbara blieb dessen Betreuung und Versorgung nicht allein überlassen. Dafür engagierten sie zwei Kindermädchen. Anfangs handelte es sich um Filipina, Mutter und Tochter. Die ersetzten sie später durch Engländerinnen. Bei der Auswahl der Kandidatinnen achteten sie nicht so sehr auf pädagogische Befähigungen, wichtig war ihnen, dass sie Englisch beherrschten. Noah und danach auch Elias sollten von klein auf zweisprachig heranwachsen. Der Vater sprach mit seinen Söhnen deutsch, die Mutter auch, nur ab und zu englisch. Auf Kenntnisse der deutschen Sprache verzichteten sie bei der Wahl der Nannys gern. Es war ihnen lieber, dass die Bediensteten nicht jedes Wort verstanden, was sie untereinander wechselten. So blieb ihnen wenigstens ein bisschen das Gefühl, nicht jeden Atemzug mit ihren ständigen Begleitern teilen zu müssen.

Damit war die Entourage der Beckers aber noch nicht vollzählig. Manchmal hatten sie einen Koch dabei, hin und wieder Barbaras Privatsekretärin oder ein paar Freunde, meistens einen Bodyguard, gelegentlich auch zwei, später noch mehr, ab und zu die Trainingspartner aus Bollettieris Camp, immer seltener Carlo Thränhardt.

Man kann nicht behaupten, dass Becker sich in dieser Hinsicht geizig verhielt. Er achtete natürlich auf Hierarchien innerhalb des Teams. Während er, der Baron, selbstverständlich erster Klasse flog, Barbara und Noah auch, durften sich die Begleitpersonen mit den billigeren Plätzen begnügen. Manchmal auch das noch gestaffelt in Business- und Economy-Class, was nicht selten Neidgefühle heraufbeschwor. Mit den Unterkünften verhielt es sich ähnlich: Die Suite für den Boss und seine Familie, nebenan die Kindermädchen, damit sie schnell zur Stelle sein konnten. Wo es sich anbot, zogen auch die Leibwächter in eines der Nachbarzimmer ein, in die preisgünstigeren Quartiere die anderen. Derartige Rangfolgen sind in jeder Firma üblich. Die bedeuteten auch keineswegs, dass Becker seine Beschäftigten schlecht behandelte. Vielmehr verhielt er sich ihnen gegenüber wie ein gutmütiger König, der an seine Untergebenen gönnerhaft Gaben verteilte, vorausgesetzt, sie hielten sich an die Regeln des Hofes. Ihr Bose sei eben ein besonderer Mensch, pflegte Barbara zu sagen.

Einem seiner Bodyguards, der mit ihm morgens joggte, ließ er von einem Sponsor, einem italienischen Sportartikelhersteller, eine große Tasche mit kompletter Trainingsausrüstung zukommen, Schuhe, Hosen und was sonst noch dazugehörte. Als der sich artig bedankte, winkte er ab, ganz beiläufig: «Ist schon in

Ordnung.» In solchen Dingen konnte er sich großzügig zeigen. Derjenige, den er in seiner Nähe duldete und der den ihm zugedachten Posten zu seiner Zufriedenheit ausfüllte, sollte sich wohl fühlen. Ehefrau Barbara handelte nach der gleichen Devise, vermutlich in seinem Auftrag. Einmal steckte sie einem Leibwächter auf dem Hotelflur einen zusammengefalteten Tausendmarkschein zu: «Hier, kauf deinen Kindern was Schönes zu Weihnachten.»

Wo auch immer sie hinkamen, legte Becker Wert auf eine angenehme, stilvolle Umgebung. Nur die besten Hotels kamen für ihn in Betracht. Den Höhepunkt stellte jedes Jahr Wimbledon dar, auch in dieser Beziehung. Hier gönnte er sich mehr Luxus als üblich. Hier mietete er drei Rasenplätze an, auf denen er unbeobachtet von seinen Rivalen trainieren konnte. Hier brachte er sich, seine Familie und die Begleiter gern in schmucken Häusern unter, die sich in unmittelbarer Nähe des All England Lawn Tennis and Croquet Club befinden. 1995 etwa, aus gegebenem Anlass, zehn Jahre nach seinem ersten Triumph. Eines der Häuser war für das Sicherheitspersonal vorgesehen. Im zweiten quartierte er Ken Merritt, den Küchenchef, Trainer DePalmer und dessen Frau ein. Im dritten teilten sich Nick Bollettieri und seine Youngster Greg Hill und Tommy Haas den Platz. Das Ganze dürfte Becker für die drei Turnierwochen schätzungsweise hunderttausend Dollar gekostet haben. Kleinlich kann man das nicht nennen.

Der Jubiläumsauftritt in seinem «Wohnzimmer» bedeutete für Becker etwas ganz Besonderes. Motiviert war er immer, wenn er herkam, doch dieses Mal ungleich mehr. Noch einmal gewinnen und dann abtreten, das war sein Traum. Aber die Erfüllung blieb ihm in London verwehrt, obwohl er sogar André Agassi schlug, den wilden Tennis-Punk, der inzwischen zur Nummer eins der Weltrangliste aufgestiegen war. Nur trafen sie eben schon im Semifinale aufeinander. Im nächsten, entscheidenden Spiel stand er Pete Sampras gegenüber. Wenn er dem Amerikaner auch ein packendes Match lieferte, das über vier Sätze ging, hatte er ihm am Ende nicht mehr genug entgegenzusetzen. «Meine Beine konnten nicht mehr», klagte er dem Trainer. Gefeiert wurde er trotzdem von den Zuschauern. Bei der Siegerehrung spendeten sie ihm sogar mehr Beifall als dem Gewinner. Das war eben Wimbledon, sein Wimbledon. Nick Bollettieri sparte ebenfalls nicht mit Lob, sein Spieler hatte sich wie ein Champion präsentiert und seine schwachen Tage in Vergessenheit geraten lassen. Am Abend versammelte sich der Becker-Clan zum Dinner beim Italiener San Lorenzo fuoriporta. Es sollte das Abschiedsessen nach einem erfolgreichen Turnier sein, das zumindest dachte der Coach.

Die angenehme Stimmung schlug in dem Moment um, als Bollettieri davon erzählte, dass ihn Michael Stich angerufen und darum gebeten habe, in der Academy in Florida trainieren zu dürfen. Boris bewahrte noch die Fassung, seine Ehefrau verlor sie. «Der Hurensohn hat den Nerv, dich anzurufen», soll sie gefaucht haben. «Er ist der Feind.» So jedenfalls erinnerte Bollettieri die Situation in der amerikanischen Fassung seines Buches *Meine Asse, meine Fehler*, die im Jahr darauf erschien. (In der deutschen Übersetzung stand nur noch, dass Barbara die Kontrolle verlor und sagte: «Wie konnte der nur anrufen? Weiß er denn nicht, dass du mit uns zusammen bist und dass er unser Konkurrent ist …»)

Als Bollettieris Memoiren auf den Markt kamen, war die Trennung zwischen Becker und ihm längst besiegelt. Noch vor dem Beginn der US Open im September 1995 konfrontierte der Tennisspieler Mister B, wie er den Coach häufig rief, mit seinem Entschluss. Nicht persönlich, mit den unangenehmen Angelegenheiten hat er sich eigentlich nie abgegeben, dafür gab es schließlich Personal. Über Axel Meyer-Wölden ließ er ihm ausrichten: «Boris möchte nicht, dass du nach Flushing Meadows kommst.» Auf ähnliche Weise hatte er bei Bosch das Ende eingeleitet. Erst ein Warnsignal, die harten Fakten folgten kurz darauf. In gewohnter Manier gab er eine öffentliche Erklärung ab. Bollettieri und er seien übereingekommen, ihre tägliche Zusammenarbeit zu beenden, der Coach könne nicht mehr so viel Zeit für die ständigen Reisen aufbringen, bleibe ihm aber als Berater erhalten. «Dieses Statement war von vorne bis hinten erstunken und erlogen», schrieb der abservierte Trainer. Boris Becker habe die Entscheidung allein getroffen, und ums Reisen sei es auch nicht gegangen, er hätte sich alle Zeit der Welt für ihn genommen.

Bollettieri, dem Becker mehrmals versprochen hatte, ihn bis zum Ende seiner Karriere zu beschäftigen, machte sich seinen eigenen Reim darauf. Demnach habe Becker ihm übel genommen, dass er Michael Stich auf der Anlage in Bradenton trainieren ließ, obwohl er ihn niemals selbst betreute – allein schon die Gastfreundschaft sei Becker böse aufgestoßen. Wer Stich die Hand reichte, dem traute er nicht mehr über den Weg. Das hatte vor ihm bereits Niki Pilic zu spüren bekommen. Außerdem hätten Kliesing und Kühnel massiv gegen ihn, Bolletteri, intrigiert, weil sie von ihm ihre Fähigkeiten infrage gestellt sahen. Auch bei sich selbst suchte er nach Schuld. Möglicherweise sei er nicht oft genug zugegen gewesen, habe sich stattdessen zu viel um Mary Pierce gekümmert. Aber das hätte man ihm sagen können. Becker indes habe sich nie darüber beschwert. Das Gegenteil sei der Fall gewesen, Becker hätte ihn sogar ermuntert, die Pierce wieder nach oben zu bringen. Das Ende vom Lied: Die Rechtsanwälte der beiden stritten sich um Ausgaben und Honorare.

Einen neuen Coach brauchte sich Becker diesmal nicht zu suchen. Mit Mike DePalmer, der mit Vornamen eigentlich Michael Samuel heißt, war er sehr zufrieden. Der gab seinen Posten in Florida auf und blieb bei ihm, bis zum Schluss. Ein Ende seiner Karriere fasste Becker immer mal wieder ins Auge, um den Gedanken anschließend dann doch zu verwerfen. Ehefrau Barbara sprach ihm zu, noch einmal nach einem großen Titel zu greifen. Wenn es nicht Wimbledon sein konnte, dann vielleicht ein Grand-Slam-Turnier. «Barönchen», schnurrte sie, «versuch es, gewinn noch einmal für mich und deinen Sohn.» Im November 1995 holte er den Weltmeistertitel nach Hause, zum dritten Mal. Im darauffolgenden Januar gelang ihm in Melbourne, womit kaum noch jemand rechnete: Nach fünf Jahren erkämpfte er tatsächlich wieder einen Grand-Slam-Sieg. Das motivierte ihn, auch für Wimbledon. Doch in London war das Turnier mit der dritten Runde für ihn vorbei. Nicht eine Niederlage stoppte ihn, sondern eine Verletzung, im rechten Arm riss eine Schlagsehne an. Das würde sein Ende sein, befürchteten die Fans, nun endgültig.

Bereits beim World Team Cup im Mai in Düsseldorf hatte er sich im rechten Oberschenkel einen Muskelfaserriss zugezogen. Die Statistiker unter den Tennisbeobachtern registrierten seine sechzigste Krankheit beziehungsweise Verletzung, seitdem er als Profi spielte. Rücken, Arme, Oberschenkel, Knie, Waden, Knöchel, Füße – so ziemlich alle Körperregionen, die beim Tennis beansprucht werden, hatten mit den Jahren gelitten. Wie viele Male war Becker mit Schmerzen auf den Platz gegangen? In seiner Anfangszeit meinte er sogar, er sei dann am stärksten, wenn er Schmerzen verspüre, die würden ihm den nötigen Kick verleihen, das Beste aus sich herauszuholen. So hatte er es bei Jimmy Connors gesehen, der sich während eines Matches mit dem Racket auf die Oberschenkel schlug, sich selbst Schmerzen zufügte, um sich aufzuputschen. Nur war das etwas anderes, jetzt handelte es sich bei Becker um Verletzungen, die ihn außer Gefecht setzten, die ihm anzeigten, dass sein Körper zwölf Jahre Profitennis hinter sich hatte. Mit allen Strapazen, die man sich vorstellen kann, Turnieren, Schaukämpfen und täglich mehreren Stunden harten Trainings.

Einige Experten, Sportmediziner und Sportwissenschaftler gehen davon aus, dass Beckers Körper diese Anstrengungen wahrscheinlich nicht so lange durchgehalten hätte, wenn er in den ersten Jahren seiner Laufbahn, noch als Kind, nicht entsprechend trainiert worden wäre. Tatsächlich existieren Unterlagen, die diese Mutmaßung bestätigen könnten. Der damalige Bundestrainer Richard Schönborn initiierte Ende der siebziger Jahre eine wissenschaftliche Studie, bei der einige der besten Nachwuchsspieler über den Zeitraum von fünf Jahren regelmäßig auf motorische, psychologische und medizinische Aspekte hin untersucht und getestet wurden. Dahinter stand die Absicht, durch wissenschaftlich fundierte Daten bessere Förderungskonzepte für Tennistalente zu entwickeln. Boris Becker zählte zu den Testpersonen, Steffi Graf übrigens auch, Udo Riglewski, Carl-Uwe Steeb und Claudia Kohde und über hundert andere.

Was die medizinischen, vornehmlich orthopädischen Untersuchungen betraf, dienten diese in erster Linie der Gesundheitsvorsorge. Dabei wurde die Vermutung der Wissenschaftler bestätigt, dass es bei den Kindern und Jugendlichen durch die frühzeitige Spezialisierung auf den Tennissport zu einseitigen Belastungssymptomen bestimmter Körperteile kommt. In manchen Fällen ziemlich drastisch. Erschreckend war dabei, dass nur etwa ein Viertel aller Probanden keine Haltungsstörungen im Wirbelsäulenbereich aufwiesen. Der junge Becker zählte übrigens nicht zu ihnen. Bei jedem zweiten der Untersuchten lagen Muskelverkürzungen vor. Als beinahe typisch für Tennisspieler kristallisierten sich der einseitige Schultertiefstand, die seitliche Verbiegung der Wirbelsäule und ein Rundrücken heraus.

Wenn bei Boris Becker bereits 1981 eine Deformierung des rechten Armes im Ellenbogengelenk diagnostiziert wurde, zeugte das genauso von einer einseitigen Belastung wie die eingeschränkte Beweglichkeit des rechten Handgelenks, seiner Schlaghand. Selbst die im Volksmund X-Bein genannte Einwärtskrümmung der Oberschenkel bei gleichzeitiger Auswärtskrümmung der Unterschenkel deutete auf ein Muskelungleichgewicht hin und stellte für die Mediziner eine Überlastungserscheinung dar. Die erkannten auch eine mangelhafte Ausprägung der Muskeln in den Sprunggelenken, die bereits zu ersten Zerrungen geführt hatte. Wie nach der Heilung des doppelten Bänderrisses, den er sich während seines ersten Wimbledon-Auftritts 1984 zuzog, behalf er sich auch damals schon mit Bandagen, zur Stabilisierung der Muskulatur. Das behielt er danach bei, weshalb er seine Tennisschuhe meist eine Größe größer trug – nachdem er ausgewachsen war, sechsundvierzig statt fünfundvierzig, bei einer Körpergröße von einem Meter einundneunzig.

Der Befund der Ärzte bedeutete nicht, dass sie seine Sporttauglichkeit infrage stellten oder für eingeschränkt hielten. Gleichwohl empfahlen sie ihm, gezielt muskelkräftigende Übungen durchzuführen, vor allem für die Sprunggelenke und den Bauchbereich. Sowohl Boris Breskvar als auch Richard Schönborn, seine ersten Trainer, versichern, dass sie daraufhin die tennistypischen körperlichen Disharmonien durch ausgleichende Übungen zu reduzieren versuchten.

Trotz neuerlicher Verletzung – so schnell gab Boris Becker nicht auf, auch wenn sich große Erfolge danach nicht mehr einstellten. Einmal noch stieg er aufs Podest, im Dezember 1996 beim Grand Slam Cup, dem Turnier seines Beraters. Auch für ihn errang er diesen Sieg, als sei er ihm etwas schuldig. Zu diesem Zeitpunkt war Axel Meyer-Wölden bereits ein todgeweihter Mann. Schon 1994 hatte er sich einer schweren Operation unterzogen. In seiner Leber war ein Tumor entdeckt worden. Der Eingriff konnte ihn jedoch nicht vor einem frühen Ende bewahren. Die Metastasen breiteten sich weiter in seinem Körper aus.

Die Krankheit veränderte nicht nur seinen Körper, man sah ihm sein Leiden an, auch sein Wesen wandelte sich. Die Mitarbeiter seiner Kanzlei wunderte es, dass er, der vorher eher Zurückhaltende, auf einmal die Öffentlichkeit suchte. Sie schoben das auf seinen Gesundheitszustand. Vielleicht, dachten sie, wollte er Spuren hinterlassen und nicht im Stillen sang- und klanglos abtreten. Vielleicht suchte er noch einmal die Anerkennung für all das, was er geleistet hatte. Er gab Interviews für Zeitungen und fürs Fernsehen und legte sich medienwirksam mit den Chefs des Deutschen Tennis Bundes an. Von denen hielt er nicht viel, doch das beruhte auf Gegenseitigkeit. Sie mochten seine Art nicht, die sie für reichlich arrogant hielten. Während sie früher mit Tiriac zwar harte, aber faire Verhandlungen geführt hätten, bei denen es stets um die Sache ging, sei ihnen Meyer-Wölden mit persönlichen Beleidigungen entgegengetreten. Einige der Herren würden unter Profilneurose leiden, wetterte der Anwalt seinerseits. Ansonsten hielt er sie schlichtweg für unfähig.

Mit Boris Becker im Rücken konnte er freilich pokern, auf den würden sie schon aus Prestigegründen nicht verzichten wollen. Der war nun einmal das beste Pferd im Stall und würde auch dann ein Paradehengst bleiben, wenn er eines Tages nicht mehr zum Schläger griffe. Unter dieser Prämisse kam auch jener Vertrag zustande, der dem Tennisspieler wenig Einsatz abverlangte, aber eineinhalb Millionen Mark im Jahr garantierte.

Am 18. August 1997 erlag Axel Meyer-Wölden seinem Krebsleiden. Boris Becker verlor seinen wichtigsten Berater, zugleich auch eine sichere Perspektive für das Leben nach seiner Tenniskarriere. Einige Verträge hatte der Anwalt noch auf den Weg gebracht, jetzt musste Becker sie allein erfüllen, ohne dessen Beistand.

Noch wusste er, wo er hingehörte – zur großen Familie des internationalen Tenniszirkus, mit der er von Turnier zu Turnier um die Welt zog. Manchmal waren die Beckers mit ihrem Stab vier Wochen oder noch länger auf Tour, ehe sie für eine kurze Verschnaufpause nach München zurückkehrten. Dort hatten sie inzwischen die Jugendstilvilla in der Lamontstraße 26 bezogen, die war nun ihr Hauptwohnsitz. Obwohl der Tennisspieler weiterhin ein Appartement in Monte Carlo unterhielt und ihm ein Haus in Indian Wells gehörte, zahlte er seit 1994 seine Steuern wieder in Deutschland. Im Jahr darauf sah er sich nach einem neuen Domizil auf der Miami vorgelagerten Millionärsinsel Fisher Island um. Als bekannt wurde, dass er dort am Ocean Drive 7744 für gut drei Millionen Dollar ein Luxusappartement mit Blick aufs Meer erwarb, blühten die ersten Spekulationen, er wolle seine Heimat wieder verlassen. Im Grunde tauchten solche Gerüchte jedes Mal auf, wenn er sich für Immobilien außerhalb des Landes interessierte. Einmal wollte er angeblich nach London auswandern, das nächste Mal seine Zelte auf Mallorca aufschlagen. In der britischen Hauptstadt kaufte er sich ein Haus, auf der Balearen-Insel ein Grundstück.

An den Gerüchten war er nicht ganz schuldlos, er gab ihnen mit entsprechenden Äußerungen noch Nahrung. So kündigte er in einem Fernsehinterview im Dezember 1996 an, Deutschland verlassen zu wollen, sobald sein Sohn in die Schule müsste. Er solle in Ruhe lernen können, das sei hier aufgrund des ständigen Rummels um seine Person nicht möglich. «Aber der Finanzminister Theo Waigel braucht sich noch keine Sorgen machen – nächstes Jahr bin ich ja noch da», scherzte er. Nach Witzen war ihm schon nicht mehr zumute, als die Sendung ausgestrahlt wurde. Während er in Florida Urlaub machte, wo er das Weihnachtsfest mit seiner Familie verbrachte, rückten drei Tage vor Heiligabend die Steuerfahnder des Finanzamtes München I in seine Villa zu Hause ein. Keinen Winkel der Wohnung und kein Stück Papier, das sich darin befand, ließen sie unbesehen. Sie durchsuchten Boris' Schreibtisch so intensiv wie Barbaras begehbaren Kleiderschrank, die Kellerräume und Noahs Kinderzimmer, selbst die Tagebücher des berühmten Verdächtigen packten sie ein. Damit sie auch den Safe öffnen konnten, musste ihnen Frau Becker den Code per Telefon aus Florida durchgeben. Seit diesen Tagen unterliegt der Fall mit dem Aktenzeichen StF 7-ABNr. 177/96 strengster Geheimhaltung.

Trotzdem sickerten von Zeit zu Zeit Informationen durch. Das war kaum zu vermeiden, da auch andere Personen in die Steuersache verwickelt waren. Sieben Monate nach der Hausdurchsuchung in Bogenhausen starteten die Ermittler eine zweite Aktion auf der Suche nach Beweismaterial, dieses Mal gleich bundesweit an dreißig verschiedenen Orten. Unangemeldet tauchten sie bei einem Autohersteller in Bochum auf, sicherten Akten beim Deutschen Tennis Bund in Hamburg, nahmen ehemalige Trainer wie Niki Pilic ins Verhör. Auf verschiedenen Flughäfen sichteten sie die Aufzeichnungen über Starts und Landungen von Privatjets, mit denen Becker geflogen war. Sogar dessen ehemalige Freundin Karen Schultz erhielt Besuch von den Steuerfahndern und dazu alle Mitglieder des Becker-Clans – Kühnel, Kliesing und Thränhardt, der selbst schon einschlägige Erfahrungen mit dem Finanzamt und dem Gericht in Köln gesammelt hatte. Gegen zehn Personen wurden Verfahren wegen des Verdachts der Beihilfe zur Steuerhinterziehung eingeleitet. Davon waren neben Ion Tiriac, einem Münchner Wirtschaftsprüfer und einem Rechtsanwalt in Frankfurt am Main auch Beckers Eltern betroffen. Das wiederum traf den Sohn besonders stark.

Sein Vater konnte die Aufregung absolut nicht gebrauchen. Karl-Heinz Becker litt seit fast einem Jahr an Bauchfellkrebs, einer äußerst selten vorkommenden Art der tückischen Krankheit. In seinem Fall, vermutete er, wurde sie möglicherweise durch Asbest verursacht. In jungen Jahren hatte er viel mit der hochgiftigen Baufaser gearbeitet, stets ohne Mundschutz, damals war die Gefahr noch nicht bekannt. Wahrscheinlich hätten die Ärzte seine Erkrankung gar nicht oder erst später entdeckt, wenn er sich nicht einen Leistenbruch zugezogen hätte. Das Krebsgeschwür war verkapselt und breitete sich nicht weiter aus. Dadurch hätte er womöglich noch Jahre ohne Beschwerden leben können. Bei der Operation aber, die durch den Bruch notwendig wurde, schnitten die ahnungslosen Ärzte die Geschwulst auf, wodurch Sauerstoff herankam, der das Wachstum der todbringenden Zellen förderte. Anfangs wehrte er sich gegen eine Chemotherapie, wandte sich stattdessen an den Naturheiler Julius Hackethal. Als er sich der Prozedur dann doch unterzog, schlugen die Behandlungen nicht an. Sein Sohn wollte mit ihm zu einem Spezialisten nach Amerika fliegen, doch das lehnte er ab. Karl-Heinz Becker muss irgendwann gespürt haben, dass ihm nicht mehr zu helfen war. Zuletzt rechnete er aus, wie viele Monate ihm noch bleiben würden. Dabei orientierte er sich an dem Schicksal seines Cousins Armin, bei dem der gleiche Krebs festgestellt worden war. Er hatte danach noch ein Jahr gelebt. Vater Becker schaffte fast achtzehn Monate, am 20. April 1999 starb er.

Die Beerdigung erlebte Boris Becker wie einen Albtraum. Ausgerechnet in diesen schweren Stunden holte ihn der Fluch der Popularität ein. «Es lässt sich nur schwer erahnen», hatte sein Berater Meyer-Wölden einmal formuliert, «was es heißt, Boris Becker zu sein. Was das für eine Last ist, wenn man sich nirgendwo mehr unentdeckt und privat in der Öffentlichkeit bewegen kann. Wenn dauernd Fotografen um einen herum sind …» Die machten zuerst Jagd auf den Leichenwagen, doch der Bestatter trickste sie aus. Er überführte den Sarg in einem unauffälligen blauen VW-Bus ohne jegliche Aufschrift. Da ihnen der Zutritt zum katholischen Friedhof in Leimen verwehrt wurde, schlichen sie sich auf Nachbargrundstücke. Dort kletterten sie auf Bäume oder versteckten sich in Büschen, um die Trauernden mit ihren Teleobjektiven mit langer Brennweite, meist verdoppelt durch eingebaute Konverter, am Grab fotografieren zu können. Die Polizei riegelte das Gelände ab, nur wer eine Einlasskarte besaß, durfte passieren, in jedem Fall ohne Fotoapparat.

Ungefähr vierhundert Trauergäste erwiesen dem Verstorbenen die letzte Ehre, unter ihnen die Männer der ersten Stunde, Boris Breskvar, Günther Bosch und Ion Tiriac, der dem hinterbliebenen Sohn als Letzter kondolierte.

Nach dem Tod ihres Mannes blieb Elvira Becker im Visier der Steuerfahnder, ohne dass offiziell ein Verfahren gegen sie eingeleitet wurde. Sie soll seit 1986 unter ihrem Mädchennamen Pisch zwei Konten bei der Citibank in Monaco unterhalten haben, über die beträchtliche Gelder der Tiriac-Firmen liefen. Außerdem blieb an ihr der Vorwurf hängen, mit ihrem Mann von Leimen aus Geschäfte für den Sohn erledigt, die fälligen Steuern in Höhe von insgesamt rund zwanzig Millionen Mark aber nicht abgeführt zu haben. Vater Becker hatte 1986 selbst einmal beschrieben, dass er in Absprache mit Ion Tiriac die Geschäfte von Boris regele. Das erwähnte er nicht ohne Stolz, da es die Nähe zum Sohn dokumentiere und umgekehrt dessen Vertrauen zum eigenen Vater: «Boris hat uns zu seinem achtzehnten Geburtstag die Vollmacht gegeben, für ihn weiterhin tätig zu sein. ‹Ich, Boris Becker, bin einverstanden, wenn Herr Karl-Heinz Becker für mich unterschreibt›, steht drin.» Sie als Eltern, behauptete er, seien darüber hinaus für das Anlegen der Gelder zuständig, das sie mit Hilfe der Deutschen Bank in Immobilien und Aktien investierten. Inzwischen zweifeln Boris Beckers Anwälte die Rechtsgültigkeit des Schriftstücks an, da es von ihm genau einen Tag vor seinem achtzehnten Geburtstag unterzeichnet wurde. Das könnte ihn entlasten, aber nur in dieser Frage, an den Vorwürfen ändert das wenig.

Mittlerweile betrachten die Steuerermittler Boris Beckers einstigen Unterschlupf in Monaco als Scheinwohnsitz. Trotz seines Umzuges wäre er in Deutschland noch zehn Jahre lang für alle hier erzielten Einnahmen steuerpflichtig gewesen. Offiziell gab es die nicht, de facto aber unterhielt er durch die Generalvollmacht, die er den Eltern erteilte, in deren Haus eine heimliche

Betriebsstätte. So legt das Gesetz eine solche Konstruktion aus. Selbst wenn Becker dafür nicht belangt würde, da er damals noch minderjährig war und die Kniffligkeiten des Steuersparmodells kaum durchschaut haben dürfte, bleibt eine zweite Anschuldigung. Die halten die Fahnder für weitaus gewichtiger. Sie werfen ihm vor, dass er von 1991 bis 1993, der Zeitraum vorher ist inzwischen verjährt, seinen Hauptwohnsitz nicht in Monte Carlo hatte, sondern heimlich in München lebte. In den vier Jahren soll er sich gerade einmal 128 Tage in Monaco aufgehalten haben, dafür mindestens 248 in München, 38 in Leimen und 94 irgendwo im übrigen Deutschland, in Hamburg etwa bei Karen Schultz und in Köln bei den Thränhardt-Brüdern. Die Tage, die er auf Turnieren zubrachte, werden steuerlich als neutral angesehen. Angeblich existieren Beweise dafür, dass er und einige seiner Vertrauten das Versteckspiel regelrecht organisiert haben, um ihm die Steuerfreiheit zu erhalten. In diesem Zusammenhang spielt auch die Münchner Wohnung in der Gaußstraße eine Rolle, in der seine Schwester Sabine kurzfristig lebte. Offenbar erkannte Becker inzwischen die Brisanz der Angelegenheit. «Er bat mich, den Ermittlern gegenüber zu sagen, dass er dort nicht mit Barbara gewohnt habe», verrät eine ihrer Freundinnen, die das Ansinnen jedoch ablehnte. «Ich habe Angst, dass sie mich dann wegen Meineids belangen.»

Nach der Rechnung des Finanzamtes sind für die betreffende Zeit in München rund zehn Millionen Mark Steuerschulden anzusetzen. Inklusive der angefallenen Zinsen und der fälligen Säumniszuschläge fordert der Fiskus insgesamt etwa siebzehn Millionen Mark von Becker. Dessen früherer Versuch, die unangenehme Geschichte durch eine freiwillige Steuernachzahlung in Höhe von zehn bis vierzehn Millionen Mark vom Tisch zu bekommen, scheiterte. Die Behörde verweigerte ihm damals die Zusage, auf weitere Nachforschungen zu verzichten, die er gefordert hatte.

Nach fünf Jahren aufwändiger und penibler Recherche – rund tausend Aktenordner mit Beweisdokumenten wurden zusammengestellt – legte die Steuerfahndung im August 2001 ihren Abschlussbericht vor, der über dreihundert Seiten umfasst. Das riecht nach einer Mammutarbeit, die seltsamerweise zum größten Teil von einer einzigen Person bewerkstelligt werden musste. Mehr Mitarbeiter wurden für diesen Fall nicht abgestellt, abgesehen von kurzfristigen Einsätzen bei den Hausdurchsuchungen und einer Kollegin, die nicht lange blieb, da sie ihren Schwangerschaftsurlaub antrat. Nichtsdestotrotz war der Inhalt des Pamphlets schwerwiegend genug, die Münchner Staatsanwaltschaft auf den Plan zu rufen. Bisher hatte sie sich geweigert, nun kam sie nicht umhin, unter dem Aktenzeichen 303 Js 44173/01 ein Verfahren wegen Verdachts der Steuerhinterziehung gegen Boris Becker einzuleiten.

Am 25. Juni 2002 erhob Staatsanwalt Matthias Musiol Anklage gegen den einstigen Tennisprofi. Noch vor Ende des Jahres soll der Prozess vor dem Landgericht München I beginnen – es wird Beckers schwerstes Match. Schlimmstenfalls droht ihm eine Haftstrafe – wie bei Peter Graf. Nur rechnet im Fall des Tennishelden niemand ernsthaft damit. Vermutlich wird es auf eine empfindliche Geldstrafe hinauslaufen, möglicherweise in Zusammenhang mit einer Bewährungsstrafe. Was das Geld betrifft, wäre das Doppelte der ihm nachgewiesenen Steuerschulden üblich. Stellt sich nur die Frage, ob seine finanziellen Mittel noch ausreichen, eine Summe in dieser Höhe zu begleichen. Ein ehemaliger Vertrauter Beckers, der noch vor nicht allzu langer Zeit Einblick in dessen Geschäftsbücher nahm, bezweifelt das. Demnach dürfte sein liquides Vermögen zweiundzwanzig Millionen Mark kaum übersteigen. Wenn in den Medien seine gesamte Habe, inklusive der Immobilienwerte, auf zweihundert Millionen Mark und mehr geschätzt werde, dürfte das an der Realität vorbeigerechnet sein. Das entspreche vielleicht dem Volumen seiner Einnahmen, doch offenbar würden bei derlei Hochrechnungen die Ausgaben nicht berücksichtigt.

Einen ähnlichen Verdacht hegt der Münchner Rechtsanwalt und Kaufmann Nickolaus Becker, der seinem berühmten Namensvetter im Jahr 2000 für einige Monate als Berater zur Seite stand. Nachdem er von Boris abserviert wurde, ohne einen Pfennig für seine Dienste erhalten zu haben, klagte er sein Honorar vor Gericht ein. Die verlangte eine Million Mark erhielt er nicht zugesprochen, das lag aber vermutlich nur an den Umständen. Als der Richter den Prozess im Frühsommer vertagen wollte, da Boris Becker trotz Ladung nicht erschienen war, erklärte sich der Kläger mit einem Vergleich und dreihunderttausend Mark einverstanden. Besser als nichts, entschied er in Hinsicht auf das offene Steuerverfahren: «Ich mache mir Sorgen, dass Herr Becker bald gar kein Geld mehr hat.»

Davon war Ende 1996 nach dem ersten Besuch der Steuerfahnder noch nicht die Rede. Dafür machte Becker seiner Wut in einem Interview Luft und lieferte all denen neue Munition, die über seine bevorstehende Ausreise spekulierten. Die Aktion gleiche einem Rufmord, zwei Stunden nach der Durchsuchung seien vier Tageszeitungen informiert gewesen. Sogar CNN habe über die Ermittlungen gegen ihn berichtet, dadurch hätte es die ganze Welt erfahren. Wie bleibe denn da das Steuergeheimnis gewahrt? Und überhaupt: Wenn das Finanzamt in Zukunft auf seine Millionen verzichten wolle, er müsse nun wirklich nicht in Deutschland bleiben, eine Abmeldung gehe ganz schnell. «Die Kuh Boris Becker, die man melken will», kokettierte er, «sollte man nicht unbedingt schlachten oder fortjagen.»

Diese Äußerungen und eine Verkaufsanzeige für Beckers Mercedes S 600, die eine Leasingfirma in einer überregionalen Zeitung aufgab, genügten den Kaffeesatzlesern in einigen Redaktionen, dessen nächste größere Reise als Flucht aus Deutschland zu deklarieren. Wussten wir 's doch, nach Miami, ins Luxusappartement direkt am Strand. Sieben Monate später, die Schlagzeilen hatten sich eine nach der anderen als Ente erwiesen, prophezeiten sie einen neuen Umzug. Der lag näher, auch was die Entfernung zu Deutschland betraf. Becker hatte sich einen ganzen Landstrich in der Nähe der mallorquinischen Gemeinde Arta im Nordosten der Insel gekauft, angeblich so groß wie zwanzig Fußballfelder, und Architekten mit der Bauplanung beauftragt. Sein Kumpel Charly Steeb wohnte mit seiner Familie seit einem Jahr in dieser Gegend, auch das sprach für die Umzugspläne. Zumal dessen Frau Kim die engste Freundin von Barbara war.

Doch mit der Zeit geriet das Thema Mallorca zur unendlichen Geschichte. Für geschätzte fünfzehn Millionen Mark ließ Becker in den folgenden Jahren ingesamt zehn Gebäude auf dem Grundstück errichten, unter anderem ein zweigeschossiges Wohnhaus für die Familie im Finca-Stil, einen Weinkeller, ein Poolhaus mit Sauna und türkischem Bad, mehrere Gästehäuser und eines für das zukünftige Haushälterehepaar. Einziehen konnte er allerdings bis heute nicht, obwohl er ursprünglich schon den Jahreswechsel 1999/2000 mit einer großen Party auf seinem Landsitz begehen wollte. Nach anfänglichen Bauverzögerungen gab es Ärger mit der neuen Inselregierung. Die änderte nach der Wahl die Bebauungsvorschriften. Nach denen waren einige der Häuser plötzlich zu groß gebaut. Becker versuchte, sich eine Ausnahmegenehmigung zu beschaffen, doch die wurde ihm verwehrt. Stattdessen erhielt er die Auflage, einen Teil der Gebäude wieder abzureißen. Außerdem brummte man ihm eine saftige Strafgebühr auf.

Nicht allein aus baurechtlichen Gründen erwies sich die Mallorca-Spur als falsch. «Ich wollte nie aus Deutschland flüchten», sagte Becker in jenem unveröffentlichten Interview vom Februar 2000. Vor allem nicht aus steuerlichen Gründen, immerhin sei er freiwillig aus Monaco zurückgekommen. Er fühle sich in München sehr wohl, die Leute dort würden ihn mögen. «Wir haben es geschafft, unsere private Nische in der Stadt zu finden. Wir können inzwischen mit Freunden ausgehen und denken nicht an einen Umzug.» Die Wohnung auf Fisher Island sei wie das Anwesen auf Mallorca als Feriendomizil gedacht. «Heimat ist für mich Deutschland», führte er den Gedanken zwei Jahre darauf in einem anderen Gespräch fort, hier wolle er gern alt werden. «Aber nur dann, wenn ich die Chance habe, alle paar Monate mal zu flüchten.» Er brauche diese Erholungsphasen, im Ausland sei das Leben für ihn einfacher, da könne er sich unbeschwerter bewegen. Barbara, so sagen Freunde, soll das etwas anders gesehen haben. Demnach wäre sie gern nach Mallorca gezogen, nicht nur den Sommer über.

Sosehr Boris Becker das ruhelose Leben des Herumreisens über die Jahre in Fleisch und Blut übergegangen war und so wenig er es lange auf einem Fleck aushielt – die Jugendstilvilla in München blieb das Nest der Familie. Und eine Trutzburg. Ihr Leben sehe für Außenstehende sicher chaotisch aus, sagte Barbara einmal. «Boris hat oft spontan entschieden, dass wir irgendwohin fliegen.» Die anderen zogen dann mit, oder sie waren draußen. Beruflich gesehen sei er ziemlich brutal, gestand Becker, «manchmal ein Riesenekel, ein Schweinehund. Wer für mich arbeitet, muss sich den Hintern aufreißen. Dann hat er seine Aufgabe erledigt.» Also gehorchten sie lieber – der Coach, Kliesing und Kühnel, die Kindermädchen und die Leibwächter. Die mussten sowieso flexibel reagieren. Für sie bestand der Job darin, nicht von seiner Seite zu weichen, ihn und seine Familie zu begleiten, wohin sie auch gingen oder fuhren oder flogen, vierundzwanzig Stunden am Tag. Andererseits machte es sich auch gut in der Branche, für einen Superstar wie Becker zu arbeiten. Irgendwie kam der ja gleich nach dem Bundeskanzler. Vielleicht sogar noch vor ihm, wenn man nach dem Bekanntheitsgrad ging. Auf jeden Fall schadete es dem Ruf von Thomas Herbst und Burkhard Cramer – zwei ehemaligen Polizisten – nicht, die mit ihrer Firma Continental Security Management die Vollbetreuung in Sicherheitsfragen übernahmen.

Während Herbst von Anfang an dabei war und vornehmlich den Chef persönlich bewachte und in Sicherheitsfragen beriet, kam sein Partner erst später hinzu. Er übernahm mit einigen Mitarbeitern den Schutz für Ehefrau Barbara und Noah, später auch für Elias. Diese Aufgabe hatten vor ihnen schon andere erledigt, die nach und nach aus unterschiedlichen Gründen aussortiert worden waren. Diese Branche ist ein Haifischbecken, in der keiner dem anderen über den Weg traut und Intrigen zur Tagesordnung gehören. Einer der Vorgänger soll wegen räuberischer Erpressung angeklagt worden sein; einem anderen wurde vorgeworfen, Interna aus dem Familienleben der Beckers ausgeplaudert zu haben. Obendrein soll er Pressefotografen Tipps gegeben haben, wann sie Barbara und Noah wo heimlich fotografieren könnten.

Während der Reisen hatten sich die Bodyguards stets abrufbereit zu halten. Sobald Barbara und die Kinder das Hotel verließen, begann ihr Auftrag, der nicht nur den Schutz vor körperlicher Gewalt und einer Entführung vorsah. Sie sollten ihre Schutzbefohlenen auch vor Journalisten und besonders vor Fotografen abschirmen. Das galt natürlich auch für den Fall, dass Barbara nicht dabei war, Noah und Elias von den Kindermädchen ausgeführt wurden.

Letztere kümmerten sich ohnehin die meiste Zeit um sie. Obwohl die Nannys klare Vorschriften von Barbara bekamen, hielten sie sich nicht immer daran. So sollten sie im Beisein von Noah nicht fernsehen, als der etwa zwei, drei Jahre alt war, taten es aber trotzdem. Mit ihren Erziehungskünsten war es wohl nicht weit her. Noah tanzte ihnen auf der Nase herum. Anstatt ihm auch einmal Grenzen aufzuzeigen, unterwarfen sie sich ständig seinem Willen, nicht zuletzt aus der Befürchtung heraus, er könne sie bei seinen Eltern anschwärzen. Möglicherweise lag es an dieser übermäßigen Toleranz, dass der Junge eine Phase durchlebte, in der er häufig Schläge an seine Mitmenschen verteilte, wie ein einstiger Vertrauter schildert. Selbst seine Eltern soll er in diesen Wochen nicht verschont haben. Sie standen seinem Benehmen ratlos gegenüber. So geschah es im März 1996 in Mailand, dass Becker nach einem verlorenen Match auf seinen Sohn zuging und von ihm geschlagen wurde. Er reagierte fassungslos, konnte sich die Aggressivität nicht erklären. Irritiert fragte er einen der Leibwächter, der selbst Kinder hat, wie er sich in solchen Situationen am besten verhalten solle. Der riet, was ihm angebracht erschien: dem Kind nicht jeden Wunsch erfüllen, eine strenge Hand und Konsequenz.

Das private Schutzpersonal sorgte sich auch um die Sicherheit auf dem Münchner Anwesen. Sie statteten die Villa mit Überwachungskameras aus. Im Haus befinden sich an verschiedenen Stellen Monitore, unter anderem im Fitnessraum im Keller, gegenüber einem Laufband, auf denen man die Bilder zuschalten kann, die die elektronischen Spione liefern. Das klingt nach James Bond, gehört aber zwangsläufig zum umfassenden Personenschutz. Es handelte sich beileibe nicht immer nur um neugierige Fans, die sich vor dem Anwesen blicken ließen. Einige Besucher waren nicht so harmlos, wie sie aussahen. Einer kam über Wochen immer wieder vorbei und heftete jedes Mal einen Zettel an die Frontscheibe von Beckers Auto: Mensch, du hast so viel Geld, du kannst mir doch etwas abgeben. Daraufhin baten die Leibwächter den Hausherrn, seinen Wagen auf dem Grundstück zu parken, besser noch in der Garage. Doch der vergaß das für gewöhnlich, ließ das Fahrzeug manchmal sogar unverschlossen zurück. Zum Ärger seiner Beschützer, deren Beruf es nun einmal ist, stets mit dem Schlimmsten zu rechnen. Das konnten sie in dem konkreten Fall verhindern. Sie legten sich auf die Lauer und schnappten den Briefschreiber.

Auch Barbara Becker bereitete den Wachleuten gelegentlich

Kopfschmerzen. Ihre Vorlieben und Eigenarten nahmen mitunter seltsame Züge an, vor allem wenn der Ehemann nicht im Hause war. Eines Tages erfuhr sie von einem Schmuckreinigungsgerät, das angeblich mit Ultraschallwellen den gewünschten Effekt erzielte. Prompt ließ sie es sich ins Haus liefern. Da ihr der Spaß allein zu langweilig erschien, organisierte sie eine Party. Jeder Gast, es erschienen ungefähr zwanzig, sollte seinen Schmuck mitbringen, damit sie den neuartigen Apparat gemeinsam testen konnten. Feinkost Käfer von nebenan lieferte mundgerechte Speisen und ausreichend Schampus dazu. Während die anderen ihr Gold und Silber und Platin anschließend wieder sicher verstauten, lagen Barbaras Preziosen für Stunden verstreut in der Wohnung herum. Bis sich einer der Leibwächter daranmachte, die Sachen einsammelte und in einen Safe einschloss.

Zum Hauspersonal zählten nicht nur die Personenschützer und die Kindermädchen, die im Dachgeschoss neben dem Zimmer von Noah und Elias wohnten. Später beschäftigten die Beckers auch einen Koch, der vornehmlich asiatische Gerichte zubereitete. Dessen Frau übernahm die Hauspflege. Zusätzlich bekam Barbara eine Privatsekretärin, die auch Einkäufe erledigte und los musste, wenn ihre Chefin mal wieder in den Boutiquen an der Maximilianstraße Kostüme und Hosen und Kleider und Blusen und Röcke und Schuhe und Handtaschen – und was sie sonst noch finden konnte – probiert und gekauft hatte. Alles mit einem Mal und in einer Menge, mit der sie sich allein nicht herumschleppen mochte.

«Du hast im Grunde nichts Eigenes», hatte Barbara Becker ihre Position an der Seite des berühmten Mannes einmal beschrieben. «Du hast keinen Platz in der Gesellschaft, keine Nische, die dir gehört.» Damit wies sie eindringlich auf die Problematik hin, mit der Frauen in dieser Konstellation konfrontiert sind. «Ich sehe die Gefahr», sagte sie, «dass sie sich anlügen und pseudomäßig beschäftigen. Ich sehe Frauen, die alkoholsüchtig sind oder kaufsüchtig oder nach irgendwas anderem süchtig.» Sie selbst hielt sich damals für glücklich. Sie habe im Schatten ihres Mannes den Platz gefunden, an dem sie in der Sonne leben könne.

Das mag ihrem Wunsch entsprochen haben – ein Leben führen zu können, das sie sich einst erträumte. Neben einem Mann wie Boris Becker zu bestehen, den sie schon geliebt haben will, bevor sie ihn überhaupt richtig kannte. Doch dieser allmächtige Wunsch überdeckte allzu oft die Realität, und manchmal entpuppte er sich als Selbstbetrug. Wenn sie ehrlich war, sah sie das auch ein. «Ich müsste das schönste Leben haben», gestand sie in einem solchen Moment, «aber ich kann es nicht spüren. Ich fürchte mich vor Entführungen, vor Katastrophen, vor irgendetwas habe ich immer Angst.» Auch davor, am Ende den Kürzeren zu ziehen, sich nicht mehr verwirklichen zu können, nicht einmal zu wissen, worin ihr Lebensziel besteht. Aber hatte ihr Boris nicht versprochen, dass er ihr helfen würde, damit sie ihre Karriere in Angriff nehmen konnte, sobald er seinen Tennisschläger aus der Hand legte? Hatte er nicht immer wieder gesagt, er würde sofort aufhören, wenn sie nicht mehr reisen wollte? Hatte er das alles nicht auch in Interviews bekundet wie einen öffentlichen Treueschwur?

Sie hätte daran zweifeln können. Vielleicht hätte sie daran zweifeln müssen, spätestens seit dem Sommer 1997, als er über einen Abschied vom Tennis nachdachte, sie aber an seinen Gedanken nicht mehr teilhaben ließ. So erfuhr sie es wie alle anderen durch das Fernsehen. So ist er eben, bemerkte sie, aber wohl fühlte sie sich bei diesem Gedanken nicht. Zeigte ihr diese Tatsache doch, dass sie im Ernstfall nichts zu entscheiden hatte, dass sie nicht einmal um Rat gebeten wurde. Egal, was er ihr früher versprochen hatte, wenn es darauf ankam, machte er Entscheidungen mit sich allein aus.

So wie jetzt, trotzdem mangelte es ihm an Konsequenz: Er tat sich schwer, einen Schlusspunkt zu setzen, immer noch und immer wieder. Nach einem ersten halbherzigen Rücktritt 1997 in Wimbledon wollte er es doch noch einmal wissen. Er hätte damals den Beruf für sich abgeschlossen, sagte er im Nachhinein. «Ich habe dann aber noch zwei Jahre gebraucht, um mich wirklich davon zu lösen.» Im Sommer 1999 kehrte er in sein Londoner «Wohnzimmer» zurück, verlor dort jedoch im Achtelfinale gegen Patrick Rafter. Dieses Resultat entsprach nicht seinen Plänen. Er hatte von einem Sieg geträumt, doch der entsprach nicht mehr den Realitäten.

Ob er nun wollte oder nicht, er musste sich endlich eingestehen, dass seine Zeit als Tennisheld vorbei war. An diesem Tag lagen fast neunhundertfünfzig Matches als Profi hinter ihm, bei mehr als siebenhundert davon war er als Sieger vom Platz gegangen. Neben den drei Erfolgen in Wimbledon hatte er sechs Grand-Slam-Turniere gewonnen und dreimal die ATP-Weltmeisterschaft. Sicher hätte er noch weiterspielen und das eine oder andere Turnier sogar gewinnen können, aber ganz oben war die Luft für ihn inzwischen zu dünn geworden. Da standen andere, Jüngere, Bessere.

«Das war mein letztes Tennismatch», verkündete er gegen Mittag nach der ernüchternden Niederlage auf dem Centre-Court. «Es ist Zeit aufzuhören.» Das Spiel war nicht das Einzige, was an diesem Tag danebenging. «Dann habe ich eigentlich ab vierzehn Uhr einen nach dem anderen getrunken», verriet er später, «den ganzen Tag lang, den ganzen Abend ...» Barbara wusste, wie er nach Niederlagen sein konnte, dass es vernünftiger war, ihn dann ihn Ruhe zu lassen. Nur war sie eben auch hochschwanger und im Moment nicht mehr die Partnerin, die alles schweigend ertragen konnte. Sie selbst brauchte Nähe, Verständnis und Zuneigung. Es dauerte nicht lange, dann kam es zum Streit, der eskalierte. Später war sogar von Handgreiflichkeiten die Rede.

So soll es Barbara einer Freundin geschildert haben. Jedenfalls führte die Auseinandersetzung dazu, dass bei ihr Frühwehen einsetzten und sie schleunigst in ein Krankenhaus gebracht werden musste. Becker wartete nicht in der Klinik, er hielt ihr auch nicht die Hand, er trank weiter und zog am Abend los. Einmal richtig in Fahrt, lotste er die nur allzu willige Russin Angela Ermakowa in die Wäschekammer des Metropolitan-Hotels am Hyde Park. Was dort zwischen ihnen geschah, war an sich keine große Sache, vor allem keine lange, aber eine mit Folgen.

Beckers zweiter Abschied vom Tennis, der erklärtermaßen endgültig sein sollte, war indes wieder kein richtiger. Zwei Jahre später packte er erneut die Schläger in seine Sporttasche und gesellte sich zu den in die Jahre gekommenen Tenniscracks, den Stars von gestern, die mit der ATP Senior Tour of Champions um die Welt reisen. Weil sie nichts Besseres zu tun haben oder Spaß daran oder Geld brauchen oder alles zusammen. Dass er in diesem Ensemble wieder einmal der Jüngste war, tat diesmal nichts zur Sache. Nicht alles wiederholt sich im Leben. Ohnehin hatte er sich noch vor kurzem geschworen: Dahin niemals, nicht in dieses Altersheim! Ihn werde man nicht mehr in kurzen Hosen sehen! Und wenn doch, dann finde sich hoffentlich jemand, der ihn vom Platz schleife. Lange währte sein Comeback auf dem Dach eines Elektronikmarktes im österreichischen Graz dann auch nicht. Sechsundvierzig Minuten, wenn man es genau nimmt. So lange dauerte das Spiel gegen Björn Borg, das große Vorbild aus der Kinderzeit, ehe er sich an die Innenseite seines rechten Oberschenkels griff und aufgab – wieder diese Schmerzen, eine Muskelverhärtung. Der Kurzauftritt lohnte sich trotzdem, finanziell betrachtet. Das Antrittsgeld in sechsstelliger Höhe durfte er auch so einstecken.

Für eine sportliche Überraschung taugt Becker vielleicht sogar heute noch – kündigte er für den Sommer 2002 doch seine Rückkehr in die Tennisbundesliga an. Ab August wolle er für den Tennisclub Blau-Weiß Sundern antreten, fraglich nur, ob es wirklich so weit kommt. Unabhängig davon tingelt er weiterhin mit Schaukämpfen durch die Lande. Ein bisschen Sport, ein bisschen Spaß und Geld – nicht nur ein bisschen. Viele Fans lieben ihn noch immer.

NEUNTES KAPITEL

Ein Scherbenhaufen

Er erfuhr es aus der Zeitung. Wie es alle aus der Zeitung erfuhren oder aus dem Fernsehen wie Barbara Becker, die sich mit den Kindern auf Fisher Island aufhielt. Und wie alle war Stephan Hiller, ein Münchner Rechtsanwalt, überrascht. Zumindest in dem Moment, als er die Schlagzeile las. Wie man eben überrascht sein kann, wenn einen eine Nachricht ereilt, mit der man nicht gerechnet hat. Auch Barbara hatte nicht damit gerechnet, nicht so. Welches Blatt ihn mit der Information als Erstes versorgte, erinnert Hiller nicht mehr. Schließlich haben ausnahmslos alle darüber berichtet. Die Klatschblätter sowieso, die las er aber nicht. Selbst die ehrwürdigen Bleiwüsten-Ausgaben der Überregionalen aus Frankfurt und München und Berlin kamen daran nicht vorbei. Dabei ging es doch nur um einen Traum. Einen Traum, der schier zerplatzt war wie eine Seifenblase.

Die Geschichte aber wurde behandelt wie ein Ereignis von nationaler Bedeutung, mindestens. Und wenn sie das an sich schon nicht war, gab es genügend Menschen, die sie kurzerhand zu einem solchen erhoben. Für die Presseleute vom Boulevard eine Kleinigkeit, da sie auf ihren Titelseiten über große Lettern verfügen. Sogar die zuständigen Redakteure der *Frankfurter Allgemeinen Zeitung,* die sich für gewöhnlich nur mit den wichtigsten Dingen abgeben, machten am 5. Dezember des Jahres 2000 gleich eine Viertelseite frei – Platz für ein großes Foto und drei Spalten Text –, nachdem das Faxgerät mittags, kurz nach halb eins, eine achtzeilige Verlautbarung aus München ausgespuckt hatte.

«Seit geraumer Zeit haben wir feststellen müssen», war auf dem Papier zu lesen, «dass unsere Auffassungen über die Prioritäten unserer Beziehung zu unterschiedlich sind. Wir haben erkannt, dass es so nicht weitergeht ...» Schon richtig, von nationalem Rang! Um nichts Geringeres konnte es sich hier handeln. Solche Worte finden ansonsten nur Politiker. Joschka Fischer, der Außenminister – also doch, Gerüchte über den desolaten Zustand seiner Ehe gab es ja schon lange –, wäre die erste Vermutung gewesen. Oder hängt gar bei den Schröders der Haussegen schief? Worum es schließlich auch ging – die bedeutungsschwere Wortwahl ließ erst einmal jeden gewichtigen Gedanken zu. So etwas verschickt weder Herr Müller noch Frau Meier, schon gar nicht als Faxschreiben an die Medien.

«... Deshalb die Trennung. Von Scheidung ist aber keine Rede.» Das klingt vielleicht unglaubwürdig, erhält aber die Spannung, ob beabsichtigt oder nicht. Von daher hätte es auch ein geschickter PR-Gag sein können, dramaturgisch geplant und in Szene gesetzt wie ein Stufenfeuerwerk, das, einmal gezündet, nacheinander in effektvollen Abständen losgeht. Denn jedem war beim Lesen dieser Zeilen klar: Das ist noch nicht das Ende vom Ende, da muss noch etwas kommen. Dabei war es so in diesem Moment gar nicht gemeint. Der Verfasser hatte sich redlich bemüht, denn er stand im Sold eines Mannes, der Wert auf Qualität legt und Klarheit, wenn ihm diese in den vergangenen Wochen auch selbst abhanden gekommen war. Es handelte sich um keinen Geringeren als Boris Becker, er hatte diese Mitteilung unterschrieben. Und Erfahrungen mit solchen Vorgängen, Trennungen nämlich gehörten zu seinem Repertoire wie Vorhand und Rückhand, Slice und Topspin. Er handhabte sie so kühl wie professionell, das kannte man inzwischen.

Nein, die Welt, seine Welt, war deswegen nicht aus den Fugen geraten, nicht mehr, als es seit einiger Zeit schon geschehen war, Tag für Tag ein Stückchen mehr. Es gab ihn nicht, den Moment, in dem auf einmal alles wie ein wackeliges Kartenhaus zusammenbrach. Es war ein Prozess, und der verlief schleichend – gegen seinen Willen, gegen ihren Willen, ohne dass sie ihn stoppten, irgendwie. Und irgendwann blieb auch das Gefühl auf der Strecke, das jedenfalls, das tief genug gewesen wäre, um die Sache aufzuhalten. Bei ihm zumindest, sonst hätte er diesen Schritt so resolut kaum vollzogen. Hinzu kam, dass er sich zu einer anderen Frau hingezogen fühlte. Das war an sich nichts Neues und vorher schon gelegentlich vorgekommen, nur nicht mit der jetzigen Intensität. Was ihn einerseits verwirrt haben mochte, andererseits aber vieles klarer sehen ließ. Vor allem stellte es die Beziehung zu seiner Ehefrau infrage, auch das nicht zum ersten Mal, aber zum ersten Mal so deutlich. Mag sein, dass er sich von dieser Affäre – mehr war es noch nicht – nicht viel versprach, dass er von Anfang an Zweifel hegte. Ausleben aber wollte er sie trotzdem, jetzt und hier.

Doch all diese Gefühlsfragen konnten nicht das Thema der kurzen Verlautbarung sein. Niemand wusste, wie die Angelegenheit ausgehen würde, auch sie nicht, Boris und Barbara, die Eheleute, obwohl sie diejenigen waren, die das entscheiden mussten. So wurde dann verschwiegen, aber nicht gelogen, denn die Sätze waren tatsächlich nur Ausdruck einer ungeklärten Situation, eine Art Zwischenbescheid, der eine bestimmte Richtung angab, ohne jedoch das Ziel schon zu kennen.

Was dann folgte, war eine bis dahin einzigartige Schlagzeilenserie in den Printmedien, allen voran die *Bild*-Zeitung, die den Vorgang zum nationalen Katastrophenfall stilisierte und in beinahe täglicher Folge über zwei Monate hinweg auf der Titelseite – und immer über dem Bruch, dem wichtigsten, weil am Kiosk verkaufsfördernden Teil derselben – ihre ganz eigene Soap-Opera fortschrieb. Wie bedeutsam das Thema überdies den meisten anderen Redaktionen vorkam, beschrieb die *Bunte* mit einem fast kriegerischen Satz: «Letzten Dienstag detonierte in Deutschland eine Medienbombe, die alle anderen Schlagzeilen erstickte.» Damit wurde gewissermaßen der mediale Ausnahmezustand ausgerufen, ähnlich wie damals bei ihrer Hochzeit und wie danach bei der Geburt ihrer Söhne, nur noch schlimmer. Und wie damals ging es nicht so sehr um das Schicksal zweier Menschen als vielmehr um die Hetzjagd nach der besten Quote, der höchsten Auflage. Selbst den Kindern der beiden, Noah und Elias – der eine fast sieben Jahre alt, fünfzehn Monate der andere –, wurden in diesem Spektakel nur die Rollen von Randfiguren zugedacht, obwohl doch sie diejenigen waren, die am stärksten darunter gelitten haben müssen.

Von alldem konnte Stephan Hiller natürlich noch nichts wissen, als er an diesem Tag im Roma saß, seinem Stammcafé an der Maximilianstraße. Hier hält er sich am liebsten auf, wenn sein Terminkalender tagsüber eine kurze Pause zulässt. Die Angelegenheit interessierte ihn, nicht, weil er Boris Becker verehrte oder Barbara oder beide – als Familienrechtler interessierte es ihn von Berufs wegen. Vermutlich gab es niemanden seines Standes, dem es nicht so erging, nicht nur in Deutschland, die Dimension war eine andere: Zeitungen, Radiostationen und Fernsehsender auf allen fünf Kontinenten verbreiteten die Hiobsbotschaft von den getrennten Schlafzimmern des deutschen Ehepaares, das gemeinhin für ein Traumpaar gehalten worden war. Auch wenn eine Scheidung betont nicht in Aussicht gestellt wurde, verriet gerade diese Ausdrücklichkeit, dass schon bald Juristen vonnöten sein würden. Wenn es um Trennungen ging, hatte Becker noch nie einen Rückzug unternommen. Hätte es in diesem Fall in seinen Augen noch eine Chance gegeben, wäre er kaum mit einer Verlautbarung an die Öffentlichkeit gegangen.

Die wichtigsten Informationen standen wie so oft zwischen den Zeilen. Hiller versuchte sie zu deuten, er sog jede Neuigkeit begierig auf, die die Zeitungen in den folgenden Tagen präsentierten. Dann setzte er sich in sein Büro und spielte in Gedanken die einzelnen Schachzüge durch, die er ausführen würde, wäre er als Anwalt gefragt. Diese geistige Vorarbeit, die er beinahe routinemäßig absolvierte, sollte ihm bald von Nutzen sein.

Die Nachrichten überschlugen sich, die Headlines entsprechend: «Boris & Babs geben Trennung bekannt» – «Boris spricht» – «Babs verklagt Boris» – «Die Akte Becker» – «Boris schlägt zurück» – «Das Verhör» – «Babs siegt» – «Boris will Blitzscheidung» ... Vielleicht kitzelte es den Anwalt in seiner Berufsehre noch ein bisschen mehr, als abzusehen war, dass der Trennungsfall Becker gegen Becker ein Ausmaß annehmen würde, das es so noch nicht gegeben hatte, nicht hierzulande.

Der erste Anruf an einem Donnerstagnachmittag im Dezember 2000 ließ ihn mit einer vagen Vermutung zurück. Ein befreundeter Anwalt, ebenfalls aus München, suchte im Auftrag eines Mandanten einen versierten und gleichzeitig unbedingt vertrauenswürdigen Experten in Scheidungsfragen, der sich auch mit internationalen Gepflogenheiten auf diesem Gebiet bestens auskennt. Ja, es würde sich um ein großes Ding handeln, das möglicherweise zwischen Deutschland und Amerika auszukobern sei. Nein, noch gebe es keinen Auftrag, er sondiere lediglich mögliche Aspiranten. Den Namen könne er freilich nicht nennen, dafür sei die Sache zu heiß. Er würde sich melden. Was er noch am Abend desselben Tages tat, um Hiller mitzuteilen, dass er raus sei, sorry. Ihm war das leicht von der Zunge gegangen, Hiller aber wurmte es, kam doch als geheimnisvoller Mandant eigentlich nur einer infrage – nach alldem, was er zuletzt gelesen hatte.

«Boris & Barbara, la favola è finita» – das Märchen ist zu Ende, trauerte die italienische *La Repubblica* und beschrieb – möglicherweise unfreiwillig – den Geist der Nachricht wohl am treffendsten. Denn Märchen sind phantastische Erzählungen. Vielleicht beschreiben sie den Kern einer Geschichte, wahr sind sie deswegen noch lange nicht. So wie es eben schon lange nicht mehr den Tatsachen entsprach, dass Boris Becker, der ehemalige Tenniskönig, und Ehefrau Barbara, durch Kinder und die Karriere ihres Mannes verhinderte Schauspielerin und Sängerin, eine Beziehung pflegten, die hinter der öffentlichen Fassade hielt, was sie davor zu versprechen sich mühte. Aber von einer absichtlich verborgenen Dissonanz wollte Becker nun plötzlich nichts wissen. Der abtrünnige Ehemann und Familienvater beeilte sich zu erklären, dass sich die Menschen immer schon ihr spezielles Bild von ihm zurechtgezimmert hätten. «Jeder, der eine Ehe führt oder geführt hat», sagte er, «weiß, wie schwierig diese täglichen Probleme sind. Man muss immer kämpfen. Deswegen sprach ich oder sprachen wir nie von einer Bilderbuch-Ehe. Die gibt es doch höchstens in schlechten Filmen. Wir haben den Menschen doch nichts vorgegaukelt.»

Dabei hatte er Anfang des Jahres noch verkündet: «Ich glaube, Barbara und ich wollen noch ein paar Kinder. Es ist zu schön.» Und im September seine Frau in den Arm genommen und sie gebeten: Lass uns ein drittes Kind machen. Dazwischen ließen die beiden kaum ein gesellschaftliches Ereignis aus, um sich als glückliches Ehepaar zu präsentieren. Im März in Los Angeles bei der Oscar-Verleihung wichen sie einander nicht von der Seite, Small Talk hier, Small Talk da und immer Hand in Hand inmitten der Showstars. Auch nach der großen Party zeigten sie sich eher verliebt als distanziert. Weil sie sich im Beverly Hills Hotel offenbar ausgesprochen wohl fühlten, verlängerten sie ihren Aufenthalt, blieben gleich vierzehn Tage. Zwei Monate danach folgten sie dem Ruf von Bundespräsident Johannes Rau nach Berlin aufs Schloss Bellevue. Der hatte sie auf Wunsch seines Gastes zum Staatsempfang für den französischen Präsidenten Jacques Chirac geladen. Seit Jahren waren sie bei solchen Anlässen gern vorgezeigte Gäste. Schon Raus Vorgänger Roman Herzog schmückte seine Tafel mit dem deutschen Glamourpaar. Selbst Königin Elisabeth II. ließ es sich nicht nehmen, die Beckers from

Germany zum Staatsbankett ins königliche Schloss Windsor zu bitten. Zuletzt war es Bundeskanzler Gerhard Schröder, der ihn, seinen Freund Marius Müller-Westernhagen und Thomas Gottschalk für eine Anzeigenkampagne einspannte, in der die drei Stars für die doppelte Staatsbürgerschaft warben. Bereits bei ihrer ersten Begegnung hatte der Politiker dem Sportler das kameradschaftliche Du angeboten – «sonst komme ich mir so alt vor».

Im Mai reisten Boris und Barbara nach Monte Carlo zur Verleihung des Laureus Sports Award, dem Oscar für Sportler. Im Juni zur Party von Popikone Elton John nach London, zwischendurch nach München, anschließend weiter nach Mexico City …

So weit zum schönen Schein, aber der trog tatsächlich, und das schon mindestens seit zwei Jahren. Als sie im Sommer 1997 nach seinem ersten Abschied von Wimbledon nach München zurückkehrten, «begannen die Diskussionen», erklärte Becker, «nach dem Motto: Was mache ich jetzt, was machst du? Wie läuft die Woche ab, das nächste Jahr?» Seine Frau empfand das als nicht weniger kompliziert, es sei alles so schwierig geworden, klagte sie. Sie habe oft nicht mehr verstanden, wie er sich sein Leben vorstellte. «Das war alles nicht mehr so geklärt für ihn, nicht mehr so geplant.» Plötzlich fehlte seinem Leben das gewohnte Korsett, wo doch seit jeher alles geregelt gewesen ist für ihn. Erst die Schulzeit mit festen, unumstößlichen Rahmenbedingungen – vormittags Unterricht, nachmittags Training, am Wochenende Spiele, in den Ferien Lehrgänge oder Turnierreisen. Dann seine Profikarriere und eine Zeit lang nur noch Tennis, bis Frauen in sein Leben traten, die ihn hin und wieder ablenkten, straucheln ließen, aber nicht ernsthaft aus der eingeschlagenen Bahn warfen. Was über all die Jahre blieb, waren die Trainingsstunden und die Turniere. Nun mangelte es ihm an Orientierungspunkten, fehlte jemand, der die neue Richtung vorgab, so wie er das gewohnt war von seinen Ziehvätern, Beratern und

Gurus. Tiriac hatte er verstoßen, Meyer-Wölden starb noch im Sommer 1997, der Vater war bald schwer erkrankt. Jetzt lag es an ihm, die neue Marschrichtung festzulegen, die er einzuschlagen gedachte.

Für Ehefrau Barbara kam der Übergang nicht weniger unvermittelt, sie ist noch nicht darauf gefasst gewesen, witterte jedoch alsbald ihre Chance. Für ihr Verständnis galt es als abgemacht zwischen ihnen, dass sie in den Mittelpunkt treten würde, sobald er denselben verließ. So hatte er es gesagt. Doch war sie so naiv, zu glauben, dass es Boris möglich sein würde, aus dem Scheinwerferlicht in den Schatten zu treten, von heute auf morgen? Zwischen den gegenseitigen Ansprüchen verloren sie sich. «Wir haben es beide nicht geschafft, unsere Familie als Lebensmittelpunkt zu sehen», resümierte Becker, nachdem es zu spät war. «Ich dachte, dass sie mehr machen muss; sie dachte, dass ich mehr machen muss; und beide waren wir nicht genügend da.»

Zum einen packte der Tennisspieler sein Racket nicht weit genug weg, um es nicht bei der nächstbesten Gelegenheit wieder hervorholen zu können, er trainierte und spielte weiter. Zum anderen stürzte er sich – abgesehen von der einen oder anderen Frauengeschichte – auf Gebieten ins Abenteuer, von denen er nichts verstand, überhastet, wie ihm eines Tages einleuchten sollte.

Es lag noch nahe, dass er die Daviscup-Mannschaft als Teamchef übernahm und das von DaimlerChrysler initiierte Mercedes-Junior-Team, welches nicht nur ihn als Boss, sondern obendrein noch seinen Namen erhielt. Der Weg in die freie Marktwirtschaft schien dagegen nicht so logisch. Für die Autohäuser in Mecklenburg-Vorpommern musste er bisher nur das Geld hergeben – zirka zwanzig Millionen Mark, hieß es – und sich selbst als Galionsfigur. Nun gründete er eine eigene Firma, BBM, Boris Becker Marketing, mit Sitz in Unterföhring bei München. Als Chef schlug er große Töne an – Business sei wie Tennis, «man schlägt sich ein paar verbale Returns um die Ohren, und im richtigen Moment setzt man ein Ass» –, schloss aber so gut wie keine Verträge ab, zumindest keine nennenswerten. Zunächst sollte er einer Schweizer Firma für vier Jahre die Vermarktungsrechte der ATP-Herrenturniere sichern, erhielt aber eine Abfuhr, weil ein Mitbewerber das Vielfache bot und dessen Konzept professioneller erschien. Mit dem nächsten Deal manövrierte er sich erneut ins Abseits. Ein Telekommunikationsunternehmen wollte als Hauptsponsor des Daviscup-Teams einsteigen und bat um wohlwollende Vermittlung. Becker fädelte die entsprechenden Verträge ein, ohne den Geldgeber darüber zu informieren, dass zwei der Spieler, Tommy Haas und Nikolas Kiefer, die entsprechenden Werbebanner auf ihren Hemdärmeln nicht tragen konnten, da die Fläche schon durch private Verträge besetzt war. In diesem Stil ging es weiter. «Mein früheres Leben war einfacher und strukturierter», erkannte er, aber erst nach dem Desaster, «weil man darin mit einem Ass alles klären konnte.»

Das klingt nach einem Anfängerfehler. Becker hätte es aber besser wissen können, wenn man einem damaligen engen Mitarbeiter Glauben schenkt: «Wir haben ihn darauf hingewiesen. Er hat unsere Einwände einfach beiseite gewischt und meinte: ‹Ich spreche mit den Verantwortlichen, ich kläre das.›» Am Ende kündigte der Sponsor den Millionenvertrag, außer Spesen nichts gewesen. An Beckers Geschäftsgebaren änderte das nichts, berichten Beteiligte. Wenn seine Mitarbeiter anderer Meinung waren und diese auch noch schlüssig klang, verließ er schon mal den Raum, um nicht klein beigeben zu müssen. Unangenehme Aufgaben ließ er sich durch seine Mitarbeiter vom Hals schaffen. Einmal sollte sein Medienberater gefeuert werden. Er bestellte ihn ins Büro, versteckte sich dann aber im Zimmer der Sekretärin, während sein Geschäftsführer die bittere Pille zu verteilen hatte.

«Ich kläre das», sei sein Lieblingssatz gewesen, sobald Probleme auftauchten. Nur wären den Worten selten Taten gefolgt, zu oft sei er an seine Grenzen gestoßen. Zum Beispiel wollte er unbedingt das Management von Thomas Haas übernehmen. Der war jedoch vertraglich an eine andere Firma gebunden. «Ich spreche mit denen, das kläre ich», versprach er, einmal mehr – von wegen. Dass er nichts auszurichten vermochte, gab er natürlich nicht zu, den Umstand kaschierte er mit einer neuen Version: Er würde den Tennisspieler nicht geschäftlich, sondern rein menschlich beraten. Das sei wichtig, auch wenn es kein Geld bringe. Darauf aber konnte der Jüngere durchaus verzichten.

Er könne mit jedem der großen Wirtschaftsbosse reden, tönte Becker gern – ein kurzes Zeichen, und sie würden sich bei ihm rückmelden, binnen vierundzwanzig Stunden. Eine angenehme Vorstellung, nur entsprach sie nicht mehr der Realität. Im Übrigen nahm er die meisten von denen sowieso nicht ernst. Wer waren die schon, hatte einer von denen jemals Wimbledon gewonnen? Im kleinen Kreis sei er nicht nur einmal über den einen oder anderen hergezogen: «Ach, der will ja nur über meinen Namen in die Schlagzeilen, sonst schreibt ja keiner über den.»

Mit der gegenseitigen Achtung verhält es sich mittlerweile jedoch auch umgekehrt nicht viel anders. Nicht zuletzt durch Scheidung und Wäschekammer-Affäre hat er seinen guten Ruf in der Branche größtenteils verspielt. Die Firmen reißen sich nicht mehr um die Werbegestalt Becker. Und die wenigen, die vor Jahren längerfristige Verträge mit ihm eingingen, stehen heute der Geschäftsidee von damals eher kritisch gegenüber. Nicht umsonst wurden Beckers Werbeauftritte auf ein Minimum dezimiert. Die Marketingverantwortlichen eines Automobilkonzerns verzichten seit geraumer Zeit vollständig auf seinen Einsatz. Und das, obwohl es ihnen die vereinbarten Zahlungen nicht erspart. Zwischenzeitlich soll sogar nach Investoren gesucht worden sein, die bereit sind, Beckers Autohäuser im Osten zu übernehmen.

Den Mitarbeitern von BBM hätte gleich zu Beginn ein Licht aufgehen müssen. «Als wir die Firma gründeten», berichtet einer, «arbeiteten wir ein Konzept aus über Aufbau und Struktur der GmbH, die Angestellten und ihre Aufgaben und alles, was dazugehört. Das interessierte ihn gar nicht.» Er sah es sich nicht einmal an, winkte gleich ab: «Lass mal, das brauchen wir nicht, das machen wir auch so.» Nicht weniger hemdsärmelig ging er angeblich auch mit den Verträgen um, die ein ums andere Mal nicht im Safe, sondern erst einmal in seiner Tennistasche verschwanden. Als Erster erkannte der Geschäftsführer den Schlamassel und kündigte nach gut einem Jahr. Inzwischen stellte das Unternehmen den Geschäftsbetrieb ein.

Ähnliche Erfahrungen sammelten andere, Internet-Macher Paulus Neef und Helmut Thoma zum Beispiel, der einstige RTL-Chef und jetzige Berater des nordrhein-westfälischen Ministerpräsidenten Wolfgang Clement. Die beiden saßen mit Becker an der Spitze des Internetportals Sportgate, das mit Pauken und Trompeten und gigantischem Werbeaufwand angekündigt, aber nie so richtig realisiert wurde. Anfangs kniete sich Becker, der ursprünglich nur als Aushängeschild gedacht war, mächtig hinein und beschaffte sich über fünfzig Prozent der Firmenanteile. In dem Moment, als das Unternehmen in Schwierigkeiten geriet, tauchte er ab, war weder für den einen noch für den anderen zu erreichen, rief auch nicht zurück, und das über Wochen und Monate, wie Thoma versichert. Am Ende mussten die Betreiber Insolvenz anmelden. Aus unterschiedlichen Gründen, nicht zuletzt aber auch, weil es an Investitionen fehlte, die neben anderen Hauptaktionär Becker schriftlich, also verbindlich, zugesichert hatte, ohne dass er seiner Unterschrift Taten folgen ließ. «Andere behaupten, er sei boshaft», sagt Thoma, «ich glaube, er ist völlig unreif. Wie ein Kind, das mit vierzehn, fünfzehn den anderen zeigen will, dass er der Größte und Stärkste ist; so benimmt er sich ein bissel.» Inzwischen verklagt der Insolvenzverwalter Boris Becker auf Einhaltung seiner Garantieerklärung über 1,5 Millionen Euro.

Die Aufzählung der geschäftlichen Misserfolge ließe sich noch einige Seiten fortsetzen, am Ende blieb immer das Gleiche zurück – ein Scherbenhaufen. Becker beteiligte sich mit fünfzig Prozent an einer Firma, die Tennisartikel herstellt – der Gewinn ließ auf sich warten. Er kaufte sich bei einer Aktiengesellschaft ein, die per Internet und Teleshopping Öko-Lebensmittel vertreiben und mit ihm für gesunde Kost werben wollte – wieder kein gutes Geschäft, ein Konkurs war auch hier nicht abzuwenden. Sein Engagement beim Deutschen Tennis Bund verlief ebenso erfolglos. Nach zwei Jahren schmiss er den Job als Daviscup-Teamchef hin. Die Jungs spurten nicht so, wie er wollte, einige lehnten sich gegen ihn auf. Am Ende hinterließ er eine völlig zerstrittene Mannschaft. Selbst sein Einsatz beim Junior Team war nicht von Erfolg gekrönt. Zwei Spieler wurden gefeuert, nachdem sie sich in Australien eine Siegprämie auf ihre Art beschafften, durch Diebstahl von zweitausend Mark aus der Tasche eines anderen. Und mit den Verbliebenen war auch kein Staat zu machen. Der eine kam über Position zweihundert auf der Weltrangliste kaum hinaus, der andere steckte irgendwo um Platz siebenhundert fest. Im Dezember 2001 sollte dem Unternehmen neues Leben eingehaucht werden, aber da interessierte sich niemand mehr ernsthaft dafür.

Als bei Boris Becker alles drunter und drüber ging, wie er es ausdrückte, im Frühjahr 2001, wandte er sich an den Schweizer Wirtschaftsfachmann Hans-Dieter Cleven, der als Vizegeneraldirektor die Geschicke der Metro-Holding mitlenkt und das Vermögen des Milliardärs Otto Beisheim verwaltet. Er offenbarte ihm seine Lage so, wie sie tatsächlich war. Er gestand, dass er nach alldem kein Ass mehr parat habe, nicht so wie früher auf dem Tennisplatz, da sei immer noch etwas gegangen. «Ich schaffe das nicht mehr allein», sagte er, «ich brauche Hilfe.» Daraufhin hätten ihn Cleven und dessen Frau aufgenommen wie einen Sohn. Kurze Zeit darauf entstand in Zürich die Firma BCI, eine Art Headquarter, das sämtliche Aktivitäten Beckers koordiniert und managt. Dort führt Rechtsanwalt Peer Zebergs die Geschäfte, ein Vertrauter aus früheren Tagen, der einst in der Kanzlei von Axel Meyer-Wölden seinem Tagwerk nachging.

Eine Institution wie diese hätte Becker gut gebrauchen können in den Tagen des größten Chaos – jemanden, der einen kühlen Kopf bewahrt, 1997 schon, vor allem aber zwei Jahre darauf, nach seinem letzten Wimbledon-Auftritt, als er völlig den Halt verlor. Stattdessen befanden sich zu dieser Zeit Menschen in seiner Umgebung, die seine Aufträge entgegennahmen und möglichst nicht widersprachen, denen er vielleicht noch zuhörte, von denen er sich aber bestimmt nichts sagen ließ. Der Tod seines Vaters, kurz darauf Wimbledon, die Niederlage dort, viel zu früh, und wieder Zoff mit Barbara, die schäbige Wäschekammer schließlich. «Ich war damals schlicht überfordert», erkannte er, als nichts mehr rückgängig zu machen war. Dabei wollte er doch nur alles richtig machen, noch ein großes Spiel und dann das große Glück. Das erwarteten die Leute von ihm, dachte er.

Mit ihrer Position im «System Becker» hatte auch Barbara ihr Problem, von Anfang an, doch jetzt besonders. Was hatte sich denn geändert? Sie war die Frau eines reichen, berühmten Mannes und dadurch selbst berühmt geworden – als dessen Ehefrau und als Mutter seiner Kinder, auf sein Vermögen angewiesen, an sich austauschbar wie ein Ersatzteil. Sie wisse genau, warum die meisten Leute nett zu ihr seien, sagte sie einmal, weil sie mit Boris Becker verheiratet sei. Eine Sängerin war sie deswegen noch immer nicht, eine Schauspielerin würde sie nie wieder sein, vermutlich. Ihre ausufernden Einkaufsorgien, die Partys, die sie zu Hause veranstaltete, die von ihm verhassten Geburtstagsfeten – nichts anderes als Ersatzbestätigungen für sie. Seht her, ich bin auch da, ich habe eine goldene Kreditkarte wie er und Geschmack und Freunde und das Talent, sie alle an einem Tisch zu versammeln. Nur waren ihre Freunde nicht unbedingt seine

Freunde – noch eine Kluft mehr zwischen ihnen. Er zog lieber mit seinen Kumpels los, zum Golfen oder zum Spiel der Bayern-Kicker und danach ins Schumann's oder in irgendeine Kneipe. Manchmal setzte er sich auch in eine Concorde, um mal eben nach New York zu fliegen, weil dort ein Basketballspiel stattfand, das er nicht verpassen wollte. Oder anderswohin. Früher gehörte das Reisen zum Tennis, jetzt gehörte es zu seinem Leben, er kennt es nicht anders.

Seine Frau bevorzugte die glamourösen Auftritte, daran hatte sich nichts geändert. Filmpremieren oder Modenschauen oder etwas Ähnliches in dieser Kategorie, wo sie als Stargast gehandelt und entsprechend behandelt wurde, auch wenn sie allein erschien. Wirklich allein kam sie eigentlich nie, mindestens ein Leibwächter befand sich an ihrer Seite. Meistens aber war es Kim, die sie begleitete, ihre beste Freundin, Amerikanerin und Ehefrau von Carl-Uwe Steeb. Wie Hanni und Nanni zogen sie los, Hand in Hand oder Arm in Arm, jedenfalls unzertrennlich.

Die Freundin gab so etwas wie einen Ersatzpartner ab. Schon flüsterte die klatschfreudige Münchner Schickeria hinter vorgehaltener Hand: Hübsches Paar, die beiden, gehen bestimmt auch zusammen ins Bett. Was natürlich nur ein Gerücht war, wie die verdächtigten Damen schworen. Kim übernachtete hin und wieder zwar im Hause Becker, aber das taten andere Freundinnen von Barbara auch. Dem Hausherrn war das gar nicht recht. «Unser Haus war immer voll», beklagte Becker sich. «Party hier und Party da … Es wurde immer mehr, und verloren ging, was uns stark gemacht hat, Partners in Crime eben, die sich ausgesucht haben, was sie machen.» Auf einmal hätten Menschen zwischen ihnen gestanden, Kim und die anderen, die sich einmal im Monat trafen, der «Tits & Asses Club», so nannten sie sich, Sonia Bogner und Sabine Käfer und wie sie alle hießen, die angeblich zehn wichtigsten Frauen der Stadt.

«Ich will niemanden zwischen meiner Frau und mir haben»,

sagte Becker. Dabei füllte Barbara mit ihren Aktivitäten und den Freundinnen nur den Leerraum aus, der zwischen ihnen entstanden war. Ihm passte die Nähe zu anderen auch deshalb nicht, weil er niemandem wirklich vertraute. Das stellte nicht erst jetzt ein Problem dar. Barbara war da anders, sie schloss Menschen schneller in ihr Herz und umgab sich gern mit denen, die sie mochten. Jahrelang vertraute sie ihre privat aufgenommenen Filme einer befreundeten Fotografin an, die für sie die Bilder entwickelte. Das ging so lange gut, bis Boris davon erfuhr. Er konnte es nicht fassen, dass sie so blauäugig war, arbeitete die Fotografin doch auch für die Presse. Wie konnte sie der Freundin nur Fotos in die Hand geben, auf denen er ganz privat zu sehen war, einmal sogar nackt in der Badewanne, wie er mit Noah herumjuxte!

Wie es um das gegenseitige Vertrauen der Eheleute Becker bestellt war, ist schwer zu sagen. Zwar schwor Barbara, sie habe ihm total vertraut, er sei ihre große Liebe gewesen, aber sie sagte auch: «Eine Affäre, ein körperlicher Betrug ist es nicht wert, etwas Wichtiges dafür aufzugeben.» Boris dagegen fragte sich bis zuletzt, ob wirklich er es war, den sie liebte, ob nicht vielmehr sein Geld und sein Ruhm und sein Status als Star sie dazu brachten. Da sei keine Sicherheit, sagte er einer englischen Journalistin noch im Sommer 1999, «dass sie mich lieben würde, wenn ich arm und nicht berühmt wäre und von neun bis fünf in einer kleinen Stadt in Deutschland arbeiten würde». Auf jeden Fall blieb sie bei ihm und duldete den einen oder anderen Seitensprung, was umgekehrt bestimmt nicht der Fall gewesen wäre. Vermutlich war ihre Schmerzgrenze erst erreicht, als herauskam, wozu er sich im Sommer 1999 in London hatte hinreißen lassen.

Er gestand ihr nicht gleich, was er befürchtete, als am 17. Februar 2000 in seinem Münchner Büro das Faxschreiben einer gewissen Angela Frampton einging, das die junge Dame in der englischen Hauptstadt abgesandt hatte: «Dear Mr. Becker, you will recall the promotional project we had discussed in Nobu London on 30. 06. 99. The project is now quite advanced and is scheduled for launch at the end of next month. It would be really good to talk to you and hear your comments and thoughts for possible participation. Perhaps you could phone us in London …» Warum Miss Ermakowa plötzlich Frampton hieß, bekamen andere für ihn heraus. Ersterer war ihr Mädchenname in Russland, den zweiten nahm sie an, nachdem sie einen homosexuellen Engländer überredet hatte, mit ihr eine Scheinehe einzugehen, damit sie eine Aufenthaltsgenehmigung erhielt. Aber diese zweckdienliche Verbindung lag hinter ihr und schon Jahre zurück, als sie dem Tennisstar begegnet war.

Was geschah, nachdem er die verschlüsselte Nachricht erhalten hatte, könnte aus einem mittelmäßigen Kriminalfilm stammen. Der müsste allerdings aus juristischen Gründen mit einer Vorbemerkung versehen werden – Handlung und Personen sind frei erfunden! Denn keiner der beteiligten Akteure würde mit seinem Namen dafür geradestehen, sie hatten Verschwiegenheit und strengste Geheimhaltung vereinbart. Die Szene in dem gedachten Film müsste ungefähr so aussehen: Zwei Männer besteigen in Deutschland ein Flugzeug, das sie nach London bringt. Auf dem Airport mieten sie sich einen Wagen, mit dem sie in ein gutbürgerliches Viertel der Stadt fahren. Sie biegen in eine Straße ein, in der gepflegte Häuser, einige mit kleinen Vorgärten, zu sehen sind. In einem der Gebäude wohnt eine junge Frau, die am 22. März, also kurz zuvor, ein Baby zur Welt brachte, dem sie den Namen – sagen wir – Anna gab. Die zwei Schnüffler erkunden, wo sich die Abfallcontainer für das Haus befinden. Dann warten sie, bis die junge Frau, um die es geht, darin ihren Müll entsorgt, Küchenabfälle, aber eben auch die benutzten Windeln ihres Kindes. Einige Tage vergehen, bis sie auftaucht. Das wird im Film natürlich gestrafft. Nachdem sie dann im Hauseingang verschwunden ist, steigt einer der Männer mit einer Plastiktüte aus dem Wagen. Er streift sich unauffällig sterile Operationshandschuhe über die Finger. Anschließend inspiziert er den Müll. Sein Interesse gilt den Windeln. An ihnen haften Spuren, die unappetitlich aussehen und unangenehm riechen, die aber vortrefflich geeignet sind, um eine DNA-Analyse durchzuführen. Die Frage, die sie klären müssen: Wurde das Baby von ihrem berühmten Auftraggeber gezeugt? Was sie da tun, entspricht nicht unbedingt dem Gesetz, aber ausnahmsweise heiligt der Zweck die Mittel. Die Zuschauer werden das genauso sehen. Es könnte sich ja auch um einen dreisten Erpressungsversuch handeln.

Zurück zum wirklichen Leben. Inzwischen war der ungeheure Verdacht in die Medien gelangt und die kleine Anna mittlerweile ein Dreivierteljahr alt. Entsprechende Schlagzeilen lösten die Headlines über die Trennung ab. Die Fotos dazu, die ein Mädchen mit rotblonden Locken, blauen Augen und blasser Haut zeigten, hätten aus dem Familienalbum von Beckers Eltern stammen können – als handele es sich um eine Zwillingsschwester von Sabine. Boris' Schwester sah in dem Alter ganz ähnlich aus …

Boris Becker kam nicht umhin, sich einem Vaterschaftstest zu unterziehen, diesmal ganz offiziell. Dafür flog er nach London. Die Mediziner ließen mit dem Ergebnis nicht lange auf sich warten. Es fiel positiv aus, wie man so schön sagt, obwohl es für ihn alles andere als das war. «Ja, ich bin der Vater», erklärte er gezwungenermaßen, «ich übernehme die Verantwortung …» Damit war es klar: Boris Becker, der weltgewandte Star, hatte in einer schmuddeligen Kammer eines Hotels mit einem dahergelaufenen Möchtegernmodel eine Tochter gezeugt. Unvorstellbar, aber wahr. Peinlicher hätte es nicht ausgehen können. Die folgenden Tage gehörten zu den schlimmsten im Leben von Elvira Becker. Sie schämte sich für den Sohn, so sehr, dass sie tagelang nicht das Haus verlassen haben soll.

In der Familie ihres Sohnes bedurfte es dieser Bestätigung nicht mehr, hier sorgte das unerfreuliche Thema bereits seit einem halben Jahr für unschöne Szenen. Im Sommer 2000, als ihm bewusst war, was früher oder später auf ihn zukommen würde, hatte Becker klaren Tisch gemacht und seiner Frau reinen Wein eingeschenkt. «Sie hat sehr gut reagiert», konstatierte er. Oberflächlich betrachtet vielleicht. Was er zu diesem Zeitpunkt noch nicht wusste: Sie reagierte nicht nur gut, sondern nach dem ersten Schock vor allem vorausschauend. Unter anderem beantragte sie einen neuen amerikanischen Pass, ihrer war inzwischen abgelaufen. Durch ihren Vater besitzt sie neben der deutschen auch die Staatsbürgerschaft der Vereinigten Staaten. Der Pass eröffnete ihr die Möglichkeit, sich ohne Visum und andere Sondergenehmigungen dauerhaft in Amerika aufzuhalten.

Dann kam der 25. November, der Tag, an dem Boris Becker den Burgfrieden brach – allerdings nicht unangekündigt, es war abzusehen. Die Signale, die zuletzt von ihm kamen, waren deutlich gewesen. Erst drei Tage zuvor, an seinem dreiunddreißigsten Geburtstag, hatte er ein Fußballspiel des FC Bayern im frostigen Stadion einer Party vorgezogen, die seine Frau für ihn zu organisieren gedachte. Nur nicht das, beschloss er, nicht wie zu seinem dreißigsten, als sie über hundert Leute eingeladen hatte, darunter viele alte Bekannte, die er gar nicht wiedersehen wollte. Und von denen einige dann drei Tage auf seine Kosten feierten, obwohl ihm die gute Laune am ersten Abend schon vergangen war.

Jetzt kam er spät aus dem Büro, sie hatte Brote geschmiert und auf ihn gewartet, die Kinder schliefen schon. Gegen zweiundzwanzig Uhr, sie hatten sich wieder einmal in eine Diskussion verstrickt, riss ihm der Geduldsfaden. So gehe es mit ihnen nicht weiter, sagte er, ihre Beziehung funktioniere nicht mehr. Lass uns reden, lass uns kämpfen, entgegnete sie. Sie flehte ihn an, nicht alles hinzuschmeißen, schon um der Kinder willen. Er solle wenigstens Weihnachten noch abwarten und Noahs Geburtstag im Januar. Das habe doch keinen Sinn, meinte er, er wolle seine Koffer packen und für ein paar Wochen verschwinden. Dann suchte er einige Sachen zusammen und legte sich im Gästezimmer aufs Bett. So richtig schlafen konnte er nicht, gegen fünf Uhr nahm er sein Gepäck, verließ das Haus, stieg in seinen Wagen und fuhr nach Leimen zu seiner Mutter.

Nach drei Tagen kam er zurück. Noch einmal sprachen sie miteinander und führten dabei gegeneinander etwas im Schilde. Während Boris an seine Verabredung mit einer anderen Frau dachte, plante Barbara den Umzug nach Florida, in das Appartement auf Fisher Island. Sollte sie ruhig gehen, dachte er, und sprach erneut von Trennung. In diesem Fall wäre es sowieso günstiger, wenn sie und die Kinder aus der Schusslinie gerieten, bis sich die erste Aufregung gelegt haben würde. Ansonsten würden ihnen die Journalisten das Leben zur Hölle machen. Dass es ihr nicht nur darum ging, kam ihm nicht in den Sinn. Dass sie einmal ausgebufftere Berater haben könnte als er, genauso wenig.

Zwei oder drei Tage bevor sie mit den Kindern Deutschland verließ, traf er sich in Bad Soden mit Sabrina Setlur, einer jungen Rapperin, in die er sich verliebt hatte. Noch mehr Material für die Titelseiten der Boulevardblätter. Für die Presse lieferte er mit dieser Liaison gleich noch den Grund für die Trennung, die er an jenem 5. Dezember per Faxschreiben bekannt machte.

So einfach war es aber nicht, für die neue Beziehung erst recht nicht. In diesen turbulenten Zeiten besaß sie keine Chance. Ein paar Wochen versuchten sie es, stets auf der Suche nach ungestörter Zweisamkeit, wie sie vorgaben. Dass Becker dann ausgerechnet im Schlosshotel Bühler Höhe mit seiner Neuen einkehrte, in dem er die Hochzeit mit Barbara gefeiert hatte, sprach nicht unbedingt für das Bestreben, unentdeckt zu bleiben. Abgesehen davon, dass diese Entscheidung nicht gerade Taktgefühl verriet, muss ihnen klar gewesen sein, dass ihr Auftauchen für Wirbel sorgen würde. Recht eigenartig verhielt es sich auch mit einer gemeinsamen Reise nach New York, wo ihnen von deutschen Reportern und Fotografen aufgelauert wurde, angeblich rein zufällig. Doch blieb die Frage, warum Becker dann so bereitwillig ein Interview gab und in demselben offenherzig über seine Gefühle zu Sabrina Setlur sprach – ja, es ist Liebe! So groß können die Emotionen indes nicht gewesen sein. Nach einigen Wochen trennten sich die Wege der Flirtenden wieder. Angeblich trug der öffentliche Druck der Medien die Schuld.

Für Becker überschlugen sich auch ohne Freundin die Ereignisse. Die erste Botschaft, die ihm auf die Nieren schlug, erreichte ihn aus Miami. Barbara klagte auf Unterhaltszahlung und forderte das alleinige Sorgerecht für Noah und Elias. Da sie über kein eigenes Vermögen verfügte, über Einkommen erst recht nicht, war sie auf die Kreditkarten angewiesen, die ihr Boris all die Jahre zur Verfügung gestellt hatte. Nun konnte er sie jederzeit sperren lassen, was er auch getan haben soll. Sie brauchte sein Geld, deshalb die Klageschrift, die noch keinen Passus über eine mögliche Scheidung enthielt. Sie wurde ihm von einem Anwalt in einem Café zugestellt, nachdem er am 10. Dezember in Miami angekommen war.

Die zweite unerfreuliche Nachricht kam aus London. Hier übergab Angela Ermakowa dem zuständigen Gericht eine Vaterschaftsklage. Becker blieb nichts anderes übrig – er setzte gleich einen ganzen Stab von Rechtsanwälten in Bewegung. Wenn überhaupt, dann konnten nur die jetzt noch helfen.

Die Angelegenheit in London war nicht angenehm, aber überschaubar. Über kurz oder lang würde sich Annas Mutter mit Geld zufrieden geben, mit einer großzügigen Absicherung für die Zukunft. Das war abzusehen, selbst wenn sich der Rechtsstreit noch Jahre hinzöge. Die Sache in Miami hingegen entglitt ihm, wie er später gestand: «Geplant war eine Trennung, daraus ist ein Medienspektakel entstanden und dann eine Scheidung. Was von uns beiden nicht gewollt war. Wir waren nicht mehr Kapitän des Schiffes – da waren Berater, Anwälte, die das Schiff plötzlich nach vorn getrieben haben. Und wir saßen nur noch im

Beiboot.» Das Bild, das Becker mit seinen Worten zeichnete, traf zwar den Nerv der Auseinandersetzung, es war jedoch etwas schief geraten. Denn in Wirklichkeit handelte es sich um zwei Schiffe, die von unterschiedlichen Kapitänen gesteuert wurden, mit voller Kraft voraus, und zwar so, dass sie frontal zu kollidieren drohten.

Zu denen, die das Ruder für Boris Becker übernahmen, gehörten die Rechtsanwälte Georg Stock, der ihm seit längerem juristisch zur Seite stand, und Stephan Hiller, nun doch, der Experte für knifflige Familienrechtsfälle. Er hatte seinem Mandanten ein Konzept für eine Strategie präsentiert, die ihn überzeugte. Das erste Ziel bestand darin, den Fall Becker gegen Becker der amerikanischen Gerichtsbarkeit zu entziehen, um ihn in München verhandeln zu können. Hier kannten sie nicht nur die großen Fahrwasser, sondern auch sämtliche Nebenflüsse, die sie notfalls beschiffen konnten, um ans Ziel zu gelangen. Diese Kenntnisse würden ihnen in Amerika nichts nützen, das war ihnen klar. Ihre Gegner wiederum wollten die Auseinandersetzung unbedingt vor dem Miami Dade Court führen, darin sahen sie ihre große Chance. Zumal Barbara einen gewissen Samuel I. Burstyn engagiert hatte, der zu den Pitbulls unter den amerikanischen Rechtsanwälten zählt und nicht eben für sein Feingefühl bekannt ist. Beckers Vertreter in Amerika, Robert Kohlman und Donald J. Hayden, wirkten gegen ihn wie Filigranjuristen, obwohl sie ihre Instrumente nicht weniger gut beherrschten, damit nur andere, leisere Töne anschlugen.

Seine Anwälte in Deutschland bereiteten zunächst den Boden in München. Zehn Tage nach der öffentlichen Bekanntgabe der Trennung legten sie für Becker einen Scheidungsantrag beim Gericht vor: Die Ehe sei seit rund zwei Jahren zerrüttet, «seit Beginn des Jahres 2000 lebten die Parteien innerhalb der Ehewohnung getrennt, wobei mehrere Versöhnungsversuche von Seiten des Antragsstellers nicht Erfolg hatten oder wiederum nach wenigen

Tagen scheiterten». Zudem seien die Formalitäten bei einer etwaigen Scheidung bereits vor der Hochzeit in einem Ehevertrag ausgehandelt worden. Außerdem schalteten sie die Generalbundesanwaltschaft in Karlsruhe ein, die aktiv werden sollte, um Barbara und die Kinder zur Rückkehr nach München zu bewegen. In ihrem Antrag schrieben sie, dass Noah und Elias von der Mutter gegen den Willen des Vaters ins Ausland entführt wurden. Lediglich ein kurzer Urlaub sei verabredet gewesen, nicht aber, dass der ältere Sohn sofort in eine amerikanische Schule eingeschult wird. Schließlich forderten sie für ihren Mandanten beim Bundesgerichtshof das alleinige Sorgerecht für die Kinder.

Das alles waren formaljuristische Scharmützel, die eine Eskalation nicht verhindern konnten. So kam es am 4. Januar 2001 dazu, dass Boris Becker vor dem 11. Judical Circuit of Miami Dade – und vor Millionen Fernsehzuschauern – gedemütigt wurde wie nie zuvor in seinem Leben. Während sich Beckers Anwalt Hayden bei seiner Befragung des Mandanten darauf konzentrierte, dessen Angst um seine Kinder hervorzuheben und eine mögliche Entführungsgefahr herauszustreichen, ließ Burstyn in seinem Verhör jeglichen Respekt vor dem Superstar aus Deutschland vermissen. Offensichtlich mit dem Ziel, Becker nicht nur einer, sondern mehrerer Lügen zu überführen und seinen Antrag auf Ausschluss der Öffentlichkeit ad absurdum zu führen. Dafür nahm er ihn regelrecht in die Mangel:

Burstyn: Ist es wahr, dass Sie uns gegenüber darstellen, je mehr Sie verdienen, desto mehr wird die Vorstellungskraft von Kriminellen angeregt?

Becker: Nein. Aber ich mache mich vertragsbrüchig, wenn ich über Details meiner Verträge rede. Außerdem geben die Spekulationen um mein Gehalt den Verrückten und Kriminellen die Phantasie.

Burstyn: Was denn nun? Ihre Sorge um die Darstellung Ihrer finanziellen Verhältnisse beruht doch nur darauf, dass Sie sich in einer kriminellen Auseinandersetzung mit den deutschen Steuerbehörden befinden.

…

Burstyn: Geben Sie Ihre Dokumente der Verträge mit TAG-Heuer nicht an, weil das die Sicherheit der Kinder gefährden würde?

Becker: Nein.

Burstyn: Das erklären Sie hiermit?

Becker: Ich wollte nur erklären, warum. Wenn ich ein unbekannter, armer Mann wäre, gäbe es niemanden, der mein Kind entführen würde. Das wollte ich erklären.

Burstyn: Sagen Sie jetzt ja oder nein?

Becker: Ich darf nichts zu meinen Verträgen sagen, weil ich sonst vertragsbrüchig würde.

Richter: Möchten Sie, dass dieses Verfahren unter Ausschluss der Öffentlichkeit stattfindet, weil Ihre finanzielle Situation bekannt würde und das die Sicherheit Ihrer Kinder gefährden würde?

Becker: Nein, ich möchte das nur nicht, weil meine Kinder noch bekannter würden, als sie es schon sind.

…

Burstyn: Warum haben Sie Ihren Scheidungsantrag öffentlich gemacht?

Becker: Ich bin in den Händen eines Familienrechtlers. Und er hat den Antrag eingereicht.

Burstyn: Sie geben hier an, dass Sie Ihren Antrag in München eingereicht haben und dort auch das Sorgerecht beantragt haben?

Becker: Ja.

Burstyn: Ist es nicht vielmehr wahr, dass Sie in Ihrem Münchner Scheidungsantrag das Fürsorgerecht nicht spezifisch beantragt haben?

Becker: ???

Richter: Verstehen Sie die Frage?

[Frage wurde wiederholt.]

Becker: Wenn das in dem Papier so steht, wird das stimmen.

Burstyn: Dann haben Sie das Gericht angelogen! Geben Sie zu: Sie lügen! …

So respektlos war noch nie jemand mit dem deutschen Tennishelden umgesprungen. Er sei sich wie in einem falschen Film vorgekommen, sagte er danach. Es nützte auch wenig, dass er seinen Leibwächter Thomas Herbst nach Miami beorderte und in den Zeugenstand schickte, der ausgerechnet in der Nacht vor der Verhandlung einen Drohanruf bekommen haben will, was nicht sehr überzeugend wirkte.

Dabei handelte es sich bei der Anhörung lediglich um ein Vorgeplänkel. Der Richter sollte allein darüber entscheiden, ob die bevorstehende Verhandlung unter Ausschluss der Öffentlichkeit stattfände, wie es Becker und seine Anwälte gefordert hatten. In Deutschland wäre das keine Frage gewesen, Familienstreitigkeiten werden prinzipiell vertraulich verhandelt. In Amerika herrschen andere Sitten, dort dürfen nahezu alle Gerichtsverhandlungen live übertragen werden.

Bei dieser Gelegenheit wollten Beckers Anwälte auch gleich noch klarstellen, dass der Fall gar nicht hierher gehörte. Dafür waren seine Mutter und der Hauskoch aus München eingeflogen worden. Sie sollten dem Gericht versichern, dass die Familie ihren Lebensmittelpunkt in Deutschland unterhielt und sich höchstens zu Urlaubs- oder Geschäftsreisen in Amerika aufhielt. Dementsprechend, so die Argumentation, seien die anstehenden Fragen ohnehin von der Münchner Justiz zu klären.

Becker hätte sich diesen Termin und die Zurschaustellung seines Unbehagens ersparen können. Er hätte nicht erscheinen müssen, die Anwesenheit seiner amerikanischen Anwälte wäre ausreichend gewesen. Aber auf die allein wollte er sich nicht verlassen, das war auch eine Frage des Vertrauens. Außerdem kam es ihm darauf an, selbst in den Ring zu steigen und zu kämpfen. So, wie er früher auch gegen den stärksten Gegner auf den Platz gegangen war – erhobenen Hauptes, wie einer, der sich seines Sieges sicher ist. Obwohl es um Privates ging, wollte er vor aller Welt, wie er es vom Tennis kannte, unter Beweis stellen, dass er für seine Kinder alles gibt, dass er für sie notfalls durchs Fegefeuer geht. Fast märtyrerhaft stellte er seinen Auftritt im Nachhinein dar.

Das mag er so empfunden haben, nach all den verbalen Schlägen, die er einstecken musste. Nur gab es darüber hinaus noch einen anderen Beweggrund, der ihm nicht weniger Sorgen bereitete und ihn bewog, alles daranzusetzen, das Schlimmste zu verhindern: Wäre es in Florida zu einem Prozess über Unterhalt und Sorgerecht gekommen, hätte er unter anderem seine Vermögensverhältnisse offenlegen müssen, bis ins kleinste Detail, jede Aktie und jede Immobilie, jeden Dollar und jede Mark. Im Fall der Scheidung drohte ihm zusätzlich Ungemach. Da er versäumt hatte, den Ehevertrag, der am 16. September 1993 zwischen ihm und Barbara geschlossen worden war, auch im Ausland, zum Beispiel in den USA, ratifizieren zu lassen, blieb dessen Rechtsgültigkeit erst einmal auf Deutschland beschränkt. Deshalb musste er damit rechnen, dass seiner Frau nicht die dort vereinbarten fünf Millionen Mark Abfindung zugesprochen würden, sondern ein Vielfaches, etwa die Hälfte des Gewinns, der in den Ehejahren angefallen war. So wird es üblicherweise in Amerika gehandhabt, wenn keine anders lautenden gültigen Vereinbarungen existieren.

Nach Beckers missglücktem Auftritt vor Gericht, den gleich vier deutsche Fernsehsender übertrugen, kehrte bei ihm Ernüchterung ein. Er hatte deutlich zu spüren bekommen, dass es nicht um ein Match ging, nicht um ein Grand Slam Turnier. Überhaupt zählte seine Berühmtheit vor dem Richter nichts mehr, hier erhielt er keinen Bonus für zurückliegende Erfolge, hier stieß er an seine Grenzen. Hier war er auch nicht mehr in der Lage, die Kontrolle zu behalten. Es war vielleicht die schmerzlichste Erkenntnis, sich diese Machtlosigkeit einzugestehen. Er hätte die anstehenden Entscheidungen gern noch aufgeschoben, Zeit gewonnen, um wieder zu sich zu kommen. Das war aber nicht mehr möglich, er befand sich mitten im Spiel und konnte nicht einfach den Platz verlassen. Es blieb nicht einmal Zeit für eine kurze Auszeit. Vier Tage später sollte der nächste Gerichtstermin stattfinden. Es deutete vieles darauf hin, dass er und seine Anwälte mit ihrem Antrag nicht durchkommen würden. Damit mussten sie rechnen.

Letztlich waren es die Juristen – Stock und Hiller unterstützten ihren Mandanten inzwischen vor Ort –, die die Kuh für ihn vom Eis holten. Sie baten den Richter, die angesetzte Verhandlung zu verschieben. Höchstwahrscheinlich würde sie überflüssig sein, teilten sie ihm mit, da eine außergerichtliche Einigung der Parteien möglich schien. In den kommenden zwei, drei Tagen brüteten die Anwälte über einer Scheidungsfolgevereinbarung. Und auch Boris und Barbara sprachen wieder miteinander, nicht immer sachlich, aber immer in ihrer Sache. Wohl oder übel mussten beide einsehen, dass ein öffentlich ausgetragener Rosenkrieg weder ihm noch ihr nützen würde, am wenigsten den Kindern. Sie sollten auch in Zukunft den Kontakt zu Mutter und Vater behalten.

So harmonisch das für Außenstehende klang und auf einigen Fotos aussah, die Paparazzi vom getrennten Ehepaar und den Kindern am Strand schossen – in Wirklichkeit ging es nicht so fein zu. Auf beiden Seiten agierten neben den Rechtsanwälten noch Handlanger, die Material zusammentrugen, mit welchem man auf die Gegenseite Druck ausüben konnte – nur für den Fall, dass es einmal notwendig sein sollte. Auf der einen Seite handelte es sich vornehmlich um Unterlagen, die über Beckers Vermögen Auskunft gaben, Haushaltsaufstellungen, Abrechnungen von Kreditkarten und Ähnliches. Auf der anderen um Beweismaterial, das Barbaras Fähigkeiten als treu sorgende Mutter in Zweifel ziehen könnte. Demnach sollen Telefongespräche abgehört worden sein. Außerdem soll jemand aus dem Badezimmer des Appartements auf Fisher Island Haare von Barbara beschafft haben, die auf einen möglichen Drogenkonsum hin untersucht wurden.

Die Einigung erfolgte dann aber vergleichsweise friedlich. «Als alles geklärt war», erzählt Stephan Hiller, «saßen wir in Burstyns Büro im dreizehnten Stock und rauchten dicke Havannas.» Noch aus Miami rief er beim Amtsgericht in München an, um den schnellstmöglichen Termin für die Scheidung zu bekommen – auch darauf hatte man sich geeinigt, bevor Barbara und Boris Becker die Ehescheidungsvereinbarung unterschrieben. Bereits drei Tage später, am 15. Januar 2001, wurde ihre Ehe vor dem Familiengericht in München geschieden.

Anschließend veröffentlichten Hiller, Stock und Barbaras deutscher Anwalt, Heinz Stolzki, eine Pressemitteilung, um das Ende des einstigen Traumpaares nun auch amtlich zu verkünden. Und um Spekulationen über die Höhe der Abfindung für die Mutter und den Unterhalt für die Kinder entgegenzutreten. Wieder einmal hatten die Gerüchtemacher kein Maß gefunden, von bis zu fünfzig Millionen Mark war geschrieben worden. «Die bisher veröffentlichten Zahlen sind sämtlich weit überhöht», verlautbarten die Anwälte. Tatsächlich war eine Abfindung in Höhe von rund zwölf Millionen Mark ausgehandelt worden. Die Auszahlung des Geldes, das durch eine Bankbürgschaft abgesichert ist, erfolgt verteilt über vier oder fünf Jahre. Das Sorgerecht für die Kinder üben beide Eltern gemeinsam aus. Noah und Elias leben bei der Mutter, der Vater darf sie jederzeit besuchen. Das waren die nüchternen Fakten, die am Ende der einstigen Traumfamilie übrig blieben.

Was nun?

Es war im November 2001, als Boris Becker wieder einmal von seiner Zukunft träumte; er tat es laut, in einem Interview. Eines Tages, sinnierte er, in zehn bis fünfzehn Jahren vielleicht, möchte er dort angelangt sein, wo sein Berater Hans-Dieter Cleven heute ist. Ein eigener Konzern schwebe ihm vor, ein ultimativ moderner, in dem sich seine Angestellten mit Tennisprojekten und Sportmarketing beschäftigen, mit Kommunikationsaufträgen und Internetauftritten. Er, Boris Becker, würde dann an der Spitze des Unternehmens stehen; und man würde seinen Namen nicht mehr nur mit Tennis in Verbindung bringen. Er würde mehr sein – ein Global Player in der Wirtschaft, weltbekannt, so wie ihn jetzt jeder als Tennisspieler kenne.

Träumen freilich kann man viel, nur deutet in der Realität momentan noch wenig darauf hin, dass ihm sein Plan gelingen könnte. Becker, der Spieler, hat bisher noch nicht überzeugend unter Beweis stellen können, dass er auch als Geschäftsmann in der Lage ist, ein überzeugendes Match abzuliefern. Die einstige Kontinuität, die den Beginn seiner sportlichen Laufbahn auszeichnete, seine Hartnäckigkeit und der unbedingte Wille, die selbst gesteckten Ziele zu erreichen, blieben auf diesem Gebiet noch im Verborgenen. Was er anpackte – ob nun die Gründung einer eigenen Firma oder die Beteiligung an einer anderen –, ließ er meistens als Stückwerk unvollendet, als hätte er vorzeitig den Platz verlassen. Und manchmal geriet sein Engagement gar zu einer finanziell verlustreichen Niederlage. Denn im Gegensatz zu seiner Zeit als Tennisspieler erhält er als Manager nicht schon allein für das bloße Erscheinen eine Antrittsprämie.

Die Wirtschaftswelt ist ein anderes Spielfeld, das bekam er inzwischen deutlich zu spüren. Wenn er sich auf dem ungewohnten Terrain bewegt, ist von seinem Charisma nicht mehr viel zu spüren, obwohl er sich alle Mühe gibt, seine Unsicherheit durch selbstbewusstes Auftreten zu kaschieren. Verwunderlich ist diese Erkenntnis eigentlich nicht, denn Becker hat das Fach nie gelernt. Schon aus diesem Grund muss er Lehrgeld zahlen, nicht nur durch Fehlinvestitionen in barer Münze. Es scheint fast so, als hätte er dadurch mittlerweile auch den Großteil seines sportlichen Ruhmes aufgebraucht.

In der öffentlichen Wahrnehmung jedenfalls ist seine Rolle inzwischen eine andere. Seine Tenniserfolge gehören der Vergangenheit an, die Erinnerungen an seine Heldentaten auf den Centre-Courts verblassen, immer seltener wird er mit Wimbledon, Melbourne oder dem Deutschen Tennis Bund in Verbindung gebracht. Stattdessen tritt er zunehmend häufiger als Glamourboy der High Society in Erscheinung – Oscar-Verleihung, Laureus Award, Filmpremieren ... Eben überall und stets in der gleichen Rolle – als Boris Becker Superstar. Die bunten Hochglanzblätter und die People-Sendungen im Fernsehen, die ihr Geld mit Geschichten über die Reichen und Schönen dieser Welt verdienen, mit Klatsch und Tratsch, danken es ihm. Kaum eine Ausgabe erscheint, ohne dass an einer Stelle sein Name oder Konterfei auftaucht. Für die seichten Geschichten genügt es, dass er irgendwo bei einer dieser pompösen Veranstaltungen aufkreuzt. Das war schon mit Barbara so. Jetzt eben wieder, mit einer neuen Frau an seiner Seite. Im Frühjahr 2002 nahm den Platz Patrice Farameh ein, aber das hat sich schon wieder geändert, obwohl sie nach wenigen Monaten ihren Job aufgab, um mehr Zeit für ihn zu haben. Bald wird es eine andere sein. Am Beständigsten ist Boris Becker nun einmal in der Veränderung – darauf kann man sich bei ihm wirklich verlassen.

Ach ja, und dann ist da noch sein Auftritt als Spaßmacher. Beinahe wäre auch der ihm verleidet worden, aber daran trug er selber Schuld. Der Film, in dem er sich zum ersten Mal als Schauspieler versuchte und der Anfang 2002 Premiere hatte – *666 – Traue keinem, mit dem du schläfst* –, sollte zwar eine Komödie sein. Er war aber eher peinlich als lustig, keinesfalls ein Erfolg im Kino, was jedoch nicht Boris Becker zuzuschreiben ist. Allerdings zeigte er sich schlecht beraten, so klein seine Rolle auch war; er spielte sich selbst. Andernfalls hätte man ihn wohl davon abgehalten, sich in einer Szene vor einem Urinal beim Pinkeln in Großaufnahme filmen zu lassen. Diese Einstellung sah nicht witzig aus, sondern geschmacklos. Der Laienschauspieler Becker beurteilte das etwas anders und betrachtete sein Gastspiel im Filmgeschäft als wichtige Erfahrung. Ob das Zukunft haben könne, wisse er noch nicht. Gewisse Ambitionen hege er schon. Und Angebote gebe es genügend, über achtzig Drehbücher habe man ihm bereits ans Herz gelegt.

Auf sicherem Boden bewegt er sich dagegen mit seinen gelegentlichen Auftritten auf dem Tennisplatz, bei denen er auch ohne peinliche Szenen für Heiterkeit sorgt. Wenn er Schaukämpfe gegen andere einstige Tennisgrößen wie Henri Leconte bestreitet, strömen die Zuschauer noch immer in Scharen zum Tennisplatz. Vermutlich lockt sie die Erinnerung an die gute alte Zeit, als er auf dem Court noch kleine Wunder vollbrachte. So, wie man hin und wieder gern die alten Schallplatten hervorkramt, die man in seiner Jugend einmal hörte. Mit waghalsigen Hechtsprüngen und spektakulären Aufschlägen, bei denen der Ball einst Geschwindigkeiten bis zu 240 Stundenkilometer erreichte, kann er natürlich nicht mehr dienen, mit seinen knapp 35 Jahren zählt er zu den Tennisrentnern. Er präsentiert eher Tennis lau, unterhält das Publikum stattdessen mit amüsanten

Sprüchen und kleinen Showeinlagen. Die kommen gut an. Wenn die Zuschauer schon nicht mehr mit ihm fiebern und schwitzen können, dann wollen sie wenigstens mit ihm lachen. Das ist ja auch ein Ausdruck von Verbundenheit – und ein wiederholtes Dankeschön für seine Heldentaten von einst.

Boris Becker als Entertainer – sollte das am Ende das Schicksal des einstigen Tennisstars sein? Wenn es nach ihm geht, bestimmt nicht. So gern er diese Sympathiebekundungen seiner Fans entgegennimmt, muss er doch an die Zukunft denken. Und die wird keinesfalls auf dem Tennisplatz stattfinden. Aber noch befindet er sich in einem Übergangsstadium. Während er das eine, Tennis nämlich, noch nicht ganz lassen kann, lässt der Erfolg als Unternehmer noch auf sich warten. Als Sportler konnte er letztlich allein über Sieg oder Niederlage entscheiden, auf seinem neuen Betätigungsfeld ist er auf Zuträger angewiesen, auf Berater vor allem, die mehr von der Materie verstehen als er. Auch das ist eine ungewohnte Situation für ihn, zumal es ihm ohnehin schwer fällt, anderen Menschen Vertrauen entgegenzubringen.

Für Boris Becker ist die vielleicht schwierigste Zeit nach seiner Tenniskarriere angebrochen. Die Steueraffäre macht ihm zusätzlich das Leben schwer, noch ist seine Zukunft ungewiss. In einer solchen Phase zu scheitern ist für ehemalige Profisportler beleibe nichts Ungewöhnliches. Das passierte vor ihm schon anderen, nicht weniger Prominenten, seinem einstigen Vorbild Björn Borg zum Beispiel. Trotzdem, in seinem Fall muss das ja nicht zwangsläufig ebenso sein. War er als Tennisspieler nicht immer dann am besten und für eine Überraschung gut, wenn er sich in einer scheinbar aussichtslosen Lage befand, wenn kaum noch jemand auf seinen Erfolg setzte?

Eine Karriere in Stichworten

1967

Am 22. November kommt das zweite Kind der Eheleute Karl-Heinz und Elvira Becker im badischen Leimen zur Welt. Der Sohn wird auf den Namen Boris Franz getauft. Drei Jahre zuvor, im Januar 1964, war seine Schwester Sabine geboren worden.

1973

Seit seinem fünften Lebensjahr spielt Boris Becker Tennis. Sein Vater meldet ihn im örtlichen Tennisclub Blau-Weiß an. Bereits im Alter von drei Jahren hatte er begonnen, mit einem abgesägten Schläger Filzbälle an Wände und Garagentore zu schlagen.

1974

Im August wird Boris Becker mit sechs Jahren eingeschult. Schon seine Eltern besuchten die Grund- und Hauptschule, die sich hinter dem Rathaus ihrer Heimatstadt befindet. Zum ersten Mal spielt er dem badischen Verbandstrainer Boris Breskvar vor, der ihn in seine Trainingsgruppe aufnimmt. Entscheidend waren nicht seine spielerischen Fähigkeiten, sondern sein unbedingter Siegeswille.

1976

Mit neun Jahren wird er Bezirksmeister der Knaben. Im gleichen Jahr belegt er bei den Badischen Meisterschaften Platz 2. Während einer Talentsichtung wird der Bundestrainer des Deutschen Tennis Bundes, Richard Schönborn, auf ihn aufmerksam.

1977

Er wird in den Jugendkader des Badischen Tennisbundes aufgenommen. Bald trainiert er wochentags zwei bis drei Stunden im Landesleistungszentrum Leimen. Zum ersten Mal wird er Badischer Meister in der Knaben-Altersklasse. Im gleichen Jahr gewinnt er die Süddeutschen Meisterschaften und das 1. Deutsche Jüngsten-Tennisturnier.

1978

Bei einer erneuten Sichtung durch den Deutschen Tennis Bund wird Becker als Talent erkannt und in die deutsche Jugend-Auswahlmannschaft aufgenommen. Weitere Turniersiege, auch auf internationaler Ebene, folgen. Er wechselt auf das Helmholtz-Gymnasium nach Heidelberg.

1981

Mit dreizehn Jahren siegt er bei den Clubmeisterschaften seines Heimatvereins in der Herrenkonkurrenz. Daraufhin wird er in die 1. Herren-Mannschaft aufgenommen.

1982

Er erringt den Titel bei den Badischen Herrenmeisterschaften. Zuvor gewann er auch das Jugendklassement. In Mönchengladbach wird er Internationaler Deutscher Meister bei den Junioren. Im Dezember feiert er im Doppel mit Tore Meinecke einen sensationellen Sieg beim Orange Bowl, den inoffiziellen Jugend-Weltmeisterschaften, in Miami.

1983

Becker reist immer häufiger zu internationalen Meisterschaften, unter anderem spielt er bei den Jugendturnieren in Paris, Wimbledon und Flushing Meadow. In Deutschland ist er die Nummer eins der Jugend-Rangliste, weltweit auf Platz elf. Erstmals erkämpft er Punkte in der internationalen Herrenkonkurrenz, steht auf Platz 529 der ATP-Weltrangliste.

1984

Boris Becker verlässt vorzeitig das Helmholtz-Gymnasium in Leimen mit der mittleren Reife, wird Tennisprofi. Ab sofort betreuen ihn Günther Bosch als Trainer, Ion Tiriac als Manager. Er spielt zum ersten Mal beim Herrenturnier in Wimbledon, scheidet in der dritten Runde wegen eines doppelten Bänderrisses im linken Knöchel aus.

1985

Im Januar wird er Juniorenweltmeister. Am 16. Juni gewinnt er das Turnier von Queens, sein erster Grand-Prix-Erfolg. Am 7. Juli schlägt er im Alter von siebzehn Jahren im Finale von Wimbledon Kevin Curren und geht als erster deutscher und jüngster Sieger aller Zeiten in die Tennisgeschichte ein. Ebenfalls zum ersten Mal tritt er für Deutschland im Daviscup-Team an, gewinnt gegen Stefan Edberg und Mats Wilander.

1986

Im Januar wird er erneut Juniorenweltmeister. Im Juli wiederholt er in Wimbledon seinen Vorjahreserfolg, schlägt im Finale den Erzrivalen Ivan Lendl in drei Sätzen. Nach Siegen in Toronto, Sydney, Tokio und Paris übernimmt er Platz zwei auf der Weltrangliste.

1987

Am 22. Januar bricht das Erfolgsgespann auseinander, nach längeren Querelen trennt sich Trainer Bosch von Becker. Eine Pechsträhne beginnt. Die Unicef entlässt ihn als Sonderbotschafter. In Wimbledon verliert er in der zweiten Runde. Sensationell dagegen das Daviscup-Duell in Hartford gegen John McEnroe, bei dem er nach sechs Stunden und vierzig Minuten triumphiert – das zweitlängste Daviscup-Match aller Zeiten.

1988

Mit dem neuen Trainer Bob Brett an der Seite gewinnt er sieben Grand-Prix-Turniere, darunter in New York. Im Finale liefert er sich mit Ivan Lendl das längste Masters-Finale der Geschichte, besiegt ihn nach fünf Sätzen. Mit Eric Jelen, Patrick Kühnen und Carl-Uwe Steeb erkämpft er durch einen Sieg gegen Schweden zum ersten Mal den Daviscup für Deutschland.

1989

Das erfolgreichste Jahr. Becker schlägt im Finale von Wimbledon Stefan Edberg und erkämpft zum dritten Mal den Siegerpokal. Erstmals gewinnt er die US Open in New York, schlägt im Finalspiel erneut Ivan Lendl. Im Dezember verteidigt er mit dem deutschen Team den Daviscup.

1990

In Wimbledon verliert er das Finale nach einer furiosen Aufholjagd im fünften Satz gegen Edberg. Nach einigen Turniersiegen rückt der erste Platz der Weltrangliste in greifbare Nähe. Doch im entscheidenden Spiel muss er wegen einer Oberschenkelverletzung aufgeben. Nach 1985, 1986 und 1989 wird er das vierte Mal zum deutschen Sportler des Jahres gekürt.

1991

Mit seinem ersten Sieg bei den Australian Open in Melbourne vollzieht er den Gipfelsturm – Nummer eins der Weltrangliste! Allerdings nur für drei Wochen, dann stoppt ihn erneut eine Verletzung. In Wimbledon muss er die Niederlage seines Lebens einstecken: Michael Stich bezwingt ihn im Finale. Selbst der Schiedsrichter ist überrascht, verspricht sich: «Spiel, Satz und Sieg, Becker.» Nach der Schmach denkt Becker über seinen Rücktritt nach. Im Dezember tritt er beim Hopman Cup in Perth zum ersten Mixed mit Steffi Graf an. Der lang ersehnte Auftritt gerät zur deprimierenden Premiere: Die Brühlerin ist stark erkältet, sie verlieren klar gegen Karel Novacek und Helena Sukova.

1992

Diesmal ist im Viertelfinale von Wimbledon Schluss, André Agassi punktet ihn aus. Bei den Olympischen Spielen in Barcelona schließt er mit dem Erzrivalen Stich eine Zweckgemeinschaft. Nachdem beide im Einzel rausflogen, gewinnen sie als Doppel Gold. Es folgen chaotische Zeiten, Trainerwechsel und Niederlagen. An seinem 25. Geburtstag gewinnt er die ATP-Weltmeisterschaft in Frankfurt, sein Gegner im Finale: Jim Courier.

1993

Der nächste Bruch: Becker trennt sich von Ziehvater Ion Tiriac, ersetzt ihn durch den Münchner Anwalt Axel Meyer-Wölden. Der holt den amerikanischen «Tennisschleifer» Nick Bollettieri als neuen Trainer mit ins Boot. Im Dezember heiratet Becker seine Verlobte Barbara Feltus. Sie erwarten ihr erstes Kind, er kündigt eine «Babypause» an.

1994

Am 11. Januar wird Sohn Noah Gabriel geboren. Nach einem erfolglosen Jahr feiert er in Mailand wieder den Gewinn eines ATP-Turniers. Im Finale der ATP-Weltmeisterschaft unterliegt er Pete Sampras. In Ribnitz-Damgarten, Greifswald und Stralsund werden Autohäuser der Boris Becker GmbH & Co. KG für die Mercedes Benz AG eröffnet, den 20-Millionen-Deal hatte Tiriac zwei Jahre zuvor eingefädelt. Nebenbei versucht sich Becker erstmals als Fußballkommentator im Privatfernsehen.

1995

In seinem siebten Wimbledon-Finale, zehn Jahre nach seinem ersten Triumph, verliert er gegen Sampras. Beim Turnier von Bercy in Paris zieht er gegen ihn wiederum den Kürzeren. Einziger Höhepunkt: Das Weltmeisterschaftsfinale, er gewinnt gegen Michael Chang. Dafür Ärger außerhalb des Platzes: Die Steuerfahndung ermittelt gegen ihn.

1996

Nach fünf Jahren gewinnt er in Melbourne bei den Australian Open endlich wieder ein Grand-Slam-Turnier. Schock in Wimbledon: In der dritten Runde erleidet er einen Strecksehnen-Teilanriss im rechten Arm. Er muss drei Monate pausieren. Im Dezember schlägt er im Finale des Grand Slam Cups in München (von Meyer-Wölden ins Leben gerufen) Goran Ivanisevic.

1997

Es riecht nach Abschied: Bei keinem Turnier erreicht er das Finale. Nachdem er in Wimbledon im Viertelfinale ziemlich klar gegen Pete Sampras scheitert, entschließt er sich, keine Grand-Slam-Turniere mehr zu spielen. Er verdrängt Niki Pilic als Teamchef der Daviscup-Mannschaft, übernimmt den Posten und setzt seinen getreuen Freund Carl-Uwe Steeb als Kapitän ein. Zusätzlich leitet er das Mercedes-Junior-Team.

1998

Wieder kein Turniersieg. Er versucht sich als Geschäftsmann, gründet die Firma BBM (Boris Becker Marketing) und setzt Udo Riglewski als Geschäftsführer ein, den Trainingsfreund aus Jugendtagen und ehemaligen Doppelpartner von Michael Stich. Im Daviscup-Team gibt es immer wieder Konflikte. Private Hiobsbotschaft: Vater Karl-Heinz erkrankt an Krebs.

1999

Am 20. April stirbt Vater Becker. Der Sohn gönnt sich keine Zeit zum Trauern, trainiert stattdessen für seinen letzten Wimbledon-Auftritt. Er will es noch einmal wissen. Am 30. Juni verliert er im Achtelfinale gegen Patrick Rafter. Frustriert gibt er seinen Rücktritt vom Profisport bekannt. Während Ehefrau Barbara mit Frühwehen in eine Londoner Klinik muss, zeugt er in der Wäschekammer des Hotels Metropolitan mit der Russin Angela Ermakowa sein drittes Kind, eine Tochter. Am 4. September wird Sohn Elias Balthasar geboren. Einen Monat später startet der AOL-Spot «Bin ich schon drin oder was». Im Dezember tritt er als Daviscup-Teamchef zurück, die Mannschaft ist heillos zerstritten. Im schweizerischen Päffikon gründet er die Firma BBI – Boris Becker Sportmarketing GmbH & Co. KG und die ISR Sport- und Hotel-Management GmbH.

2000

In einem Londoner Krankenhaus kommt am 22. März Anna zur Welt, das Resultat der Wäschekammeraffäre. Becker beteiligt sich als Hauptgesellschafter am Internetportal Sportgate. Das Projekt scheitert, die Firma stellt Insolvenzantrag. Im November trennt er sich von Ehefrau Barbara. Zwei Wochen später berichten englische Zeitungen zum ersten Mal über das uneheliche Kind.

2001

Am 9. Januar reicht Annas Mutter Vaterschaftsklage gegen ihn ein. Sechs Tage später wird die Ehe Becker vor dem Familiengericht in München geschieden. Im Juli nimmt er den Tennisschläger wieder in die Hand, startet im Rahmen der ATP Senior Tour of Champions in Graz gegen Björn Borg. Wegen einer Oberschenkelverletzung muss er aufgeben. Der Comeback-Versuch im Doppel mitGoran Ivanisevic, einen Monat später in Cincinnati, scheitert ebenfalls. Seitdem nur noch Schaukämpfe. Sein neuer Berater wird der Schweizer Hans-Dieter Cleven. In Zürich gründen sie die Firma BCI, die Beckers Geschäfte künftig managt.

2002

Anfang des Jahres präsentiert Becker eine neue Frau an seiner Seite: Patrice Farameh. Nach kurzen Affären soll es mit ihr etwas Ernstes sein – die Achtundzwanzigjährige zieht in seine Münchner Villa ein. Doch bereits nach fünf Monaten die Trennung. Kurz darauf verkauft er das einstige Familienanwesen und zieht in eine Mietwohnung. Im Sommer gerät der Extennisstar erneut in die Schlagzeilen: Am 25. Juni erhebt die Münchner Staatsanwaltschaft Anklage gegen ihn wegen des Verdachts der Steuerhinterziehung. Kommt es zum Prozess, droht ihm schlimmstenfalls Gefängnis, mindestens aber eine Geldstrafe in Millionenhöhe.

Literatur

Albus, Volker/Kriegskorte, Michael: Kauf mich! Prominente als Message und Markenartikel. Köln 1999

Bollettieri, Nick/Schaap, Dick: my aces, my faults. New York 1996

Bollettieri, Nick/Schaap, Dick: Meine Asse, meine Fehler. Hamburg 1997

Borg, Björn: Mein Spiel – mein Leben. Hamburg 1981

Bosch, Günther: Boris. Berlin 1986

Breskvar, Boris: Tennis wie es Boris Becker bei mir lernte. München 1985

Brinkbäumer, Klaus/Leyendecker, Hans/Schimmöller, Heiner: Die Akte Graf. Reiche Steffi, armes Kind. Hamburg 1996

Clerici, Gianni: 500 Jahre Tennis. Berlin/Frankfurt a. Main/Wien 1972

Dimde, Gertraud: Dein Name, dein Schicksal. Was der Vorname über Persönlichkeit und Lebensweg verrät. München 2000

Duden-Taschenbücher: Lexikon der Vornamen. Mannheim/Leipzig/Wien/Zürich 1998

Ehm, Peter: Treue bis zur Niederlage, in: w&v background 47/95

Exler, Thomas/Stratenschulte, Werner: Faszination Tennis. Spiele, Stars und Siege. München 1988

Gilbert, Brad/Jamison, Steve: Winning Ugly. Wie man bessere Gegner schlägt. Mentale Kriegsführung im Tennis. Lüneburg 1997

Haas, Peter/Haas, Tommy: Vorteil Haas. Erfolg ist machbar. München 2000

Hagen, Clemens (Hrsg.): Boris Becker Superstar. Berlin 1991

Hagendorf, Jens/Prümke, Alexandra: Sind wir nicht alle ein bisschen … ääh … Boris Becker? (Hausarbeit, Hochschule der Künste). Berlin 1999

Henkel, Doris/Simon, Sven: Boris Becker. München 1994

Hofmann, Alexander: Boris Becker. Seine großen Siege. Hamburg 1991

Kaiser, Ulrich: Wimbledon – Geschichte eines Tennisturniers. Bad Homburg, 1981

Kaiser, Ulrich: Sternstunden des Tennis. München 1992

Kiefer, Rolf: 1200 Jahre Leimen. Leimen 1991

Loehr, James: Tennis im Kopf. Der mentale Weg zum Erfolg. München 1997
Lübenoff, Robert (Hrsg.): Advantage Becker. Berlin 1997
Pilic, Niki: Vom Spieler zum Sieger. München 1989
Riehl-Heyse, Herbert (Hrsg.): 18 Autoren und 1 Phänomen. Boris B. Heilbronn 1992
Stein, Günter: Ich liebe Boris. München, o. J.
Thränhardt, Carlo: Helden auf Zeit. Gespräche mit Olympiasiegern. Köln 1994
Ullrich, Klaus: Der weiße Dschungel. Tennis im Würgegriff der Agenturen. Berlin (Ost) 1987
Zentner, Christian (Hrsg.): Boris Becker – Triumph in Wimbledon. München 1985

Die Zitate von Boris Becker wurden größtenteils Interviews entnommen, die in den vergangenen achtzehn Jahren erschienen, u. a. in: Der Spiegel, Stern, Süddeutsche Zeitung, Frankfurter Allgemeine Zeitung, Daily Telegraph, Times, tennis magazin, Sports, Focus, Bunte, Die Woche, Bild am Sonntag, Hamburger Abendblatt, Stuttgarter Nachrichten, Der Tagesspiegel.

Bildquellen

Sammlung Richard Schönborn: 12, 13, 15
Richard Rosicka, Neu-Isenburg: 14
Sammlung Boris Breskvar: 16, 18
Paul Zimmer, Stuttgart: 19 – 31, 36, 40, 41
Peter Zäpernik, Görsdorf: 32
Peter Kroh, Berlin: 33
Joachim Eiermann, Achern: 35
CMK Images, München: 37
action press, Hamburg: 38
dpa, Hamburg: 39, 42

Alle übrigen Bilder stammen aus privaten Sammlungen. Trotz sorgfältiger Recherchen konnten nicht alle Rechteinhaber ermittelt werden. Der Verlag ist bereit, berechtigte Ansprüche in üblicher Weise abzugelten.

Personenregister